Mathematik–Abitur
Grundkurs 1989 – 1994

Die in Baden-Württemberg zentral gestellten
Abituraufgaben mit ihren Lösungen

Bearbeitet von
Kurt Arzt, Tübingen
Jörg Stark, Tübingen

Ernst Klett Schulbuchverlag
Stuttgart Düsseldorf Berlin Leipzig

Gedruckt auf
Recyclingpapier,
hergestellt aus
100 % Altpapier.

1. Auflage 1 5 4 3 2 1 | 1998 97 96 95 94

Alle Drucke dieser Auflage können im Unterricht nebeneinander benutzt werden, sie sind untereinander unverändert. Die letzte Zahl bezeichnet das Jahr dieses Druckes.

Fotosatz und Satzgrafiken: Fotosatz & Agentur Sepat, Becheln
Druck: Werner Söderström GmbH / Finnland

ISBN 3-12-725410-5

Vorwort

Die neue Oberstufe mit der Einführung von Grund- und Leistungskursen sowie die neuerliche Forderung, daß auch im Abitur die Mathematik zumindest als Grundkurs für alle verpflichtend ist, haben bewirkt, die bisherige Aufgabensammlung in einen Grundkurs- und einen Leistungskursband zu teilen.

Der vorliegende Grundkursband besteht aus den Abschnitten Analysis, Analytische Geometrie sowie Wahrscheinlichkeitsrechnung und Statistik. Der Prüfling ist seit Beginn der Jahrgangsstufe 12 in Analysis und Analytischer Geometrie oder in Analysis und Wahrscheinlichkeitsrechnung und Statistik unterrichtet worden. Er hat in der Abiturprüfung aus seinen beiden Gebieten je eine der Aufgaben zu bearbeiten. Die Auswahl trifft der Lehrer; die Bearbeitungszeit beträgt 240 Minuten.

Der schon immer bestehende Grundsatz, daß die Sammlung den Lehrer vom „Aufgabendrill" entlasten möge, daß sie aber auch die Prüflinge zur selbständigen Bearbeitung von Aufgaben aktivieren solle, hat eine Veränderung in der Darstellung der einzelnen Aufgaben und ihrer Lösungen veranlaßt. So folgt dem Aufgabentext jetzt unmittelbar (allerdings erst nach Umblättern!) die Lösung. Diese wird aber durch einen Abschnitt „Lösungshinweise" vorbereitet. Diese Hinweise sollen zum Überlegen anregen, wie man einen Zugang zur Lösung der jeweiligen Teilfrage finden kann. Oft sind diese Impulse als Fragesätze formuliert, die zum entsprechenden Nachdenken herausfordern. Die anschließende Lösung selbst ist durch Überschriften gegliedert. Dadurch soll eine Möglichkeit gegeben werden, die zeigt, wie man die schriftliche Ausarbeitung einer Lösung darstellen kann. Bekanntlich fällt es vielen Lernenden schwer, die Bearbeitung einer Mathematikaufgabe mit Text zu erläutern.

Für gezielte Vorbereitungsarbeit sind als Hilfsmittel noch ein Inhaltsverzeichnis und ein Register beigefügt. Das Inhaltsverzeichnis läßt den Typ der Aufgabe und die Fragen der Teilaufgaben in Stichworten erkennen. Im Register kann in alphabetischer Anordnung aufgesucht werden, in welcher Aufgabe besondere Fragestellungen behandelt werden.

Wir hoffen, daß diese Neuerungen allen denen, die mit der Sammlung arbeiten, eine nützliche Hilfe sind.

Bemerkungen

Bei den Lösungen und Hinweisen zu den Aufgaben aus der Analysis werden wie früher folgende Abkürzungen verwendet:

Abkürzung	Bedeutung
K: $y=f(x)$	Die Funktion f hat das Schaubild (den Funktionsgraphen) mit der Gleichung $y = f(x)$. Fehlt dabei die Angabe der Definitionsmenge, dann gilt die maximale reelle Definitionsmenge des Terms $f(x)$.
$N\left(4 \middle\vert 0; -\frac{4}{3}\right)$	In $N(4\vert 0)$ hat K: $y=f(x)$ einen gemeinsamen Punkt mit der x-Achse und K hat in N die Steigung $-\frac{4}{3}$. Oder: In $x=4$ hat f eine Nullstelle mit $f'(4)=-\frac{4}{3}$.
$M(0\vert 2; \sqrt{3})$	In $M(0\vert 2)$ hat K: $y=f(x)$ einen Schnittpunkt mit der y-Achse. Die Tangente in M hat die Steigung $\sqrt{3}$. Oder: An der Stelle $x=0$ gilt $f(0)=4$ und $f'(0)=\sqrt{3}$.
$H\left(\frac{1}{2} \middle\vert \frac{64}{27}\right)$	Im Punkt H hat K: $y=f(x)$ einen Hochpunkt. Oder: f: $x \mapsto f(x)$ nimmt an der Stelle $\frac{1}{2}$ das Maximum $\frac{64}{27}$ an.
$T(-3\vert -\sqrt{2})$	In gleicher Weise für Tiefpunkt und Minimum.
$W(2\vert 3; -4)$	K: $y=f(x)$ hat in $W(2\vert 3)$ einen Wendepunkt. Die Steigung der Wendetangente ist -4. Oder: f hat in $x=2$ eine Wendestelle mit $f(2)=3$, $f'(2)=-4$.
$As(y=4; x=2; y=x+1)$	K: $y=f(x)$ hat die Asymptoten $y=4$, $x=2$, $y=x+1$.
$A(x) \Leftrightarrow B(x)$	Die Aussageformen A(x) und B(x) haben über derselben Grundmenge dieselbe Lösungsmenge. Dies wird vor allem bei Äquivalenzumformungen von (Un-)Gleichungen verwendet.

Abkürzung	Bedeutung
$A(x) \Rightarrow B(x)$	Über einer gewissen Grundmenge ist die Lösungsmenge von A(x) in der von B(x) enthalten. Die Lösungsmenge von B(x) kann also umfangreicher sein als die von A(x). So gilt über $\mathbb{R}$: $x=2 \Rightarrow x^2=4$. Oder: A(x) ist „hinreichend“ für B(x). „Aus A(x) folgt B(x)“.

Analysis

Analysis

a) Lehrplanänderungen

Der in Baden-Württemberg am 1. 8. 1984 in Kraft getretene „Bildungsplan für das Gymnasium" hat als Auswirkung auf die Gestaltung der Grundkursaufgaben, daß ab dem Abitur 1986 bei Aufgaben zur Exponentialfunktion und ihrer Anwendungen Umformungen mit Hilfe des natürlichen Logarithmus verlangt werden können.

Die in den sprachlichen Zügen gestellten Aufgaben mit Sinus- und Kosinusfunktionen entfallen in Zukunft. Sie wurden bisher nur noch für spezielle Schulformen gestellt.

b) Symbolik

1) Das Zeichen $\Leftrightarrow$ für „ist äquivalent zu" wird nur bei Umformungen von Gleichungen (Ungleichungen) verwendet.

2) Das logische Zeichen $\wedge$ bzw. $\vee$ wurde durch das Wort „und" bzw. „oder" ersetzt.

3) Die ihrem Inhalt nach klare Aussage „die Gerade $y = ax + b$" steht für „die Gerade mit der Gleichung $y = ax + b$" oder auch für „die Gerade g: $y = ax + b$".

4) Im nebenstehenden Inhaltsverzeichnis der Analysis benutzen wir zur Charakterisierung der Aufgaben folgende Abkürzungen:

As:	Asymptote
H:	Hochpunkt
T:	Tiefpunkt
W:	Wendepunkt
K, K_1 ... :	Schaubild, Kurve

Inhaltsverzeichnis

Aufgabe	Funktion	Inhalt der Aufgabe
90/1	$f(x)=x^3-6x^2+8x$; $x \in \mathbb{R}$; Schaubild K	a) Kurvenuntersuchung, Tangenten in den Achsenschnittpunkten; Schaubild K b) Flächeninhalt zwischen Wendetangente und K c) Tangente von O an K. Berührpunkt? d) Sekante parallel zur x-Achse soll in 2 Punkten mit den Abszissen $x=x_M$ und $x=2x_M$ von K geschnitten werden. Bestimme x_M.
90/2	$f(x)=\frac{9}{x^2+3}$; $x \in \mathbb{R}$; Schaubild K; $g_t(x)=\frac{1}{3}x^2+t$; $x \in \mathbb{R}, t \in \mathbb{R}$; Schaubild C_t	a) Kurvenuntersuchung mit Asymptote b) Abszisse gesucht, für welche die Tangenten von K und C_t orthogonal sind. Für welches t schneiden sich K und C_t orthogonal? c) Extremaler Inhalt eines Dreiecks mit einer Ecke auf K d) Inhalt eines Kegels, eine Ecke des Achsenschnitts liegt auf K; Grenzwert des Inhalts
90/3	$f(x)=(x+1)\,e^{-x}$; $x \in \mathbb{R}$; Schaubild K; $h(x)=-xe^{-x}$; $x \in \mathbb{R}$; Schaubild C	a) Kurvenuntersuchung, Schaubild K b) Schnittpunkte von K und C; schneiden sich K und C orthogonal? c) Begriff Stammfunktion; Inhalt der Fläche zwischen K und C, Grenzwert dieses Inhalts d) Tangenten von $P(5\|0)$ an K; bestimme q von $Q(q\|0)$ so, daß nur eine Tangente an K möglich ist.

Aufgabe	Funktion	Inhalt der Aufgabe
91/1	$f(x) = -\frac{1}{3}x^3 + 3x$; $x \in \mathbb{R}$; Schaubild K $g_a(x) = ax^3 + 3x$; $x \in \mathbb{R}$; Schaubild C_a	a) Kurvenuntersuchung; Symmetrie; H, T, W; K b) Schnitt von Tangente in $A\left(-\frac{3}{2} \middle| y_A\right)$ mit K; Kurvennormale in O; Flächeninhalt zwischen K und Normale. Wie viele Kurvennormalen gehen durch den Ursprung? c) Für welche a hat g_a drei Nullstellen? C_a teilt das Dreieck von Tangente mit den Achsen: Bestimme das Inhaltsverhältnis der Teilflächen.
91/2	$f_t(x) = \frac{4x^2}{x^2 + 3t^2}$; $x \in \mathbb{R}$; Schaubild K_t $h(x) = 4 - \frac{12}{x^2}$; $x \neq 0$ Schaubild C	a) Kurvenuntersuchung von K_1; Symmetrie; H, T, W; Asymptoten; Schaubild K_1 b) Näherungsparabel P von 4. Ordnung für K_1 im Intervall $[0; 1]$; Flächeninhalt von P mit x-Achse c) Zeige $f_1(x) - h(x) > 0$; bestimme u, sodaß $f_1(u) - h(u) = 0{,}1$ ist. d) 2 symmetrisch liegende Kurventangenten von K_t schneiden sich in S; bestimme t, sodaß sie sich orthogonal schneiden.
91/3	$f(x) = (1 + 2x)\,e^{-0{,}5x}$; $x \in \mathbb{R}$; Schaubild K $g(x) = e^{-0{,}5x}$; $x \in \mathbb{R}$; Schaubild C	a) Kurvenuntersuchung von K; Achsenschnittpunkte, H, T, W; Asymptote; Schaubilder K, C b) s = ?, damit $f(s) - g(s)$ extremal wird. c) Schnittwinkel von K und C; Volumen eines von Tangenten erzeugten Doppelkegels d) Die ins Unendliche reichende Fläche von C mit den Koordinatenachsen soll in drei Teilflächen gleichen Inhalts zerlegt werden.

Aufgabe	Funktion	Inhalt der Aufgabe
92/1	$f(x)=-\frac{1}{12}x^3+\frac{3}{2}x+9$; $x \in \mathbb{R}$; Schaubild K; $g_t(x)=\frac{1}{4}x^2-tx+9$; $t>0$; $x \in \mathbb{R}$; Schaubild C_t	a) Kurvenuntersuchung von K; H, T, W; Schaubild K b) T von C_t soll auf x-Achse liegen; $t=?$; Kurve auf der alle T von C_t liegen; Schnittpunkte von K mit C_3; Schaubild C_3 c) K und Normale in $Q(0\|9)$ begrenzen eine Fläche im 1. Feld; Inhalt gesucht d) $\overline{PQ}$ mit $P(u\|v)$ auf C_3 und $Q(0\|9)$ ist Quadratseite. Quadrat soll maximalen Inhalt erhalten; $u=?$
92/2	$f(x)=x+\frac{8}{x^2}$; $x \neq 0$; Schaubild K; $h_t(x)=-\frac{1}{2}x^2+x+t$; $x \in \mathbb{R}$; Schaubild C_t $g(x)=\begin{cases} h_4(x); & -2 \leqq x \leqq 2 \\ f(x); & x>2 \end{cases}$	a) Kurvenuntersuchung; H, T, W; As; Schaubild K b) Extremaler Inhalt eines Dreiecks; Nachweis, daß es sich um ein absolutes Minimum handelt. c) Für welches t berühren sich C_t und K? Berührpunkte? d) Inhalt zwischen dem Schaubild der abschnittsweise definierten Funktion g und der Geraden $y=x$. Grenzwert dieses Inhalts
92/3	$f(x)=1-e^{2-x}$; Schaubild K; $g(t)=2{,}75 \cdot e^{kt}$; $h(t)=p-e^{q-rt}$; $r>0$	a) Schnitt von K mit den Koordinatenachsen; H, T; As; Schaubild K; Tangenten in den Achsenschnittpunkten b) Inhalt zwischen K und der Asymptote; Grenzwert; Schnittpunkt der Tangente in B auf K mit der Asymptote; Tangentenkonstruktion in B c) Exponentielles Wachstum; Bestimmung von k in g bei prozentualem Wachstum; beschränktes Wachstum, beschrieben durch die Funktion h; Berechnung von p, q, r. Wie groß ist h(20) und h(40)?

Aufgabe	Funktion	Inhalt der Aufgabe
93/1	$f(x)=\frac{1}{8}x(x-6)^2$; $x \in \mathbb{R}$; Schaubild K; h: $y=\frac{1}{2}x$	a) Kurvenuntersuchung; Schnittpunkte mit x-Achse; H, T, W; Normale in W; Schaubild K b) Flächeninhalt A zwischen K und x-Achse; in welchem Verhältnis teilt h den Inhalt A? c) Kegelinhalt maximalen Inhalts; Nachweis, daß absolutes (globales) Maximum vorliegt. d) Welche Gerade durch $T(6\|0)$ hat mit K drei Punkte gemeinsam? Für welche Gerade haben die drei Punkte gleiche Abstände?
93/2	$f_t(x)=\frac{tx^2-4}{x^2}$; $x \neq 0$; $t>0$; Schaubild K_t	a) Symmetrie; gemeinsame Punkte mit den Koordinatenachsen; H, T; Asymptoten; Schaubild K_1; Nachweis: $f_t(x)<t$ für $x \neq 0$. b) Flächeninhalt zwischen K_t, den Koordinatenachsen und $y=t$; Grenzwert c) Parabel 2. Ordnung mit Scheitel $(0\|-1)$ berührt K_t im Schnittpunkt mit der x-Achse. Gesucht ist die Gleichung der Parabel. d) Tangenten in $P(u\|v)$ und $Q(-u\|v)$ an K_1 bilden mit $y=1$ ein Dreieck. Wie groß ist der Dreiecksinhalt $A(u)$? Zeige: Es gibt keinen Extremwert; Kreiskegel: Volumen hängt nicht von u ab.
93/3	$f_t(x)=(t-x)e^x$; $x \in \mathbb{R}$; $t \in \mathbb{R}$; Schaubild K_t	a) Kurvenuntersuchung von K_t; Achsenschnittpunkte; H, T, W; Asymptoten; Schaubilder K_1 und K_2. b) Inhalt $A(z)$ zwischen K_1 und K_2 von $x=z$ bis $x=1$; Wertebereich von $A(z)$? c) Schnitt von $x=u$ mit K_1 und K_2 in P und Q; maximaler Inhalt von Dreieck OPQ; welche Art Extremum liegt vor? d) Tangente von $T(5\|0)$ an K_1; bestimme Abszissen der Berührpunkte; Tangenten von T an K_t: Für welches t existiert genau eine Tangente?

Aufgabe	Funktion	Inhalt der Aufgabe
94/1	$f_t(x) = tx^3 - 3(t+1)x$; $x \in \mathbb{R}$; $t \in \mathbb{R}$; Schaubild K_t	a) K_1: Symmetrie; Punkte mit x-Achse, Extrem- und Wendepunkte; Schaubild K_1; Inhalt zwischen K_1 und positiver x-Achse b) Flächeninhalt A(t) für $t > 0$ zwischen K_t und positiver x-Achse. Nachweis eines absoluten Minimums c) Schnittpunkte von K_1 mit K_t; $t = ?$, damit sich K_1 und K_t othogonal schneiden. d) Für welche $t \in \mathbb{R}$ hat K_t keine Extrempunkte?
94/2	$f(x) = \frac{x^3 + x^2 + 4}{2x^2}$; $x \neq 0$; Schaubild K; $g(x) = ax^2 + bx + c$; Schaubild G	a) Untersuchung von K: Asymptoten; H, T, W; Nachweis: $x = -2$ ist Nullstelle; Schaubild K b) Flächeninhalt zwischen K und x-Achse im 2. Feld. Existiert ein Grenzwert? c) Gibt es eine Parabel G, die K in zwei gegebenen Punkten berührt? d) Die Geradenschar $y = 0{,}5x + t$ schneidet K in 2 Punkten; es entstehen 2 Dreiecke, deren Inhaltsgleichheit nachzuweisen ist.
94/3	$f(x) = x^2 \cdot e^{-x}$; $x \in \mathbb{R}$; $g(x) = e^{-x}$; $x \in \mathbb{R}$; Schaubilder K und C; $T(x) = 10 + 13 \cdot \left(1 - e^{-\frac{x-335}{2000}}\right)$	a) Untersuchung von K auf Achsenschnittpunkte und Extremwerte; Schaubilder von K und C b) Schnittpunkte von K und C; maximaler Abstand von 2 Punkten auf K und C, die auf einer Parallelen zur y-Achse liegen. c) Wachstumsproblem: Zunahme der Temperatur T durch den CO_2-Anteil der Atmosphäre mit einer Modellvorstellung über den Zusammenhang von CO_2-Anteil x und T. Welchen Grenzwert kann T bei beliebig fortschreitender Zeit erreichen?

a) Eine Parabel 3. Ordnung geht durch den Ursprung und hat an den Stellen $x_1 = 0$ und $x_2 = 4$ zueinander parallele Tangenten.
An der Stelle $x_3 = 1$ besitzt sie eine waagrechte Tangente.
Die x-Achse im Bereich $0 \leqq x \leqq 1$, die Gerade $x = 1$ und die Parabel, welche in diesem Bereich im 1. Feld verläuft, schließen eine Fläche mit dem Inhalt $\frac{11}{4}$ ein.
Bestimmen Sie die Gleichung der Parabel.

b) Zu jedem $t > 0$ ist durch $f_t(x) = t^2x^3 - 6tx^2 + 9x$; $x \in \mathbb{R}$ eine Funktion f_t gegeben. Ihr Schaubild sei K_t.
Untersuchen Sie K_t auf Schnittpunkte mit den Achsen sowie auf Extrempunkte und auf Wendepunkte.
Zeichnen Sie die Kurve K_1 im Bereich $0 \leqq x \leqq 4$. (LE 2 cm)

c) Geben Sie die Gleichung der Kurve an, auf der die Wendepunkte W_t aller Kurven K_t aus Teilaufgabe b) liegen.
Weisen Sie nach, daß alle Wendetangenten zueinander parallel sind.
Für jedes $t > 0$ geht eine Gerade g_t durch den Hochpunkt und den Tiefpunkt von K_t.
Wie lautet die Gleichung dieser Geraden g_t?
Zeigen Sie, daß der Wendepunkt W_t ebenfalls auf dieser Geraden g_t liegt.

d) Durch den Punkt $P(r|0)$ mit $0 < r < 2$ und den Hochpunkt von K_1 aus Teilaufgabe b) geht eine Gerade. Diese Gerade teilt die von der Kurve K_1 und der x-Achse eingeschlossene Fläche in zwei Teile.
Bestimmen Sie r so, daß die Fläche halbiert wird.

Lösungshinweise:

a) Beim Ansetzen der Parabelgleichung dritter Ordnung wird man auf das Absolutglied verzichten. Warum? Für die drei zu bestimmenden Koeffizienten sind drei Bedingungen zu formulieren. Welche Eigenschaft haben parallele Tangenten, welche haben waagrechte Tangenten? Welche aus f zu bestimmende Funktion wird bei der Flächeninhaltsberechnung benötigt? Um zu einer Gleichung für die Koeffizienten zu kommen, braucht man außer der Maßzahl für den Inhalt auch die Grenzen. Sie sind bekannt. Drei lineare Gleichungen sind zu lösen. Eine der Gleichungen hat nur zwei Variable. Wie wird man das ausnutzen?

b) Von der Funktionenschar f_t sind die Ableitungen für die Untersuchung nötig. Stelle sie voran. Beim Nullsetzen von Polynomen an das Ausklammern denken und Produkte bilden. Wann wird ein Produkt null? Was besagt es, wenn sich zwei „zusammenfallende" gemeinsame Punkte mit der x-Achse ergeben? Wie viele Extrempunkte kann eine Parabel dritter Ordnung höchstens haben? Wie ist es bei den Wendepunkten? Vergleiche K_1 mit der Kurve von Teilaufgabe a).

c) Jede Parabel dritter Ordnung hat genau einen Wendepunkt. Bei einer Funktionenschar hängen seine Koordinaten vom Scharparameter ab. Wie erhält man eine Parameterdarstellung für die Kurve, auf der die Wendepunkte liegen, wie daraus deren Gleichung? Sind alle Punkte der Kurve auch Wendepunkte? An welcher Eigenschaft erkennt man die Parallelität zweier Tangenten? Bestimme diese Eigenschaft für die Schar der Wendetangenten. Was fällt auf? Mit welcher Form der Geradengleichung erhält man die Gleichung durch H_t und T_t? Wie läßt sich nachweisen, daß der Wendepunkt auf dieser Geraden liegt?

d) Man muß sich den Sachverhalt am Schaubild K_1 (Kurve aus a)) klarmachen. Welche drei Flächenstücke spielen eine Rolle? Welche Inhalte sind zu bestimmen und zur Berechnung von r in eine Gleichung zu bringen? Wie entscheidet man, ob P rechts oder links von $H_0(1|0)$ liegt, damit man weiß, ob der Dreiecksinhalt addiert oder subtrahiert werden muß? Formuliere mit den Inhalten eine Gleichung für die Variable r.

Lösung:

a) **Herleitung der Parabelgleichung**

Ansatz ohne Absolutglied, da die Parabel durch $O(0|0)$ verläuft, mit den drei zu bestimmenden Koeffizienten a, b, c.

A

$f(x) = ax^3 + bx^2 + cx.$ Benötigt wird die 1. Ableitung:

$f'(x) = 3ax^2 + 2bx + c.$ Dazu eine Stammfunktion von f mit

$F(x) = \frac{ax^4}{4} + \frac{bx^3}{3} + \frac{cx^2}{2}.$

Aufstellen des Gleichungssystems für a, b, c aus drei Bedingungen:

1. Parallelität zweier Tangenten:
   $f'(0) = f'(4)$ gibt $48a + 8b + c = c$
2. Waagrechte Tangente:
   $f'(1) = 0$ gibt $3a + 2b + c = 0$
3. Flächeninhalt zwischen $x = 0$ und $x = 1$:
   $[F(x)]_0^1 = \frac{11}{4}$ gibt $\frac{a}{4} + \frac{b}{3} + \frac{c}{2} = \frac{11}{4}$

Lösen des linearen Gleichungssystems

Man schreibt die Gleichungen nennerfrei, bringt sie in eine passende Reihenfolge und formt dann das System äquivalent um. Dabei wird mit dem Gaußverfahren eine Dreiecksform hergestellt, der man die Werte für a, b, c entnehmen kann.

$$\begin{array}{rcr|r} 3a + 4b + 6c &=& 33 & -1 \\ 3a + 2b + c &=& 0 & 6 \\ 6a + b &=& 0 & \\ \hline 3a + 4b + 6c &=& 33 & \\ 15a + 8b &=& -33 & -1 \\ 6a + b &=& 0 & 8 \\ \hline 3a + 4b + 6c &=& 33 & \\ 15a + 8b &=& -33 & \\ 33a &=& 33 & \\ \hline \end{array}$$

$$a = 1$$

$$b = \frac{-33 - 15}{8} = -6$$

$$c = \frac{33 + 24 - 3}{6} = 9$$

Damit ist die Parabelgleichung $y = x^3 - 6x^2 + 9x$.

b) **Untersuchung von K_t**

1. Ableitungen der Funktion f_t

$f_t(x) = t^2x^3 - 6tx^2 + 9x$
$f_t'(x) = 3t^2x^2 - 12tx + 9$
$f_t''(x) = 6t^2x - 12t$

2. Gemeinsame Punkte mit den Koordinatenachsen

Mit der y-Achse:
Da $f_t(0)=0$ ist, erhält man mit $f_t'(0)=9$ den Punkt $M(0|0;9)=O$.
Mit der x-Achse:
Aus der Bedingung $f_t(x)=0$ folgt
$x(t^2x^2-6tx+9)=0$.
Als Lösungen erhält man $x=0$ oder $x=\frac{3t\pm\sqrt{9t^2-9t^2}}{t^2}$, also $x_1=0$, $x_2=\frac{3}{t}$.

Damit die zwei gemeinsamen Punkte $N_1(0|0;9)=M$ sowie $N_2\left(\frac{3}{t}\middle|0;0\right)$.

Die quadratische Gleichung hat eine Doppellösung, zwei Schnittpunkte mit der x-Achse fallen gewissermaßen zusammen. Das weist darauf hin, daß N_2 ein Berührpunkt ist. Dies wird bestätigt durch $f'\left(\frac{3}{t}\right)=0$.

Bringt man $f_t(x)$ in die Form $f_t(x)=t^2x\cdot\left(x-\frac{3}{t}\right)^2$, sieht man unmittelbar, daß für positive x-Werte und $x\neq\frac{3}{t}$ der Funktionswert $f_t(x)$ immer positiv ist.
Somit ist N_2 ein Tiefpunkt von K_t.

3. Extrempunkte und Wendepunkte

Extrempunkte

$f_t'(x)=0$ führt auf $3t^2x^2-12tx+9=0$ mit $x=\frac{2t\pm t}{t^2}$.

Man erhält die Extremstellen $x_3=\frac{1}{t}$; $x_4=\frac{3}{t}$.
Es ist $f_t''\left(\frac{1}{t}\right)=-6t<0$ und $f_t''\left(\frac{3}{t}\right)=+6t>0$ (für $t>0$).
Es gibt also den **Hochpunkt** $H_t\left(\frac{1}{t}\middle|\frac{4}{t}\right)$ und den **Tiefpunkt** $N_2=T_t\left(\frac{3}{t}\middle|0\right)$.

Wendepunkte

$f_t''(x)=0$ führt auf $6t^2-12t=0$ mit $x_w=\frac{2}{t}$.

Da $f_t\left(\frac{2}{t}\right)=\frac{2}{t}$ ist, sich $f_t'\left(\frac{2}{t}\right)=-3$ und $f_t'''\left(\frac{2}{t}\right)=6t^2\neq0$ ergeben,

ist $W_t\left(\frac{2}{t}\middle|\frac{2}{t};-3\right)$ Wendepunkt von K_t.

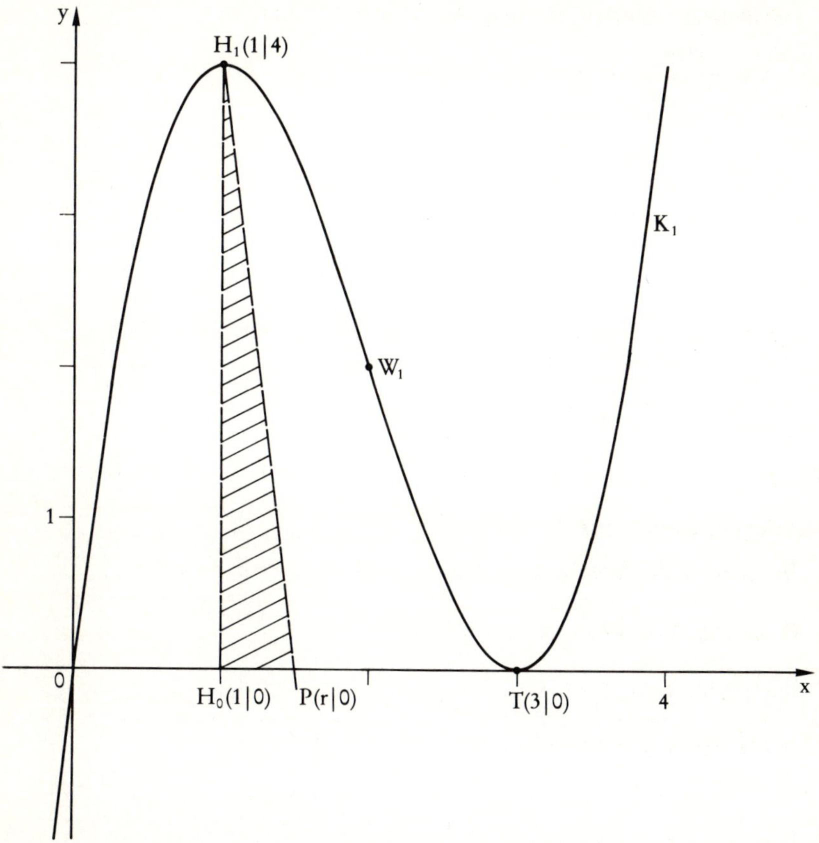

c) **Wendepunktprobleme**

1. Kurve, auf der alle Wendepunkte liegen

Aus $W_t\left(\frac{2}{t}\middle|\frac{2}{t}\right)$ erhält man eine Parameterdarstellung der Kurve.

Sie lautet $\begin{cases} x=\frac{2}{t} \\ y=\frac{2}{t} \end{cases}$ für $t>0$; Elimination von t gibt die Geradengleichung $y=x$.

Alle Wendepunkte liegen auf der ersten Winkelhalbierenden.
Der Ort aller Wendepunkte ist aber $y=x$ für $x>0$.

2. Parallelität der Wendetangenten

Wir fanden schon $f_t'\left(\frac{2}{t}\right) = -3$ unabhängig von t. Alle Wendetangenten haben die gleiche Steigung -3 und sind somit parallel.

3. Gerade g_t durch H_t und T_t

Die Steigung m_t von g_t ist $m_t = \frac{\frac{4}{t}}{-\frac{2}{t}} = -2$. Mit der Punktsteigungsform ergibt sich damit g_t: $y = -2\left(x - \frac{3}{t}\right) + 0$ bzw. $y = -2x + \frac{6}{t}$ für $t > 0$.

Die Wendetangenten sind alle parallel.

Punktprobe für $W_t\left(\frac{2}{t}\middle|\frac{2}{t}\right)$: Es gilt $\frac{2}{t} = -2 \cdot \frac{2}{t} + \frac{6}{t} = \frac{2}{t}$.

W_t liegt auf der Geraden g_t.

d) Halbierungsgerade für die Fläche im 1. Feld

1. Berechung des Inhalts zwischen K_1 und der x-Achse

Er beträgt $A_1 = \int_0^3 (x^3 - 6x^2 + 9x)\,dx = \left[\frac{x^4}{4} - 2x^3 + \frac{9}{2}x^2\right]_0^3 = \frac{27}{4}$.

Die Hälfte davon beträgt $\frac{1}{2}A_1 = \frac{27}{8}$.

2. Inhalt A_2 begrenzt von K_1, der x-Achse und der Geraden durch H_1 mit der Gleichung $x = 1$. Er ist in Teilaufgabe a) vorgegeben mit $A_2 = \frac{11}{4} = \frac{22}{8}$.

Der Inhalt A_2 ist also kleiner als $\frac{1}{2}A_1 = \frac{27}{8}$.

Die Gerade durch H_1 und P muß also so liegen, daß noch ein Flächenstück zu A_2 hinzugefügt werden muß, damit sich $\frac{1}{2}A_1$ ergibt.

Dies ist ein Dreieck, dessen Ecke $P(r\,|\,0)$ rechts von $H_0(1\,|\,0)$ liegt.

3. Inhalt A_3 des Dreiecks H_1H_0P: Es ist $A_3 = \frac{1}{2}(r-1) \cdot 4$.

4. Gleichung für r

Aus $\frac{1}{2}A_1 = A_2 + A_3$ erhält man die Gleichung für r:

$\frac{27}{8} = \frac{11}{4} + 2(r-1)$ bzw. $2r - 2 = \frac{5}{8}$; daraus $r = \frac{21}{16}$.

Zu jedem $t>0$ ist eine Funktion f_t gegeben durch

$f_t(x)=\frac{4x-2t}{x^2}$; $x \neq 0$.

Ihr Schaubild sei K_t.

a) Untersuchen Sie K_2 auf Schnittpunkte mit der x-Achse, Hoch-, Tief- und Wendepunkte sowie auf Asymptoten.
Zeichnen Sie K_2 im Bereich $0<x\leqq 6$. (Querformat; LE 2 cm)

b) Die Wendetangente von K_2 bildet mit den Koordinatenachsen ein Dreieck. Bei Drehung dieses Dreiecks um die x-Achse bzw. um die y-Achse entsteht jeweils ein Kegel mit Rauminhalt V_x bzw. V_y.
Bestimmen Sie das Verhältnis $V_x : V_y$.

c) Zeigen Sie: Die Kurve C mit der Gleichung $y=\frac{4}{x}$; $x \neq 0$ schneidet keine der Kurven K_t.
Die Kurven C und K_t sowie die Geraden $x=t$ und $x=z$ mit $z>t$ umschließen eine Fläche mit dem Inhalt $A_t(z)$.
Für welches z ist $A_t(z)=1$?
Geben Sie $\lim\limits_{z \to \infty} A_t(z)$ an.

d) Die Gerade $y=v$ mit $0<v<\frac{2}{t}$ schneidet die y-Achse in S und die Kurve K_t in den Punkten P und Q, wobei $x_P<x_Q$ sei.
Bestimmen Sie v so, daß P die Strecke SQ halbiert.

Lösungshinweise:

a) Es werden nur die Ableitungen der Funktion f_2 für die Kurvenuntersuchung von K_2 gebraucht. Forme den Funktionsterm so um, daß die Quotientenregel vermieden werden kann. Beim Nullsetzen nach der Regel: „Ein Bruch wird null, wenn der Zähler null und der Nenner nicht null wird", wird man wieder die Form mit einem Bruchstrich herstellen. Die Untersuchung auf Asymptoten muß sich auf Polgeraden und andere erstecken. Welche Regeln für gebrochenrationale Funktionen helfen?

b) Dasselbe Dreieck dreht sich einmal um die x-Achse und dann einmal um die y-Achse. Welche zwei Größen der Kegelinhaltsformel werden dabei vertauscht? Was ergibt sich mit dieser Einsicht für $V_x : V_y$? Nur welche zwei Größen sind also zu bestimmen? Mit den Ergebnissen von a) erhält man die Gleichung der Wendetangente. Daraus folgen die Schnittpunkte mit den Koordinatenachsen.

c) Wie läßt die Schnittbedingung $f_t(x)=\frac{4}{x}$ erkennen, daß es keine Schnittpunkte gibt? Verläuft C oberhalb oder unterhalb von K_t? Wie wird man also das Integral für die Inhaltsberechnung zweckmäßig ansetzen? Für $z \to \infty$ erhält man ein Ergebnis, in dem die Variable t nicht mehr vorkommt. Was besagt dies?

d) Man mache sich das Problem an einer Skizze klar. Zur Geraden mit der Gleichung $y=v$ benötigt man die Abszissen x_P und x_Q der Punkte P und Q. Welche Gleichung ergibt sich als Schnittbedingung? Welche Beziehung muß zwischen den beiden Lösungen x_P und x_Q bestehen? Es gibt zwei Möglichkeiten. Die etwas aufwendige Rechnung erfordert noch eine Probe am Schluß. Warum? Ein anderer Lösungsweg ist gegeben, wenn man sich an den Satz von Vieta erinnert, bei dem die Lösungen in Beziehungen zu den Koeffizienten der quadratischen Gleichung stehen. Rechnet man $(x-x_P)\cdot(x-2x_P)=0$ aus und macht einen Koeffizientenvergleich mit der Schnittbedingung, dann erhält man zwei Gleichungen, aus denen sich v und x_P bestimmen lassen.

Lösung:

a) **Kurvenuntersuchung von K_2**

1. Ableitungen für t=2

$$f_2=4\cdot\frac{x-1}{x^2}=4\cdot\left(\frac{1}{x}-\frac{1}{x^2}\right) \text{ für } x\in\mathbb{R}^+$$

$$f_2'(x)=4\cdot\left(-\frac{1}{x^2}+\frac{2}{x^3}\right)=4\cdot\frac{2-x}{x^3}$$

$$f_2''(x)=4\cdot\left(\frac{2}{x^3}-\frac{6}{x^4}\right)=8\cdot\frac{x-3}{x^4}$$

$$f_2'''(x)=4\cdot\left(-\frac{6}{x^4}+\frac{24}{x^5}\right)=24\cdot\frac{4-x}{x^5}$$

2. Schnittpunkte mit den Achsen

$f_2(x)=0$ führt auf $\frac{x-1}{x^2}=0$, da $x\neq 0$ ist auch $x-1=0$. Wegen $f_2'(1)=4$ ist $N_2(1|0;4)$. Die y-Achse wird von K_2 wegen $x>0$ nicht erreicht.

3. Extrempunkte

$f_2'(x)=0$ gibt die eine Lösung $x=2$. Mit $f_2(2)=1$ und $f_2''(2)<0$ gibt es den **Hochpunkt** $H_2(2|1)$.

4. Wendepunkte mit Steigung

$f_2''(x)=0$ gibt die eine Lösung $x=3$. Mit $f_2(3)=\frac{8}{9}$, $f_2'(3)=-\frac{4}{27}$ und $f_2'''(3)\neq 0$ existiert der einzige **Wendepunkt** $W_2\left(3\left|\frac{8}{9};-\frac{4}{27}\right.\right)$.

5. Asymptoten von K_2

Polgerade: Für $x\to 0$ strebt $f_2(x)\to -\infty$. Also Asymptote $x=0$ o.Z.W.
Andere Asymptoten: Es gilt: Ist bei einer gebrochenrationalen Funktion der Grad des Zählers kleiner als der des Nenners, dann ist die x-Achse waagrechte Asymptote.
Anderer Weg: $\lim\limits_{z\to\infty} f_2(x)=4\cdot\lim\limits_{z\to\infty}\left(\frac{1}{x}-\frac{1}{x^2}\right)=0.$

Asymptoten sind also die x-Achse und y-Achse für $y<0$.

6. Schaubild von K_2

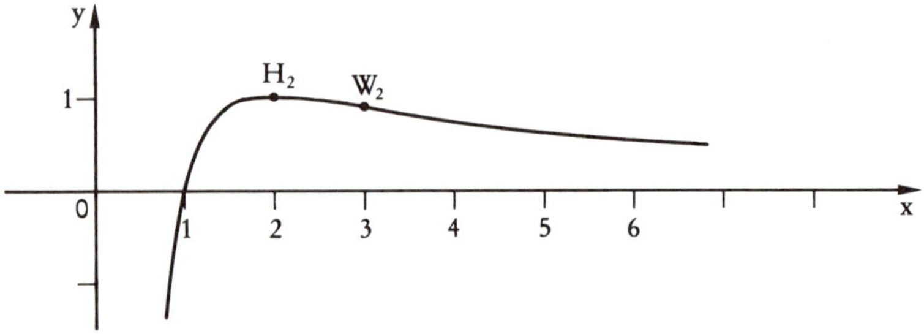

Nicht verlangte **Ergänzung:**

Für beliebige K_t $(t>0)$ erhält man $N_t\left(\frac{t}{2}\middle|0;\frac{16}{t^2}\right)$; $H_t\left(t\middle|\frac{2}{t}\right)$; $W_t\left(\frac{3t}{2}\middle|\frac{16}{9t};\frac{-16}{27t^2}\right)$.

Der Wendepunkt wird in Teilaufgabe d) interessant.

b) Verhältnis zweier Kegelinhalte

Gleichung der Wendetangente in $W_2\left(3\middle|\frac{8}{9};-\frac{4}{27}\right)$ ist

$y=-\frac{4}{27}(x-3)+\frac{8}{9}=-\frac{4}{27}x+\frac{4}{3}$.

Ihre Achsenschnittpunkte sind $S_y\left(0\middle|\frac{4}{3}\right)$ und $S_x(9|0)$.

Mit der Formel für den Kegelinhalt $V=\frac{1}{3}\pi r^2h$ ergibt sich bei Drehung um die x-Achse mit $r=\frac{4}{3}$ und $h=9$

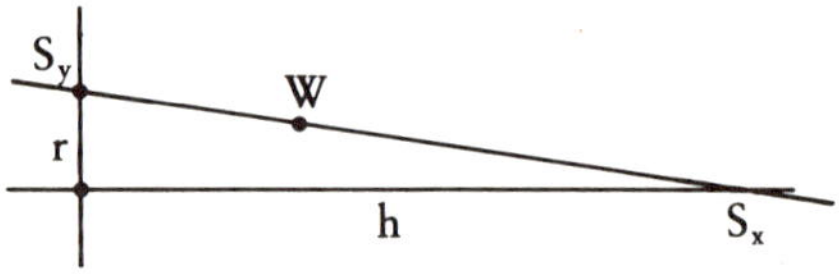

$V_x=\frac{1}{3}\pi\cdot\frac{16}{9}\cdot 9=\frac{16}{3}\pi$.

Bei Drehung um die y-Achse ist $r=9$ und $h=\frac{4}{3}$. Damit wird

$V_y=\frac{1}{3}\pi\cdot 81\cdot\frac{4}{3}=36\pi$.

Das Verhältnis $\frac{V_x}{V_y}=\frac{\frac{16\pi}{3}}{36\pi}=\frac{4}{27}$.

A

Kürzer erhält man das Ergebnis, wenn man beachtet, daß zu $V_x=\frac{1}{3}\pi r^2 h$ das Volumen $V_y=\frac{1}{3}\pi h^2 r$ gehört. Damit wird mit $r=\frac{4}{3}$ und $h=9$ auch $\frac{V_x}{V_y}=\frac{r}{h}=\frac{4}{3\cdot 9}=\frac{4}{27}$.

c) **Flächenberechnung**

1. C und K_t haben keine gemeinsamen Punkte

Die Schnittbedingung ist $(t>0,\ x\neq 0)$

$\frac{4}{x}=\frac{4}{x}-\frac{2t}{x^2}$ bzw. $\frac{2t}{x^2}=0$.

Für kein $t>0$ existiert eine Lösung. Für alle $t>0$ verläuft C über K_t.

C: $y=\frac{4}{x}$

K_3: $y=\frac{4x-6}{x^2}$

Beispiel: $t=3$; $z=6$

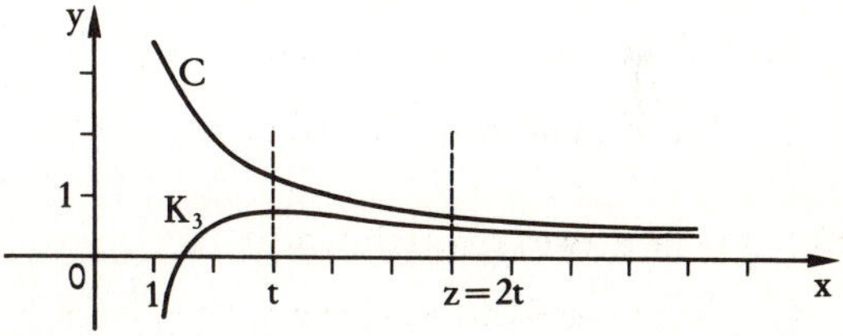

2. Berechnung des Inhalts $A_t(z)$

Zweckmäßig macht man, weil C über K_t verläuft, den Ansatz

$$A_t(z)=\int_t^z\left(\frac{4}{x}-\left(\frac{4}{x}-\frac{2t}{x^2}\right)\right)dx=\int_t^z\frac{2t}{x^2}dx=\left[-\frac{2t}{x}\right]_t^z$$

$$=\left[-\frac{2t}{z}\right]-[-2]=2-\frac{2t}{z}.$$

Hätte man $A_t(z)=\int_t^z\left(\frac{4}{x}-\frac{2t}{x^2}-\frac{4}{x}\right)dx$ angesetzt, dann hätte sich $A_t(z)=\frac{2t}{z}-2$ ergeben. Wegen $z>t$ wird dieses $A_t(z)$ negativ. Ein Flächeninhalt ist aber immer positiv. Man muß dann $\left|\frac{2t}{z}-2\right|$ betrachten.

3. z aus $A_t(z)=1$

Gleichung für z: $2-\frac{2t}{z}=1$, also $z=2t$.

Für die Kurve K_2 wäre $z=4$, für K_3 wäre $z=6$ (s. obenstehende Figur).

4. Grenzwert: $\lim\limits_{z\to\infty} A_t(z) = \lim\limits_{z\to\infty}\left(2-\frac{2t}{z}\right)=2$

Der Grenzwert ist unabhängig von t immer 2. Man muß aber bedenken, daß die untere Grenze t mit dem Verlauf der Kurve K_t zusammenhängt, die man für die Flächenberechnung gewählt hat.

d) Halbierung einer Strecke auf der Geraden y = v durch K_t

1. Grundüberlegung

Die Lösungen x_P und x_Q der Schnittbedingung $f_t(x)=v$ müssen die zusätzliche Bedingung $x_Q=2x_P$ erfüllen.
Die Schnittbedingung ist

$$\frac{4x-2t}{x^2}=v \quad \text{bzw.} \quad vx^2-4x+2t=0 \quad \text{bzw.} \quad x^2-\frac{4}{v}x+\frac{2t}{v}=0. \qquad (1)$$

2. Erste Lösungsmöglichkeit

Die Gleichung $vx^2-4x+2t=0$ hat die Lösungen

$$x_P=\frac{2-\sqrt{4-2vt}}{v} \quad \text{oder} \quad x_Q=\frac{2+\sqrt{4-2vt}}{v}.$$

Für $4-2vt>0$ bzw. $v<\frac{2}{t}$ existieren beide Lösungen. $v<\frac{2}{t}$ ist durch die Aufgabe vorgeschrieben, denn $\frac{2}{t}$ ist die Ordinate des Hochpunktes von K_t.

Die Forderung $2x_P=x_Q$ gibt die Gleichung für v:

$\frac{4-2\sqrt{4-2vt}}{v}=\frac{2+\sqrt{4-2vt}}{v}$. Da $v>0$ ist (Asymptote!), gilt

$3\cdot\sqrt{4-2vt}=2$ (*). Quadrieren (keine Äquivalenzumformung) gibt

$9(4-2vt)=4$. Daraus

$$v=\frac{16}{9t}.$$

Da ab Gleichung (*) keine Äquivalenzumformung vorliegt, ist die Probe unerläßlich: Die linke Seite ergibt

$3\cdot\sqrt{4-2\cdot\frac{16}{9t}\cdot t}=3\cdot\sqrt{\frac{36-32}{9}}=3\cdot\frac{2}{3}=2$. Übereinstimmung mit rechts.

Für $t=2$ wird $v=\frac{8}{9}$. Mit x_P und x_Q erhält man $P_2\left(\frac{3}{2}\middle|\frac{8}{9}\right)$ und $Q_2\left(3\middle|\frac{8}{9}\right)$.

A

3. Zweite Lösungsmöglichkeit

Für eine quadratische Gleichung mit den Lösungen $x=x_P$ und $x=2x_P$ gilt $(x-x_P)\cdot(x-2x_P)=0$ oder $x^2-3x_Px+2x_P^2=0$.

Der Koeffizientenvergleich mit Gleichung (1) gibt die beiden Beziehungen $3x_P=\frac{4}{v}$ und $2x_P^2=\frac{2t}{v}$. Da v in Abhängigkeit von t gesucht ist, eliminiert man x_P. Aus der ersten Beziehung folgt $x_P=\frac{4}{3v}$, dies in die zweite eingesetzt, gibt folgende Gleichung für v:

$\frac{2t}{v}=2\cdot\frac{16}{9v^2}$, d.h.,

$9tv^2=16v$ bzw.

$v(9tv-16)=0$.

Daraus $v=0$

oder $v=\frac{16}{9t}$.

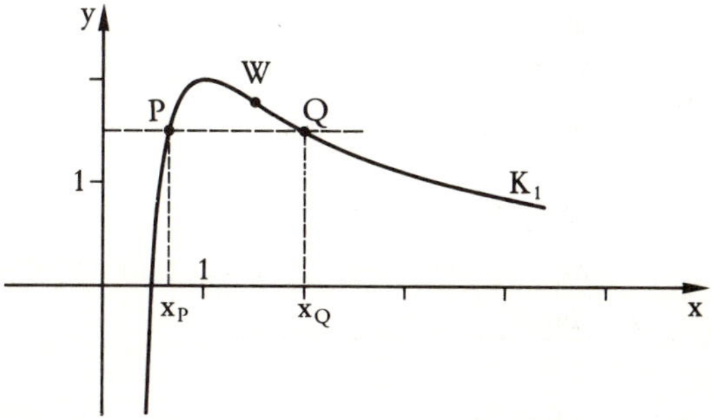

$v=0$ scheidet aus, da in der Aufgabe $0<v<\frac{v}{t}$ vorgegeben ist.

Die Punkte P_t und Q_t erhält man mit dem eliminierten x_P zu

$P_t\left(\frac{3t}{4}\middle|\frac{16}{9t}\right)$ und $Q_t\left(\frac{3t}{2}\middle|\frac{16}{9t}\right)$.

Für $t=2$ ergibt sich damit als Parallele zur x-Achse die Gerade mit der Gleichung $y=\frac{8}{9}$. Sie schneidet die gezeichnete Kurve K_2 in

$P_2\left(\frac{3}{2}\middle|\frac{8}{9}\right)$ sowie $Q_2\left(3\middle|\frac{8}{9}\right)$.

Bemerkung:

Berechnet man die Koordinaten des Wendepunktes W_t von K_t (s. nach a) 6.), dann erkennt man, daß der Punkt Q_t mit W_t übereinstimmt.

Gegeben ist die Funktion f durch

$f(x)=e^{-\frac{1}{4}x+2}$; $x \in \mathbb{R}$. Ihr Schaubild sei K.

a) K schneidet die y-Achse im Punkt S.
Berechnen Sie die Koordinaten von S.
Geben Sie die Asymptote von K an.
Bestimmen Sie die Gleichung der Tangente t in S.
Zeichnen Sie die Kurve K und die Tangente t im Bereich $0 \leqq x \leqq 10$. (LE 1 cm)

b) Die Kurve K schließt mit den Koordinatenachsen und der Geraden $x=u$ mit $u>0$ eine Fläche ein.
Berechnen Sie deren Inhalt A(u).
Für $u \to \infty$ erhält man eine ins Unendliche reichende Fläche mit dem Inhalt A.
Bestimmen Sie A.
Zeigen Sie, daß die Tangente t aus Teilaufgabe a) diese Fläche mit dem Inhalt A in zwei inhaltsgleiche Teile zerlegt.

c) $P(u|v)$ mit $u>0$ sei ein Punkt auf der Kurve K. Die Kurventangente in P bildet mit den Koordinatenachsen ein Dreieck.
Bestimmen Sie die Koordinaten des Punktes P so, daß dieses Dreieck gleichschenklig ist.
Die Parallelen zu den Koordinatenachsen durch einen Kurvenpunkt $Q(s|r)$ mit $s>0$ begrenzen mit den Achsen ein Rechteck.
Bestimmen Sie die Koordinaten von Q so, daß der Umfang dieses Rechtecks ein relatives Minimum annimmt.

d) Ein radioaktives Präparat zerfällt nach dem Gesetz
$g(t)=e^{k \cdot t+b}$.
Dabei gibt g(t) die Masse der radioaktiven Substanz in Gramm zum Zeitpunkt t Tage nach Beginn der Beobachtung an.
Zu Beginn der Beobachtung ($t=0$) sind 20 g radioaktive Substanz vorhanden.
Nach 21 Tagen sind nur noch 2,5 g dieser radioaktiven Substanz übrig.
Bestimmen Sie k und b.
Nach wieviel Tagen ist nur noch 1 % der ursprünglichen Masse der radioaktiven Substanz vorhanden?
Bestätigen Sie, daß von der zu einem beliebigen Zeitpunkt vorhandenen Masse dieser radioaktiven Substanz nach 14 Tagen $\frac{3}{4}$ zerfallen ist.

Lösungshinweise:

a) Für manche Überlegungen ist es vorteilhafter die Form $f(x)=e^2\cdot e^{-\frac{1}{4}x}$ zu verwenden, etwa beim Aufsuchen des Schnittpunktes mit der y-Achse. Beim Ableiten das Minuszeichen im Exponenten nicht übersehen! Beim Bestimmen von Sonderpunkten ist es immer nützlich, gleich die Steigung mit zu notieren. Das bewährt sich bei der Tangente in S. Verwende den Ansatz $y=m(x-x_S)+y_S$. Wo wird die x-Achse geschnitten? Mit welchem Grenzwert erhält man die Asymptote?

b) Mit welcher Form von f(x) läßt sich einfacher integrieren? Bei der Grenzwertbetrachtung den bekannten Grenzwert $\lim\limits_{x\to\infty} e^{-x}=0$ verwenden. Wenn $x\to\infty$ strebt, was geschieht dann mit $\frac{1}{4}x$? Auf welche elementare Weise wird man den Dreiecksinhalt bestimmen?

c) Das Dreieck der Tangente mit den Koordinatenachsen ist rechtwinklig bei O. Für welche Lage der Tangente ist es gleichschenklig? Welche Bedingung folgt daraus für die Abszisse u von P? Mit was für einer Rechenart läßt sich eine Variable im Exponenten bestimmen?
Denke an: $e^{g(x)}=c$ ist äquivalent zu $g(x)=\ln c$.
Überlege, ob bei der Extremwertaufgabe nicht doch die ursprüngliche Form von f(x) vorteilhafter ist? Wodurch wird ein relatives (lokales) Minimum gesichert?

d) Es sind die zwei Variablen k und b zu bestimmen. Wieviel zusammengehörige Paare (t; g(t)) sind also zum Aufstellen der Bestimmungsgleichungen notwendig? Mit welchem Paar wird man beginnen, weil die Gleichung nur eine der gesuchten Variablen enthält? Verwende bei der Prozentrechnung: „1 % von g(t) ist dasselbe wie $\frac{1}{100}\cdot g(t)$". Bei der letzten Frage in d) ist zu beachten, daß sie für einen beliebigen Zeitpunkt t gilt. Es ist also festzustellen, wieviel Substanz noch zur Zeit t + 14 vorhanden ist. Unterscheide auch sorgfältig: Welche Masse ist noch vorhanden und welche ist zerfallen? Welche dieser Größen gibt das Zerfallsgesetz an?

Lösung:

a) Kurvenuntersuchung von K

1. Ableitungen

Es ist vorteilhafter, für manche Überlegungen f(x) in der Form

$f(x)=e^2\cdot e^{-\frac{1}{4}x}$; $x\in\mathbb{R}$ zu verwenden.

Es ergibt sich

$f(x)=e^2\cdot e^{-\frac{1}{4}x}$; $f'(x)=-\frac{1}{4}e^2\cdot e^{-\frac{1}{4}x}$; $f''(x)=\frac{1}{16}e^2\cdot e^{-\frac{1}{4}x}$.

2. Schnittpunkt mit der y-Achse

Der Schnittpunkt sei $S(0|y_S)$, dann ist $y_S=f(0)=e^2$. Mit $f'(0)=-\frac{e^2}{4}\approx-1{,}85$ wird $S\left(0|e^2;-\frac{e^2}{4}\right)\approx S(0|7{,}39;-1{,}85)$.

3. Asymptoten von K

Polgeraden gibt es keine, denn f(x) ist beschränkt für endliche x. Asymptote ist die positive x-Achse $y=0$ für $x>0$, denn

$\lim\limits_{x\to\infty} e^2\cdot e^{-\frac{1}{4}x}=e^2\cdot\lim\limits_{x\to\infty} e^{-\frac{1}{4}x}=0.$

4. Tangente t in S

Es gilt $y=f'(x_S)\cdot(x-x_S)+y_S$. Damit wird

$$t:\ y=-\frac{e^2}{4}(x-0)+e^2=-\frac{e^2}{4}x+e^2.$$

Die Gerade t geht durch $S(0|e^2)$ und auf der x-Achse durch $T(4|0)$.

5. Schaubild von K

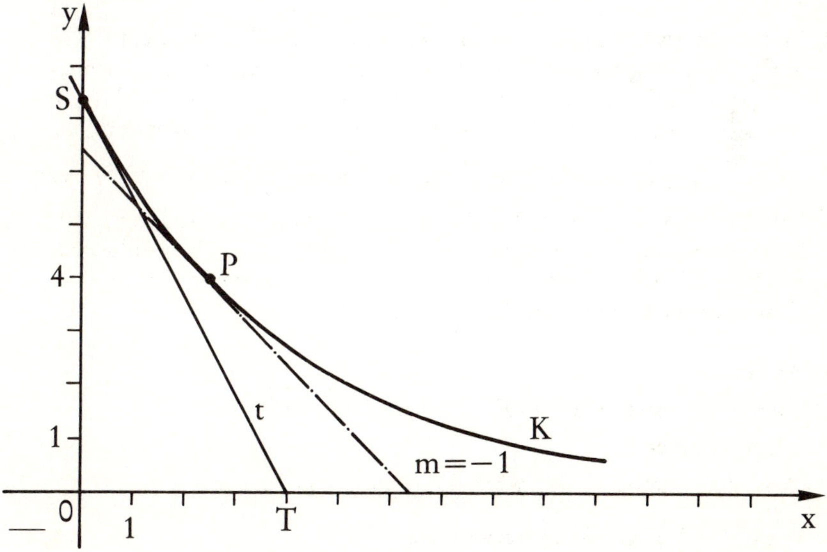

b) Flächenberechnung

1. Flächeninhalt A(u) zwischen K, x-Achse, sowie x=0 und x=u ist

$$A(u)=\int_0^u e^2\cdot e^{-\frac{1}{4}x}\,dx=\left[-4e^2\cdot e^{-\frac{1}{4}x}\right]_0^u=-4e^2\left(e^{-\frac{1}{4}u}-1\right)$$

$$=4e^2\left(1-e^{-\frac{1}{4}u}\right).$$ Da $\lim\limits_{u\to\infty} e^{-\frac{1}{4}u}=0$ ist, erhält man

$$A=\lim_{u\to\infty}A(u)=4e^2.$$

2. Vergleich mit dem **Dreiecksinhalt** A^* des Dreiecks, das die Tangente t mit den Koordinatenachsen einschließt. Es ist

$A^*=\frac{1}{2}\cdot x_T\cdot y_S=\frac{1}{2}\cdot 4e^2=2e^2$, also $A^*=\frac{1}{2}A$.

c) Ein Dreiecks- und ein Rechtecksproblem

1. Gleichschenkliges Tangentendreieck

Die Steigung der Tangente in P(u | v) muß −1 sein, dann sind die Basiswinkel des rechtwinkligen Dreiecks beide 45°. Das Dreieck ist gleichschenkligrechtwinklig.

In P, also für x=u, wird $f'(u)=-\frac{1}{4}e^2\cdot e^{-\frac{1}{4}u}$. Damit Gleichung für u, aus der u durch Äquivalenzumformungen gewonnen wird:

$\frac{1}{4}e^2\cdot e^{-\frac{1}{4}u}=1$ (mal 4, Hochzahl 2 von e in Exponenten)

$e^{2-\frac{1}{4}u}=4$ (ln von beiden Seiten der Gleichung)

$2-\frac{1}{4}u=\ln 4.$

Hieraus erhält man $u=4(2-\ln 4)$. Damit ist $P(8-8\cdot\ln 2\,|\,4)$ oder $P(8(1-\ln 2)\,|\,4)\approx P(2{,}45\,|\,4)$.

2. Rechteck minimalsten Umfangs

Hauptbedingung: Für Q(s | r) wird der Rechtecksumfang $U=2s+2r$.

Nebenbedingung: Punktprobe für Q(s | r) auf K gibt $r=e^{-\frac{1}{4}s+2}$.

Damit wird $U(s)=2\cdot\left(s+e^{-\frac{1}{4}s+2}\right)$.

U(s) nimmt für dasjenige s ein lokales (relatives) Minimum an, für das $U'(s)=0$ und $U''(s)>0$ ist.

A

Es ist $U'(s)=2\cdot\left(1-\frac{1}{4}e^{-\frac{1}{4}s+2}\right)$ und $U''(s)=\frac{1}{8}e^{-\frac{1}{4}s+2}$.

Berechnung des Extremwertes

$U'(s)=0$ führt auf die Bestimmungsgleichung für s^*

$e^{-\frac{1}{4}s^*+2}=4$ bzw. $-\frac{1}{4}s^*+2=\ln 4$. Daraus erhält man

$$s^*=4(2-\ln 4)\approx 2{,}45.$$

Dieses s^* stimmt überein mit der Abszisse von P, damit ist $Q=P$ und $Q(8-8\ln 2\,|\,4)\approx Q(2{,}45\,|\,4)$.

Der extreme Rechtecksumfang beträgt damit

$U(s^*)=2(8-8\ln 2)+2\cdot 4=24-16\ln 2\approx 12{,}91$.

Nachweis des Minimums

Es ist $U''(s^*)=\frac{1}{8}e^2\cdot e^{-\frac{1}{4}s^*}>0$. An der Stelle s^* hat U also ein lokales (relatives) Minimum mit $U_{min}=24-16\ln 2\approx 12{,}91$.

Randwerte

Für $s\to 0$ strebt $U(s)\to 2e^2\approx 14{,}78$. Für $s\to\infty$ strebt $U(s)\to+\infty$.
$U''(s)>0$ besagt, daß K eine Linkskurve ist, die vom y-Wert $2e^2\approx 14{,}78$ abnimmt zum y-Wert $U(s^*)\approx 12{,}91$ und dann unbeschränkt zunimmt.
$U(s^*)$ ist also auch ein globales (absolutes) Minimum für $s>0$.

d) Exponentieller Zerfall

1. Aufstellen des Zerfallgesetzes

Allgemein stellt man voraus: Die Einheit für die Zeitvariable t ist 1 Tag = 24 h, die Substanzeinheit (Masseneinheit) der Variablen g(t) ist 1 Gramm.
Wir schreiben das Zerfallsgesetz in der Form $g(t)=e^b\cdot e^{kt}$.

Zur Bestimmung von b und k sind 2 Bedingungen gegeben:
$g(0)=20$ und $g(21)=2{,}5$. Man erhält die beiden Gleichungen

$$20=e^b\cdot e^{k\cdot 0} \qquad (1)$$

und $$2{,}5=e^b\cdot e^{k\cdot 21}. \qquad (2)$$

Aus (1) folgt $e^b=20$, damit wird (2) zu $20\cdot e^{21\cdot k}=2{,}5$.

Aus dieser Gleichung für k erhält man

$$e^{21\cdot k}=\frac{1}{8}$$

$$21\cdot k=\ln\frac{1}{8}=-\ln 8=-3\cdot\ln 2.$$

Schließlich erhält man $k=-\frac{1}{7}\cdot\ln 2\approx-0{,}0990\approx-0{,}10.$ (*)

Somit ist das Zerfallsgesetz des radioaktiven Präparates näherungsweise

$g(t) \approx 20 \cdot e^{-0,1\,t}$ für $t > 0$.

2. Zerfallszeit für 99 % der Anfangssubstanz

Gesucht ist die Zeit t, bei der nur noch $\frac{1}{100}$ der Anfangssubstanz vorhanden ist. t erhält man aus

$$\frac{1}{100} \cdot 20 = 20 \cdot e^{-0,1\,t}$$

$$0,01 = e^{-0,1\,t}$$

$$\ln \frac{1}{100} = -0,1\,t$$

$$0,1\,t = \ln 100$$

$$t = \frac{4,605}{0,1} \approx 46,05.$$ (Das sind also etwa 46 Tage.)

Mit dem genaueren Wert $k = -0,099$ (s. Gleichung (*)) erhält man $t = 46,517$. Der Zeitunterschied beträgt gegenüber $k = 0,1$ etwa $0,4652 \cdot 24$ Stunden ≈ 11 h 10 min. Es erhebt sich die Frage, ob eine solche rechnerisch bessere Genauigkeit sinnvoll ist, denn bei den vorgegebenen Zahlenwerten für t und g(t) ist auch auf volle Tage und Gramm gerundet.

3. Nach je 14 Tagen zerfällt der gleiche Bruchteil der jeweiligen Substanz

Zur beliebigen Zeit t ist $g(t) = 20 \cdot e^{-0,1\,t}$.

Zur Zeit $t + 14$ ist $g(t+14) = 20 \cdot e^{-0,1\,t - 1,4} = 20 \cdot e^{-0,1\,t} \cdot e^{-1,4}$.

Mit $e^{-1,4} \approx 0,247$ wird $g(t+14) = 0,247 \cdot g(t) \approx 0,25 \cdot g(t)$.

Nach 14 Tagen ist nur noch $\frac{1}{4}$ der Anfangssubstanz vorhanden, also sind $\frac{3}{4}$ (somit 75 %) der Substanz von jeweils 14 Tagen zuvor zerfallen.

Die Funktion f ist gegeben durch
$f(x) = x^3 - 6x^2 + 8x; \quad x \in \mathbb{R}$.
Ihr Schaubild sei K.

a) Bestimmen Sie die Koordinaten der Schnittpunkte von K mit der x-Achse und die Steigungen von K in diesen Punkten.
Untersuchen Sie K auf Hoch-, Tief- und Wendepunkte.
Zeichnen Sie K für $-0{,}5 \leqq x \leqq 4{,}5$ sowie die Tangenten an K in den Schnittpunkten mit der x-Achse.

b) Die Gerade durch $W(2|0)$ mit der Steigung $-\frac{7}{4}$ schließt mit K zwei Flächenstücke ein.
Bestimmen Sie jeweils den Flächeninhalt.

c) Die Tangente an K im Punkt $B(u|f(u))$ mit $u \neq 0$ geht durch den Ursprung.
Bestimmen Sie die Koordinaten von B und die Gleichung der Tangente.

d) Eine Parallele zur x-Achse schneidet K in drei verschiedenen Punkten und die y-Achse in einem Punkt A oberhalb des Ursprungs. Einer der Schnittpunkte heißt M und liegt in der Mitte zwischen A und einem weiteren Schnittpunkt.
Bestimmen Sie die Koordinaten von $M(x_M|y_M)$.
(Anleitung: Vergleichen Sie die Funktionswerte an den Stellen x_M und $2 \cdot x_M$.)

Lösungshinweise:

a) Das Anschreiben der einfachen Ableitungen sollte man gleich mit der Vorstellung vom Schaubild einer ganzrationalen Funktion 3. Grades verbinden. Wie sieht es aus, wenn nach Hoch- und Tiefpunkten gefragt ist?
Die Schnittpunktsabszissen beim Schnitt mit der x-Achse ergeben sich aus einer Gleichung 3. Grades. Welche Lösung ist sofort erkennbar? Wie vereinfacht sich dadurch die Schnittpunktsgleichung? Da auch nach Tangenten gefragt ist, empfiehlt es sich, gleich die Steigungen an den Nullstellen mit zu bestimmen. Kann man aus den Ergebnissen etwas über die Symmetrie von K sagen?

b) Für die Inhaltsberechnung braucht man die Integrationsgrenzen. Wie erhält man sie? Die Schnittbedingung von K mit der Geraden g durch den Wendepunkt ist vom 3. Grad. Welche Lösung kennt man? Wie kann man mit Polynomdivision die Gleichung auf eine vom 2. Grad reduzieren?
Notiert man den Funktionsterm und den der Geraden mit Linearfaktoren, kann man einen dieser Faktoren ausklammern und die Polynomdivision sparen. Warum braucht man nur einen der beiden verlangten Flächeninhalte zu berechnen?

c) Es können zweierlei Lösungswege beschritten werden:
1) Man wählt als „Unbekannte" die Steigung m der Ursprungsgeraden und fordert, daß es außer O nur noch einen weiteren gemeinsamen Punkt mit K gibt. Dies ist der Berührpunkt. Welche Bedingung muß eine quadratische Gleichung erfüllen, damit sie nur eine Lösung hat? Aus dieser Bedingung erhält man das gesuchte m.
2) Man wählt als „Unbekannte" die Abszisse u des Berührpunktes B und stellt die Gleichung der Tangente an K in B auf. u ist so zu wählen, daß sie durch O verläuft. Mit welcher Methode erhält man eine Gleichung für u?

d) Wie lautet die Gleichung einer Geraden, die im Abstand t parallel zur x-Achse verläuft? An einer Skizze mache man sich den vorgegebenen Sachverhalt klar. Man sieht, daß diese Parallele für $t>0$ drei Schnittpunkte mit K hat. Einer ist $M(x_M|t)$, ein weiterer ist dann $B(2x_M|t)$. Auch die Anleitung legt nahe, daß $f(x_M)$ und $f(2x_M)$ gleich sind und sich damit eine Bedingungsgleichung für x_M ergibt. Wie erhält man t?
Wenn man die Idee $f(x_M)=f(2x_M)$ nicht erkennt, kann man noch auf andere Weise x_M und t ermitteln. Hat man die drei Lösungen x_M, $2x_M$, x_C einer Gleichung, dann kann man diese als Produkt dreier Linearfaktoren ansetzen.

Dieser Term muß dann mit dem Term der Schnittbedingung von K mit der Geraden $y=t$ übereinstimmen. Wenn ein Koeffizient gleich ist, dann müssen es auch die anderen sein. Durch Koeffizientenvergleich erhält man Gleichungen für x_M und t, auch die Abszisse x_C des dritten Schnittpunktes ergibt sich.

Lösung:

a) Kurvenuntersuchung von K

1. Ableitungen

$$f(x)=x^3-6x^2+8x=x(x-2)\cdot(x-4); \quad x\in\mathbb{R}$$
$$f'(x)=3x^2-12x+8; \quad x\in\mathbb{R}$$
$$f''(x)=6x-12=6(x-2); \quad x\in\mathbb{R}$$
$$f'''(x)=6; \quad x\in\mathbb{R}$$

2. Schnittpunkte von K mit der x-Achse

Bedingung für die Schnittpunktsabszisse x ist $f(x)=0$, also
$x^3-6x^2+8x=0$ bzw.
$x(x^2-6x+8)=0$. Hieraus
$x=0$ oder $x^2-6x+8=0$ mit den Lösungen
$x_1=0$; $x_2=2$; $x_3=4$.
Dazu $f'(0)=8$; $f'(2)=-4$; $f'(4)=8$.
Somit gibt es drei Schnittpunkte $\mathbf{N_1(0|0;8)}$; $\mathbf{N_2(2|0;-4)}$; $\mathbf{N_3(4|0;8)}$.
Die Tangenten in ihnen sind $t_1: y=8x$; $t_2: y=-4x+8$; $t_3: y=8x-32$.

Für eine Parabel 3. Grades legt diese Lage von N_2 in der Mitte von N_1 und N_3 und deren Steigungen nahe, daß N_2 auch der Wendepunkt und damit das Symmetriezentrum von K ist.

3. Extrempunkte

Notwendige Bedingung für die Extrempunktsabszissen x ist $f'(x)=0$, also
$3x^2-12x+8=0$.

Hieraus $x_4=2-\frac{2}{3}\sqrt{3}\approx 0{,}845$ sowie $x_5=2+\frac{2}{3}\sqrt{3}\approx 3{,}155$

mit $f(x_4)=\frac{16}{9}\sqrt{3}\approx 3{,}079$ und $f(x_5)=-\frac{16}{9}\sqrt{3}\approx -3{,}079$.

Da $f''(x_5)=-4\sqrt{3}<0$ und $f''(x_5)=4\sqrt{3}>0$ ist, erhält man

den **Hochpunkt** $\mathbf{H\left(2-\frac{2}{3}\sqrt{3}\,\middle|\,\frac{16}{9}\sqrt{3}\right)\approx H(0{,}845\,|\,3{,}079)}$ und

den **Tiefpunkt** $\mathbf{T\left(2+\frac{2}{3}\sqrt{3}\,\middle|\,-\frac{16}{9}\sqrt{3}\right)\approx T(3{,}155\,|\,-3{,}079)}$.

4. Wendepunkt

f hat an der Stelle x eine Wendestelle, wenn $f''(x)=0$ und $f'''(x) \neq 0$ ist.
Aus $6x-12=0$ erhält man $x_w=2$ mit $f(2)=0$, $f'(2)=-4$.
Da $f'''(2)=6 \neq 0$, hat K den **Wendepunkt W(2 | 0; −4)**.
W ist identisch mit N_2 (siehe bei a) 2.).

5. Schaubild K

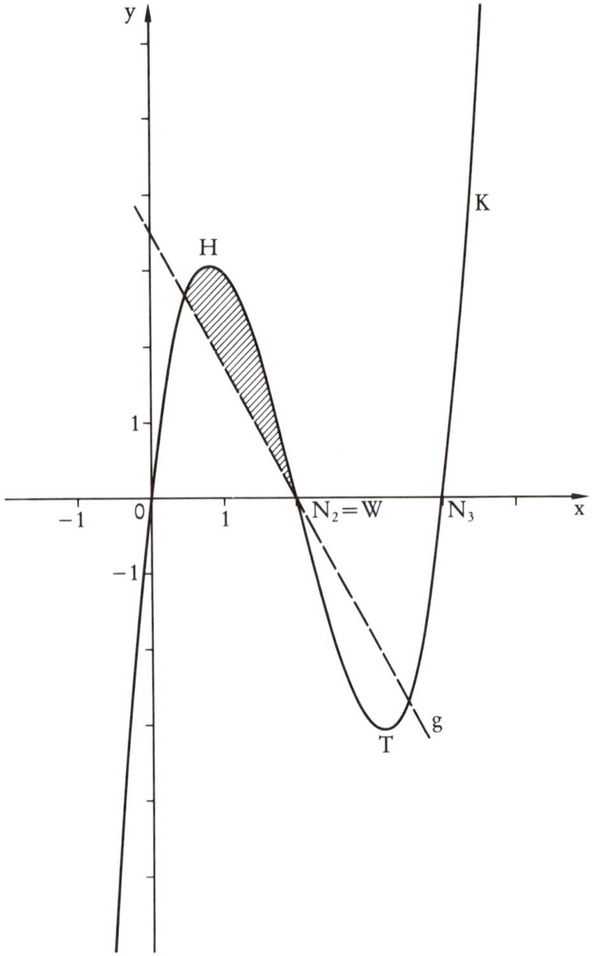

K ist eine Parabel dritter Ordnung, punktsymmetrisch zu $N_2=W$.

b) Inhaltsberechnungen

1. Gerade g durch W

g mit der Steigung $m=-\frac{7}{4}$ hat die Gleichung $y=-\frac{7}{4}(x-2)=-\frac{7}{4}x+\frac{7}{2}$.

2. Berechnung der Schnittpunktsabszissen von K mit g

1. Lösungsweg

Die Schnittbedingung ist $h(x)=x^3-6x^2+\frac{39}{4}x-\frac{7}{2}=0$.

Eine Schnittpunktsabszisse von K mit g ist die Wendepunktsabszisse $x=2$. Die Zahl 2 ist also eine Lösung der Gleichung $h(x)=0$.

Die Polynomdivision $h(x):(x-2)$ ergibt

$$h(x)=x^3-6x^2+\frac{39}{4}x-\frac{7}{2}=(x-2)\cdot\left(x^2-4x+\frac{7}{4}\right).$$

Mit den Lösungen $\frac{1}{2}$ und $\frac{7}{2}$ der quadratischen Gleichung $x^2-4x+\frac{7}{4}=0$ wird schließlich

$$h(x)=(x-2)\cdot\left(x-\frac{1}{2}\right)\cdot\left(x-\frac{7}{2}\right).$$

Damit schneidet g das Schaubild K außer in $N_2(2\,|\,0)$ noch in den Punkten $S_1\left(\frac{1}{2}\,\middle|\,f\left(\frac{1}{2}\right)\right)$ und $S_2\left(\frac{7}{2}\,\middle|\,f\left(\frac{7}{2}\right)\right)$, deren Ordinaten für die Inhaltsberechnung nicht benötigt werden.

2. Lösungsweg

Bei ihm wird die Polynomdivision umgangen. Verwendet man für g den Ansatz $y=-\frac{7}{4}(x-2)$ und für f(x) die Produktform, die man bei den Nullstellen verwendet hat, also $f(x)=x(x-2)\cdot(x-4)$, dann lautet die Schnittbedingung

$$x(x-2)\cdot(x-4)=-\frac{7}{4}(x-2);$$ äquivalente Umformungen ergeben

$$x(x-2)\cdot(x-4)+\frac{7}{4}(x-2)=0;$$

$$(x-2)\cdot\left(x(x-4)+\frac{7}{4}\right)=0;$$

$$(x-2)\cdot\left(x^2-4x+\frac{7}{4}\right)=0.$$

Man hat dieselben Lösungen wie beim 1. Lösungsweg: $2;\ \frac{1}{2};\ \frac{7}{2}$. Für die Inhaltsberechnung sind damit die Integrationsgrenzen $\frac{1}{2}$ und 2 bzw. 2 und $\frac{7}{2}$.

3. Inhalt der Fläche zwischen K und g über dem Intervall [0,5; 2]

$$A_1 = \int_{\frac{1}{2}}^{2} \left((x^3 - 6x^2 + 8x) - \left(-\frac{7}{4}x + \frac{7}{2} \right) \right) dx$$

$$= \int_{\frac{1}{2}}^{2} \left(x^3 - 6x^2 + \frac{39}{4}x - \frac{7}{2} \right) dx$$

$$= \left[\frac{x^4}{4} - 2x^3 + \frac{39}{8}x^2 - \frac{7}{2}x \right]_{\frac{1}{2}}^{2}$$

$$= \left[4 - 16 - \frac{39}{2} - 7 \right] - \left[\frac{1}{64} - \frac{1}{4} + \frac{39}{32} - \frac{7}{4} \right]$$

$$= \frac{1}{2} - \left[\frac{1}{64} + \frac{78}{64} - 2 \right] = 2 - \frac{47}{64} = \mathbf{\frac{81}{64} \approx 1{,}27\ FE.}$$

Wegen der Punktsymmetrie zum Wendepunkt $W(2|0)$ ist der Inhalt A_2 der im 4. Quadranten liegenden Fläche ebenso groß: $\mathbf{A_2 = A_1 = \frac{81}{64}}$.

c) Bestimmung der Ursprungstangente an K

1. Lösungsweg

Man untersucht die Ursprungsgerade $y = mx$ auf Schnittpunkte mit K und bestimmt dann die Variable m so, daß es außer $x_1 = 0$ nur noch **eine** statt zwei weitere Schnittpunktsabszissen gibt. Dies ist dann die Abszisse des Berührpunktes.

Die Schnittbedingung lautet

$x^3 - 6x^2 + 8x - mx = 0;$

$x(x^2 - 6x + 8 - m) = 0.$ Hieraus $x_1 = 0;$

$x^2 - 6x + 8 - m = 0$ gibt

$x_{2,3} = 3 \pm \sqrt{9 - 8 + m} = 3 \pm \sqrt{1 + m}.$

Nur für $m = -1$ wird $x_2 = x_3 = 3.$

Damit ist $\mathbf{y = -x}$ die Tangente von O aus an K; sie berührt K in $\mathbf{B(3|-3)}$.

2. Lösungsweg

Die zu bestimmende Variable ist die Berührpunktsabszisse u.

Die Gleichung der Tangente in $B(u|u^3 - 6u^2 + 8u)$ mit $f'(u) = 3u^2 - 12u + 8$ ist

h: $y = (3u^2 - 12u + 8) \cdot (x - u) + u^3 - 6u^2 + 8u.$

Bedingung dafür, daß h durch $O(0|0)$ geht, ist die Punktprobe für $(0|0)$.

Zur Bestimmung von u erhält man die Gleichung

$$(3u^2-12u+8)\cdot(-u)+u^3-6u^2+8u=0;$$
$$-2u^3+6u^2=0;$$
$$u^2(-2u+6)=0.$$

Daraus $u_1=0$; $u_2=3$. u_1 scheidet aus.
Damit ist $B(3\,|\,f(3))=\mathbf{B(3\,|-3)}$; da $f'(3)=-1$, wird die Tangente von O aus $\mathbf{y=-x}$.

d) K halbiert Sehne parallel zur x-Achse

Annahme (s. Figur): Eine Parallele zur x-Achse mit der Gleichung $y=t$ $(t>0)$ schneide die y-Achse in $A(0\,|\,t)$ und der Aufgabe entsprechend K in $M(x_M\,|\,t)$, $B(2x_M\,|\,t)$, außerdem noch in $C(x_C\,|\,t)$.

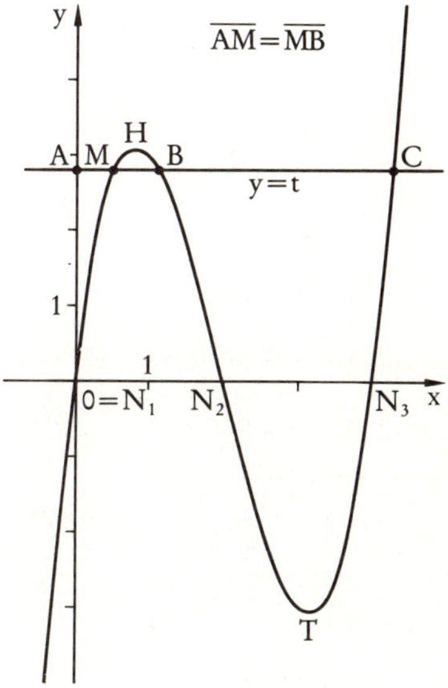

1. Lösungsmöglichkeit

Es hilft die Idee, daß die Ordinaten von M und B gleich sind. Damit gilt für die zu bestimmende Variable x_M:

$f(x_M)=f(2x_M)$. (*)

Wegen $t>0$ ist es nicht möglich, wie man aus der Figur entnimmt, B als Mitte von $\overline{AC}$ anzunehmen. Nur für $t=0$ wäre N_2 die Mitte der Strecke $\overline{N_1N_3}$. Dies ist nicht das Problem der Aufgabe.

Gleichung (*) gibt für x_M die Bedingungsgleichung

$$x_M^3-6x_M^2+8x_M=(2x_M)^3-6(2x_M)^2+8(2x_M).$$

Äquivalente Umformungen führen auf

$$x_M^3-6x_M^2+8x_M=8x_M^3-24x_M^2+16x_M;$$
$$7x_M^3-18x_M^2+8x_M=0;$$
$$x_M(7x_M^2-18x_M+8)=0.$$

Diese Gleichung hat die drei Lösungen

$x_M=0$ oder $x_M=2$ oder $x_M=\frac{4}{7}$. Dazu die Funktionswerte

$f(0)=0$; $f(2)=0$; $f\left(\frac{4}{7}\right)=\frac{960}{343}\approx 2{,}80.$

Da f(0) und f(2) nicht oberhalb des Ursprungs liegen, entfallen die Punkte $(0|0)$ und $(2|0)$ als Lösungen.

Die Parallele $y=\frac{960}{343}$ gibt $\mathbf{A}\left(0\left|\frac{960}{343}\right.\right)$, $\mathbf{M}\left(\frac{4}{7}\left|\frac{960}{343}\right.\right)$, $B\left(\frac{8}{7}\left|\frac{960}{343}\right.\right)$.

Näherungswerte sind $y\approx 2{,}80$; $A(0|2{,}80)$, $M(0{,}57|2{,}80)$, $B(1{,}14|2{,}80)$.

2. Lösungsmöglichkeit

Wird K von der Geraden g: $y=t$ mit $t>0$ geschnitten, dann erhält man die Schnittpunktsabszissen aus der Schnittbedingung

$x^3-6x^2+8x-t=0.$ (*)

Diese Gleichung hat die Lösungen x_M, $2x_M$, x_C. Sie ist damit von der Form

$(x-x_M)\cdot(x-2x_M)\cdot(x-x_C)=0.$

Ausmultiplizieren und ordnen nach Potenzen von x gibt

$x^3-(3x_M+x_C)\,x^2+(3x_Mx_C+2x_M^2)\,x-2x_M^2x_C=0.$ (**)

Die Gleichungen (*) und (**) haben dieselben Lösungen. Das Glied mit x^3 hat die gleiche Vorzahl 1, es müssen also auch die anderen Koeffizienten übereinstimmen. Der Koeffizientenvergleich gibt zur Berechnung von x_M, x_C und t das Gleichungssystem

$$3x_M+x_C=6 \qquad (1)$$
$$3x_Mx_C+2x_M^2=8 \qquad (2)$$
$$2x_M^2x_C=t. \qquad (3)$$

Aus (1) $x_C=6-3x_M$ in (2) eingesetzt, gibt

$x_M=\frac{4}{7}$ oder $x_M=2$ und damit

$x_C=\frac{30}{7}=7{,}5\cdot x_M$ oder $x_C=0$.

Mit (3) wird $t=\frac{960}{343}\approx 2{,}799$ oder $t=0$.

Wegen $t>0$ (A oberhalb von O) entfällt die Lösung $t=0$; $x_M=2$; $x_C=0$, und es ergibt sich wie im 1. Lösungsweg $\mathbf{M}\left(\frac{4}{7}\left|\frac{960}{343}\right.\right)\approx\mathbf{M}(0{,}57|2{,}80)$.

Zusätzlich erhält man den in der Aufgabe nicht verlangten dritten Schnittpunkt $\mathbf{C}\left(\frac{30}{7}\left|\frac{960}{343}\right.\right)=C\left(7{,}5\cdot x_M\left|\frac{960}{343}\right.\right)\approx C(4{,}29|2{,}80)$.

Bemerkung: Die 2. Lösungsmöglichkeit erfordert einen größeren Rechenaufaufwand, sie liegt aber nahe, wenn die Idee zur Gleichung $f(x_M)=f(2x_M)$ nicht vorliegt.

Gegeben ist die Funktion f durch

$f(x)=\frac{9}{x^2+3}$; $x \in \mathbb{R}$.

Ihr Schaubild sei K.

a) Untersuchen Sie K auf Symmetrie, Schnittpunkte mit den Koordinatenachsen, Extrem- und Wendepunkte sowie auf Asymptoten.
(Bei der Untersuchung auf Wendepunkte wird hier auf die Überprüfung einer hinreichenden Bedingung verzichtet.)
Zeichnen Sie K für $-6 \leqq x \leqq 6$.

b) Für jedes $t \in \mathbb{R}$ ist eine Funktion g_t gegeben durch

$g_t(x)=\frac{1}{3}x^2+t$; $x \in \mathbb{R}$.

Ihr Schaubild sei C_t.
Die Gerade $x=x_0$ mit $x_0>0$ schneidet K im Punkt A und C_t im Punkt B_t.
Bestimmen Sie x_0 so, daß die Kurventangente in A orthogonal zur Kurventangente in B_t ist.
Für welches t schneiden sich K und C_t orthogonal?

c) $P(u|v)$ mit $u>0$ sei ein Punkt auf K. Die Parallele zur y-Achse durch P schneidet die x-Achse in Q.
Für welchen Wert von u wird der Flächeninhalt A(u) des Dreiecks OPQ extremal?
Untersuchen Sie, um welche Art von Extremum es sich handelt.

d) Die Parallele zur x-Achse durch einen im 1. Feld liegenden Kurvenpunkt $R(z|f(z))$, $z>0$, schneidet die y-Achse in S. Dreht man das Dreieck ORS um die y-Achse, so entsteht ein Kegel.
Bestimmen Sie sein Volumen V(z) sowie $\lim_{z \to \infty} V(z)$.
Begründen Sie, daß für alle $z>0$ gilt: $V(z)<3\pi$.

Lösungshinweise:

a) Die Ableitungen erfolgen mit der Quotientenregel. Man beachte aber, daß bei f(x) der Zähler eine Konstante mit der Ableitung 0 ist. Warum wird die 3. Ableitung nicht gebraucht? Was folgt daraus, daß x nur quadratisch vorkommt für die Symmetrie des Schaubildes? Wann wird ein Bruchterm null? Wie erhält man Polgeraden? Kann es solche bei K geben? Welche Regel gilt bei gebrochenrationalen Funktionen für das Aufsuchen von Asymptoten, wenn der Nenner von höherem Grad ist als der Zähler?

b) Verwende eine Skizze. Welche Bedingung besteht für die Orthogonalität zweier Tangenten an verschiedene Schaubilder, aber zum selben x-Wert x_0? Daraus erhält man x_0. Der dazu gehörende y-Wert bei K ist fest, der zum Punkt auf C_t hängt von t ab. Bei welchem t-Wert stimmen beide Ordinaten überein?
Die 2. Frage kann man auch – mit mehr Aufwand – lösen, wenn man das 1. Ergebnis nicht verwendet, sondern die zwei Bedingungen ansetzt, die für das orthogonale Schneiden zweier Kurven notwendig sind. Wie heißen diese Bedingungen? Aus ihnen folgt der x-Wert des Schnittpunktes und der t-Wert von C_t.

c) Mit einer Skizze und den Koordinaten von P und Q erhält man den Inhalt des rechtwinkligen Dreiecks OPQ in Abhängigkeit von u. Wie erhält man einen Extremwert? Wie kann man die Art eines lokalen Extremums feststellen? Wann ist es global?
(Bei Extremwertaufgaben kann man den Rechenaufwand oft verringern, wenn man eine Ersatzfunktion verwenden kann. In unserem Fall ergibt sich eine solche durch Kehrwertbildung und Weglassen des konstanten Faktors. Statt auf Maximum muß man diese Funktion dann aber auf Minimum untersuchen.)

d) Welche geometrischen Größen eines Kegels braucht man zu seiner Inhaltsberechnung? Bestimme diese Größen aus einer Figur in Abhängigkeit von z und gib mit ihnen unter Verwendung der Inhaltsformel für einen Kegel den Rauminhalt V(z) an. z kommt im Funktionsterm von V(z) im Zähler und im Nenner vom gleichen Grad vor. Wie formt man um, damit man den Grenzwert für $z \to \infty$ auf bekannte Grenzwerte zurückführen kann?

Lösung:

a) **Kurvenuntersuchung von K**

1. Ableitungen

$f(x) = \frac{9}{x^2+3}$; $\quad x \in \mathbb{R}$

$f'(x) = \frac{-18x}{(x^2+3)^2}$; $\quad x \in \mathbb{R}$

$f''(x) = 54 \cdot \frac{x^2-1}{(x^2+3)^3}$; $\quad x \in \mathbb{R}$

($f'''(x) = 216 \cdot \frac{x(3-x^2)}{(x^2+3)^4}$; $x \in \mathbb{R}$ nicht verlangt!)

2. Symmetrie

Für alle $x \in D = \mathbb{R}$ gilt $f(-x) = f(x)$; die Variable x kommt nur quadratisch vor, also ist K achsensymmetrisch zur y-Achse $x = 0$.

3. Schnittpunkte mit den Koordinatenachsen

Mit der x-Achse: Es gibt keine Schnittpunkte, da $f(x) > 0$ für $x \in D$.
Mit der y-Achse: $x = 0$ gibt $f(0) = 3$. Es ist $f'(0) = 0$ und $f''(0) < 0$.
Damit ist **M(0|3; 0)** Schnittpunkt mit der y-Achse und zugleich **Hochpunkt**.

4. Extrempunkte

Notwendige Bedingung für eine Extremwertabszisse x ist $f'(x) = 0$.
$f'(x) = 0$ hat nur die eine Lösung $x = 0$. Weitere Extrempunkte außer **H(0|3; 0)** gibt es nicht. Für $x > 0$ ist $f'(x) < 0$, also f streng monoton abnehmend. Für $x < 0$ ist $f'(x) > 0$, also f streng monoton zunehmend. Das besagt, daß f(0) ein **globales** Maximum ist.

5. Wendepunkte

Bedingung für die Wendepunktsabszisse x ist $f''(x) = 0$ und $f'''(x) \neq 0$.

$f''(x) = 0$ gibt $54 \cdot \frac{x^2-1}{(x^2+3)^2} = 0$.

Ein Bruch ist 0, wenn der Zähler 0 und der Nenner ungleich null ist.
$x^2 - 1 = 0$ gibt $x_1 = 1$ und $x_2 = -1$.

Es ist $f(1) = f(-1) = \frac{9}{4}$, außerdem $f'(1) = -\frac{9}{8}$ und $f'(-1) = \frac{9}{8}$.

Damit ergeben sich die beiden zur y-Achse symmetrisch liegenden **Wendepunkte** $W_1\left(1 \,\middle|\, \frac{9}{4}; -\frac{9}{8}\right)$ und $W_2\left(-1 \,\middle|\, \frac{9}{4}; \frac{9}{8}\right)$.

(Nicht verlangt ist die Überprüfung: Es ist $f'''(1) > 0$, $f'''(-1) < 0$.)

6. Asymptoten

Polgeraden existieren keine. Für alle $x \in \mathbb{R}$ ist der Nenner größer 3.

Asymptote: $\lim\limits_{x \to \infty} \frac{9}{x^2+3} = 0$. Somit ist die x-Achse Asymptote.

7. Schaubild K

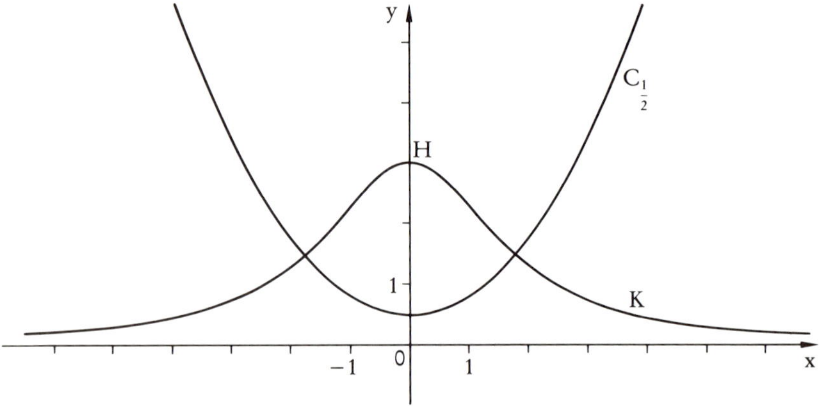

b) 1. Orthogonale Tangenten an K und C_t für $x = x_0$

Gesucht ist die Stelle x_0, so daß $f'(x_0)$ und $g_t'(x_0)$ zu orthogonalen Tangenten gehören.

Tangentensteigung von K in x_0 ist $f'(x_0) = \frac{-18x_0}{(x_0^2+3)^2}$; $x_0 > 0$.

Tangentensteigung von C_t in x_0 ist $g_t'(x_0) = \frac{2}{3}x_0$; $x_0 > 0$.

Die Tangenten sind für $x = x_0$ orthogonal, wenn die Bedingung gilt

$$f'(x_0) \cdot g_t'(x_0) = -1;$$

also $$\frac{18x_0}{(x_0^2+3)^2} \cdot \frac{2}{3}x_0 = 1; \qquad (*)$$

$$12x_0^2 = (x_0^2+3)^2;$$

$$x_0^4 - 6x_0^2 + 9 = 0 \quad \text{bzw.} \quad (x_0^2-3)^2 = 0.$$

Hieraus $x_0 = \sqrt{3}$ oder $x_0 = -\sqrt{3}$.

Wegen $x_0 > 0$ gilt nur $x_0 = \sqrt{3}$. Damit sind die gesuchten Punkte $\mathbf{A}\left(\sqrt{3} \,\middle|\, \frac{3}{2}\right)$ und $\mathbf{B}_t\left(\sqrt{3} \,\middle|\, 1+t\right)$.

2. K und C_t schneiden sich orthogonal. Bestimme t.

1. Lösungsweg

Man verwendet das eben gefundene Ergebnis. Verschiebt man C_t parallel zur y-Achse, dann bleibt die Orthogonalität der Tangenten in jeder Zwischenlage erhalten, auch wenn B_t auf A fällt. Das heißt aber, daß sich in diesem Fall K und C_t orthogonal schneiden.

B_t fällt mit A zusammen für $\mathbf{t=\frac{1}{2}}$.

Orthogonaler Schnitt also in $A\left(\sqrt{3}\,\middle|\,\frac{3}{2}\right)$ (aber auch in $A^*\left(-\sqrt{3}\,\middle|\,\frac{3}{2}\right)$).

2. Lösungsweg (ohne Verwendung des Ergebnisses von b) 1.)

Die Kurven K und C_t schneiden sich orthogonal in einem Punkt $S(u\,|\,f(u))$,

wenn sowohl $f(u)=g_t(u)$ (1)

wie auch $f'(u)\cdot g_t'(u)=-1$ (2)

von u erfüllt werden. Man erhält u und auch t aus

$$\frac{9}{u^2+3}=\frac{1}{3}u^2+t \qquad (1')$$

und $$\frac{18u}{(u^2+3)^2}\cdot\frac{2}{3}u=1. \qquad (2')$$

Aus (2′) findet man wie oben aus Gleichung (*) $u=\sqrt{3}$ (und $u=-\sqrt{3}$).

Mit diesem u ergibt sich aus (1′): $t=\frac{9}{6}-1=\frac{1}{2}$.

Die Kurve $C_{\frac{1}{2}}$: $y=\frac{1}{3}x^2+\frac{1}{2}$ schneidet K im Punkt $A\left(\sqrt{3}\,\middle|\,\frac{3}{2}\right)$ und wegen der Symmetrie auch in $A^*\left(-\sqrt{3}\,\middle|\,\frac{3}{2}\right)$ orthogonal.

c) Extremaler Dreiecksinhalt

1. Aufstellen der Inhaltsfunktion

$P(u\,|\,v)$ hat die Ordinate $v=\frac{9}{u^2+3}$.

Damit sind die Dreieckspunkte

$O(0\,|\,0)$, $P\left(u\,\middle|\,\frac{9}{u^2+3}\right)$ und $Q(u\,|\,0)$.

(s. Figur)

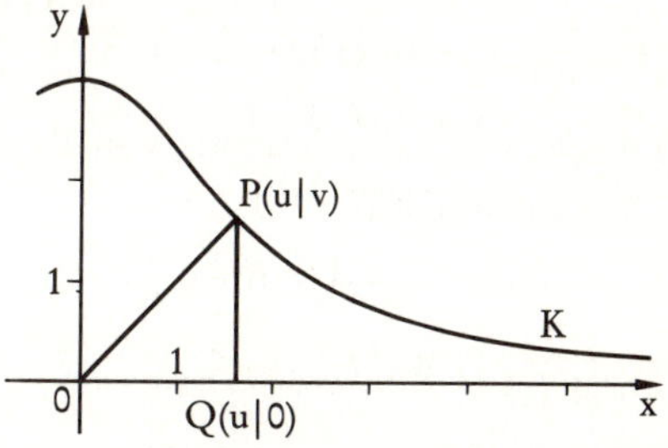

Das Dreieck OPQ ist rechtwinklig bei Q. Sein Inhalt hängt von u ab.

Es ist $A(u)=\frac{1}{2}\cdot\overline{OQ}\cdot\overline{QP}=\frac{1}{2}u\cdot\frac{9}{u^2+3}=\frac{9}{2}\cdot\frac{u}{u^2+3}$.

2. Extremwertbestimmung

$A(u)$ hat für dasjenige u ein Extremum, für das $A'(u)=0$ wird.
Ist $A''(u)<0$ $(A''(u)>0)$, handelt es sich um ein Maximum (Minimum).
Es ist $A'(u)=\frac{9}{2}\cdot\frac{3-u^2}{(u^2+3)^2}$; $A''(u)=\frac{9u(u^2-9)}{(u^2+3)^3}$.
$A'(u)=0$ gibt $u=\sqrt{3}$ ($u=-\sqrt{3}$ entfällt, da $u>0$ vorgegeben).
Da $A''(\sqrt{3})<0$ ist, handelt es sich um ein lokales Maximum.
Auch mit dem Vorzeichenwechselkriterium ergibt sich ein Maximum, denn $A'(u)$ wechselt beim Durchgang durch $u=\sqrt{3}$ das Vorzeichen von plus nach minus.
Der Inhalt $A(\sqrt{3})$ ist lokales Maximum, die Randwerte sind $A(0)=0$ und $\lim\limits_{u\to\infty} A(u)=\frac{9}{2}\cdot\lim\limits_{u\to\infty}\frac{u}{u^2+3}=0$, denn $\frac{u}{u^2+3}<\frac{u}{u^2}=\frac{1}{u}$ und $\lim\limits_{u\to\infty}\frac{1}{u}=0$.
Es handelt sich somit bei $A(\sqrt{3})=\frac{3}{4}\sqrt{3}$ um ein **globales Maximum.**

Bemerkung:
Den Rechenaufwand beim Bilden der Ableitungen $A'(u)$ und $A''(u)$ kann man vereinfachen, wenn man eine der Hilfsregeln für Extremwertaufgaben anwendet:
An Stelle der zu untersuchenden Funktion $h(x)=c\cdot f(x)$ kann man die Ersatzfunktion $q(x)=\frac{1}{f(x)}$ untersuchen, allerdings statt auf Maximum auf Minimum und umgekehrt.
In unserem Falle gehört zu $A(u)$ die Ersatzfunktion $q(u)=u+\frac{3}{u}$ mit $q'(u)=1-\frac{3}{u^2}$; $q''(u)=\frac{6}{u^3}$.
$q'(u)=0$ gibt $u=\sqrt{3}$; $q''(\sqrt{3})>0$ besagt nach der obigen Regel, daß es sich um ein Maximum handelt.

d) Kegelinhalt. Abschätzung von V(z).

1. Kegelinhalt

Es ist $R\left(z\,\middle|\,\frac{9}{z^2+3}\right)$; $S(0|z)$ $(z>0)$.

Kegelinhalt $V=\frac{1}{3}\pi r^2\cdot h$ mit $r=z$; $h=\frac{9}{z^2+3}$.

Damit wird V in Abhängigkeit von z bestimmt durch

$V(z)=3\pi\cdot\frac{z^2}{z^2+3}$.

Aus $V(z)=3\pi\cdot\frac{1}{1+\frac{3}{z^2}}$ folgt $\lim\limits_{z\to\infty} V(z)=3\pi\cdot\frac{1}{1+0}=3\pi$.

Andere Grenzwertbestimmung: Man formt wie folgt um:

$V(z)=3\pi\cdot\frac{z^2+3-3}{z^2+3}=3\pi\cdot\left(1-\frac{3}{z^2+3}\right)$; $\lim\limits_{z\to\infty} V(z)=3\pi$. (*)

2. Begründung $V(z)<3\pi$ für $z>0$

1. Weg:

In $V(z)=3\pi\cdot\frac{z^2}{z^2+3}$ ist der Faktor $\frac{z^2}{z^2+3}<1$.

Durch folgende Äquivalenzumformungen erhält man

$\frac{z^2}{z^2+3}<1$; $z^2<z^2+3$; $0<3$, und das ist wahr!

2. Weg:

Mit Gleichung (*): In $V(z)=3\pi\cdot\left(1-\frac{3}{z^2+3}\right)$ ist der Klammerfaktor für alle $z>0$ kleiner als 1, denn $0<\frac{3}{z^2+3}<1$.

Gegeben ist die Funktion f durch

$f(x) = (x+1) \cdot e^{-x}$; $x \in \mathbb{R}$.

Ihr Schaubild sei K.

a) Untersuchen Sie K auf Schnittpunkte mit den Koordinatenachsen sowie auf Extrem- und Wendepunkte.
Zeichnen Sie K für $-1 \leqq x \leqq 2$.
(LE 4 cm; Zeichenbereich $-1 \leqq y \leqq 3$ wegen Teilaufgabe b))

b) Die Kurve C ist das Schaubild der Funktion h mit
$h(x) = -x \cdot e^{-x}$; $x \in \mathbb{R}$.
Zeichnen Sie C für $-1 \leqq x \leqq 2$ in das vorhandene Achsenkreuz ein.
Berechnen Sie die Koordinaten des Schnittpunkts der beiden Kurven K und C.
Prüfen Sie durch Rechnung, ob sich beide Kurven rechtwinklig schneiden.

c) Zeigen Sie: Die Funktion F mit $F(x) = (-x-2) \cdot e^{-x}$; $x \in \mathbb{R}$ ist eine Stammfunktion von f, und f ist eine Stammfunktion von h aus Teilaufgabe b).
Die Kurven K und C aus Teilaufgabe b) sowie die Geraden $x = 0$ und $x = t$ mit $t > 0$ umschließen eine Fläche.
Berechnen Sie deren Inhalt $A(t)$.
Untersuchen Sie, ob $A(t)$ größer als 3 werden kann.

d) Vom Punkt $P(5|0)$ aus sollen Tangenten an die Kurve K gelegt werden.
Berechnen Sie die Abszissen der Berührpunkte $B(u|f(u))$ mit $u \neq 5$.
Von welchen Punkten $Q(q|0)$ mit $q \neq -1$ aus kann genau eine Tangente an die Kurve K gelegt werden?

Lösungshinweise:

a) Bei den Ableitungen die Produktregel anwenden und bei e^{-x} die Kettenregel nicht übersehen. e^{-x} ausklammern, denn e^{-x} kann nicht null werden, höchstens der Term in der Klammer. Wie kann man nachweisen, daß die Gerade $y=0$ Asymptote von K ist? K mit einer Wertetabelle zeichnen.

b) Das Schaubild C läßt sich auch mit einer Wertetabelle oder durch Ordinatenmultiplikation gewinnen. Welche Bedingung gilt für die Schnittpunktsabszissen von K: $y=f(x)$ und C: $y=h(x)$? Wie ist der Schnittwinkel zweier Schaubilder festgelegt? Zwei Geraden sind orthogonal. Welche Bedingung gilt für ihre Steigungen? An der Zeichnung kann man einen Näherungswert für den Schnittwinkel ablesen. Kann man einen rechten Winkel erwarten? Die Rechnung muß die Vermutung bestätigen.

c) Wie ist der Begriff Stammfunktion definiert? Wende dies an. Warum ist die Rechnung zum Nachweis von f als Stammfunktion von h unnötig? Wie wählt man bei einer Flächenberechnung zwischen zwei Schaubildern den Integranden, damit sich der Inhalt positiv ergibt? Der Nachweis, daß $A(t) \leqq 3$ ist, muß mit dem Term für $A(t)$ so geführt werden, daß man diesen geeignet umformt. Entweder muß von 3 etwas subtrahiert werden, oder 3 muß mit einem Faktor zwischen 0 und 1 multipliziert werden. Beides ist leicht möglich.

d) Nach welcher Variablen ist im 1. Teil der Teilaufgabe d) gefragt? Mit ihr kann man die Tangentengleichung in B aufstellen. Wie erhält man eine Bedingungsgleichung für die Variable, wenn die Tangente durch $P(5|0)$ gehen soll?
Das Ausklammern des Exponentialterms gibt für die Variable eine Gleichung 2. Grades. Wie viele Tangenten gibt es dann wohl von P aus?
Im 2. Teil ersetzt man $P(5|0)$ durch $Q(q|0)$. Die quadratische Gleichung enthält dann die Variable q. Wann hat eine quadratische Gleichung genau eine Lösung? Daraus erhält man q.
Eine andere (allgemeinere) Lösungsmethode sucht aus der Geradenschar durch Q, deren Scharparameter die Steigung m ist, diejenige Gerade aus, welche mit K nur einen gemeinsamen Punkt hat, der sich als Grenzlage zweier immer enger rückender Schnittpunkte ergibt. Er ist dann Berührpunkt. Ist $h(x)=0$, dann ist dies für ein x_s der Fall, für welches $h(x_s)=0$ aber auch $h'(x_s)=0$ ist. Eine Skizze macht dies deutlich. Aus $h(x_s)=0$ und $h'(x_s)=0$ sind dann m und x_s zu berechnen.

Lösung:

a) **Kurvenuntersuchung von K**

1. Ableitungen

$f(x) = (x+1) \cdot e^{-x}$; $x \in \mathbb{R}$

$f'(x) = e^{-x} - e^{-x}(x+1) = -x \cdot e^{-x}$; $x \in \mathbb{R}$

$f''(x) = -e^{-x} + x \cdot e^{-x} = e^{-x}(x-1)$; $x \in \mathbb{R}$

$f'''(x) = (2-x) \cdot e^{-x}$; $x \in \mathbb{R}$

2. Achsenabschnitte

Schnittpunkt von K mit der x-Achse:
$f(x) = 0$ gibt $x_1 = -1$; $f'(-1) = e$. Somit $\mathbf{N(-1\,|\,0; e)}$.
Schnittpunkt von K mit der y-Achse:
$f(0) = 1$; $f'(0) = 0$. Somit $\mathbf{M(0\,|\,1; 0)}$.

3. Extrempunkte

Notwendige Bedingung $f'(x) = 0$, also $-x \cdot e^{-x} = 0$. Hieraus einzige Lösung $x = 0$. Da $f''(0) = -1$ ist, erhält man den **Hochpunkt** $\mathbf{M = H(0\,|\,1)}$. M ist der einzige Extrempunkt.

4. Wendepunkte

Bedingung für die Wendepunktsabszisse x ist $f''(x) = 0$ und $f'''(x) \neq 0$.
$f''(x) = e^{-x}(x-1) = 0$ gibt $x_w = 1$.
Da $f(1) = \frac{2}{e}$; $f'(1) = -\frac{1}{e}$ und $f'''(1) = \frac{1}{e} \neq 0$ ist, erhält man den einen
Wendepunkt $\mathbf{W\left(1\,\middle|\,\frac{2}{e}; -\frac{1}{e}\right) \approx W(1\,|\,0{,}74; -0{,}37)}$.

5. Asymptote (in der Aufgabe nicht verlangt)

Polgerade gibt es keine, da in $f(x)$ der Nenner $e^x > 0$ ist für $x \in \mathbb{R}$.

Asymptote: K: $y = f(x)$ hat die Asymptote $y = ax + b$, wenn $\lim_{x \to \infty} (f(x) - ax - b) = 0$ ist. In unserem Fall ist $y = 0$, $x > 0$ Asymptote, weil $\lim_{x \to +\infty} \frac{x+1}{e^x} = 0$ ist für $x > 0$.

6. Schaubilder K und C

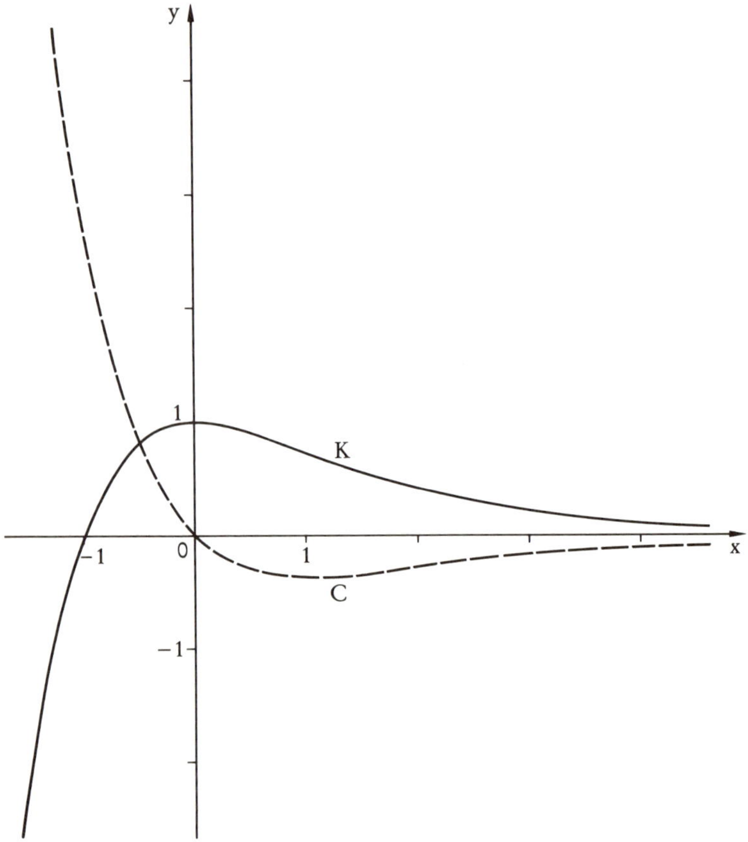

b) Schnittpunkt S von K und C. Schnittwinkel

1. Bestimmung des Schnittpunktes S

Für die Abszisse x des Schnittpunktes S gilt

$f(x)-h(x)=0$, d. h. $(x+1)\cdot e^{-x}+x\cdot e^{-x}=0$

oder $e^{-x}\cdot(2x+1)=0$

mit $x=-\frac{1}{2}$.

Da $f\left(-\frac{1}{2}\right)=h\left(-\frac{1}{2}\right)=\frac{\sqrt{e}}{2}$ ist, ergibt sich $S\left(-\frac{1}{2}\middle|\frac{\sqrt{e}}{2}\right)\approx S(-0{,}5\,|\,0{,}82)$.

2. Überprüfung auf orthogonalen Schnitt

K und C schneiden sich in S orthogonal, wenn gilt

$$f'\left(-\frac{1}{2}\right)\cdot h'\left(-\frac{1}{2}\right)=-1. \qquad (*)$$

Aus $f'(x)=-x\cdot e^{-x}$ folgt $f'\left(-\frac{1}{2}\right)=\frac{1}{2}\sqrt{e}$.

Aus $h'(x)=(x-1)\cdot e^{-x}$ folgt $h'\left(-\frac{1}{2}\right)=-\frac{3}{2}\sqrt{e}$.

Eingesetzt in (*) ergibt sich

$$\frac{1}{2}\sqrt{e}\cdot\left(-\frac{3}{2}\sqrt{e}\right)=-\frac{3}{4}e\approx-2{,}0387\neq-1.$$

Die Orthogonalitätsbedingung (*) ist nicht erfüllt.

K und C schneiden sich nicht rechtwinklig.

Bemerkung: Berechnet man den Schnittwinkel δ, so erhält man für den spitzen Winkel $\delta=\alpha_h-\alpha_f=112{,}02°-39{,}50°=72{,}5°$. Das entspricht auch einem an der Figur abgelesenen Näherungswert.

c) Flächeninhalt zwischen den Schaubildern K und C

1. Nachweis: F ist Stammfunktion von f und f Stammfunktion von h

Wir überprüfen mit der Definition der Stammfunktion:

> Jede in einem Intervall J definierte Funktion F, für die für alle $x\in J$ gilt $F'(x)=f(x)$, heißt Stammfunktion von f in J.

$F(x)=(-x-2)\cdot e^{-x}$ hat die Ableitung

$F'(x)=-1\cdot e^{-x}-e^{-x}(-x-2)=(x+1)\cdot e^{-x}=f(x)$;

$f(x)=(x+1)\cdot e^{-x}$ hat die Ableitung $f'(x)=-x\cdot e^{-x}=h(x)$.

Damit ist der Nachweis erbracht.

2. Inhaltsberechnung über dem Intervall $[0;t]$ mit $t>0$

K verläuft zwischen $x=0$ und $x=t$ über C. Es ist

$$A(t)=\int_0^t (f(x)-h(x))\,dx.$$

Mit den Stammfunktionen F von f und f von h wird

$$\begin{aligned}A(t)&=[F(x)-f(x)]_0^t\\&=[(-x-2)\cdot e^{-x}-(x+1)\cdot e^{-x}]_0^t=[-(2x+3)\cdot e^{-x}]_0^t\\&=[-(2t+3)\cdot e^{-t}]-[-3]\\&=3-\frac{2t+3}{e^t}\text{ für } t>0.\end{aligned}$$

Der Term $\frac{2t+3}{e^t}$ ist für jedes $t>0$ positiv und strebt für $t\to\infty$ gegen 0.
Somit strebt A(t) für $t\to\infty$ gegen 3, dabei nimmt A(t) monoton zu.
Damit kann A(t) nicht größer als 3 werden.

d) Tangenten von einem Punkt der x-Achse an K

1. Tangenten von P(5|0) an K

Die Gleichung der Tangente t an K in $B(u|(u+1)\cdot e^{-u})$ lautet mit dem Ansatz $y=f'(u)\cdot(x-u)+f(u)$ für $f(x)=(x+1)\cdot e^{-x}$

$$t:\ y=-ue^{-u}\cdot(x-u)+(u+1)\cdot e^{-u}.$$

Der Punkt P(5|0) liegt auf t. Mit der Punktprobe für P ergibt sich für u die Gleichung

$$-ue^{-u}(5-u)+(u+1)\cdot e^{-u}=0 \qquad (*)$$

d. h. $e^{-u}(-5u+u^2+u+1)=0$

bzw. $e^{-u}(u^2-4u+1)=0.$

e^{-u} kann nie null werden. Für die Abszisse u des Punktes P gilt
$u^2-4u+1=0.$

Daraus $u_1=2+\sqrt{3}$, $u_2=2-\sqrt{3}$

mit $f(u_1)=\frac{3+\sqrt{3}}{e^{2+\sqrt{3}}}\approx 0{,}113$ und $f(u_2)=\frac{3-\sqrt{3}}{e^{2-\sqrt{3}}}\approx 0{,}970.$

Damit sind die Berührpunkte (in der Aufgabe nicht verlangt)

$$B_1\left(2+\sqrt{3}\,\middle|\,\frac{3+\sqrt{3}}{e^{2+\sqrt{3}}}\right)\approx B_1(3{,}732\,|\,0{,}113) \text{ und } B_2\left(2-\sqrt{3}\,\middle|\,\frac{3-\sqrt{3}}{e^{2-\sqrt{3}}}\right)\approx B_2(0{,}268\,|\,0{,}970).$$

Die Gleichungen der Tangenten sind (in der Aufgabe nicht verlangt)

$$t_1:\ y=-\frac{2+\sqrt{3}}{e^{2+\sqrt{3}}}(x-5)\approx -0{,}0232x+0{,}1167;$$

$$t_2:\ y=-\frac{2-\sqrt{3}}{e^{2-\sqrt{3}}}(x-5)\approx -0{,}2050x+1{,}025.$$

2. Tangenten von Q(q|0) an K

1. Lösungsweg

Die Rechnung verläuft in gleicher Weise wie oben in d) 1., wenn man in Gleichung (*) die Abszisse 5 durch q ersetzt. Man erhält dann für die Berührpunktsabszissen u die Bedingungsgleichung

$$e^{-u}(-qu+u^2+u+1)=0$$

bzw. $e^{-u}(u^2+(1-q)\,u+1)=0. \qquad (**)$

Daraus erhält man für die Berührpunkte B_1 und B_2 die Abszissen

$u_1=\frac{1}{2}(q-1+\sqrt{q^2-2q-3})$; $u_2=\frac{1}{2}(q-1-\sqrt{q^2-2q-3})$.

Es gibt von $Q(q|0)$ aus genau eine Tangente an K, wenn $u_1=u_2$ ist. Das ist der Fall, wenn die Diskriminante $q^2-2q-3=0$ wird. Man erhält $q_1=3$, $q_2=-1$ (q_2 entfällt, da laut Aufgabe $q\neq-1$).

Damit ist **Q(3|0)** der gesuchte Punkt. Der Berührpunkt ist $\mathbf{B}\left(1\left|\frac{2}{e}\right.\right)=\mathbf{W}$.

2. Lösungsweg

Man legt durch $Q(q|0)$ eine Geradenschar g_m: $y=m(x-q)$ und überlegt, für welches m die Gerade g_m nur einen gemeinsamen Punkt mit K hat.

Dazu verwenden wir folgende allgemeine Überlegung (s. Figur): Ist $h(x)=0$ die Schnittbedingung von K mit g_m, dann sind die Abszissen der Schnittpunkte von $y=h(x)$ mit der x-Achse gesucht. Zwei solche Schnittpunkte fallen an einer Stelle $x=u$ zusammen, an der $y=h(x)$ die x-Achse berührt, an der also außer $h(u)=0$ auch $h'(u)=0$ ist. Aus $h(u)=0$ und $h'(u)=0$ kann man u und eine zweite Variable berechnen. Das wenden wir an auf

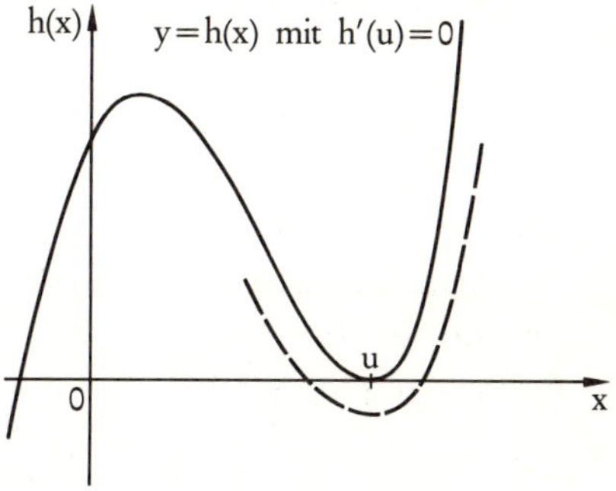

$$h(u)=(u+1)\cdot e^{-u}-m(u-q)=0 \qquad (1)$$
$$h'(u)=\qquad -ue^{-u}-m \qquad =0 \qquad (2)$$

Aus (2) ergibt sich $\qquad m \quad =-ue^{-u}$. $\qquad$ (3)

In (1) eingesetzt erhält man für u die Gleichung

$$e^{-u}\cdot(u^2-(q-1)u+1)=0.$$

Diese Gleichung stimmt überein mit (**). Damit erhält man wie oben aus der Diskriminante $q^2-2q-3=0$ für $q=3$ und $u=1$. Mit (3) erhält man die Steigung der Geraden, die in $B\left(1\left|\frac{2}{e}\right.\right)$ berührt zu $m=-\frac{1}{e}$.

Bemerkung: Die Anschauung legt nahe, daß der Berührpunkt dieser einzigen Tangente der Wendepunkt von K ist. Die Wendetangente hat die Gleichung $y=-\frac{1}{e}x+\frac{3}{e}$. Ihr Schnittpunkt mit der x-Achse ist $Q(3|0)$.

Der ausgeschlossene Wert $q=-1$ gehört zum Schnittpunkt von K mit der x-Achse, in dem es natürlich nur eine Tangente gibt.

Die Funktion f ist gegeben durch

$f(x) = -\frac{1}{3}x^3 + 3x; \quad x \in \mathbb{R}.$

Ihr Schaubild sei K.

a) Untersuchen Sie K auf Symmetrie, Achsenschnittpunkte, Hoch-, Tief- und Wendepunkte.
Zeichnen Sie K für $-3{,}5 \leqq x \leqq 3{,}5$.

b) Die Tangente im Kurvenpunkt $A\left(-\frac{3}{2}\middle| y_A\right)$ schneidet K in einem weiteren Punkt S.
Berechnen Sie die Koordinaten von S.
Bestimmen Sie die Gleichung der Kurvennormalen im Ursprung.
Berechnen Sie den Inhalt der Flächenstücke, die von K und dieser Normalen eingeschlossen werden.
Es gibt Kurvenpunkte $B(u|f(u))$ mit $u \neq 0$, in denen die Kurvennormale eine Ursprungsgerade ist.
Bestimmen Sie die Anzahl dieser Punkte.

c) Für jedes $a \in \mathbb{R}$ ist eine Funktion g_a mit Schaubild C_a gegeben durch
$g_a(x) = ax^3 + 3x; \quad x \in \mathbb{R}.$
Für welche Werte von a schneidet C_a die x-Achse in drei Punkten?
An eine Kurve C_a, die die x-Achse in 3 Punkten schneidet, wird im Kurvenpunkt $P_a(w|0)$ mit $w > 0$ die Tangente gelegt. Diese schneidet die y-Achse in Q_a. Der Ursprung O, P_a und Q_a sind Eckpunkte eines Dreiecks, das durch C_a in zwei Teile zerlegt wird.
Zeigen Sie, daß das Verhältnis der Flächeninhalte dieser beiden Teile unabhängig von a ist.

Lösungshinweise:

a) Da nach Extrem- und Wendepunkten gefragt ist, wird man die Ableitungen vorausstellen.
Welche Grundformen haben Parabeln dritter Ordnung und welche Symmetrieeigenschaft ist bei einer solchen Parabel naheliegend?
Wie prüft man sie nach? Bei der Nullstellenbestimmung an das Ausklammern der Variablen denken.

b) Der Funktionsterm gibt zum x-Wert der Definitionsmenge den y-Wert. Wie erhält man also y_A? Für die Tangentengleichung im Punkt $A(x_A \mid y_A)$ eignet sich der Ansatz $y = f'(x_A)(x - x_A) + y_A$. Welche Bedingungsgleichung gilt für die Schnittpunktsabszissen dieser Tangente mit K? Welche Lösungswege gibt es bei einer Gleichung 3. Grades, wenn – wie hier – der Punkt A bekannt ist? Beachte: Liest man das Ergebnis aus der Figur ab, muß es aber rechnerisch überprüft werden. Wie erhält man die Normalensteigung m_2 aus der Tangentensteigung m_1? Die Schnittbedingung zwischen Normale und K ist wieder eine Gleichung vom 3. Grad. Ausklammern von x hilft hier weiter!
Bei der Inhaltsberechnung zwischen den Schaubildern zweier Funktionen f und g gilt $A = \int_a^b (f(x) - g(x))\,dx$. Ist es von Bedeutung, daß die x-Achse die zu berechnende Fläche durchquert?
Die gesuchte Normale ist orthogonal zur Tangente in $B(u \mid f(u))$. Welche Bedingung erhält man, daß diese Normale durch O verläuft? Diese Gleichung ist biquadratisch, also vom Grad 4. Wie viele Lösungen gibt es maximal? Eine andere Lösungsmöglichkeit wäre durch die Eigenschaft der gesuchten Punkte gegeben, daß sie einen extremalen Abstand von O haben. Man muß dabei eine Extremwertaufgabe bearbeiten. Verwende $d^2(u) = u^2 + (f(u))^2$ als Ersatzfunktion.

c) Die Gleichung $ax^3 + 3x = 0$ hat außer $x = 0$ auch Lösungen der Form $\sqrt{\frac{3}{-a}}$.
Welche Werte für a sind also für 3 Lösungen zulässig?
Es empfiehlt sich, für weitere Rechnungen immer mit $-a$ zu rechnen.
Beachte: Das Dreieck OP_aQ_a ist rechtwinklig. Nur für das Parabelsegment ist ein Integralansatz notwendig. Beim Verhältnis ist darauf zu achten, daß das Verhältnis der beiden Teilflächen gefragt ist.

Lösung:

a) **Kurvenuntersuchung**

1. Ableitungen

$f(x) = -\frac{1}{3}x^3 + 3x; \quad x \in \mathbb{R}$

$f'(x) = -x^2 + 3;$

$f''(x) = -2x; \qquad f'''(x) = -2; \qquad f^{(4)} = 0$

2. Symmetrie

Wegen $f(-x) = \frac{1}{3}x^3 - 3x = -\left(-\frac{1}{3}x^3 + 3x\right) = -f(x)$ besteht **Punktsymmetrie** bezüglich O.

3. Achsenschnittpunkte

Mit der y-Achse, also mit $x = 0$:
Es ist $f(0) = 0$ und $f'(0) = 3$. Einziger Schnittpunkt ist $O(0|0;3)$.

Mit der x-Achse, also mit $y = 0$:
Die x-Werte der Nullstellen ergeben sich aus $f(x) = 0$, also aus
$-\frac{1}{3}x^3 + 3x = 0$ bzw. $x\left(-\frac{1}{3}x^2 + 3\right) = 0$.
Man erhält $x_1 = 0; \quad x_2 = 3; \quad x_3 = -3$
mit $f'(0) = 3; \quad f'(3) = -6; \quad f'(-3) = -6$.

Somit gibt es drei Schnittpunkte mit der x-Achse:
$N_1(0|0;3); \quad N_2(3|0;-6); \quad N_3(-3|0;-6)$.

4. Extrempunkte

Notwendige Bedingung für Extremstellen x_e ist $f'(x_e) = 0$.

Hinreichend für $\left.\begin{array}{l}\text{Hochpunkt}\\ \text{Tiefpunkt}\end{array}\right\}$ ist $f'(x_e) = 0$ und $\left\{\begin{array}{l} f''(x_e) < 0 \\ f''(x_e) > 0 \end{array}\right.$.

$f'(x_e) = -x_e^2 + 3 = 0$ gibt $x_{e_1} = \sqrt{3}; \; x_{e_2} = -\sqrt{3}$.

Wegen $f''(\sqrt{3}) < 0$, $f''(-\sqrt{3}) > 0$ und $f(\sqrt{3}) = 2\sqrt{3}$, $f(-\sqrt{3}) = -2\sqrt{3}$
erhält man als **Hochpunkt** $H(\sqrt{3}|2\sqrt{3})$ und als **Tiefpunkt** $T(-\sqrt{3}|-2\sqrt{3})$.

5. Wendepunkte

Bedingung für die Wendestelle x_w ist $f''(x_w) = 0$ und $f'''(x_w) \neq 0$.
$f''(x) = -2x = 0$ gibt $x_w = 0$.
Somit ist $W = O$ mit der Wendetangente $y = 3x$.

6. Schaubild K der Parabel 3. Ordnung

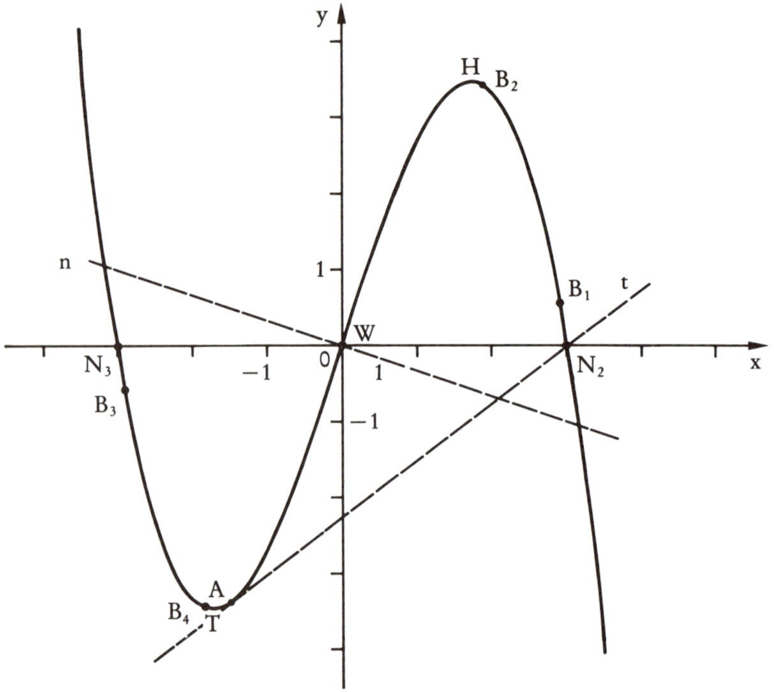

b) Tangenten- und Normalenprobleme

1. Schnittpunkt S von K mit Tangente in A

Gleichung der Tangente t an K in A:

Mit $f\left(-\frac{3}{2}\right)=-\frac{27}{8}$ erhält man $A\left(-\frac{3}{2}\middle|-\frac{27}{8}\right)$; da $f'\left(-\frac{3}{2}\right)=\frac{3}{4}$ ist, wird die Gleichung von t, wenn man den Ansatz $y=f'(x_A)(x-x_A)+f(x_A)$ verwendet, zu $y=\frac{3}{4}\left(x+\frac{3}{2}\right)-\frac{27}{8}$. Also ergibt sich t: $y=\frac{3}{4}x-\frac{9}{4}$.

Es gibt drei Möglichkeiten die Schnittpunktsabszisse von S zu bestimmen:

(1) **Zeichnet** man t zu K in die Figur, liegt als Schnittpunkt S der Punkt $N_2(3|0)$ nahe; die Punktprobe bestätigt, daß N_2 auf t liegt; somit $S=N_2(3|0)$.

(2) Rechnerische Lösung:
Gemeinsame Punkte zweier Kurven $y=f(x)$ und $y=g(x)$ gibt es, wenn die Schnittbedingung $f(x)=g(x)$ Lösungen hat.
Für den Schnitt von t mit K ist die Schnittbedingung

$$-\frac{1}{3}x^3+3x=\frac{3}{4}x-\frac{9}{4}$$

bzw. $$4x^3-36x=-9x+27$$

$$4x^3-27x-27=0. \qquad (*)$$

Da die Zweifachlösung $x_1=x_2=-\frac{3}{2}$ bekannt ist, läßt sich die Gleichung 3. Grades durch Polynomdivision mit $\left(x+\frac{3}{2}\right)^2=x^2+3x+\frac{9}{4}$ auf eine Gleichung 1. Grades reduzieren.

Es ist $(4x^3-27x-27):\left(x^2+3x+\frac{9}{4}\right)=4x-12.$

Damit ist $4x^3-27x-27=\left(x+\frac{3}{2}\right)^2\cdot(4x-12).$

Aus $4x-12=0$ folgt $x_S=3$. Also $S=N_2(3|0)$.

(3) Bringt man die Gleichung (*) auf die Form

$$x^3-\frac{27}{4}x-\frac{27}{4}=0,$$

dann ist nach dem Satz von Vieta $+\frac{27}{4}$ das Produkt aller Lösungen $x_1\cdot x_2\cdot x_3$. Da $x_1\cdot x_2=\frac{9}{4}$ ist, wird $x_3=3$. Also $S=N_2$.

2. Kurvennormale in O, Schnitt mit K

Da $f'(0)=3$ ist, ist die Normalensteigung $m_n=-\frac{1}{3}$; Gleichung der Normalen in O lautet also $y=-\frac{1}{3}x$.

Schnitt der Normalen n mit K führt auf die Schnittbedingung

$$-\frac{1}{3}x^3+3x=-\frac{1}{3}x$$

$$-x^3+9x=-x$$

$x(x^2-10)=0.$ Daraus erhält man

$$x_1=0;\quad x_2=\sqrt{10};\quad x_3=-\sqrt{10}\quad \text{mit}$$

$$y_2=\frac{-\sqrt{10}}{3};\quad y_3=\frac{\sqrt{10}}{3}.$$

Es ergeben sich die beiden Schnittpunkte

$$S_2\left(\sqrt{10}\,\middle|\,-\frac{1}{3}\sqrt{10}\right)\approx S_2(3{,}16|-1{,}05) \text{ und } S_3\left(-\sqrt{10}\,\middle|\,\frac{1}{3}\sqrt{10}\right)\approx S_3(-3{,}16|1{,}05).$$

3. Flächeninhaltsberechnung

Auch wenn die Fläche, deren Inhalt zu berechnen ist, von der x-Achse durchquert wird, gilt der Ansatz für den Inhalt A mit

$$A = \int_a^b (f(x) - g(x))\,dx.$$

Es ist $f(x) = -\frac{1}{3}x^3 + 3x$ und $g(x) = -\frac{1}{3}x$; $a = 0$, $b = \sqrt{10}$.

Unter Berücksichtigung der Symmetrie wird

$$A = 2 \cdot \int_0^{\sqrt{10}} \left(-\frac{1}{3}x^3 + 3x - \left(-\frac{1}{3}x\right)\right) dx = 2 \cdot \int_0^{\sqrt{10}} \left(-\frac{1}{3}x^3 + \frac{10}{3}x\right) dx$$

$$= 2 \cdot \left[-\frac{1}{12}x^4 + \frac{5}{3}x^2\right]_0^{\sqrt{10}} = \frac{50}{3} \approx 16{,}66.$$

4. Kurvennormalen durch O

1. Lösungsmöglichkeit

Die Gleichung der Normalen im Kurvenpunkt $B(u\,|\,f(u))$ ist allgemein

$$y = -\frac{1}{f'(u)}(x - u) + f(u). \quad (f'(u) \neq 0)$$

Für K wird g: $y = \frac{1}{u^2 - 3}(x - u) - \frac{1}{3}u^3 + 3u$ mit $u \neq 0$; $u \neq \pm\sqrt{3}$.

Die Normale g verläuft durch O, wenn die Punktprobe für $O(0\,|\,0)$ erfüllt ist. Man erhält für u die Bedingungsgleichung

$$-u - \frac{u^3}{3}(u^2 - 3) + 3u(u^2 - 3) = 0$$

bzw. $$u\left(-1 - \frac{u^4}{3} + u^2 + 3u^2 - 9\right) = 0$$

$$u\left(-\frac{u^4}{3} + 4u^2 - 10\right) = 0$$

$$u\,(u^4 - 12u^2 + 30) = 0.$$

Da $u \neq 0$, gilt $u^4 - 12u^2 + 30 = 0$

also $u_{1,2}^2 = 6 \pm \sqrt{6}$.

Es gibt 4 reelle Werte für u:

$u_1 = \sqrt{6 + \sqrt{6}} \approx 2{,}91$; $u_2 = \sqrt{6 - \sqrt{6}} \approx 1{,}88$; $u_3 = -\sqrt{6 + \sqrt{6}} \approx -2{,}91$;
$u_4 = -\sqrt{6 - \sqrt{6}} \approx -1{,}88$

mit $f(u_1) \approx 0{,}53$; $f(u_2) \approx 3{,}42$; $f(u_3) \approx -0{,}53$; $f(u_4) \approx -3{,}42$.

Es gibt also vier Kurvenpunkte $B_1(2{,}91|0{,}53)$, $B_2(1{,}88|3{,}42)$, $B_3(-2{,}91|-0{,}53)$ und $B_4(-1{,}88|-3{,}42)$, deren Normalen durch O verlaufen. Wegen der Punktsymmetrie liegen B_1, B_3 bzw. B_2, B_4 je auf derselben Normalen.

2. Lösungsmöglichkeit

Man verwendet die geometrische Eigenschaft, daß die gesuchten Punkte einen extremalen Abstand von O haben.

Der Punkt $B\left(u\,\middle|\,-\frac{1}{3}u^3+3u\right)$ hat von O den Abstand

$d=\sqrt{u^2+\left(-\frac{1}{3}u^3+3u\right)^2}$.

Wenn d extremal ist, dann gilt dies auch für $q=d^2$. Es ist

$q(u)=\frac{1}{9}u^6-2u^4+10u^2$.

$q(u)$ wird extremal für diejenigen u, für die $q'(u)=0$ und $q''(u)\neq 0$ ist.

$q'(u)=\frac{2}{3}u^5-8u^3+20u$; $q''(u)=\frac{10}{3}u^4-24u^2+20$. (*)

$q'(u)=0$: $\frac{2}{3}u(u^4-12u^2+30)=0$, wegen $u\neq 0$ gilt für u_e:

$$u_e^4-12u_e^2+30=0. \text{ Daraus } u_e^2=6\pm\sqrt{6}.$$

Man erhält die 4 Lösungen

$u_1=\sqrt{6+\sqrt{6}}\approx 2{,}91$; $u_2=\sqrt{6-\sqrt{6}}\approx 1{,}88$; $u_3=-\sqrt{6+\sqrt{6}}\approx -2{,}91$; $u_4=-\sqrt{6-\sqrt{6}}\approx -1{,}88$.

Mit (*) zeigt sich, daß $q''(u)\neq 0$ ist. Es ergeben sich wieder die vier Punkte auf K, deren Normalen durch O verlaufen:

$B_1(2{,}91|0{,}53)$; $B_2(1{,}88|3{,}42)$; $B_3(-2{,}91|-0{,}53)$; $B_4(-1{,}88|-3{,}42)$.

3. Lösungsmöglichkeit

Man geht aus von der Ursprungsgeraden g_m: $y=mx$ $(0<m<3)$ und bestimmt ihre Schnittpunktsabszisse u im Punkt B auf K. Die Tangentensteigung $m^*=f'(u)$ muß dann die Bedingung $m^*\cdot m=-1$ erfüllen. Dies gibt eine Gleichung für m, und man erhält u.

Berechnung der Schnittpunktsabszisse u aus der Schnittbedingung

$-\frac{1}{3}u^3+3u=mu$ bzw. $-\frac{1}{3}u(u^2-9+3m)=0$ $(u\neq 0)$.

Daraus $u^2=9-3m$ mit $u_1=\sqrt{9-3m}$ und $u_2=-\sqrt{9-3m}$. (*)

Die Tangentensteigung in B beträgt

$m^*=f'(u)=-u^2+3=-9+3m+3=-6+3m$.

Mit der Orthogonalitätsbedingung $m^* \cdot m = -1$ erhält man die Bedingung für m: $(-6+3m)\,m = -1$

$$3m^2 - 6m + 1 = 0$$

mit $m_1 = \frac{1}{3}(3+\sqrt{6})$; $m_2 = \frac{1}{3}(3-\sqrt{6})$.

Dies eingesetzt in die Gleichungen (*) für u_1 und u_2 führt auf die schon bekannten vier Werte für die Abszissen von B, nämlich

$u_1 = \sqrt{6+\sqrt{6}}$; $u_2 = \sqrt{6-\sqrt{6}}$; $u_3 = -\sqrt{6+\sqrt{6}}$; $u_4 = -\sqrt{6-\sqrt{6}}$.

c) **Kurvenschar C_a mit $g_a(x) = ax^3 + 3x$**

1. C_a schneidet die x-Achse in 3 Punkten

Bedingung für Nullstellen ist $ax^3 + 3x = 0$ bzw. $x(ax^2+3) = 0$ mit den Lösungen $x_1 = 0$; $x_2 = \sqrt{\frac{3}{-a}}$; $x_3 = -\sqrt{\frac{3}{-a}}$.

x_2, x_3 sind nur für $a < 0$ reell. Es gibt also nur für negative a drei Schnittpunkte von C_a mit der x-Achse.

2. Inhalt des Tangentendreiecks OP_aQ_a

(1) Bestimmung der Ecke Q_a:

Die Tangente in $P_a\left(\sqrt{\frac{3}{-a}}\,\middle|\,0\right)$ hat die Gleichung

$$y = g_a'\left(\sqrt{\frac{3}{-a}}\right)\cdot\left(x - \sqrt{\frac{3}{-a}}\right).$$ Mit $g_a'(x) = 3ax^2 + 3$ wird

$g_a'\left(\sqrt{\frac{3}{-a}}\right) = 3a \cdot \frac{3}{-a} + 3 = -6$, und damit wird die Tangentengleichung

$$y = -6x + 6\sqrt{\frac{3}{-a}}.$$ Schnitt mit $x = 0$ gibt

$$y_{Q_a} = 6 \cdot \sqrt{\frac{3}{-a}};\quad Q_a\left(0\,\middle|\,6\sqrt{\frac{3}{-a}}\right).$$

(2) Dreiecksinhalt A_1 wird mit der Inhaltsformel somit

$$A_1 = \frac{1}{2}\overline{OP_a}\cdot\overline{OQ_a} = \frac{1}{2}\cdot\sqrt{\frac{3}{-a}}\cdot 6\cdot\sqrt{\frac{3}{-a}} = \frac{9}{-a}.$$

3. Inhalt des Parabelsegmentes über der x-Achse

$$A_2 = \int_0^{\sqrt{\frac{3}{-a}}} (ax^3 + 3x)\,dx = \left[\frac{1}{4}ax^4 + \frac{3}{2}x^2\right]_0^{\sqrt{\frac{3}{-a}}}$$

$$= \frac{9}{4a} + \frac{18}{-4a} = \frac{9}{-4a}$$

4. Verhältnis der beiden Teilflächen

$$\frac{A_2}{A_1 - A_2} = \frac{\frac{9}{-4a}}{\frac{9}{-a} - \frac{9}{-4a}} = \frac{9}{36 - 9} = \frac{9}{27} = \frac{1}{3}$$

Beim Erweitern des Bruches mit $-4a$ kürzt sich die Variable a.
a ist im Ergebnis nicht mehr vorhanden, es ist also unabhängig von a.

Für jedes $t>0$ ist eine Funktion f_t gegeben durch

$$f_t(x)=\frac{4x^2}{x^2+3t^2};\quad x\in\mathbb{R}.$$

Ihr Schaubild sei K_t.

a) Untersuchen Sie K_1 auf Symmetrie, Extrem- und Wendepunkte sowie auf Asymptoten.
(Bei der Untersuchung auf Wendepunkte wird hier auf die Überprüfung einer hinreichenden Bedingung verzichtet.)
Zeichnen Sie K_1 für $-6\leqq x\leqq 6$.

b) Die Kurve K_1, die positive x-Achse und die Gerade $x=1$ begrenzen eine Fläche mit Inhalt A. Einen Näherungswert $\overline{A}$ für A erhält man, indem man K_1 durch eine Parabel 4. Ordnung ersetzt. Diese Parabel soll symmetrisch zur y-Achse sein und die Kurve K_1 im Ursprung und im Punkt $P_1(1|1)$ berühren.
Bestimmen Sie die Gleichung dieser Parabel.
Berechnen Sie $\overline{A}$.

c) Gegeben ist die Funktion h durch $h(x)=4-\frac{12}{x^2};\ x\neq 0$.
Ihr Schaubild sei C.
Zeigen Sie, daß für $x\neq 0$ gilt: $f_1(x)-h(x)>0$.
Bestimmen Sie $u>0$ auf 3 Dezimalen so, daß $f_1(u)-h(u)=0{,}1$ ist.

d) Auf K_t liegen die Punkte $P_t(t|1)$ und $Q_t(-t|1)$.
Die Kurventangenten in P_t und in Q_t schneiden sich im Punkt S.
Zeigen Sie, daß die Koordinaten von S unabhängig von t sind.
Bestimmen Sie t so, daß die Kurventangente in P_t orthogonal zur Kurventangente in Q_t ist.

Lösungshinweise:

a) In Teilaufgabe d) wird auch f_t' benötigt, sodaß es sinnvoll ist, wenn man diese Ableitung gleich allgemein für $t>0$ unter Verwendung der Quotientenregel mit berechnet. Die 2. Ableitung wird nur für $t=1$ gebraucht.
x tritt nur quadratisch auf. Was besagt dies für die Symmetrie? Das Schaubild K_1 legt nahe, was an Achsenschnittpunkten, Extrem- und Wendepunkten zu erwarten ist. Welchem y-Wert kommt f(x) für große x-Werte immer näher? Wie erhält man somit durch eine Grenzwertbetrachtung die Asymptote parallel zur x-Achse?

b) Wie lautet der Ansatz für eine ganzrationale Funktion 4. Grades, die symmetrisch zur y-Achse ist und durch O geht? Der Ansatz hat 2 Koeffizienten. Mit welchen 2 Angaben der Aufgabe erhält man Bedingungen für ihre Bestimmung? Überprüfe das Ergebnis!
Die Berechnung des Flächeninhalts geht von $x=0$ bis $x=1$.

c) Wie wird man die Differenz $d(x)=f(x)-h(x)$ umformen, damit man erkennen kann, welches Vorzeichen gilt? $d(u)=0{,}1$ ist die Gleichung für u. Sie ist vom 4. Grad. Wie kann man sie auf eine quadratische Gleichung zurückführen?

d) Es handelt sich um eine Kurvenschar mit dem positiven Parameter $t>0$. Verwende für die Tangentengleichung den Ansatz $y=f_t'(t)(x-t)+1$. Beachte die Symmetrie von K_t. Welche Steigung muß also die Tangente im 1. Feld haben, damit sich beide Tangenten rechtwinklig schneiden?

Lösung:

a) Kurvenuntersuchung von K_1

1. Ableitungen

$f_1(x)=\frac{4x^2}{x^2+3}$; $\quad x\in\mathbb{R}$, $\quad f_t(x)=\frac{4x^2}{x^2+3t^2}$; $\quad x\in\mathbb{R},\ t>0$

$f_1'(x)=\frac{24x}{(x^2+3)^2}$, $\quad x\in\mathbb{R}$; $\quad f_t'(x)=\frac{24t^2x}{(x^2+3t^2)^2}$, $\quad x\in\mathbb{R},\ t>0$

$f_1''(x)=\frac{72(1-x^2)}{(x^2+3)^3}$; $\quad x\in\mathbb{R}$

2. Symmetrie

Die Variable x tritt nur quadratisch auf; somit $f_t(x)=f_t(-x)$.
K_t, also auch K_1, ist symmetrisch zur y-Achse.

3. Gemeinsame Punkte mit den Koordinatenachsen

Mit der x-Achse: x aus $f_1(x)=0$.
Ein Bruch wird null, wenn der Zähler 0 und der Nenner nicht 0 wird. Somit gemeinsamer Punkt mit der x-Achse $O(0|0)$, wegen $f_1'(0)=0$ berührt K_1 die x-Achse in O.

Mit der y-Achse: Der y-Wert eines solchen Punktes folgt aus $y=f_1(0)$. Dies ist 0. Dies muß sich zwangsweise ergeben, da eine Funktion jedem x nur genau ein f(x) zuordnet.

4. Extrempunkte

x_e ist Extremstelle, wenn $f_1'(x_e)=0$ und $f_1''(x_e)\neq 0$ ist. x_e folgt aus $\frac{24x_e}{(x_e^2+3)^2}=0$ zu $x_e=0$ (Nenner nicht null!).
Es ist $f''(0)=\frac{8}{3}>0$, somit ist der **Ursprung** ein **Tiefpunkt** von K_1.

5. Wendepunkte

x_w ist Wendestelle, wenn $f_1''(x_w)=0$ ist, und wenn an der Stelle x_w das Schaubild K_1 von f_1 von einer Rechts(Links)kurve in eine Links(Rechts)-kurve übergeht, wenn also beim „Durchgang“ durch x_w der Term $f''(x)$ sein Vorzeichen ändert.

$f''(x)=0$, also $\frac{72(1-x^2)}{(x^2+3)^3}=0$ gibt für x_w die Gleichung $x_w^2=1$, denn der Nenner ist für alle $x\in\mathbb{R}$ immer positiv. Man erhält $x_{w_1}=1$; $x_{w_2}=-1$ mit $f_1(1)=f_1(-1)=1$.

Bemerkung (nicht verlangt): Beim Durchgang durch x_{w_1} bzw. x_{w_2} ändert $f_1''(x)$ das Vorzeichen, x_{w_1} und x_{w_2} sind also Wendestellen.

K_1 hat die **Wendepunkte** $\mathbf{W_1\left(1\,\middle|\,1;\ \frac{3}{2}\right)}$, $\mathbf{W_2\left(-1\,\middle|\,1;\ -\frac{3}{2}\right)}$.

6. Asymptoten

Man sieht, daß für immer größer werdende x-Werte sich der Term $\frac{x^2}{x^2+1}$ immer mehr der 1 nähert, d.h. $f_1(x)$ der Zahl 4.
Allgemein gilt: Bei der gebrochenrationalen Funktion f_1 sind Zähler und Nenner je vom Grad 2, also ist eine Asymptote parallel zur x-Achse möglich. Ist ihre Gleichung $y=c$, dann ist $c=\lim\limits_{x\to\infty} f_1(x)$.

Da $\lim\limits_{x\to\infty}\frac{4x^2}{x^2+3}=\lim\limits_{x\to\infty}\frac{4}{1+\frac{3}{x^2}}=4$ ist, existiert die **Asymptote $y=4$.**

7. Schaubild von K_1

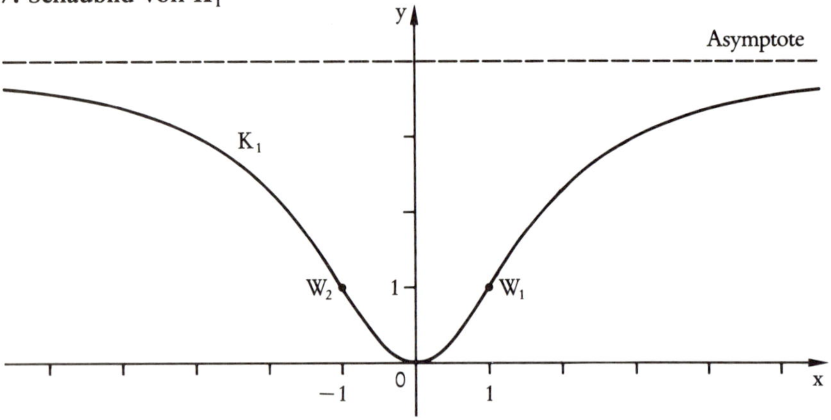

b) Näherungsparabel 4. Ordnung, Näherungsinhalt $\overline{A}$

1. Gleichung der Näherungsparabel

Aus der Angabe „symmetrisch zur y-Achse" folgt, daß die Gleichung nur Glieder mit x^2 und x^4 enthalten kann; aus dem Verlauf durch O folgt, daß kein Absolutglied vorhanden ist.

Damit ergibt sich als Ansatz für die Parabel 4. Ordnung P_4:

$p(x) = ax^4 + bx^2$; a und b sind zwei zu bestimmende Koeffizienten;

$p'(x) = 4ax^3 + 2bx$.

P_4 verläuft durch $W_1(1|1)$ und hat dort die Steigung $\frac{3}{2}$ (siehe Teilaufgabe a) 5.). Diese Angaben führen auf 2 Gleichungen zur Bestimmung der Koeffizienten a und b. Diese Gleichungen sind

$$\begin{array}{rl|c|c} a + b = & 1 & \cdot(-2) & \cdot 4 \\ 4a + 2b = & \frac{3}{2} & \cdot 1 & \cdot(-1) \\ \hline 2a \quad = & -\frac{1}{2}; \text{ also } a = -\frac{1}{4} & & \\ 2b = & \frac{5}{2}; \text{ also } b = \frac{5}{4}. & & \end{array}$$

Somit ist $\mathbf{p(x) = -\frac{1}{4}x^4 + \frac{5}{4}x^2}$ **mit** $\mathbf{x \in \mathbb{R}}$.

2. Berechnung von $\overline{A}$

$$\overline{A} = \int_0^1 \left(-\frac{1}{4}x^4 + \frac{5}{4}x^2\right)dx = \left[-\frac{x^5}{20} + \frac{5x^3}{12}\right]_0^1 = -\frac{1}{20} + \frac{5}{12} = \frac{11}{30} \approx 0{,}367.$$

Bemerkung: Die exakte Berechnung des Inhalts A gibt auf 4 Dezimale $A = 0{,}3724$. Der Fehler liegt etwa bei 1,5 %.

c) Vergleich der Funktionen f_1 und h

Man bringt die beiden Funktionsterme mit Hilfe des Hauptnenners $x^2(x^2+3)$ auf einen Bruchstrich:

$f_1(x) - h(x) = \frac{4x^4 - 4(x^2-3)(x^2+3)}{x^2(x^2+3)}$. Es ist

$$d(u) = \frac{4x^4 - 4(x^4-9)}{x^2(x^2+3)} = \frac{36}{x^2(x^2+3)} > 0 \quad \text{für } x \neq 0.$$

Bestimmung von u, sodaß $d(u) = 0{,}1$ wird:

Gleichung für u ist $\frac{36}{u^4+3u^2} = 0{,}1$.

Äquivalente Umformung führt auf $u^4 + 3u^2 - 360 = 0$.
Mit der Substitution $u^2 = z$ gilt für z die quadratische Gleichung $z^2 + 3z - 360 = 0$ mit den Lösungen

$$z_1 = \frac{1}{2}(-3 + \sqrt{1449}); \quad z_2 = \frac{1}{2}(-3 - \sqrt{1449}) < 0.$$

Damit wird $u_1 = \sqrt{z_1} \approx \sqrt{17{,}5329} \approx \mathbf{4{,}187}$.
$u_2 = \sqrt{z_2}$ entfällt, da $z_2 < 0$ ist.

d) Tangentenproblem. Orthogonalität

1. Schnittpunkt S der Tangenten in P_t und Q_t

Wegen $f_t'(x) = \frac{24xt^2}{(x^2+3t^2)^2}$ (s. Teilaufgabe a) 1.) ist

$$f_t'(t) = \frac{24t^3}{16t^4} = \frac{3}{2t}; \quad f_t'(-t) = \frac{-3}{2t}.$$

Tangente in $P_t(t|1)$ hat die Gleichung

$y = \frac{3}{2t}(x-t) + 1 = \frac{3}{2t}x - \frac{1}{2}$.

Aus Symmetriegründen schneiden sich die Tangenten in den Kurvenpunkten P_t und Q_t auf der y-Achse.

Somit ist der Schnittpunkt für alle t der Punkt $\mathbf{S\left(0 \middle| -\frac{1}{2}\right)}$.

2. Bestimmung von t, daß diese Tangenten orthogonal sind

1. Lösungsweg:
Die Steigung in P_t ist $m_1 = \frac{3}{2t}$, in Q_t ist $m_2 = -\frac{3}{2t}$.

Orthogonalität besteht, wenn $m_1 \cdot m_2 = -1$ ist, d.h. für

$$\frac{9}{4t^2} = 1 \quad \text{mit } t_1 = \frac{3}{2}; \; t_2 = -\frac{3}{2}.$$

t_2 entfällt, da $t > 0$ vorgeschrieben ist.

2. Lösungsweg:

Damit sich die beiden Tangenten in S orthogonal schneiden, muß in P_t der Steigungswinkel der Tangente 45° sein. Da $m_1 = \tan 45° = 1$ ist, gilt für t die Gleichung

$\frac{3}{2t} = 1$, daraus folgt $t = \frac{3}{2}$.

Gegeben sind für $x \in \mathbb{R}$ die Funktionen f und g durch
$f(x) = (1 + 2x) \cdot e^{-0,5x}$ und $g(x) = e^{-0,5x}$.
Das Schaubild von f sei K, das Schaubild von g sei C.

a) Untersuchen Sie K auf Schnittpunkte mit den Koordinatenachsen, Hoch-, Tief- und Wendepunkte sowie auf Asymptoten.
Zeichnen Sie K und C für $-1 \leqq x \leqq 4$ in ein gemeinsames Achsenkreuz ein.
(LE 2 cm)

b) Die Gerade $x = s$ mit $s > 0$ schneidet die Kurven K und C.
Bestimmen Sie s so, daß der Abstand der beiden Schnittpunkte maximal wird.
Geben Sie den maximalen Abstand an.

c) Zeigen Sie: K und C haben nur einen gemeinsamen Punkt S.
Unter welchem Winkel schneiden sich K und C?
Die Tangenten an K und C in S schließen mit der x-Achse ein Dreieck ein.
Rotiert dieses Dreieck um die x-Achse, so entsteht ein Drehkörper.
Berechnen Sie das Volumen des Drehkörpers.

d) Die Kurve C, die Koordinatenachsen und die Gerade $x = u$ mit $u > 0$ schließen eine Fläche ein.
Berechnen Sie ihren Inhalt A(u) und $\overline{A} = \lim\limits_{u \to \infty} A(u)$.
Die ins Unendliche reichende Fläche mit dem Inhalt $\overline{A}$ wird durch zwei zur y-Achse parallele Geraden in drei gleich große Flächen zerlegt.
Bestimmen Sie die Gleichungen dieser beiden Geraden.

Lösungshinweise:

Beim Leben der Aufgabe vergegenwärtige man sich, wie Schaubilder mit Gleichungen der Form $y = e^{-kx}$ verlaufen, wie sie sich für große bzw. kleine Werte für x verhalten, auch daß e^{-kx} nie 0 werden kann.

a) Beim Ableiten braucht man Produkt- und Kettenregel. Beim Nullsetzen von Termen ist es wichtig, daß man $e^{-0,5x}$ ausklammern kann. Wie erhält man Schnittpunkte mit der y-Achse? Wie viele solche Schnittpunkte kann das Schaubild einer Funktion höchstens haben? Durch welche Grenzwertbildung erhält man die Asymptote parallel zur x-Achse? Es empfiehlt sich, schon mit Nullstelle und Asymptote das Schaubild vorzubereiten und dann mit den berechneten Extrem- und Wendepunkten zu vervollständigen.

b) Zeichnet man das Schaubild C zu K ein, dann kann man abschätzen, wo etwa der größte Abstand zwischen K und C existiert. Durch welche Funktion $s \mapsto d(s)$ wird dieser Abstand beschrieben? Wie erhält man den Wert s für ein lokales Maximum? Für globale Extrema spielen die Randwerte im Definitionsbereich eine wichtige Rolle. Ist das lokale Maximum auch global?

c) Der gemeinsame Punkt S läßt sich aus der Figur leicht erkennen. Wie überprüft man die Vermutung? Der Schnittwinkel von K und C läßt sich aus den Steigungswinkeln im Schnittpunkt berechnen oder auch aus den Steigungen m_1 und m_2 mit der Formel $\tan\delta = \frac{m_2 - m_1}{1 + m_1 m_2}$ (Formelsammlung).
Der entstehende Drehkörper ist ein Doppelkegel. Man braucht den Grundkreisradius und die beiden Kegelhöhen für $V = \frac{1}{3}\pi r^2 (h_1 + h_2)$.

d) Das Schaubild C nähert sich der positiven x-Achse. Der Inhalt zwischen C und x-Achse soll in 3 gleiche Teile geteilt werden. Man braucht also zuerst diesen Inhalt, der nur durch einen Grenzwert erhalten wird. Die Gerade $x = p$ muß dann ein Drittel dieses Inhaltes begrenzen. Wo tritt die gesuchte Variable p bei der Rechnung auf?

Lösung:

a) Kurvenuntersuchung von K. Schaubilder von K und C

1. Ableitungen

$f(x) = (1 + 2x)\, e^{-0,5x}$;
$f'(x) = (1,5 - x)\, e^{-0,5x}$;
$f''(x) = (0,5x - 1,75)\, e^{-0,5x}$;
$f'''(x) = (1,375 - 0,25x)\, e^{-0,5x}$.

2. Achsenschnittpunkte des Schaubildes K

Mit der x-Achse:

x_0 ist Nullstelle von $x \mapsto f(x)$, wenn $f(x_0)=0$ ist. Bedingung für x_0 ist $e^{-0,5x_0} \cdot (1+2x_0)=0$. Somit $x_0=-\frac{1}{2}$.

Wegen $f'\left(-\frac{1}{2}\right)=2 \cdot e^{0,25} \approx 2,57$ erhält man als Schnittpunkt mit der x-Achse $N\left(-\frac{1}{2}\middle|0; 2,57\right)$.

Mit der y-Achse:

Es ist $f(0)=1$, mit $f'(0)=1,5$ ist der Schnittpunkt mit $x=0$ somit $M\left(0\middle|1;\frac{3}{2}\right)$.

3. Extrempunkte von K

Notwendige Bedingung für eine Extremstelle x_e der Funktion f ist $f'(x_e)=0$.

Das Schaubild K hat in $(x_e|f(x_e))$ einen $\left.\begin{matrix}\text{Hochpunkt,}\\ \text{Tiefpunkt,}\end{matrix}\right\}$ wenn $\left\{\begin{matrix}f''<0\\ f''>0\end{matrix}\right.$ ist.

Aus $f'(x_e)=0$ folgt $x_e=\frac{3}{2}$ mit $f\left(\frac{3}{2}\right)=4e^{-0,75} \approx 1,89$.

Da $f''\left(\frac{3}{2}\right)=\left(\frac{3}{4}-\frac{7}{4}\right)e^{-\frac{3}{4}}=-e^{-\frac{3}{4}}<0$ ist, hat K den **Hochpunkt** $H\left(\frac{3}{2}\middle|4e^{-0,75} \approx 1,89\right)$.

4. Wendepunkte von K

x_w ist Wendestelle von f, wenn $f''(x_w)=0$ und $f'''(x_w) \neq 0$ ist, also gilt $\left(\frac{1}{2}x_w-\frac{7}{4}\right) \cdot e^{-\frac{1}{2}x_w}=0$.

Da $e^{-\frac{1}{2}x_w} \neq 0$ ist, erhält man aus $\frac{1}{2}x_w-\frac{7}{4}=0$ für $x_w=\frac{7}{2}$.

Außerdem ist $f\left(\frac{7}{2}\right)=8 \cdot e^{-\frac{7}{4}} \approx 1,390$; $f'\left(\frac{7}{2}\right)=-2 \cdot e^{-\frac{7}{4}} \approx -1,348$.

Da $f'''\left(\frac{7}{2}\right)=\left(\frac{11}{8}-\frac{7}{8}\right)e^{-\frac{7}{4}}=\frac{1}{2} \cdot e^{-\frac{7}{4}}>0$ ist, existiert der **Wendepunkt** $W\left(\frac{7}{2}\middle|8e^{-\frac{7}{4}} \approx 1,390\right)$; die Steigung der **Wendetangente** ist $m_w=-2e^{-\frac{7}{4}} \approx -0,348$.

5. Asymptote

Bringt man f(x) auf die Form $f(x)=\frac{1+2x}{e^{\frac{1}{2}x}}$ mit $x \in \mathbb{R}$, so ist

$\lim\limits_{x\to 0}\frac{1+2x}{e^{\frac{1}{2}x}}=0$, da die Exponentialfunktion stärker zunimmt als jede ganzrationale Funktion. Somit ist **die x-Achse für $x>0$ Asymptote** von K.

6. Schaubilder von K und C

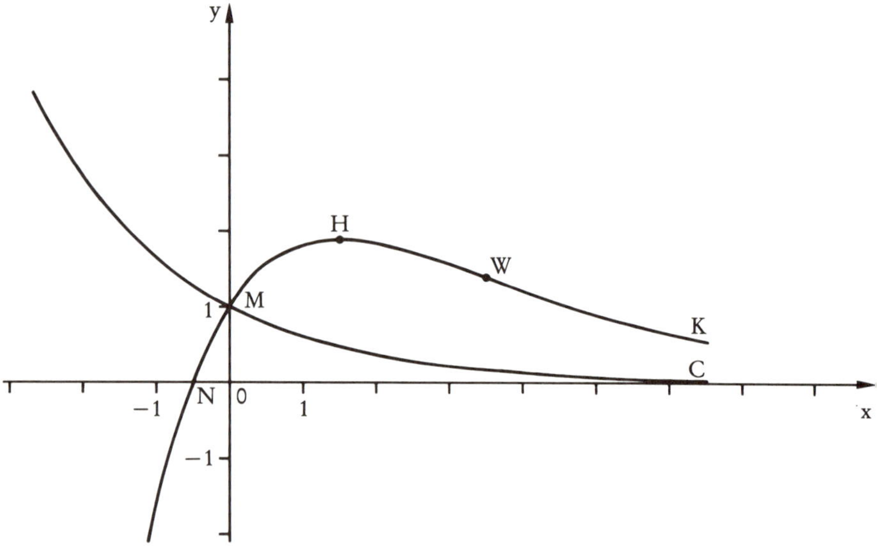

b) Extremwertaufgabe

Gesucht ist s, so das $d(s)=f(s)-g(s)$ maximal wird. Es ist

$d(s)=(1+2s)\,e^{-0,5s}-e^{-0,5s}=e^{-0,5s}(1+2s-1)=2se^{-0,5s}$; $s>0$.

d(s) nimmt für dasjenige s ein Maximum an, für das $d'(s)=0$ und $d''(s)<0$ wird. Es ist

$d'(s)=2e^{-0,5s}-se^{-0,5s}=(2-s)\,e^{-0,5s}$ und

$d''(s)=(0,5s-2)\,e^{-0,5s}$.

$d'(s)=0$ gibt den extremalen Wert $s_e=2$.

Da $d''(2)<0$ ist, hat für $s_e=2$ der Abstand der Schaubilder K und C ein **lokales** Maximum. Er beträgt $d_{max}=4\cdot e^{-1}\approx 1,472$.

Da im Definitionsbereich $]0;\infty[$ für $s\to 0$ und für $s\to\infty$ die Randwerte von d(s) gegen 0 streben, ist das Maximum für $s=2$ ein **globales** Maximum.

c) **Gemeinsame Punkte von K und C**

Die Schnittbedingung ist

$$f(x) - g(x) = 0;$$
$$(1+2x)\,e^{-0{,}5x} - e^{-0{,}5x} = 0;$$
$$e^{-0{,}5x} \cdot 2x = 0.$$

Diese Bedingung hat nur die eine Lösung $x = 0$, denn $e^{-0{,}5x}$ ist immer positiv. Der einzige Schnittpunkt ist also $\mathbf{S(0|1)}$.

Schnittwinkel von K und C in S

Die Tangentensteigung von K in S ist $m_1 = \frac{3}{2}$ (s. Teilaufgabe a) 2.).

Diejenige von C in S erhält man aus $g'(x) = -0{,}5e^{-0{,}5x}$ zu $g'(0) = -\frac{1}{2}$.

1. Lösungsweg:

Aus $\tan\alpha_1 = \frac{3}{2}$ folgt $\alpha_1 = 56{,}31°$.

Aus $\tan\alpha_2 = -\frac{1}{2}$ folgt $\alpha_2 = -26{,}57°$.

Damit ist der Schnittwinkel $\delta = \alpha_1 - \alpha_2 = 82{,}88°$.

2. Lösungsweg:

Mit der Formel für den Schnittwinkel $\tan\delta = \frac{m_2 - m_1}{1 + m_1 m_2}$ (s. Formelsammlung)

wird $\tan\delta = \frac{1{,}5 + 0{,}5}{1 - 0{,}75} = 8$ und damit ebenfalls $\boldsymbol{\delta = 82{,}88°}$.

Volumenberechnung eines Drehkörpers (Doppelkegels)

Die Tangenten in S an K und C haben die Gleichungen

$t_K:\ y = \frac{3}{2}x + 1$ sowie $t_C:\ y = -\frac{1}{2}x + 1$.

Die Schnittpunkte mit der x-Achse sind für t_K der Punkt $A\left(-\frac{2}{3}\middle|0\right)$ und für t_C der Punkt $B(2|0)$.

Der Rotationskörper ist ein Doppelkegel mit dem Volumen

$V = \frac{1}{3}\pi\, r^2(h_1 + h_2)$; dabei ist $r = 1$, $h_1 = \frac{2}{3}$, $h_2 = 2$, somit

$V = \frac{1}{3}\pi\left(\frac{2}{3} + 2\right) = \frac{8}{9}\pi \approx 2{,}793.$

d) Flächenprobleme am Schaubild C

1. Flächeninhalt zwischen 0 und u

$$A(u)=\int_0^u e^{-\frac{1}{2}x}\cdot dx=[-2e^{-\frac{1}{2}x}]_0^u=[-2e^{-\frac{1}{2}u}]-[-2];$$

$$A(u)=2-2e^{-\frac{1}{2}u}.$$

$$\overline{A}(u)=\lim_{u\to\infty}(2-2e^{-\frac{1}{2}u})=2$$

2. Dreiteilung der Fläche $\overline{A}$ durch $x=p$ und $x=q$

Gesucht sind p bzw. q, sodaß die zwei Bedingungen gelten:

$$\int_0^p e^{-\frac{1}{2}x}\cdot dx=\frac{2}{3} \quad \text{und} \quad \int_0^q e^{-\frac{1}{2}x}\cdot dx=\frac{4}{3}.$$

Dies führt zur Bestimmung von p auf

$$[-2e^{-\frac{1}{2}x}]_0^p=\frac{2}{3}; \quad \text{d.h.} \quad [-2e^{-\frac{1}{2}p}]-[-2]=\frac{2}{3};$$

$$2-2e^{-\frac{1}{2}p}=\frac{2}{3}; \quad 1-e^{-\frac{1}{2}p}=\frac{1}{3}; \quad e^{-\frac{1}{2}p}=\frac{2}{3}; \quad \mathbf{p=2\ln\frac{3}{2}\approx 0,811.}$$

Zur Bestimmung von q erhält man

$$[-2e^{-\frac{1}{2}x}]_0^q=\frac{4}{3} \quad \text{bzw.} \quad [-2e^{-\frac{1}{2}q}]-[-2]=\frac{4}{3};$$

$$2-2e^{-\frac{1}{2}q}=\frac{4}{3}; \quad \text{also} \quad e^{-\frac{1}{2}q}=\frac{1}{3}; \quad \text{bzw.} \quad e^{\frac{1}{2}q}=3.$$

Hieraus $\frac{1}{2}q=\ln 3.$

Somit $\mathbf{q=2\ln 3\approx 2,197.}$

Die Gleichungen der beiden gesuchten Parallelen zur y-Achse sind

$\mathbf{x=2\ln\frac{3}{2}}$ und $\mathbf{x=2\ln 3}$.

Gegeben ist die Funktion f durch

$f(x) = -\frac{1}{12}x^3 + \frac{3}{2}x + 9; \quad x \in \mathbb{R}.$

Ihr Schaubild sei K.

a) Untersuchen Sie K auf Hoch-, Tief- und Wendepunkte.
Zeichnen Sie K für $-4 \leqq x \leqq 7$.
(LE 1 cm; Zeichenbereich: $-4 \leqq x \leqq 8$; $-10 \leqq y \leqq 13$)

b) Für jedes $t > 0$ ist eine Funktion g_t gegeben durch

$g_t(x) = \frac{1}{4}x^2 - tx + 9; \quad x \in \mathbb{R}.$

Ihr Schaubild sei C_t.
Berechnen Sie t so, daß der Tiefpunkt von C_t auf der x-Achse liegt.
Geben Sie die Gleichung derjenigen Kurve an, auf der die Tiefpunkte aller Kurven C_t liegen.
Berechnen Sie die Schnittpunkte von K und C_3.
Zeichnen Sie C_3 für $-1 \leqq x \leqq 8$ in das Koordinatensystem aus Teilaufgabe a) ein.

c) K und die Normale von K in $Q(0|9)$ begrenzen im 1. Feld eine Fläche.
Berechnen Sie ihren Inhalt.

d) $P(u|v)$ mit $0 < u \leqq 10$ ist ein Punkt des Schaubildes C_3 aus Teilaufgabe b).
Bestimmen Sie den Inhalt des Quadrates über der Strecke PQ mit $Q(0|9)$ in Abhängigkeit von u.
Für welches u hat das Quadrat maximalen Flächeninhalt?

Lösungshinweise:

a) Überlege beim Betrachten der Funktionsgleichung, welche Formen für das Schaubild einer ganzrationalen Funktion 3. Grades auftreten können. Was weiß man über die Wendepunkte? Was kann man aus $-\frac{1}{12}x^3$ als höchste Potenz über den Schaubildverlauf für $x \to \infty$ und für $x \to -\infty$ aussagen?
Bilde als erstes die Ableitungen bis f'''. Wie erhält man die Extremstellen und wie die dazu gehörenden y-Werte? Auf welche Weise lassen sich Hoch- und Tiefpunkte unterscheiden?
Für die Zeichnung ist ein DIN-A 4-Blatt in Hochformat sinnvoll.

b) Welche Kurvenschar stellt die Gleichung $y = g_t(x)$ dar? Wie erkennt man an der Gleichung, ob die Kurven nach oben oder unten geöffnet sind?
Die Koordinaten des Tiefpunktes enthalten den Parameter t. Welche Bedingung muß erfüllt werden, damit ein Punkt auf der x-Achse liegt? Die Koordinaten des Tiefpunktes geben für jedes $t > 0$ ein x und ein y. Wie erhält man die Kurve, auf der alle Tiefpunkte liegen? Auf welchem Teil dieser Kurve liegen wegen $t > 0$ keine Tiefpunkte?
Die Schnittbedingung für $K \cap C_3$ ist vom 3. Grad, aber ohne Absolutglied. Denke an Ausklammern von x, aber nicht an Dividieren, denn dann ginge eine Lösung verloren.

c) Wie erhält man die Steigung der Normalen in $Q(0|9)$ mit der Ableitung? Die Schnittbedingung von K mit der Normalen ist wieder vom 3. Grad. Ausklammern!
Für die Flächenberechnung überlege man an Hand der Figur, welche Kurve oben und welche darunter verläuft und welches die Grenzen sind.

d) Gib den Punkt $P(u|v)$ so an, daß v auch in Abhängigkeit von u dargestellt ist.
Den Abstand $\overline{PQ} = d(u)$ erhält man mit der Abstandsformel. Der Quadratinhalt ist dann $(d(u))^2 = J(u)$; $J'(u) = 0$ gibt drei Lösungen für u. Welche entfällt? Welche sind auf Maximum oder Minimum zu untersuchen?
Ob es sich um ein lokales oder globales Maximum im Intervall $[0; 10]$ handelt, kann man mit den Randwerten entscheiden.

A

Lösung:

a) **Kurvenuntersuchung**

1. Ableitungen

$f(x) = -\frac{1}{12}x^3 + \frac{3}{2}x + 9; \qquad x \in \mathbb{R}$

$f'(x) = -\frac{1}{4}x^2 + \frac{3}{2}; \qquad x \in \mathbb{R}$

$f''(x) = -\frac{1}{2}x; \qquad x \in \mathbb{R}$

$f'''(x) = -\frac{1}{2}$ (Merke: Für alle x negativ!)

2. Extrempunkte des Schaubildes K

Man verwendet: „Notwendige Bedingung für eine Extremstelle x_e der differenzierbaren Funktion f ist $f'(x_e)=0$" und „Das Schaubild K von f hat in $(x_e | f(x_e))$ einen Hochpunkt (Tiefpunkt), wenn gilt $f''(x_e)<0$ $(f''(x_e)>0)$."

Aus $f'(x_e) = -\frac{1}{4}x^2 + \frac{3}{2} = 0$ erhält man die äquivalenten Umformungen

$-x^2 + 6 = 0;$

$x^2 = 6;$

$x = \sqrt{6}$ oder $x = -\sqrt{6}$.

Damit erhält man $x_{e_1} = \sqrt{6}$; $x_{e_2} = -\sqrt{6}$.

Wegen $f''(x_{e_1}) = f''(\sqrt{6}) = -\frac{1}{2}\sqrt{6} < 0$ und

$f''(x_{e_2}) = f''(-\sqrt{6}) = -\frac{1}{2}\cdot(-\sqrt{6}) > 0$

ist $x_{e_1} = \sqrt{6}$ eine relative (lokale) Maximumstelle

und $x_{e_2} = -\sqrt{6}$ eine relative (lokale) Minimumstelle.

Mit $f(\sqrt{6}) = -\frac{1}{12}\cdot 6\cdot\sqrt{6} + \frac{3}{2}\sqrt{6} + 9 = 9 + \sqrt{6} \approx 11{,}45$

und $f(-\sqrt{6}) = \frac{1}{2}\cdot\sqrt{6} - \frac{3}{2}\cdot\sqrt{6} + 9 = 9 - \sqrt{6} \approx 6{,}55$

erhält man für K

den **Hochpunkt** $\mathbf{H(\sqrt{6} | 9+\sqrt{6})} \approx H(2{,}45 | 11{,}45)$ und

den **Tiefpunkt** $\mathbf{T(-\sqrt{6} | 9-\sqrt{6})} \approx T(-2{,}45 | 6{,}55)$.

3. Wendepunkt von K

Jede ganzrationale Funktion 3. Grades hat genau eine Wendestelle, ihr Schaubild somit genau einen Wendepunkt.
Notwendige Bedingung für eine Wendestelle x_w ist $f''(x_w)=0$.
Hinreichende Bedingung ist entweder „$f''(x_w)=0$ und $f'''(x_w)\neq 0$“, oder „$f''(x_w)=0$ und $f''(x)$ hat an der Stelle x_w einen Vorzeichenwechsel“.
Für K erhält man

$$f''(x_w)=-\frac{1}{2}x_w=0; \quad \text{daraus } x_w=0.$$

Es ist $\quad f'''(0)=-\frac{1}{2}\neq 0;$

aber auch $f''(x)=-\frac{1}{2}x$ ändert beim „Durchgang“ durch $x=0$ das Vorzeichen von minus auf plus.
Beide hinreichenden Kriterien sind also unabhängig voneinander erfüllt.

Es ist $f(0)=9$ und $f'(0)=\frac{3}{2}$.

K hat somit den **Wendepunkt W(0|9)** mit der Tangentensteigung $m_t=\frac{3}{2}$.

Als Näherungskurve für $|x|\to\infty$ erhält man die Wendeparabel $y=-\frac{1}{12}x^3$.
Sie verläuft von „links oben“ nach „rechts unten“ und läßt sich als Zeichenhilfe beim Zeichnen von K verwenden.

4. Das Schaubild K (Die Figur enthält auch C_3 von Teilaufgabe b).)

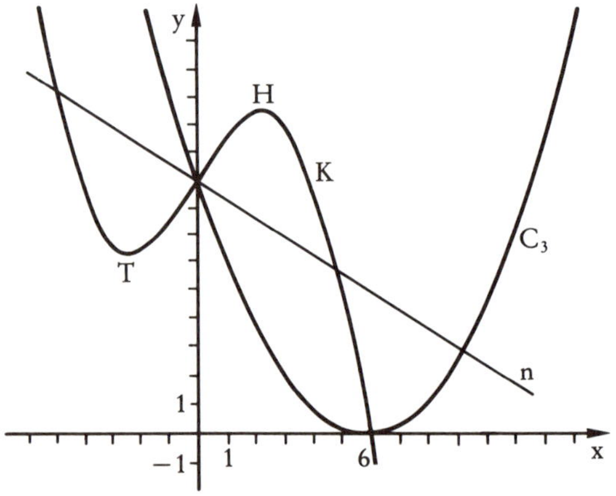

b) **Untersuchung von C_t: $y=g_t(x)$ für $t>0$**

1. Bestimmung von t, so daß der Tiefpunkt von C_t auf der x-Achse liegt

C_t: $y=g_t(x)$ mit $g_t(x)=\frac{1}{4}x^2-tx+9$ ist für jedes $t>0$ eine nach oben geöffnete Parabel 2. Ordnung. Ihr Tiefpunkt ist der Scheitel $S_t(x_s\,|\,y_s)$.

Bestimmung der Scheitelkoordinaten x_s und y_s

1. Möglichkeit:
Man bestimmt x_s als Abszisse des Tiefpunktes von C_t aus $g_t'(x_s)=0$.
Es ist $g_t'(x_s)=\frac{1}{2}x_s-t$ und $g_t''(x_s)=\frac{1}{2}$ für alle t, also immer >0.
Aus $\frac{1}{2}x_s-t=0$ erhält man $x_s=2t$ als Tiefpunkt- und Scheitelabszisse.
Dazu ergibt sich $y_s=g_t(x_s)=-t^2+9$.
Somit ist $\mathbf{S_t(2t\,|\,-t^2+9)}$.

2. Möglichkeit:
Man bestimmt S_t durch quadratische Ergänzung der Funktionsgleichung.
Es ist $g_t(x)=\frac{1}{4}x^2-tx+9=\frac{1}{4}(x-2t)^2-t^2+9$.
Aus der letzten Form liest man ab, daß $g_t(x)$ minimal wird für $x=2t$ und $y=-t^2+9$.
Dies sind die Koordinaten x_s und y_s des Tiefpunktes bzw. Scheitels der nach oben geöffneten Parabel C_t.
Somit ist $\mathbf{S_t(2t\,|\,-t^2+9)}$ wie oben.

Bestimmung von t, so daß S_t auf der x-Achse liegt

S_t liegt auf der x-Achse, wenn $y_s=0$ ist, d. h., wenn $-t^2+9=0$ wird.
Man erhält $t_1=3$ oder $t_2=-3$.
Da C_t nur für $t>0$ gegeben ist, entfällt $t_2=-3$.
Der gesuchte Wert ist damit $\mathbf{t_1=3}$.
Die gesuchte Gleichung ist

C_3: $y=\frac{1}{4}x^2-3x+9=\frac{1}{4}(x-6)^2$ mit dem Scheitel $S_3(6\,|\,0)$ auf der x-Achse.

2. Gleichung der Kurve, auf der alle S_t liegen

Eine Parameterdarstellung für diese Kurve ist

$$\begin{cases} x=2t; & t>0 \quad (1) \\ y=-t^2+9; & t>0 \quad (2) \end{cases}$$

Eine Koordinatengleichung dieser Kurve erhält man durch Elimination des Parameters t aus (1) und (2). Aus (1) ist $t=\frac{x}{2}$. In (2) eingesetzt, ergibt sich die Kurve

$$P:\ y=-\frac{x^2}{4}+9.$$

Dies ist die Gleichung einer nach unten geöffneten Parabel mit der y-Achse als Achse und dem Scheitel in $(0|9)$. Auf ihr liegen alle Scheitel der Kurven C_t.

Bemerkung: Wegen $t>0$ ist aber auch $x>0$ festgelegt. Damit ist die Menge aller Tiefpunkte bestimmt durch

$$y=-\frac{x^2}{4}+9 \text{ mit } x>0.$$

Diese Ortskurve der Tiefpunkte ist also nur der rechte Ast der Parabel P ohne den Ursprung.

3. Schnittpunkte von K und C_3

Schnittbedingung ist $f(x)=g_3(x)$. Die Lösungen dieser Gleichung sind die Abszissen der Schnittpunkte. Man erhält

$$-\frac{1}{12}x^3+\frac{3}{2}x+9=\frac{x^2}{4}-3x+9;$$

$$\frac{1}{12}x^3+\frac{1}{4}x^2-\frac{9}{2}x=0;$$

$$x^3+3x^2-54x=0;$$

$$x(x^2+3x-54)=0;$$

d.h. $x=0$ oder $x^2+3x-54=0$

bzw. $x=0$ oder $x=\frac{-3\pm\sqrt{9+216}}{2}=\frac{-3\pm 15}{2}$.

Es gibt die 3 Lösungen $x_1=0;\ x_2=6;\ x_3=-9$.

Somit drei Schnittpunkte $R_1(0|9);\ R_2(6|0);\ R_3\left(-9\left|\frac{225}{4}=56\frac{1}{4}\right.\right)$.

c) **Flächeninhalt**

1. Gleichung der Normalen von K in $Q(0|9)$

Tangentensteigung in Q ist $f'(0)=\frac{3}{2}$.

Normalensteigung in Q ist $m_n=-\frac{2}{3}$.

Die Gleichung der Normalen n mit der Punktsteigungsform

$y = m(x - x_0) + y_0$

ergibt sich damit zu

n: $y = -\frac{2}{3}(x - 0) + 9 = -\frac{2}{3}x + 9$.

2. Schnittpunkte von K mit n

Die Abszissen der Schnittpunkte ergeben sich aus der Schnittbedingung

$-\frac{1}{12}x^3 + \frac{3}{2}x + 9 = -\frac{2}{3}x + 9$.

Die Lösungen ergeben sich durch folgende Umformungen

$$-\frac{1}{12}x^3 + \frac{13}{6}x = 0;$$

$$x^3 - 26x = 0;$$

$$x(x - \sqrt{26})(x + \sqrt{26}) = 0.$$

Die Abszissen der drei Schnittpunkte sind

$x_1 = 0$; $x_2 = \sqrt{26} \approx 5{,}10$; $x_3 = -\sqrt{26} \approx -5{,}10$.

Dazu ergeben sich die Ordinaten

$y_1 = 9$; $y_2 \approx 5{,}60$; $y_3 \approx 12{,}40$.

Die Berechnung der Ordinaten ist zur Bestimmung des Flächeninhaltes nicht erforderlich.

3. Flächeninhalt zwischen K und n im 1. Feld

Man verwendet den Ansatz

$$A = \int_{x_1}^{x_2} (f(x) - n(x))\,dx.$$

$$A = \int_0^{\sqrt{26}} \left(\left(-\frac{1}{12}x^3 + \frac{3}{2}x + 9\right) - \left(-\frac{2}{3}x + 9\right)\right) dx$$

$$= \int_0^{\sqrt{26}} \left(-\frac{1}{12}x^3 + \frac{13}{6}x\right) dx$$

$$= \left[-\frac{x^4}{48} + \frac{13x^2}{12}\right]_0^{\sqrt{26}}$$

$$= \left[-\frac{26^2}{48} + \frac{13 \cdot 26}{12}\right] - [0]$$

$$= \frac{-676}{48} + \frac{1352}{48} = \frac{676}{48} = \frac{169}{12} = 14\frac{1}{12}$$

Der Flächeninhalt zwischen x_3 und x_1 ist aus Symmetriegründen gleich groß.

d) Extremwertaufgabe am Schaubild von C_3

Die Länge der Quadratseite $\overline{PQ}$ mit $P\left(u \,\middle|\, \frac{1}{4}u^2 - 3u + 9\right)$ und $Q(0|9)$ ist

$$d(u) = \sqrt{u^2 + \left(\frac{1}{4}u^2 - 3u\right)^2}$$

$$= \sqrt{\frac{1}{16}u^4 - \frac{3}{2}u^3 + 10u^2}.$$

Der Inhalt des Quadrates ist damit

$$J(u) = \frac{1}{16}u^4 - \frac{3}{2}u^3 + 10u^2 \quad \text{für} \quad 0 < u \leqq 10.$$

Extremwertbestimmung für J(u)

$J(u)$ wird für dasjenige u maximal, für das im Definitionsbereich $0 < u \leqq 10$ sowohl $J'(u) = 0$ als auch $J''(u) < 0$ ist.

Es ist $J'(u) = \frac{1}{4}u^3 - \frac{9}{2}u^2 + 20u$; $J''(u) = \frac{3}{4}u^2 - 9u + 20$.

$J'(u) = 0$ führt auf die Umformungen

$$\frac{1}{4}u^3 - \frac{9}{2}u^2 + 20u = 0;$$

$$u^3 - 18u^2 + 80u = 0;$$

$$u(u^2 - 18u + 80) = 0;$$

$$u(u-8)\cdot(u-10) = 0.$$

Man erhält $u_1 = 0$; $u_2 = 8$; $u_3 = 10$;
$u_1 = 0$ entfällt, da nicht im Definitionsintervall $]0; 10]$.

Mit J'' erhält man
$J''(u_2) = J''(8) = -4 < 0$; $u_2 = 8$ ist lokale Maximumstelle.
$J''(u_3) = J''(10) = 5 > 0$; $u_3 = 10$ ist lokale Minimumstelle am rechten Rand.

Die dazu gehörenden Funktionswerte sind $J(8) = 128$; $J(10) = 125$.

Die Funktion $u \mapsto J(u)$ hat an der Stelle $u = 8$ mit $J(8) = 128$ ein lokales (relatives) Maximum.

Zusatzbemerkung:
Interessant ist eine Untersuchung der Funktion $u \mapsto J(u)$ im Intervall $[0; 10]$. J ist stetig und differenzierbar. Mit $J(0) = 0$ und $J(10) = 125$ hat man die Randwerte von J im Definitionsintervall. Daraus folgt, daß $J(8)$ im Intervall $]0; 10]$ globales Maximum der Funktion $u \mapsto J(u)$ ist.

Das Schaubild der ganzrationalen Funktion 4. Grades mit der Gleichung $y = J(x)$ macht den Sachverhalt deutlich.

Schaubild

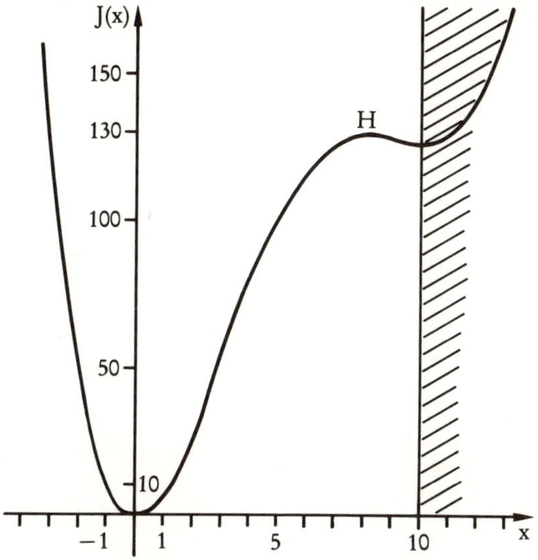

Die Funktion f ist gegeben durch

$f(x)=x+\frac{8}{x^2};\quad x\neq 0.$

Ihr Schaubild sei K.

a) Untersuchen Sie K auf Schnittpunkte mit der x-Achse, Hoch-, Tief- und Wendepunkte sowie auf Asymptoten.
Zeichnen Sie K samt Asymptoten für $-6\leqq x\leqq 6$.

b) Der Punkt $P(u|v)$ mit $u>0$ liegt auf der Kurve K.
Die Parallele zur x-Achse durch P schneidet die y-Achse in Q; die Parallele zur y-Achse durch P schneidet die x-Achse in R.
Der Ursprung und die beiden Punkte Q und R sind Eckpunkte eines Dreiecks.
Für welche Lage des Punktes P wird der Inhalt dieses Dreiecks extremal?
Zeigen Sie, daß es sich bei dem Extremum um ein absolutes Minimum handelt.

c) Für jedes $t>0$ ist eine Funktion h_t definiert durch

$h_t(x)=-\frac{1}{2}x^2+x+t;\quad x\in\mathbb{R}.$

Ihr Schaubild sei C_t.
Zeigen Sie, daß es ein t gibt, für das sich K und C_t in 2 Punkten berühren.
Zeichnen Sie C_t für dieses t in das vorhandene Achsenkreuz ein.

d) Mit der Funktion h_4 aus Teilaufgabe c) ist die Funktion g definiert durch

$g(x)=\begin{cases} h_4(x) & \text{für } -2\leqq x\leqq 2\\ f(x) & \text{für } x>2.\end{cases}$

Die drei Geraden $y=x$, $x=-2$ und $x=k$ mit $k>2$ begrenzen mit dem Schaubild von g eine Fläche mit dem Inhalt $A(k)$.
Berechnen Sie $A(k)$ und $\lim\limits_{k\to\infty}A(k)$.

Lösungshinweise:

a) Die Ableitungen werden für die Untersuchung auf Extrem- und Wendepunkte benötigt. Dabei werden die Lösungen von $x^3 = -8$ und $x^4 = 16$ gefordert. Welche ganzen Zahlen ergeben sich?
Das Schaubild K hat eine Asymptote parallel zur y-Achse. Wie erhält man sie? K hat auch eine schiefe Asymptote. Ihre Gleichung wird durch den Funktionsterm nahegelegt, wenn x gegen ∞ strebt.

b) Beachte: Q ist $Q(0|v)$ und R ist $R(u|0)$. Den Dreiecksinhalt kann man mit der Formel $A = \frac{1}{2} \cdot g \cdot h$ angeben. Wie läßt sich dabei v in Abhängigkeit von u ausdrücken? Wie läßt sich feststellen, ob ein Maximum oder Minimum vorliegt? Ein absoluter Extremwert wird erkannt, wenn man die verschiedenen Extremwerte im Definitionsbereich vergleicht, aber auch die Randwerte mit einbezieht.

c) Für das Berühren zweier Schaubilder müssen im Berührpunkt die Funktionswerte und die Ableitungen übereinstimmen. Aus den beiden Bedingungen kann man zwei Zahlen bestimmen, hier die Abszisse des Berührpunktes und den Parameterwert. Beachte, daß es zum Parameterwert zwei Berührpunktsabszissen gibt.

d) g ist eine abschnittsweise definierte Funktion. Was kann man an der Nahtstelle über Stetigkeit und Integrierbarkeit aussagen?
Es liegt nahe, mit Blick auf die Figur, den Flächeninhalt in zwei Schritten über den Teilintervallen zu bestimmen, und die Teilinhalte dann zu addieren.

A

Lösung:

a) **Kurvenuntersuchung der Kurve K:** $y=x+\frac{8}{x^2}$

1. Ableitungen

$f(x)=x+\frac{8}{x^2}; \qquad x\neq 0$

$f'(x)=1-\frac{16}{x^3}; \qquad x\neq 0$

$f''(x)=\frac{48}{x^4}; \qquad x\neq 0$

$f'''(x)=\frac{-192}{x^5}; \qquad x\neq 0$

2. Schnittpunkte mit der x-Achse

Schnittbedingung ist

$$x+\frac{8}{x^2}=0,$$

d. h., $x^3+8=0$;

hieraus $x=\sqrt[3]{-8}=-\sqrt[3]{|-8|}=-2$.

Mit $f'(-2)=3$ erhält man als einzigen Schnittpunkt mit der x-Achse **N(−2|0)**. Die Tangentensteigung in N ist $\mathbf{m_t=3}$.

3. Extrempunkte von K

Notwendige Bedingung dafür, daß f an der Stelle x_e eine Extremstelle hat, ist $f'(x_e)=0$, d. h.,

$1-\frac{16}{x_e^3}=0$ bzw. $x_e^3=16$ mit

$x_e=\sqrt[3]{16}=2\sqrt[3]{2}\approx\mathbf{2{,}52}$.

Dazu erhält man $f(2\sqrt[3]{2})=2\sqrt[3]{2}+\frac{8}{4\sqrt[3]{4}}=2\sqrt[3]{2}+\frac{2\cdot\sqrt[3]{2}}{\sqrt[3]{2}\cdot\sqrt[3]{4}}=2\sqrt[3]{2}+\sqrt[3]{2}$

$=\mathbf{3\sqrt[3]{2}}\approx 3{,}78$.

Da $f''(2\cdot\sqrt[3]{2})=\frac{48}{(2\cdot\sqrt[3]{2})^4}=\frac{3}{\sqrt[3]{16}}>0$ ist, hat K den

Tiefpunkt $\mathbf{T(2\sqrt[3]{2}\,|\,3\sqrt[3]{2})\approx T(2{,}52\,|\,3{,}78)}$.

4. Wendepunkte von K

x_w ist Wendestelle von K, wenn $f''(x_w)=0$ und $f'''(x_w)\neq 0$ ist.

$f''(x)=\frac{48}{x^4}$ kann für kein x der Definitionsmenge 0 werden;

K hat keinen Wendepunkt.

Schaubild

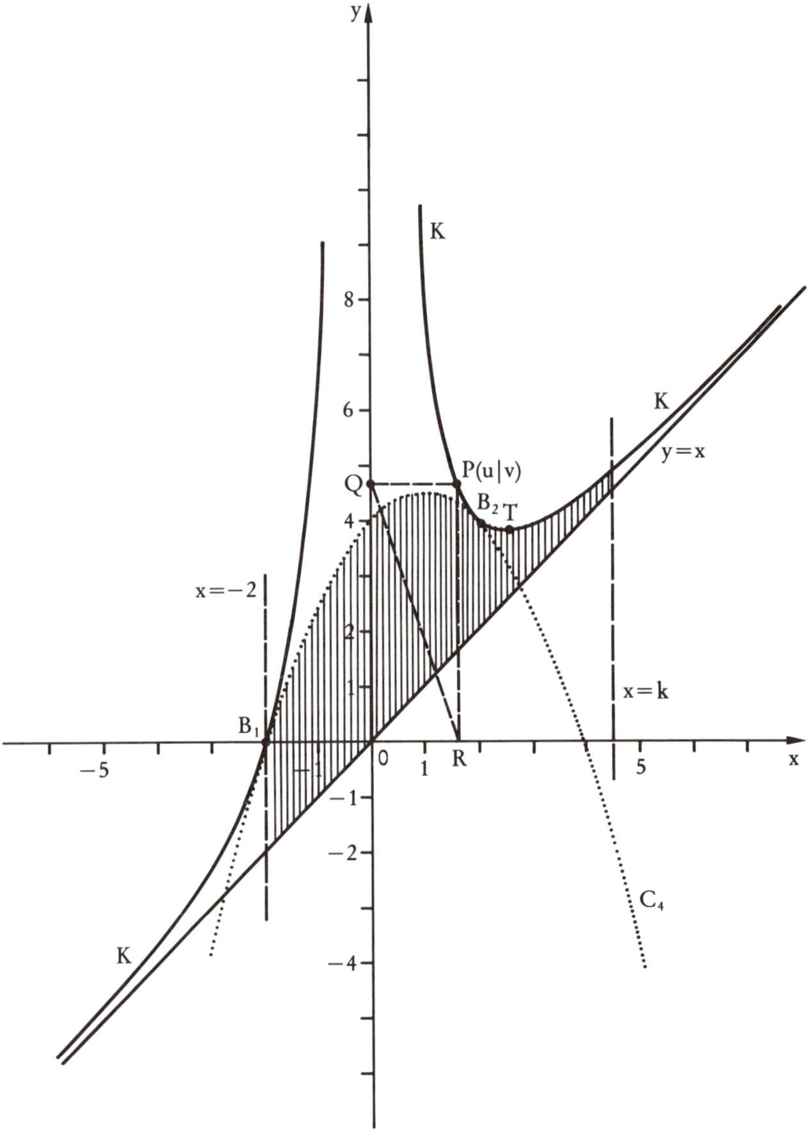

5. Asymptoten von K

(1) $y=f(x)$ hat eine **Polgerade** (Asymptote parallel zur y-Achse) mit der Gleichung $x=x_0$, wenn es eine Stelle x_0 gibt, für die f(x) gegen ∞ strebt für $x \to x_0$.

Für $x \to 0$ strebt bei K: $f(x)=x+\frac{8}{x^2}$ sowohl für $x>0$ wie auch für $x<0$ der Funktionsterm gegen ∞.

Die y-Achse ist Asymptote ohne Vorzeichenwechsel.

(2) $y=f(x)$ hat die Asymptote mit der Gleichung $y=ax+b$, wenn gilt:

$$\lim_{x\to\infty}(f(x)-ax-b)=0.$$

Für K ist $\lim\limits_{x\to\infty}\left(x+\frac{8}{x^2}-ax-b\right)=0$, wenn $a=1$ und $b=0$, ist, denn

$$\lim_{x\to\infty}\left(x+\frac{8}{x^2}-x\right)=\lim\left(\frac{8}{x^2}\right)=0.$$

Somit hat K die schiefe Asymptote mit der Gleichung $y=x$.

6. Schaubild von K (s. Figur.)

b) Extremwertaufgabe

1. Aufstellen der Extremwertfunktion

Zum Punkt $P(u|v)=P\left(u\,\middle|\,u+\frac{8}{u^2}\right)$ erhält man auf der y-Achse $Q\left(0\,\middle|\,u+\frac{8}{u^2}\right)$, auf der x-Achse $R(u|0)$. Mit der Inhaltsformel für den Dreiecksinhalt

$$A=\frac{1}{2}\cdot\overline{OR}\cdot\overline{OQ} \quad \text{wird}$$

$$A(u)=\frac{1}{2}u\left(u+\frac{8}{u^2}\right)=\frac{1}{2}u^2+\frac{4}{u} \quad \text{für} \quad u>0.$$

2. Extremwertbestimmung

Notwendige Bedingung für eine Extremstelle u ist $A'(u)=0$.

Mit $A'(u)=u-\frac{4}{u^2}$ erhält man u aus

$$u-\frac{4}{u^2}=0 \quad \text{bzw.} \quad u^3=4 \quad \text{zu} \quad u=\sqrt[3]{4}\approx 1{,}59.$$

Dazu ergibt sich $v=\sqrt[3]{4}+\frac{8}{\sqrt[3]{16}}=\sqrt[3]{4}+\frac{8\sqrt[3]{4}}{\sqrt[3]{16}}=3\cdot\sqrt[3]{4}\approx 4{,}762$.

Somit ist $P(\sqrt[3]{4}|3\cdot\sqrt[3]{4})\approx P(1{,}59|4{,}76)$.

Für den extremen Inhalt erhält man

$$A(\sqrt[3]{4})=\frac{1}{2}(\sqrt[3]{4})^2+\frac{4}{\sqrt[3]{4}}=\frac{1}{2}\sqrt[3]{16}+\frac{4\sqrt[3]{16}}{\sqrt[3]{4\cdot 16}}$$

$$=\sqrt[3]{2}+2\sqrt[3]{2}=3\sqrt[3]{2}\approx 3{,}78.$$

3. Untersuchung auf Art des Extremums

Es ist $A''(u)=1+\frac{8}{u^3}$. Damit wird $A''(\sqrt[3]{4})=3>0$.

Somit hat die Inhaltsfunktion A für $u=\sqrt[3]{4}$ ein lokales Minimum.

Im Definitionsintervall $]0;\infty[$ gibt es keinen kleineren Funktionswert.

Die Untersuchung der Randwerte ergibt:

(1) Für $u\to 0$ strebt $A(u)=\frac{1}{2}u^2+\frac{4}{u}$ gegen ∞.

(2) Für $u\to\infty$ strebt $A(u)$ ebenfalls gegen ∞.

Das einzige **relative** Extremum ist also ein globales (**absolutes**) **Minimum.**

c) **Berührung von C_t und K**

Zwei Schaubilder K: $y=f(x)$ und C_t: $y=h_t(x)$ berühren sich in einem Punkt mit der Abszisse x_0, wenn sowohl $f(x_0)=h_t(x_0)$ wie auch $f'(x_0)=h_t'(x_0)$ erfüllt werden.

Mit $h_t'(x_0)=-x_0+1$ erhält man die beiden Bedingungsgleichungen

$$\left\{\begin{array}{ll} x_0+\frac{8}{x_0^2}=-\frac{1}{2}x_0^2+x_0+t & (1) \\ 1-\frac{16}{x_0^3}=-x_0+1. & (2) \end{array}\right.$$

Aus (1) und (2) sind x_0 und t zu bestimmen.

Äquivalente Umformungen $(x_0\neq 0)$ führen auf

$$\left\{\begin{array}{ll} \frac{1}{2}x_0^4-tx_0^2+8=0 & (3) \\ x_0^4=16. & (4) \end{array}\right.$$

Aus (4) wird $x_0=2$ oder $x_0=-2$.

Da in (3) x_0 nur quadratisch vorkommt, gibt es zu den zwei Werten für x_0 nur einen Wert für t, nämlich $t=4$.

Damit ist erwiesen, daß C_4 mit $y=h_4(x)=-\frac{1}{2}x^2+x+4$ die Kurve K in zwei Punkten berührt; diese sind $B_1(-2|0)$; $B_2(2|4)$.

d) Flächenberechnung (s. Figur.)

Die Funktion g ist für $x \geqq -2$ stetig, auch an der Nahtstelle $x=2$; denn es ist $h_4(2)=4$, ebenso ist $\lim\limits_{x \to 2}\left(x+\frac{8}{x^2}\right)=4$. Damit ist die Funktion g integrierbar. Der Flächeninhalt zwischen $y=g(x)$ und $y=x$ berechnet sich zu

$$A(k)=\int_{-2}^{k}(g(x)-x)\,dx.$$

Das Integral läßt sich berechnen durch

$$A(k)=A_1+A_2=\int_{-2}^{2}(h_4(x)-x)\,dx+\int_{2}^{k}(f(x)-x)\,dx.$$

Es wird $$A_1=\int_{-2}^{2}\left(-\frac{1}{2}x^2+x+4-x\right)dx=\int_{-2}^{2}\left(-\frac{1}{2}x^2+4\right)dx$$

$$=\left[-\frac{x^3}{6}+4x\right]_{-2}^{2}=\left[-\frac{4}{3}+8\right]-\left[\frac{4}{3}-8\right]$$

$$=\frac{40}{3}.$$

Für A_2 ergibt sich

$$A_2=\int_{2}^{k}\left(\frac{8}{x^2}+x-x\right)dx=\int_{2}^{k}\frac{8}{x^2}dx$$

$$=\left[-\frac{8}{x}\right]_2^k=\left[-\frac{8}{k}\right]-[-4]=4-\frac{8}{k}.$$

Damit wird

$$A(k)=A_1+A_2=\frac{40}{3}+\frac{12}{3}-\frac{8}{k}=\frac{52}{3}-\frac{8}{k}.$$

Schließlich erhält man

$$\lim_{k\to\infty}A(k)=\lim_{k\to\infty}\left(\frac{52}{3}-\frac{8}{k}\right)=\lim_{k\to\infty}\frac{52}{3}-\lim_{k\to\infty}\frac{8}{k}=\frac{52}{3}-0$$

$$=\mathbf{\frac{52}{3}=17\frac{1}{3}}.$$

Die Funktion f ist gegeben durch

$f(x) = 1 - e^{2-x}; \quad x \in \mathbb{R}.$

Ihr Schaubild sei K.

a) Untersuchen Sie K auf Schnittpunkte mit den Koordinatenachsen, Extrempunkte und Asymptoten.
Geben Sie die Steigungen von K in den Achsenschnittpunkten an.
Zeichnen Sie K für $0 \leqq x \leqq 5$, die Asymptote und die Tangenten in den Achsenschnittpunkten.

b) K umschließt mit der y-Achse, der Asymptote und der Geraden $x = z$ mit $z > 0$ eine Fläche mit dem Inhalt A(z).
Berechnen Sie A(z) und $\lim\limits_{z \to \infty} A(z)$.

Die Tangente an K in $B(b \mid f(b))$ schneidet die Asymptote in S.
Berechnen Sie die Koordinaten von S in Abhängigkeit von b.
Beschreiben Sie kurz, wie sich dieses Ergebnis zur Konstruktion der Tangente in einem beliebigen Kurvenpunkt verwenden läßt.

c) Kraftfahrzeuge erzeugten weltweit 1990 ca. 2,75 Milliarden Tonnen CO_2.
Der CO_2-Ausstoß g(t) in Milliarden Tonnen zur Zeit t (in Jahren nach 1990) soll zunächst beschrieben werden durch

$g(t) = 2{,}75 \cdot e^{kt}.$

Bestimmen Sie k, wenn der CO_2-Ausstoß jährlich um 2,1 % steigt.
Wie groß ist dann der CO_2-Ausstoß in den Jahren 2010 und 2030?
Nun soll der CO_2-Ausstoß beschrieben werden durch

$h(t) = p - e^{q-rt}; \quad r > 0.$

Dabei geht man davon aus, daß sich der CO_2-Ausstoß auf lange Sicht $(t \to \infty)$ dem Grenzwert 4,17 Milliarden Tonnen nähert. Der CO_2-Ausstoß im Jahr 1990 $(t = 0)$ betrage wieder 2,75 Milliarden Tonnen, und er soll 1991 $(t = 1)$ um 2,1 % größer sein.
Bestimmen Sie p, q und r (auf 3 Dezimalen).
Wie groß ist der CO_2-Ausstoß unter diesen Annahmen in den Jahren 2010 und 2030?

Lösungshinweise:

a) Beim Ableiten von e^{2-x} auf die Kettenregel achten. Schon an den Ableitungen erkennt man Eigenschaften von K, weil $f'(x)$ und $f''(x)$ je für alle x konstantes Vorzeichen haben. Es kann auch vorteilhaft sein, die Gleichheit $e^{2-x}=\frac{e^2}{e^x}$ zu benutzen. Bei der Schnittpunktsbestimmung mit den Achsen ist es sinnvoll, gleich die Tangentensteigungen mit anzugeben, weil sie auch gebraucht werden.
Warum gibt es keine Extrem- und keine Wendepunkte?
f ist nach oben beschränkt, nach unten nicht. Warum gibt es keine Asymptote parallel zur y-Achse? Dagegen nähert sich K für $x \to +\infty$ einer Geraden parallel zur x-Achse. Wie erhält man ihre Gleichung? Wie ist es für $x \to -\infty$? Beachte das Verhalten von e^{-x} für $x \to +\infty$ und für $x \to -\infty$.

b) Beim Integralansatz zur Flächenberechnung ist es nützlich zu überlegen, welches der beiden Schaubilder über dem anderen verläuft. Dadurch wird der Inhalt positiv.
Für den Kurvenpunkt B braucht man den y-Wert f(b), dann läßt sich mit der Punktsteigungsform und der Asymptote der Schnittpunkt S berechnen. S liegt auf der Asymptote und hat eine feste Beziehung zu B. Dadurch ist die Konstruktion der Tangente leicht möglich.

c) Es handelt sich um ein neues Problem, um exponentielles Wachstum. Das prozentuale Wachstum ist gegeben und bleibt konstant. Aus der Gleichung $g(1)=\left(1+\frac{p}{100}\right)\cdot g(0)$ läßt sich k bestimmen und damit ist die Wachstumsfunktion festgelegt. Wie erhält man g(20) und g(40)? Die Funktion h beschreibt sog. beschränktes Wachstum. Schreibt man $h(t)=4{,}17-e^q\cdot e^{-rt}$, dann erhält man q aus der Gleichung für $t=0$. Die Wachstumskonstante r läßt sich wieder wie bei g(t) durch den vorgegebenen Prozentsatz sowie h(1) und h(0) bestimmen.
Die Berechnung von h(20) und h(40) ist mit der aufgestellten Funktion und dem Taschenrechner zu erledigen. Der Vergleich von g(40) und h(40) zwischen unbeschränktem und beschränktem Wachstum ist lohnend.

A

Lösung:

a) **Kurvenuntersuchung**

1. Ableitungen

$f(x) = 1 - e^{2-x} = 1 - \frac{e^2}{e^x}; \quad x \in \mathbb{R}$

$f'(x) = e^{2-x} = \frac{e^2}{e^x}, \quad$ ($f'(x)$ ist größer 0 für alle $x \in \mathbb{R}$)

$f''(x) = -e^{2-x} = -\frac{e^2}{e^x}; \quad$ ($f''(x)$ ist kleiner 0 für alle $x \in \mathbb{R}$)

An den Funktionen f, f′, f″ erkennt man unmittelbar, daß es sich um eine differenzierbare Funktion handelt, deren Schaubild für alle $x \in \mathbb{R}$ eine Rechtskurve ist. f hat somit keine Wendestelle und K hat keinen Wendepunkt.

2. Schnittpunkte mit den Koordinatenachsen

(1) Schnittpunkt $N(x_n|0)$ von K mit der x-Achse $y=0$:

Schnittbedingung ist $f(x_n) = 0$;
also $e^{2-x_n} = 1$;
logarithmiert $2 - x_n = 0$;
damit erhält man $x_n = 2$.
Steigung in N ist $f'(2) = 1$.

Somit ist der Schnittpunkt mit der x-Achse $N(2|0)$. Die Tangentensteigung in N ist $m_n = 1$, d. h., K schneidet die x-Achse unter 45°.

(2) Schnittpunkt $M(0|y_m)$ von K mit der y-Achse $x=0$:

Schnittbedingung ist $y_m = f(0) = 1 - e^{2-0}$;
$y_m = 1 - e^2$; Steigung in M ist $f'(0) = e^2$.

Somit ist $M(0|1-e^2) \approx M(0|-6{,}39)$ mit Steigung $m_m = e^2 \approx 7{,}39$.

(3) Tangenten in den Achsenschnittpunkten:

In N ist die Tangentengleichung $y = x - 2$.
In M ist die Tangentengleichung $y = e^2 x + 1 - e^2 \approx 7{,}39x - 6{,}39$.

3. Extrempunkte und Wendepunkte von K

$f'(x) = 0$, d. h., $\frac{e^2}{e^x} = 0$ hat keine Lösung, also hat K keine Extrempunkte.
$f''(x) = -\frac{e^2}{e^x}$ ist für alle $x \in \mathbb{R}$ negativ, also ist K eine Rechtskurve.
K hat keine Wendepunkte.

4. Asymptoten

(1) Untersuchung auf Polgeraden (Asymptoten parallel zur y-Achse).
Die notwendige Bedingung: „Für $x \to x_0$ strebt $f(x) \to \infty$" wird für kein $x_0 \in \mathbb{R}$ erfüllt.

(2) Untersuchung auf Asymptoten für $x \to +\infty$ oder $x \to -\infty$.
Allgemeines Verfahren:
Hat K die Asymptote $y = ax + b$, dann gilt $\lim\limits_{x \to \infty}(f(x) - ax - b) = 0$.
$\lim\limits_{x \to +\infty}\left(1 - \frac{e^2}{e^x} - ax - b\right) = 0$ wird erfüllt für $a = 0$ und $b = 1$, denn
$\lim\limits_{x \to +\infty}\left(\frac{-e^2}{e^x}\right) = 0$. Somit Asymptote $y = 1$ für $x > 0$.
$\lim\limits_{x \to -\infty}(1 - e^2 \cdot e^{-x} - ax - b)$ strebt gegen $-\infty$ für $x < 0$.
Für $x < 0$ gibt es keine Asymptote.
Andere Überlegung:
$f(x) = 1 - e^2 e^{-x}$ ist streng monoton steigend.
Es ist $\lim\limits_{x \to +\infty}(1 - e^2 e^{-x}) = 1$, d. h., $f(x)$ nähert sich für $x > 0$ der Geraden $y = 1$.
Für $x \to -\infty$ strebt $1 - e^2 e^{-x}$ gegen $-\infty$. Für $x < 0$ gibt es keine Asymptote.

5. Schaubild von K mit Tangenten in N und M

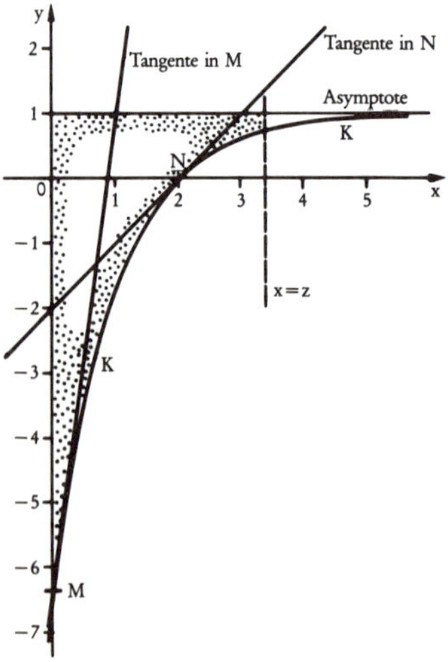

b) 1. Flächeninhalt von K mit der y-Achse unterhalb der Geraden $y=1$

Der Ansatz $A(z)=\int_0^z (f(x)-g(x))\,dx$ wird zweckmäßig so verwendet, daß $f(x)>g(x)$ ist für $0\leqq x\leqq z$. Dadurch ergibt sich der Inhalt positiv.
Deshalb setzt man $f(x)=1$ und $g(x)=1-e^{2-x}$.

Damit wird $A(z)=\int_0^z (1-(1-e^2\cdot e^{-x}))\,dx=\int_0^z e^2\cdot e^{-x}\,dx$

$$=[-e^2\cdot e^{-x}]_0^z=[-e^2\cdot e^{-z}]-[-e^2]=e^2-e^2\cdot e^{-z}$$

$$=e^2(1-e^{-z}).$$

Daraus $\lim\limits_{z\to\infty} A(z)=e^2(1-0)=\mathbf{e^2}$.

2. Tangente im Kurvenpunkt $B(b\,|\,1-e^{2-b})$

Es ist $f'(b)=e^{2-b}$.

Mit dem Tangentenansatz $y=f'(b)(x-b)+f(b)$ erhält man die Tangentengleichung in B zu t_B: $y=e^{2-b}(x-b)+1-e^{2-b}$,

also t_B: $y=e^{2-b}x-b\,e^{2-b}+1-e^{2-b}$.

3. Schnittpunkt von t_B mit der Asymptote $y=1$

Bedingung für die Abszisse x_S des Schnittpunktes S ist

$$e^{2-b}x_S-e^{2-b}\cdot b-e^{2-b}+1=1;$$

$$e^{2-b}x_S-e^{2-b}\cdot b-e^{2-b}=0 \qquad |:e^{2-b};$$

$$x_S-b-1=0;$$

$$x_S=b+1.$$

Damit ist der Schnittpunkt mit der Asymptote $\mathbf{S(b+1\,|\,1)}$.

Konstruktionsbeschreibung:

(1): Man geht vom Punkt B mit der Abszisse x_B um 1 nach rechts und dann senkrecht nach oben bis zur Asymptote. Damit hat man den Punkt S.

(2): Man verbindet B mit S. Diese Gerade ist die Tangente an K in B.

Die Reihenfolge in (1) „erst nach rechts und dann nach oben“ kann auch vertauscht werden.

c) Exponentielles Wachstum

1. Bestimmung der Wachstumskonstanten k

$g(t) = 2{,}75 \cdot e^{kt}$; t in Jahren, g(t) in Milliarden Tonnen.

$g(t+1) = 1{,}021 \cdot g(t)$ gilt für jedes $t \geqq 0$, also auch für $t = 0$,

somit ist $g(1) = 1{,}021 \cdot g(0)$. Dies führt auf

$2{,}75 \cdot e^k = 1{,}021 \cdot 2{,}75 \cdot 1$. Daraus ergibt sich

$e^k = 1{,}021$

$k = \ln 1{,}021 \approx 0{,}0208$.

Man erhält damit die Wachstumsfunktion

$$\mathbf{g(t) = 2{,}75 \cdot e^{0{,}0208 \cdot t}}.$$

Die aus der Theorie über exponentielles Wachstum bekannte Formel über den Zusammenhang von Wachstumskonstante k und prozentualem Wachstum lautet: $k = \ln\left(1 + \frac{p}{100}\right)$. Mit ihr erhält man

$k = \ln 1{,}021 \approx 0{,}0208$, also denselben Wert.

Auf 3 Dezimalen genau ist $k = \frac{p}{100} = 0{,}021$.

2. CO_2-Ausstoß nach $t = 20$ Jahren und $t = 40$ Jahren

Man erhält

für das Jahr 2000: $g(10) = 2{,}75 \cdot e^{0{,}208} \approx 3{,}386$ Milliarden Tonnen,

für das Jahr 2010: $g(20) = 2{,}75 \cdot e^{0{,}624} \approx 4{,}169$ Milliarden Tonnen,

für das Jahr 2030: $g(40) = 2{,}75 \cdot e^{0{,}832} \approx 6{,}319$ Milliarden Tonnen.

3. Aufstellen einer Funktion für beschränktes Wachstum

Diese Funktion ist vorgegeben durch

$h(t) = p - e^{q - rt}$;

man sieht, daß sich mit zunehmendem t der Funktionswert h(t) immer mehr dem Grenzwert p nähert.

Aus den Angaben der Aufgabe sind die drei Konstanten p, q, r zu bestimmen. Sie stehen im folgenden für Zahlenwerte, nicht für Größen.

(1) **Bestimmen von p:**

Für $t \to \infty$ gilt $\lim_{t \to \infty} h(t) = p$, dieser Grenzwert ist mit 4,17 angegeben, also ist $\mathbf{p = 4{,}17}$.

(2) **Bestimmung von q**

Mit $h(t) = 4{,}17 - e^{q - rt}$ wird für $t = 0$

$h(0) = 4{,}17 - e^q$.

$h(0)$ ist vorgegeben zu 2,75. Somit läßt sich q bestimmen aus
$4{,}17 - e^{q} = 2{,}75$.

Es ist $e^{q} = 1{,}42$;
$q = \ln 1{,}42 \approx \mathbf{0{,}351}$.

(3) **Wachstumskonstante r**

Es ist $h(t) = 4{,}17 - e^{0{,}351 - rt}$.

Mit $h(1) = 1{,}021 \cdot h(0)$ erhält man wegen
$h(1) = 4{,}17 - e^{0{,}351} \cdot e^{-r}$ und $h(0) = 2{,}75$ für r

die Gleichung

$$4{,}17 - e^{0{,}351} \cdot e^{-r} = 1{,}021 \cdot 2{,}75;$$
$$4{,}17 - 1{,}42 \cdot e^{-r} = 2{,}808;$$
$$1{,}42 \cdot e^{-r} = 1{,}362;$$
$$e^{r} = 1{,}042;$$
$$r = \ln 1{,}042 \approx \mathbf{0{,}042}.$$

Damit ist die gesuchte Funktion h für das beschränkte Wachstum gegeben durch

$$h(t) = 4{,}17 - e^{0{,}351 - 0{,}042t}$$
$$= \mathbf{4{,}17 - 1{,}42 \cdot e^{-0{,}042t}}.$$

Hiermit erhält man im Jahr 2010 den Wert $h(20) = 3{,}557$ Milliarden,
und im Jahr 2030 erhält man $h(40) = 3{,}905$ Milliarden Tonnen.

Das beschränkte Wachstum hat also den Ausstoß von 6,319 Milliarden auf 3,91 Milliarden Tonnen reduziert.

Gegeben ist die Funktion f durch

$f(x)=\frac{1}{8}x(x-6)^2; \quad x \in \mathbb{R}.$

Ihr Schaubild sei K.

a) Untersuchen Sie K auf gemeinsame Punkte mit der x-Achse, Hoch-, Tief- und Wendepunkte.
Bestimmen Sie die Gleichung der Normalen zu K im Wendepunkt.
Zeichnen Sie K für $-1 \leqq x \leqq 8$.

b) Die Kurve K und die x-Achse schließen im 1. Feld eine Fläche ein.
Berechnen Sie deren Inhalt.
In welchem Verhältnis teilt die Gerade $y=\frac{1}{2}x$ diese Fläche?

c) Der Punkt $P(u|v)$ mit $0<u<6$ liegt auf der Kurve K. P ist Mittelpunkt der Strecke QR, wobei Q auf der positiven x-Achse und R auf der positiven y-Achse liegt. Durch Drehung des Dreiecks OQR um die y-Achse entsteht ein Kegel.
Bestimmen Sie u so, daß der Rauminhalt dieses Kegels maximal wird.
Begründen Sie, daß es sich um ein absolutes Maximum handelt.

d) Die Gerade mit der Steigung m durch den Kurvenpunkt $T(6|0)$ sei g_m.
Bestimmen Sie diejenigen Werte von m, für die g_m mit K drei Punkte gemeinsam hat.
Für welches $m<0$ ist einer der drei gemeinsamen Punkte von den beiden anderen gleich weit entfernt?

Lösungshinweise:

a) Beachte: Wegen der Frage nach den Wendepunkten von K muß man f(x) dreimal ableiten. Dazu empfiehlt sich, den Klammerterm mit der binomischen Formel aufzulösen. Welche Vermutung liegt nahe, wenn bei der Bestimmung der gemeinsamen Punkte mit der x-Achse ein quadratischer Term 0 gesetzt wird? Wie kann man entscheiden, ob ein Hoch- oder ein Tiefpunkt vorliegt? Wie, wenn $f''(x_W)=0$ ist, bei x_W wirklich eine Wendestelle ist, und nicht zwei gleichartig gekrümmte Kurvenbogen aneinander anschließen? Welcher Zusammenhang besteht in einem Punkt von K zwischen Tangenten- und Normalensteigung? Für die Gerade mit der Steigung m durch $(x_0 | y_0)$ empfiehlt sich der Ansatz $y=m(x-x_0)+y_0$.

b) Die Schnittbedingung zwischen K und h: $y=\frac{1}{2}x$ ist eine Gleichung 3. Grades ohne Absolutglied. Wie erhält man die drei Lösungen der Gleichung? Warum braucht man die Ordinaten der Schnittpunkte von K mit h nicht? K liegt oberhalb von h. Wie setzt man das Integral für die Inhaltsberechnung deshalb an, damit der Inhalt positiv wird? Dieser Inhalt ist ein Bruchteil des Gesamtinhalts, der leicht zu berechnen war. Diesen Bruchteil kann man unmittelbar angeben, aber auch das Verhältnis der Inhalte der beiden Teilflächen läßt sich, weil der Gesamtinhalt vorliegt, bestimmen.

c) Wie lautet die elementare Formel für den Inhalt eines senkrechten Kreiskegels? Wie groß ist der Grundkreisradius $\overline{OQ}$ und die Höhe $\overline{OR}$ in Abhängigkeit von u? Damit erhält man den Kegelinhalt als Funktion von u und v. $P(u|v)$ liegt auf K. Wie erhält man also die Nebenbedingung für v? Achte bei der Extremwertrechnung auf den Definitionsbereich der Extremwertfunktion, damit man entscheiden kann, welche Zahlen bei der Rechnung überhaupt in Frage kommen. Auf welche zwei Arten kann man nachweisen, ob oder was für ein relatives Extremum vorliegt?
Im Intervall $]0;6[$ ist V(u) stetig und differenzierbar. Im Inneren gibt es nur ein Extremum; welche Eigenschaften muß dieses also haben?

d) Wie erhält man die Bedingungsgleichung für die x-Werte der Schnittpunkte zweier Schaubilder? Zu bestimmen ist die Variable m der Geraden g_m. Damit sich eine lösbare Gleichung 3. Grades ergibt, ist es wesentlich, den Term $(x-6)$ bei f(x) und bei $g_m(x)$ zu belassen, damit man ihn ausklammern kann. Man erhält dann eine quadratische Gleichung mit der Variablen m, die in der Diskriminante auftritt. Diese Diskriminante ist auf die Zahl der Lösungen in Abhängigkeit von m zu untersuchen.

Bei der Frage nach den gleichen Abständen ist die Figur hilfreich. Man beachte, daß $x_3 < x_2$ ist, und daß man die Bestimmung dafür, daß C_2 in der Mitte von TC_3 liegt, ausschließlich mit den x-Werten anzusetzen braucht. Beim Lösen der Bedingungsgleichung muß man quadrieren, dadurch liegt keine Äquivalenzumformung vor. Was ist also unerläßlich?

Lösung:

a) Kurvenuntersuchung. Normale im Wendepunkt

1. Ableitungen

$$f(x) = \frac{1}{8}x(x-6)^2 = \frac{x^3}{8} - \frac{3}{2}x^2 + \frac{9}{2}x; \qquad x \in \mathbb{R}$$

$$f'(x) = \frac{3}{8}x^2 - 3x + \frac{9}{2}; \qquad x \in \mathbb{R}$$

$$f''(x) = \frac{3}{4}x - 3; \qquad x \in \mathbb{R}$$

$$f'''(x) = \frac{3}{4}; \qquad \text{d.h. } f'''(x) \neq 0 \text{ für } x \in \mathbb{R}$$

2. Gemeinsame Punkte von K mit der x-Achse

Die x-Werte dieser Punkte sind die Nullstellen der Funktion f.
$f(x) = 0$ führt auf

$\frac{1}{8}x(x-6)^2 = 0.$ Daraus folgt $x_1 = 0$, $x_2 = 6$.

Somit sind die gemeinsamen Punkte $N_1 = O(0|0)$ und $N_2(6|0)$.

Wegen $f'(0) = \frac{9}{2}$ ist die Steigung von K im Ursprung $m_1 = \frac{9}{2}$.

Da x_2 aus dem quadratischen Term $(x-6)^2$ folgt, liegt es nahe, daß K in N_2 die x-Achse berührt. Es ist auch $f'(6) = 0$, was diese Vermutung bestätigt.

3. Extrempunkte von K

Notwendige Bedingung dafür, daß f an der Stelle x eine Extremstelle hat, ist $f'(x) = 0$. Aus $f'(x) = 0$ erhält man

$$\frac{3}{8}x^2 - 3x + \frac{9}{2} = 0$$

$$3x^2 - 24x + 36 = 0.$$

Hieraus folgt $x_{3,4} = \frac{24 \pm \sqrt{576-432}}{6} = \frac{24 \pm 12}{6}$.

Somit mögliche Extremstellen bei $x_3 = 2$ oder auch $x_4 = 6$.

Hinreichende Bedingung für einen Hochpunkt (Tiefpunkt) an der Stelle x_H (x_T) ist $f'(x_H)=0$ und $f''(x_H)<0$ ($f'(x_T)=0$ und $f''(x_T)>0$).

Da $f''(2)=\frac{3}{2}-3=-\frac{3}{2}<0$ und $f(2)=4$ ist, hat K an der Stelle 2 den **Hochpunkt H(2|4)**.

Da $f''(6)=\frac{9}{2}-3=\frac{3}{2}>0$ ist, hat K an der Nullstelle 6 den **Tiefpunkt** $\mathbf{T=N_2(6|0)}$.

4. Schaubild von K

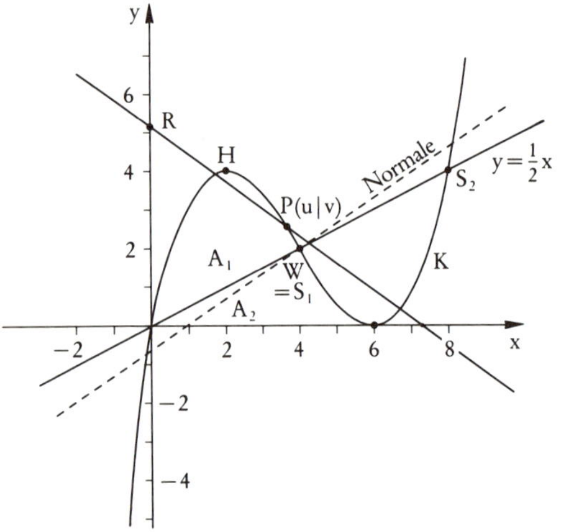

A

5. Wendepunkt von K

Notwendige und hinreichende Bedingung für eine Wendestelle x von f ist $f''(x)=0$ und $f'''(x)\neq 0$.

$f''(x)=0$ führt auf $\frac{3}{4}x-3=0$. Daraus folgt $x_W=4$.

Wegen $f(4)=2$, $f'(4)=-\frac{3}{2}$ und $f'''(4)=\frac{3}{4}\neq 0$, hat K den **Wendepunkt** **W(4|2)** mit der Steigung $m_W=-\frac{3}{2}$.

6. Normale im Wendepunkt

K hat in W die Tangentensteigung $f'(4)=-\frac{3}{2}$.

Die Steigung der Normalen in W ist damit $m_n=\frac{2}{3}$.

Gleichung der Normalen mit der Punktsteigungsform ist

$$y=m_n(x-x_W)+y_W$$
$$=\frac{2}{3}(x-4)+2$$
$$\mathbf{y=\frac{2}{3}x-\frac{2}{3}}.$$

b) Flächeninhaltsberechnungen

1. Inhalt zwischen K und der x-Achse über den Nullstellen

Ansatz $\quad A=\int_0^6 f(x)\,dx.$

Also $\quad A=\int_0^6\left(\frac{x^3}{8}-\frac{3}{2}x^2+\frac{9}{2}x\right)dx$

$$=\left[\frac{x^4}{32}-\frac{x^3}{2}+\frac{9}{4}x^2\right]_0^6=\left[\frac{27}{2}\right]-[0]$$
$$=\frac{27}{2}=13\frac{1}{2}.$$

2. Teilung von A durch die Gerade h: y=0,5x

Aus der Figur ersieht man, daß h das Schaubild K in O, S_1 und S_2 schneidet. Die Abszissen dieser drei Punkte erhält man aus $f(x)=g(x)$,

also aus $\quad \frac{x^3}{8}-\frac{3}{2}x^2+\frac{9}{2}x=\frac{1}{2}x$

bzw. aus $\quad \frac{x^3}{8}-\frac{3}{2}x^2+4x=0$

$$x^3-12x^2+32x=0$$
$$x(x^2-12x+32)=0.$$

Man erhält $x=0$ oder $x=\frac{12+\sqrt{144-128}}{2}$ oder $x=\frac{12-\sqrt{144-128}}{2}$.

Damit sind $x_O=0$, $x_{S_1}=4$ und $x_{S_2}=8$. Man erkennt, daß S_1 mit dem Wendepunkt W zusammenfällt.

Die drei Schnittpunkte sind $O(0|0)$, $W(4|2)$ und $S_2(8|4)$.

Der Punkt S_2 und die Ordinaten sind für die Inhaltsberechnung nicht nötig.

Den Inhalt A_1 der Fläche zwischen K und h gibt der Integralansatz

$$A_1=\int_0^4 (f(x)-g(x))\,dx \quad \text{zu}$$

$$A_1=\int_0^4 \left(\frac{x^3}{8}-\frac{3}{2}x^2+4x\right)dx=\left[\frac{x^4}{32}-\frac{x^3}{2}+2x^2\right]_0^4$$

$$\mathbf{A_1=8}$$

Der Inhalt A_2 der Restfläche unter h bis zu x-Achse beträgt damit

$$\mathbf{A_2}=A-A_1=13\frac{1}{2}-8=\mathbf{\frac{11}{2}}.$$

h teilt somit A im Verhältnis

$$\frac{A_1}{A_2}=\frac{8}{\frac{11}{2}}=\frac{16}{11}=16:11\approx 1{,}45:1\approx 1:0{,}6875.$$

Das Verhältnis von A_1 zum Inhalt A der ganzen Fläche ist

$$\frac{A_1}{A}=\frac{8}{\frac{27}{2}}\approx 0{,}593 \quad \text{bzw.} \quad \frac{A_1}{A}=1:1{,}6875.$$

c) Kegel maximalen Inhalts

1. Kegelinhalt in Abhängigkeit von u

An der Figur läßt sich aus der Forderung $\overline{PQ}=\overline{PR}$ ablesen: $Q(2u|0)$ und $R(0|2v)$. Damit ist der Kegelinhalt

$$V=\frac{1}{3}\pi\cdot\overline{OQ}^2\cdot\overline{OR}=\frac{1}{3}\pi(2u)^2\cdot 2v=\frac{8}{3}\pi u^2 v.$$

Da $P(u|v)$ auf K liegt, gilt $v=\frac{1}{8}u(u-6)^2$ (Punktprobe).

Damit wird der Kegelinhalt in Abhängigkeit von u

$$V(u)=\frac{4\pi}{3}\cdot u^2\cdot\frac{1}{4}u(u-6)^2 \quad \text{bzw.}$$

$$V(u)=\frac{\pi}{3}u^3(u-6)^2 \quad \text{für} \quad 0<u<6. \qquad (1)$$

$V(u)$ hat für dasjenige u aus dem Definitionsbereich ein Maximum, für das $V'(u)=0$ und $V''(u)<0$ ist.

Oder das Vorzeichenwechselkriterium:
V(u) hat für dasjenige u aus dem Definitionsintervall ein Maximum, für das $V'(u)=0$ ist und V' beim „Durchgang" durch dieses u das Vorzeichen von Plus nach Minus wechselt.

2. Extremwertbestimmung

$$V(u)=\frac{\pi}{3}\cdot u^3(u-6)^2 \quad \text{für} \quad 0<u<6$$

$$V'(u)=\frac{\pi}{3}[3u^2(u-6)^2+2(u-6)u^3]$$

$$=\frac{\pi}{3}[u^2(u-6)\cdot(3(u-6)+2u)]$$

$$=\frac{\pi}{3}\cdot u^2(u-6)(5u-18) \quad \text{für} \quad 0<u<6 \qquad (2)$$

oder $=\frac{\pi}{3}(5u^4-48u^3+108u^2)$.

Hieraus die für den Nachweis verwendete 2. Ableitung

$$V''(u)=\frac{\pi}{3}(20u^3-144u^2+216u)$$

$$=\frac{4\pi}{3}u(5u^2-36u+54). \qquad (3)$$

$V'(u)=0$ ergibt aus (2)

$u_1=0;\ u_2=6;\ u_3=\frac{18}{5}=3{,}6.$

$u_1=0$ und $u_2=6$ liegen nicht im Definitionsintervall $]0;6[$.
Damit kann nur $u_3=3{,}6$ Extremalwert von V(u) sein.

Nachweis des Maximums

(1) mit V'':
Mit Gleichung (3) wird $V''(3{,}6)=\frac{4\pi}{3}\cdot 3{,}6\cdot(64{,}8-129{,}6+54)$

$$=\frac{4\pi}{3}\cdot 3{,}6\cdot(-10{,}8)<0.$$

(2) Mit dem Vorzeichenwechselkriterium:
Aus (2) wird ersichtlich, daß für $u<3{,}6$ bei Annäherung an 3,6 der 1. Faktor +, der 2. Faktor − und der 3. Faktor auch − ist; d. h., für $u<3{,}6$ ist $V'(u)$ positiv.
Für $u>3{,}6$ wird bei Annäherung an 3,6 nur der 2. Faktor negativ.
Beim Durchgang durch $u=3{,}6$ wechselt $V'(u)$ von plus nach minus, also liegt bei 3,6 ein relatives (lokales) Maximum.

(3) Nachweis des absoluten (globalen) Maximums
Die Funktion $u \mapsto V(u)$ ist in ihrem Definitionsbereich stetig und differenzierbar. Alle Extremwerte folgen aus $V'(u)=0$.
Da nur der bei $u_3=3{,}6$ existiert, muß er absolut (global) sein.

(4) Berechnung des Maximums (nicht verlangt)
Mit (1) wird
$$V(3{,}6)=\frac{\pi}{3}\cdot\left(\frac{18}{5}\right)^3\cdot\left(\frac{12}{5}\right)^2=89\frac{1811}{3125}\pi\approx 89{,}58\,\pi\approx 281{,}422.$$
Der Taschenrechner liefert als Dezimalzahl
$$V(3{,}6)=\frac{\pi}{3}\cdot 3{,}6^3\cdot 2{,}4^2\approx 89{,}579\,\pi\approx 281{,}42.$$

d) Schnittproblem der Geraden durch $T(6|0)$ mit K

1. Für welche Geradensteigungen gibt es drei Schnittpunkte?

Die Gerade g_m durch $T(6|0)$ habe die Steigung $m \in \mathbb{R}$. Sie hat damit die Gleichung
$$y=m(x-6). \qquad (1)$$
Schnittbedingung von K mit g_m ist
$$\frac{1}{8}x(x-6)^2=m(x-6) \quad \text{bzw.}$$
$$(x-6)\left(\frac{1}{8}x(x-6)-m\right)=0 \quad \text{oder}$$
$$(x-6)(x^2-6x-8m)=0.$$
Daraus ergeben sich die Schnittpunktsabszissen
$$x_1=6;\ x_{2,3}=\frac{6\pm\sqrt{36+32m}}{2}$$
oder $x_1=6$; $x_2=3+\sqrt{9+8m}$; $x_3=3-\sqrt{9+8m}$.

Über die Anzahl der Schnittpunkte in Abhängigkeit von m gibt die Diskriminante $9+8m$ Aufschluß. Hilfreich ist auch die Figur. Man erhält:

$9+8m>0$ für $m>-\frac{9}{8}$; reell: 2 Werte

$9+8m=0$ für $m=-\frac{9}{8}$; reell: 1 Wert

$9+8m<0$ für $m<-\frac{9}{8}$; komplex: keinen Wert.

Folgerung: Für $m>-\frac{9}{8}$ gibt es zu $x_1=6$ noch 2 Werte x_2 und x_3 außer für $m=0$, weil da $x_2=x_1$ wird.

Ergebnis: Es gibt drei gemeinsame Punkte für $m>-\frac{9}{8}$ und $m\neq 0$.

Die Gerade mit $m=-\frac{9}{8}$ berührt K in $B\left(3\,\middle|\,3\frac{3}{8}\right)$.

Alle Geraden mit $m<-\frac{9}{8}$ schneiden K nur in $T(6|0)$.

2. Für welches m haben die drei Punkte gleiche Abstände?

Die Vorgabe $m<0$ bedeutet $m \in \left]-\frac{9}{8};0\right[$.

Für die drei Punkte T mit $x_1=6$, C_2 mit $x_2=3+\sqrt{9+8m}$ und C_3 mit $x_3=3-\sqrt{9+8m}$ soll gelten $\overline{TC_2}=\overline{C_2C_3}$.

C_2 liegt in der Mitte von $\overline{TC_3}$. Das bedeutet für die x-Werte der drei Punkte: $x_2=\frac{x_1+x_3}{2}$. Damit lautet die Bedingung für m:

$$3+\sqrt{9+8m}=\frac{6+3-\sqrt{9+8m}}{2}$$

bzw.
$$3\sqrt{9+8m}=3$$
$$\sqrt{9+8m}=1 \qquad (*)$$
$$8m=-8$$
$$\mathbf{m=-1}.$$

Wegen des Quadrierens liegt keine Äquivalenzumformung vor, also ist die Probe durchzuführen, die das Ergebnis bestätigt, wenn man $m=-1$ in Gleichung (*) einsetzt.

Also ist g_{-1}:
$\mathbf{y=-x+6}$
die gesuchte Gerade, sie geht durch den Hoch- und Wendepunkt von K.

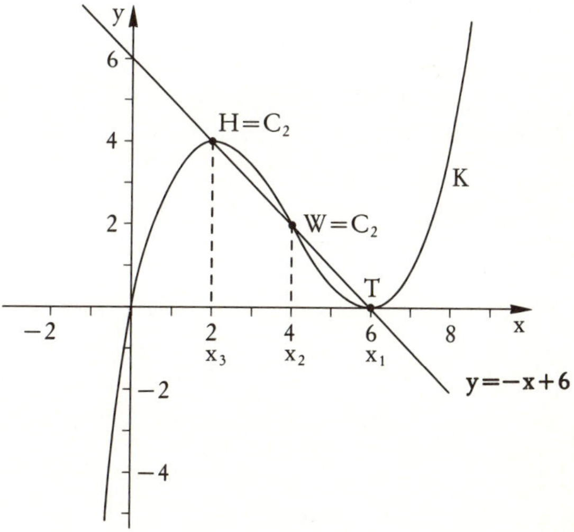

Aufgabe 93/2

Zu jedem $t>0$ ist eine Funktion f_t gegeben durch

$$f_t(x)=\frac{tx^2-4}{x^2};\quad x\neq 0.$$

Ihr Schaubild sei K_t.

a) Untersuchen Sie K_t auf Symmetrie, gemeinsame Punkte mit der x-Achse, Extrempunkte und Asymptoten.
Zeichnen Sie K_1 samt Asymptoten für $-4\leqq x\leqq 4$.
Zeigen Sie, daß für alle $x\neq 0$ gilt: $f_t(x)<t$.

b) Die Gerade $x=z$ schneidet K_t im 1. Feld. Sie schließt mit K_t, den beiden Koordinatenachsen und der Geraden $y=t$ eine Fläche mit dem Inhalt $A_t(z)$ ein.
Berechnen Sie $A_t(z)$ und $\lim\limits_{z\to\infty} A_t(z)$.

c) Für welches t berührt eine zur y-Achse symmetrische Parabel 2. Ordnung mit Scheitel $S(0|-1)$ die Kurve K_t in deren Schnittpunkten mit der x-Achse? Bestimmen Sie die Gleichung der Parabel.

d) Die Tangenten an K_1 in den Kurvenpunkten $P(u|v)$ und $Q(-u|v)$ bilden mit der Geraden $y=1$ ein Dreieck mit dem Inhalt $A(u)$.
Bestimmen Sie $A(u)$.
Begründen Sie, daß $A(u)$ keinen Extremwert annimmt.
Rotiert dieses Dreieck um die y-Achse, so entsteht ein Kegel mit dem Rauminhalt V.
Zeigen Sie, daß V von u unabhängig ist.

Lösungshinweise:

a) Der Bruchterm $f_t(x)$ läßt sich gliedweise dividieren. Dadurch vereinfacht sich das Ableiten. Man betrachte diese Ableitungen auch gleich hinsichtlich wesentlicher Eigenschaften.
Welche Symmetrie läßt sich aus der Variablenform x^2 erkennen?
Beim Bestimmen der gemeinsamen Punkte mit der x-Achse lohnt es sich, gleich die Steigungen in Abhängigkeit von t anzugeben.

Aus der 2. Ableitung ergibt sich das Krümmungsverhalten von K_t. Was kann man daraus hinsichtlich Extrem- und Wendestellen schließen?

Für die Asymptotenuntersuchung ist der angegebene Term für $f_t(x)$ sinnvoll. Man wende die Regeln für gebrochenrationale Funktionen an.
Beachte: Zähler- und Nennerpolynom sind vom gleichen Grad.

Der Nachweis $f_t(x) < t$ ist dagegen mit der 2. Darstellung für $f_t(x)$ leicht zu führen. Wichtig: $t > 0$.

b) Zur Inhaltsberechnung hilft die Figur. Welche zwei Teilflächen muß man getrennt betrachten? Verwende dann den bekannten Grenzwert für $\lim\limits_{z \to \infty} \frac{4}{z}$.

c) Welche Form muß die Gleichung einer zur y-Achse symmetrischen Parabel 2. Ordnung haben? Es sind zwei zu bestimmende Formvariablen vorhanden. Die eine ergibt sich aus dem angegebenen Scheitel. Es fehlt noch die andere, aber auch das t der Berührung. Welche zwei Bedingungen geben an, daß zwei Kurven sich in einem Punkt $B(x_0 | y_0)$ berühren? Dadurch hat man zwei Gleichungen für die fehlende Formvariable und t.

d) Wegen der Symmetrie kann man sich auf die Tangente in P beschränken. Günstig ist der Ansatz $y = f_t'(u)(x-u) + v$, damit man die Tangentengleichung mit dem Parameter u erhält.
Für die Inhaltsformel eines Dreiecks $A = \frac{1}{2} g h$ braucht man g und h, die man in Abhängigkeit von u erhält. Damit hat man A(u). Der Funktion sieht man an, daß es kein Extremum geben kann. Wieso? Mit g und h kann man auch den Kegelinhalt mit der elementaren Formel angeben.
Woran erkennt man, daß er von u unabhängig ist?

A

Lösung:

a) Kurvenuntersuchung

1. Ableitungen

$f_t(x)=\frac{tx^2-4}{x^2}=t-\frac{4}{x^2}; \quad x\neq 0; \quad t>0$

$f_t'(x)=\frac{8}{x^3}$ (Kann nie 0 werden!)

$f_t''(x)=\frac{-24}{x^4}$ (Kann nie 0 werden!)

2. Symmetrie von K_t

Da für alle x aus dem Definitionsbereich $f_t(x)=f_t(-x)$ ist, besteht Symmetrie zur y-Achse. Aus der Kurvengleichung liest man ab, daß K_t für jedes $t>0$ durch Schiebung parallel zur y-Achse aus $y=-\frac{4}{x^2}$ entsteht.

3. Gemeinsame Punkte mit der x-Achse

Die Bedingung für die Abszissen x dieser Punkte ist $f_t(x)=0$. Aus

$$t-\frac{4}{x^2}=0$$

erhält man $x=\frac{2}{\sqrt{t}}$ oder $x=\frac{-2}{\sqrt{t}}$.

Damit hat K_t für jedes $t>0$ zwei gemeinsame Punkte mit der x-Achse, $N_1\left(\frac{2}{\sqrt{t}}\middle|0\right)$ und $N_2\left(\frac{-2}{\sqrt{t}}\middle|0\right)$ mit den Steigungen $m_1=t\sqrt{t}$, $m_2=-t\sqrt{t}$.

Diese Steigungen zu bestimmen lohnt sich nicht nur für die Figur, sondern auch, weil sie später nützlich werden.

4. Extrem- und Wendepunkte

Da f_t' und auch f_t'' nicht null werden können, hat die Kurve weder Extrem- noch Wendepunkte.
An $f_t'(x)$ erkennt man strenge Monotonie, d. h., K_t hat für $x>0$ immer positive und für $x<0$ immer negative Steigung. Es kann also keine Extremwerte geben.
Da $f_t''(x)$ für alle $x\neq 0$ negativ ist, ist K_t sowohl für $x<0$ wie für $x>0$ eine Rechtskurve. Es ist kein Wendepunkt möglich.

5. Asymptoten

Man muß auf zwei Arten von Asymptoten untersuchen: Solche, die parallel zu y-Achse verlaufen und solche für $|x|\to\infty$.

(1) Bei gebrochenrationalen Funktionen gibt es Asymptoten parallel zur y-Achse an den Stellen, an denen das Nennerpolynom 0 und das Zählerpolynom nicht 0 wird. Also ist $x=0$ (die y-Achse) Asymptote (Polgerade).

(2) Die Art der anderen Asymptoten erkennt man am Grad von Zähler- und Nennerpolynom. Sind beide gleich, wie bei f_t, dann gibt es eine Asymptote parallel zur x-Achse. Man untersucht, welchem Wert sich $f_t(x)$ für $|x| \to \infty$ beliebig nähert. Es ist

$$\lim_{|x| \to \infty} f_t(x) = \lim_{\substack{x \to +\infty \\ x \to -\infty}} \left(t - \frac{4}{x^2}\right) = t.$$

K_t hat also die Asymptote $y=t$.

6. Schaubild von K_1

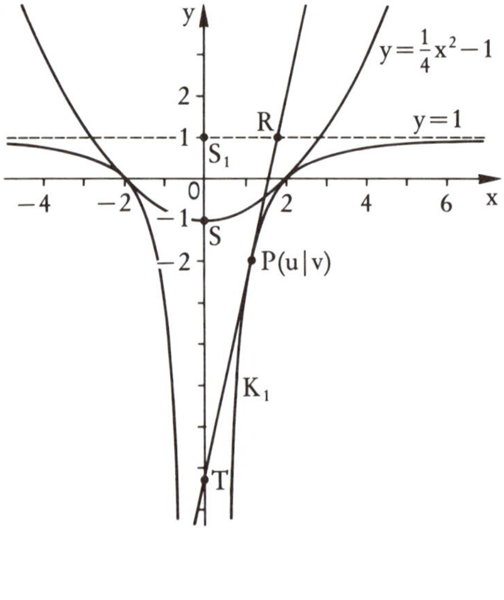

7. Nachweis: $f_t(x) < t$

Es gibt mehrere Lösungsmöglichkeiten:

(1) Da $\frac{4}{x^2} > 0$ ist, wird im Term $f_t(x) = t - \frac{4}{x^2}$ von t $(t > 0)$ immer etwas Positives abgezogen.

(2) Rechnerisch durch Äquivalenzumformungen der Ungleichung

$t - \frac{4}{x^2} < t$. Man erhält

$-\frac{4}{x^2} < 0;$

$\frac{4}{x^2} > 0.$

Dies ist richtig für alle $x \neq 0$. Wegen der Äquivalenzumformungen gilt die Kette rückwärts als richtig.

b) Flächenberechnung

Die Fläche, deren Inhalt zu berechnen ist, setzt sich aus zwei Teilflächen zusammen. Zwischen $x = 0$ und $x = \frac{2}{\sqrt{t}}$ ist es ein Rechteck, und zwischen $x = \frac{2}{\sqrt{t}}$ und $x = z$ mit $z > \frac{2}{\sqrt{t}}$ liegt die Fläche zwischen den Schaubildern mit den Gleichungen $y = t$ und $y = t - \frac{4}{x^2}$.

Damit wird der Inhalt $A_t(z)$ für $t > 0$ und $z > \frac{2}{\sqrt{t}}$ zu

$$A_t(z) = t \cdot \frac{2}{\sqrt{t}} + \int_{\frac{2}{\sqrt{t}}}^{z} \left[t - \left(t - \frac{4}{x^2}\right)\right] dx$$

$$= 2\sqrt{t} + \int_{\frac{2}{\sqrt{t}}}^{z} \frac{4}{x^2} dx$$

$$= 2\sqrt{t} + \left[\frac{-4}{x}\right]_{\frac{2}{\sqrt{t}}}^{z}$$

$$= 2\sqrt{t} + \left[\frac{-4}{z}\right] - \left[-2\sqrt{t}\right]$$

$$= 4\sqrt{t} - \frac{4}{z} \quad \left(z > \frac{2}{\sqrt{t}}\right).$$

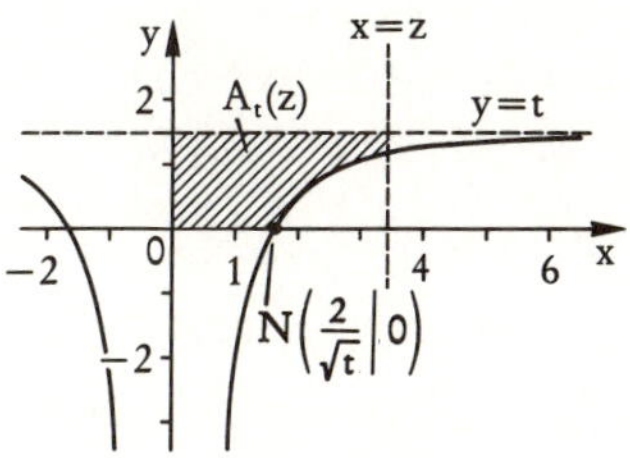

Für $z \to \infty$ ergibt sich $\lim_{z \to \infty} A_t(z) = 4\sqrt{t}$.

Das ist das Doppelte des Rechtecksinhaltes zwischen 0 und $\frac{2}{\sqrt{t}}$.

c) **Berührungsparabel 2. Ordnung**

Die gesuchte Parabel hat eine Gleichung der Form $y = ax^2 + b$. Die Punktprobe für $S(0|-1)$ gibt $-1 = b$.

Unser Problem: Eine Parabel der Schar $y = ax^2 - 1$ soll K_t in $N_1\left(\frac{2}{\sqrt{t}}\middle|0\right)$ berühren. Zu bestimmen sind die Variablen a und t.

1. Lösungsmöglichkeit

Wenn zwei Schaubilder mit $f_t(x) = t - \frac{4}{x^2}$ und $p(x) = ax^2 - 1$ sich in $N_1\left(\frac{2}{\sqrt{t}}\middle|0\right)$ berühren, gelten die zwei Bedingungen

$$f_t\left(\frac{2}{\sqrt{t}}\right) = p\left(\frac{2}{\sqrt{t}}\right) \qquad (1) \qquad \text{und}$$

$$f'_t\left(\frac{2}{\sqrt{t}}\right) = p'\left(\frac{2}{\sqrt{t}}\right). \qquad (2)$$

(1) gibt

$$t - \frac{4}{\left(\frac{2}{\sqrt{t}}\right)^2} = \frac{4a}{t} - 1;$$

$$t - t = \frac{4a}{t} - 1;$$

$$4a = t. \qquad (1')$$

(2) gibt

$$\frac{8t\sqrt{t}}{8} = 2a \cdot \frac{2}{\sqrt{t}};$$

$$t^2 = 4a. \qquad (2')$$

Mit (1′) wird aus (2′)

$$t^2 = t \qquad \text{mit } t = 0 \text{ oder } t = 1.$$

Wegen $t > 0$ ist $t = 1$ das gesuchte t und K_1 das Schaubild.

Mit (2′) erhält man $a = \frac{1}{4}$.

Die gesuchte Parabel hat die Gleichung $y = \frac{1}{4}x^2 - 1$.
Sie berührt K_1 in N_1.

2. Lösungsmöglichkeit

Man fordert, daß das Schaubild mit der Gleichung $y = ax^2 - 1 = p(x)$ durch $\left(\frac{2}{\sqrt{t}}\middle|0\right)$ geht und dort die Steigung von K_t annimmt.

Diese wurde im Teil a) Abschnitt 3 mit $m = t\sqrt{t}$ bestimmt.

Damit ergeben sich für a und t zwei Gleichungen.

Punktprobe gibt $0=\frac{4a}{t}-1$ bzw. $4a=t$. $(3)=(1')$

Ableitung $p'(x)=2ax$ führt auf $2a\frac{2}{\sqrt{t}}=t\sqrt{t}$

bzw. $4a=t^2$. $(4)=(2')$

Aus (3) und (4) ergibt sich, wie oben, $t=1$ und $a=\frac{1}{4}$.

d) Dreiecksinhalt. Kegelvolumen

1. Tangente in $P(u|v)$ für $u>0$

Wegen der Achsensymmetrie der Figur genügt es, die Tangente g in $P(u|v)$ für $u>0$ mit $v=1-\frac{4}{u^2}$ zu bestimmen. Man erhält sie mit der Form $y=f_1'(u)(x-u)+v$. Wegen $f_1'(u)=\frac{8}{u^3}$ wird die Gleichung von g

$$y=\frac{8}{u^3}(x-u)+1-\frac{4}{u^2} \quad \text{bzw.}$$

$$1=\frac{8}{u^3}x-\frac{12}{u^2}+1.$$

2. Dreiecksinhalt

Für Schnittpunkt R von g mit der Asymptote $y=1$ folgt aus

$$y=\frac{8}{u^3}x-\frac{12}{u^2}+1$$

die Abszisse $x_R=\frac{3}{2}u$. Somit ist $R\left(\frac{3}{2}u\,\middle|\,1\right)$.

Für Schnittpunkt T von g mit der y-Achse $x=0$ erhält man $y_T=-\frac{12}{u^2}+1$.

Somit ist $T\left(0\,\middle|\,-\frac{12}{u^2}+1\right)$.

Ist A der gesuchte Inhalt, dann ist der Inhalt des Dreiecks mit den Ecken $S_1(0|1)$, $T\left(0\,\middle|\,-\frac{12}{u^2}+1\right)$, $R\left(\frac{3}{2}u\,\middle|\,1\right)$ bestimmt durch $\frac{1}{2}A=\frac{1}{2}\,\overline{S_1R}\cdot\overline{S_1T}$,

d. h., es ist $A=\overline{S_1R}\cdot\overline{S_1T}$ (siehe Fig. in Teilaufgabe a).

Inhalte haben positive Maßzahlen, also müssen auch für die Dreiecksseiten positive Maßzahlen zugrunde gelegt werden.

Man erhält $\overline{S_1R}=\frac{3}{2}u$; $\overline{S_1T}=\sqrt{(x_{S_1}-x_T)^2+(y_{S_1}-y_T)^2}=\sqrt{\left(1-1+\frac{12}{u^2}\right)^2}=\frac{12}{u^2}$.

Damit wird $A(u)=\frac{3}{2}u\cdot\frac{12}{u^2}=\frac{18}{u}$.

3. Extremwertuntersuchung

$A'(u) = -\frac{18}{u^2}$ ist für jedes $u > 0$ negativ, die Funktion $u \mapsto A(u)$ ist streng monoton abnehmend.

$A''(u) = \frac{36}{u^3}$ ist für $u > 0$ immer positiv, d. h., das Schaubild der Funktion ist durchweg linksgekrümmt, die Funktion ist konvex. Es gibt keinen Wendepunkt.

4. Kegelinhalt

Das Volumen des senkrechten Kreiskegels berechnet sich nach der elementaren Inhaltsformel $V = \frac{1}{3}\pi\, \overline{S_1R}^2 \cdot \overline{S_1T}$.

Mit $\overline{S_1R} = \frac{3}{2}u$ und $\overline{S_1T} = \frac{12}{u^2}$ erhält man

$$V(u) = \frac{1}{3}\pi\left(\frac{3}{2}u\right)^2 \cdot \frac{12}{u^2} = \frac{1}{3}\pi \cdot \frac{9u^2 \cdot 12}{4u^2} = 9\pi\,.$$

Damit ist erwiesen, daß V von u unabhängig ist.

Für jedes $t \in \mathbb{R}$ ist eine Funktion f_t gegeben durch
$f_t(x) = (t - x) \cdot e^x$; $x \in \mathbb{R}$.
Ihr Schaubild sei K_t.

a) Untersuchen Sie K_t auf Schnittpunkte mit den Koordinatenachsen, Hoch-, Tief- und Wendepunkte sowie auf Asymptoten.
Zeichnen Sie K_1 im Bereich $-3 \leqq x \leqq 2$ und K_2 im Bereich $-3 \leqq x \leqq 2{,}5$ in dasselbe Koordinatensystem ein.

b) Die Kurven K_1 und K_2, die Gerade $x = 1$ und die Gerade $x = z$ mit $z < 1$ begrenzen eine Fläche mit dem Inhalt $A(z)$.
Berechnen Sie $A(z)$.
Geben Sie den Wertebereich der Funktion $z \mapsto A(z)$; $z < 1$ an.

c) Die Gerade $x = u$ mit $u < 0$ schneidet K_1 in Q und K_2 in P.
Für welchen Wert von u hat das Dreieck OPQ extremalen Inhalt?
Geben Sie diesen extremalen Inhalt an.
Um welche Art von Extremum handelt es sich hierbei?

d) Vom Punkt $T(5|0)$ aus sollen Tangenten an K_1 gelegt werden.
Berechnen Sie die x-Werte der Berührpunkte.
Nun sollen von $T(5|0)$ aus für beliebiges t mit $t \neq 5$ Tangenten an K_t gelegt werden.
Für welchen Wert von t gibt es genau eine Tangente?

Lösungshinweise:

a) Man denke an die Produktregel bei den drei Ableitungen von $f_t(x)$.
Es empfiehlt sich, e^x immer auszuklammern, damit man beim Bestimmen der Sonderpunkte erkennt, welche Terme man null setzen muß. Für das Bestimmen der Asymptoten überlege man, wie sich das Schaubild für große $|x|$ verhält. Bei Grenzwertbestimmungen denke man an $\lim_{x \to \infty} x^r e^{-x} = 0$ für alle $r \in \mathbb{R}^+$. Verläuft K_2 über oder unter K_1?

b) Beim Integralansatz beachte man, welches Schaubild oberhalb des anderen verläuft, und daß $z < 1$ ist.
Für den Wertebereich der Integralfunktion verwende man, daß sie im Definitionsbereich streng monoton abnimmt. Welches sind die Randwerte?

c) Man braucht die Dreiecksecken P und Q, damit man $A(u) = \frac{1}{2}\overline{PQ} \cdot u$ ansetzen kann. Achtung: In $A(u)$ ist $u < 0$ und damit auch $A(u)$.
Damit der Dreiecksinhalt sich positiv ergibt, muß man für ihn $J(u) = -A(u)$ ansetzen, weil sonst die Extrema Maximum und Minimum sich vertauschen. Wie kann man auf ein globales Extremum schließen, wenn nur ein einziger Extremwert vorliegt?

d) Tangenten von außerhalb an ein Schaubild kann man auf zweierlei Arten bestimmen. Einmal: Man nimmt den x-Wert des gesuchten Berührpunktes an und fordert, daß die Tangente im Berührpunkt durch T verläuft. Das gibt eine Gleichung für den x-Wert.
Oder: Man kann eine Geradenschar durch T mit der Steigung m als Variable annehmen. Die Forderung, daß eine Gerade der Schar K berührt, gibt dann die Bedingung für m dieser Geraden.
Auch für beliebiges t sind beide Wege möglich. Wesentlich ist jedesmal, daß die Diskriminante einer quadratischen Gleichung auf die Lösung untersucht wird. Wie muß die Diskriminante sein, damit es genau eine Tangente gibt?
Das Ergebnis entzieht sich wegen der großen Zahlen der Anschauung.

Lösung:

a) **Kurvenuntersuchung**

1. Ableitungen

$f_t(x)=(t-x)\,e^x; \quad x\in\mathbb{R},\ t\in\mathbb{R}$
$f_t'(x)=-e^x+e^x(t-x) \quad =(-x+t-1)\,e^x$
$f_t''(x)=e^x(-x+t-1)-e^x=(-x+t-2)\,e^x$
$f_t'''(x)=e^x(-x+t-2)-e^x=(-x+t-3)\,e^x$

2. Schnittpunkte von K_t mit den Koordinatenachsen

Die Abszissen x der Schnittpunkte mit der x-Achse ergeben sich aus $f_t(x)=0$, d. h., aus $(t-x)\,e^x=0$. Somit ist $x=t$. Wegen $f_t'(t)=-e^t$ erhält man $\mathbf{N_t(t|0)}$ mit Steigung $-e^t$.

Die Ordinaten y der Schnittpunkte mit der y-Achse sind $y=f_t(0)$, also $y=t$. Wegen $f_t'(0)=t-1$ erhält man $\mathbf{M_t(0|t)}$ mit Steigung $t-1$.

3. Extrempunkte von K_t

Das Schaubild K_t hat für dasjenige x einen $\left\{\begin{matrix}\text{Hochpunkt}\\ \text{Tiefpunkt}\end{matrix}\right\}$, für das $f_t'(x)=0$ und $\left\{\begin{matrix}f_t''(x)<0\\ f_t''(x)>0\end{matrix}\right\}$ ist.

Aus $f_t'(x)=0$, d. h., $(-x+t-1)\,e^x=0$, erhält man, da $e^x\neq 0$ für jedes $x\in\mathbb{R}$, für die Abszisse x_e des möglichen Extrempunktes $x_e=t-1$.

Da $f_t''(x_e)=(t-t+1-2)\,e^{t-1}=-e^{t-1}<0$ ist, gibt es für alle $t\in\mathbb{R}$ einen Hochpunkt $\mathbf{H_t(t-1|e^{t-1})}$.

4. Wendepunkte

K_t hat für dasjenige x einen Wendepunkt, für das $f_t''(x)=0$ und $f_t'''(x)\neq 0$ ist.

Es ist $f_t''(x)=0$ für $-x+t-2=0$. Daraus folgt $x_W=t-2$;
$f_t'''(t-2)=(t-t+2-3)\,e^{t-2}=-e^{t-2}\neq 0$; $f_t(x_W) \ =2e^{t-2}$;
$f_t'(t-2)=e^{t-2}$.

Damit existiert für jedes $t\in\mathbb{R}$ ein Wendepunkt $\mathbf{W_t(t-2|2e^{t-2})}$.
In ihm hat K_t die Steigung e^{t-2}.

5. Asymptoten

Eine Asymptote parallel zur y-Achse gibt es, wenn es ein x_0 gibt, für das für $x\mapsto x_0$ gilt: $f_t(x)\to\infty$ oder $f_t(x)\to-\infty$.
Ein solches x_0 existiert für $f_t(x)$ nicht.

Eine Asymptote parallel zur x-Achse gibt es, wenn $\lim\limits_{x \to \infty} f_t(x)$ oder $\lim\limits_{x \to -\infty} f_t(x)$ existiert.

Verwendet man den Grenzwert $\lim\limits_{x \to \infty} x^r e^{-x} = 0$ für $r \in \mathbb{R}^+$, so erhält man

$\lim\limits_{x \to -\infty} (t-x)\,e^x = \lim\limits_{x \to \infty} (t+x)\,e^{-x} = \lim\limits_{x \to \infty} (te^{-x}) + \lim\limits_{x \to \infty} (xe^{-x}) = 0 + 0 = 0.$

Für $x < 0$ ist damit die **x-Achse Asymptote** für jedes Schaubild K_t.

6. Schaubilder von K_1 und K_2

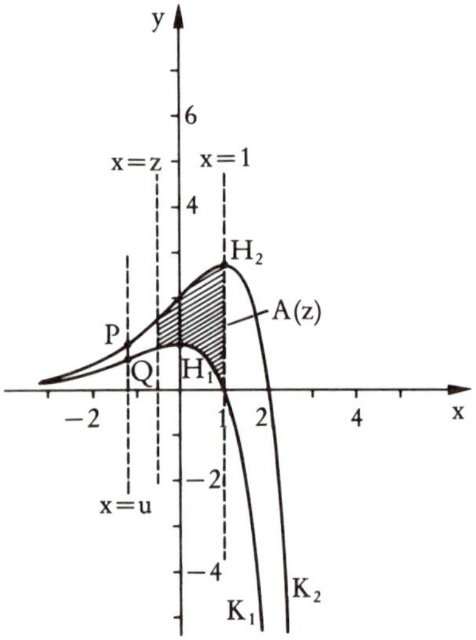

b) Flächenberechnung

Die Fläche, deren Inhalt zu berechnen ist, liegt für $x = z$ $(z < 1)$ bis $x = 1$ zwischen den Schaubildern K_1 und K_2. Die Schaubilder haben für $x \leqq 1$ keine Schnittpunkte und K_2 verläuft über K_1. Damit ergibt sich der Inhalt in Abhängigkeit von z zu

$$A(z)=\int_z^1 (f_2(x)-f_1(x))\,dx=\int_z^1 ((2-x)\,e^x-(1-x)\,e^x)\,dx$$

$$=\int_z^1 e^x(2-x-1+x)\,dx=\int_z^1 e^x\,dx=[e^x]_z^1=e-e^z \qquad \text{für } z<1.$$

Wertebereich der Funktion $z \mapsto A(z)$:

Wegen $A'(z)=-e^z<0$ ist die Funktion für $z \in]-\infty;1[$ steng monoton abnehmend. Da $\lim\limits_{z\to\infty} A(z)=e$ und $A(1)=0$ ist, beträgt der Wertebereich $W=\{z\,|\,0<z<e\}$ bzw. $z \in]0;e[$.

c) **Extremaler Dreiecksinhalt**

1. Bestimmung der Eckpunkte P und Q

P ist der Schnittpunkt von K_2 mit der Geraden $x=u$.
P hat die Ordinate $y_P=f_2(u)=(2-u)\,e^u$. Für Q gilt analog:
Q hat die Ordinate $y_Q=f_1(u)=(1-u)\,e^u$.
Somit $P(u\,|\,(2-u)\,e^u)$ und $Q(u\,|\,(1-u)\,e^u)$.

2. Inhalt des Dreiecks OPQ

Es ist $A(u)=\frac{1}{2}\overline{PQ}\cdot u$;

mit $\overline{PQ}=f_2(u)-f_1(u)=(2-u)\,e^u-(1-u)\,e^u=(2-u-1+u)\,e^u$
$=e^u$ wird

$$A(u)=\frac{1}{2}u\cdot e^u \qquad \text{mit } u<0.$$

$u<0$ besagt, daß $A(u)$ immer negativ ist. Ein Flächeninhalt ist aber immer positiv. Damit die Extremwertuntersuchung für den Inhalt sinnvoll wird, untersuchen wir die Funktion

$$J(u)=-\frac{1}{2}u\cdot e^u \quad \text{mit } u<0, \text{ also für } u \in]-\infty;0[\qquad (1)$$

3. Extremwertberechnung

$J(u)$ hat für dasjenige u ein $\left\{\begin{matrix}\text{Maximum}\\ \text{Minimum}\end{matrix}\right\}$, für das $J'(u)=0$ und $\left\{\begin{matrix}J''(u)<0\\ J''(u)>0\end{matrix}\right\}$ ist.

Aus (1) folgt $J'(u)=-\frac{1}{2}(e^u+u\cdot e^u) \quad =-\frac{1}{2}(1+u)\,e^u \qquad (2)$

und $J''(u)=-\frac{1}{2}(e^u+e^u\cdot(1+u))=-\frac{1}{2}(2+u)\,e^u$.

$J'(u)=0$ führt auf $u=-1$. Damit wird mit (1)

$$J(-1)=-\frac{1}{2}\cdot(-1)\cdot e^{-1}=\frac{1}{2e}\approx 0{,}1839.$$

Da $J''(-1)=-\frac{1}{2}\cdot 1\cdot e^{-1}<0$ ist,

liegt bei $u=-1$ ein relatives (lokales) Maximum mit

$$J(-1)=\frac{1}{2e}.$$

Auch mit dem Vorzeichenwechselkriterium kann man die Art des Extremums feststellen. Aus (2) folgt:
Nähert sich u von $-1{,}1$ her gegen -1, dann ist $J'(u)>0$.
Nähert sich u von $-0{,}9$ her gegen -1, dann ist $J'(u)<0$.
Dies besagt, daß $J(u)$ bei $u=-1$ ein relatives (lokales) Maximum hat.

Bei $u=-1$ hat J aber sogar ein absolutes (globales) Maximum. Denn:
$J(u)$ ist definiert in $]-\infty;0[$, dort stetig und differenzierbar.
Der einzige Extremwert ist das relative Maximum bei $u=-1$. Wegen der Differenzierbarkeit kann es keinen anderen Extremwert (etwa Spitze) in $]-\infty;0[$ geben. $J(u)$ nimmt für $u<-1$ und auch für $u>-1$ im ganzen Definitionsbereich ab, also ist $J(-1)$ ein absolutes Maximum.

d) Tangenten von $T(5|0)$ an K_t

1. Tangenten von $T(5|0)$ an K_1

1. Lösungsweg:

Man nimmt auf K_1 den Punkt $B(q|f_1(q))$ an und notiert die Tangentengleichung in B. Mit der Punktprobe für $T(5|0)$ erhält man eine Gleichung für q. Die Tangentengleichung in B hat die Form

$y=f_1'(q)(x-q)+f_1(q)$, also
$y=-q\cdot e^q(x-q)+(1-q)e^q$.

Die Punktprobe für $T(5|0)$ gibt für q die Bedingungsgleichung
$0=-q\cdot e^q(5-q)+(1-q)e^q=e^q(-5q+q^2+1-q)$;
q erhält man aus der quadratischen Gleichung
$q^2-6q+1=0$.

Es ist $q_{1,2}=\frac{6\pm\sqrt{36-4}}{2}=3\pm\sqrt{9-1}$,

$$q_1=3+\sqrt{8}\approx 5{,}828,$$
$$q_2=3-\sqrt{8}\approx 0{,}172.$$

Damit sind die x-Werte der Berührpunkte bestimmt.

2. Lösungsweg:

Aus der Geradenschar g_m durch $T(5|0)$ mit der Steigung $m \in \mathbb{R}$ werden die Geraden bestimmt, welche das Schaubild K_1 berühren.
Es ist g_m gegeben durch $g_m(x) = m(x-5)$ mit $m \in \mathbb{R}$.

Wir verwenden:
Die Schaubilder der Funktionen f_1 und g_m berühren sich in einem Punkt mit der Abszisse q, wenn gilt
$f_1(q) = g_m(q)$ und $f'_1(q) = g'_m(q)$.
Damit erhält man die beiden Gleichungen für m und q:

$$(1-q)\,e^q = m(q-5) \qquad (1)$$
$$\mathbf{-q \cdot e^q = m.} \qquad (2)$$

m aus (2) in (1) eingesetzt gibt eine Gleichung für q, die wir äquivalent umformen:

$$(1-q)\,e^q = -q \cdot e^q (q-5)$$
$$1-q = -q(q-5)$$
$$q^2 - 6q + 1 = 0.$$

Hieraus ergeben sich die gleichen Werte für q wie im 1. Lösungsweg.

Zusätzliche Bemerkung:

Aus (2) folgt $m_1 = -(3+\sqrt{8})\,e^{3+\sqrt{8}} \approx -1980{,}64$,
$m_2 = -(3-\sqrt{8})\,e^{3-\sqrt{8}} \approx -0{,}2037$.

Mit $f_1(x)$ wird $f_1(q_1) = (1-3-\sqrt{8})\,e^{3+\sqrt{8}} \approx -1640{,}8$,
$f_1(q_2) = (1-3+\sqrt{8})\,e^{3-\sqrt{8}} \approx 0{,}9835$.

Damit sind die beiden Berührpunkte (gerundet)
$B_1(3+\sqrt{8} \approx 5{,}828 \,|\, -1640{,}8)$; $B_2(3-\sqrt{8} \approx 0{,}1716 \,|\, 0{,}984)$.

Für die beiden Tangenten erhält man die Gleichungen
$y \approx -1980{,}64(x-5) = -1980{,}64x + 9903{,}20$ und
$y \approx -0{,}2937(x-5) = -0{,}2037x + 1{,}0185$.
Der Berührpunkt B_1 liegt weit unten im 4. Quadranten.

2. Tangenten von $T(5|0)$ an K_t; $t = ?$ für genau eine Tangente

Wie bei K_1 gibt es auch hier zwei Lösungswege, die denen bei K_1 entsprechen.

1. Lösungsweg:

Der Berührpunkt auf K_t sei $B_t(q|f_t(q))$. Die Tangente in B_t auf K_t hat die Gleichung $y=f_t'(q)(x-q)+f_t(q)$,
also $y=(t-1-q)e^q(x-q)+(t-q)e^q$.

Die Punktprobe für $T(5|0)$ gibt die Bedingungsgleichung für q:

$$0=(t-1-q)e^q(5-q)+(t-q)e^q$$

bzw. $$0=e^q[(t-1-q)(5-q)+(t-q)]=e^q(q^2-q(5+t)+6t-5).$$

Wegen $e^q\neq 0$ bleibt für q die Gleichung

$q^2-q(5+t)+6t-5=0$ (*) mit den Lösungen

$$q_{1,2}=\frac{5+t\pm\sqrt{25+10t+t^2-24t+20}}{2}$$

$$=\frac{5+t\pm\sqrt{t^2-14t+45}}{2} \qquad (**)$$

Die Anzahl der Lösungen in (**) hängt von t und dem Wert der Diskriminante $t^2-14t+45$ ab. Nur wenn die Diskriminante null wird, gibt es eine Lösung.

Aus $t^2-14t+45=0$ folgt $t_{1,2}=\frac{14\pm\sqrt{196-180}}{2}=7\pm\sqrt{49-45}=7\pm 2$.

Laut Aufgabe scheidet $t=5$ aus, sodaß nur für $\mathbf{t=9}$ es von T aus eine Tangente an K_9 gibt.

Zusatzbemerkung:

Nach dem Satz von Viëta ist
$t^2-14t+45=(t-9)(t-5)$.

Man erkennt, daß dieser Term, also die Diskriminante, nur im Intervall $]5;9[$ negativ ist. Damit gibt es an K_t mit $5\leqq t<9$ keine Tangenten von T aus.

2. Lösungsweg:

Die Gerade g_m mit $g_m(x)=m(x-5)$ und $m\in\mathbb{R}$ soll K_t mit $f_t(x)=(t-x)e^x$, $x\in\mathbb{R}$, $t\in\mathbb{R}$ berühren. Damit Berührung in $B_t(q|f_t(q))$ erfolgt, müssen zwei Bedingungen erfüllt sein:

$$(t-q)e^q=m(q-5) \qquad (1)$$

und $$\mathbf{(t-1-q)e^q=m}. \qquad (2)$$

(2) in (1): $(t-q)e^q=(t-1-q)e^q(q-5)$
bzw. $0=q^2-q(t+5)+6t+5$.

Diese Gleichung stimmt mit Gleichung (*) vom 1. Lösungsweg überein. Als einzige Lösung ergibt sich nur K_9.

Zusatzbemerkung:

K_9 ist ein Schaubild, das die x-Achse in $(9|0)$ schneidet, den Hochpunkt $H_9(8|e^8 \approx 2981)$ und den Wendepunkt $W_9(7|2e^7 \approx 2193)$ hat.

Aus (**) ergibt sich für $t=9$ der Berührpunkt $B_9(7|2e^7)$. Die Gleichung der Tangente ist $y=e^7x-5e^7 \approx 1097x-5483$.

Dies ist die Wendetangente von K_9, denn B_9 stimmt mit W_9 überein.

Zu jedem $t \in \mathbb{R}$ ist die Funktion f_t gegeben durch
$f_t(x) = tx^3 - 3(t+1)x$; $x \in \mathbb{R}$.
Ihr Schaubild sei K_t.

a) Untersuchen Sie K_1 auf Symmetrie, Schnittpunkte mit der x-Achse, Hoch-, Tief- und Wendepunkte.
Zeichnen Sie K_1 für $-2{,}5 \leqq x \leqq 2{,}5$. (LE 1 cm)
Berechnen Sie den Inhalt der Fläche, die K_1 mit der positiven x-Achse einschließt.

b) Für jedes $t > 0$ schließt K_t mit der positiven x-Achse eine Fläche mit dem Inhalt $A(t)$ ein.
Bestimmen Sie $A(t)$.
Weisen Sie nach, daß $A(t)$ für $t = 1$ ein absolutes Minimum annimmt.

c) Berechnen Sie für $t \neq 1$ die gemeinsamen Punkte von K_t und K_1.
Was folgt ohne weitere Rechnung aus diesem Ergebnis für die 3 gemeinsamen Punkte zweier beliebiger Scharkurven?
Für welche t schneidet K_t die Kurve K_1 in mindestens einem Punkt senkrecht?

d) Weisen Sie nach, daß K_t für jedes $t > 0$ Extrempunkte besitzt.
Für welche Werte von t besitzt K_t keine Extrempunkte?

Lösungshinweise:

a) Setze $t=1$ und bilde die Ableitungen. Welche Symmetrie ist bei einer Parabel 3. Ordnung zu erwarten, und wie weist man sie nach?
Wie liegen dadurch alle Sonderpunkte der Kurve K_1?
Die Fläche, deren Inhalt zu berechnen ist, liegt im 4. Feld. Achte auf das Vorzeichen, damit sich der Inhalt positiv ergibt.

b) Bei K_t mit $t>0$ muß man zunächst die Integrationsgrenzen in Abhängigkeit von t bestimmen. Das sind die Nullstellen von f_t. Die Fläche liegt wieder unter der x-Achse. Worauf muß man also achten? Das ist wichtig für die Extremwertbestimmung. Wodurch ist das globale (absolute) Minimum bedingt?

c) Wie berechnet man die Abszissen der Schnittpunkte zweier Kurven? Wie hängen die Koordinaten der Schnittpunkte von t ab? Welchen Schluß kann man aus dem Ergebnis ziehen?
Der Schnittwinkel zweier Kurven ist der Winkel der Tangenten im Schnittpunkt. Man braucht somit die Steigungen dieser Tangenten. Welche Beziehung besteht zwischen diesen Steigungen, damit ein rechter Winkel vorliegt?

d) Welche Bedingungsgleichung muß für $t>0$ reelle Lösungen haben, damit Extrempunkte existieren? Die Lösung der Gleichung führt auf einen Wurzelterm, der nur reell ist, wenn der Radikant positiv ist. Für $t>0$ ist dies leicht festzustellen. Für $t \in \mathbb{R}$ kann man die Sonderfälle $t=0$ und $t=-1$ an der entsprechenden Funktionsgleichung erkennen. Für die übrigen $t<0$ muß man untersuchen, für welche t der Radikant negativ ist. Dazu kann man sich am Schaubild der Radikantenfunktion orientieren. Man erhält aber die Lösungsmenge genau, wenn man die Ungleichung nach den üblichen Regeln mit der nötigen Fallunterscheidung löst.
Die Zusammenfassung am Schluß nicht vergessen.

Lösung:

a) Untersuchung von K_1

1. Ableitungen

$f_1(x)=x^3-6x; \quad x \in \mathbb{R}$

$f_1'(x)=3x^2-6; \quad x \in \mathbb{R}$

$f_1''(x)=6x; \quad x \in \mathbb{R}$

$f_1'''(x)=6$

A

2. Symmetrie

Punktsymmetrie zu O besteht, wenn $f_1(x)=-f_1(-x)$ für alle $x \in \mathbb{R}$ gilt. Dies wird erfüllt, denn es ist $f_1(-x)=-x^3+6x$ und $-f_1(-x)=x^3-6x$, also $f_1(x)=-f_1(-x)$.

3. Achsenschnittpunkte

Mit der y-Achse, d. h. mit $x=0$:
Es ist $f_1(0)=0$ und $f_1'(0)=-6$, somit ist $O(0|0)$ einziger Schnittpunkt mit der Tangentensteigung -6.

Mit der x-Achse, d. h. mit $y=0$:
Die x-Werte der Nullstellen erhält man aus der Bedingung $f_1(x)=0$, d. h., aus

$x^3-6x=0$ bzw.
$x(x^2-6)=0$; daraus erhält man
$x_1=0;\ x_2=\sqrt{6};\ x_3=-\sqrt{6}$

mit den Steigungen $f_1'(0)=-6$, $f_1'(\sqrt{6})=12$, $f_1'(-\sqrt{6})=12$.

Somit sind die 3 Schnittpunkte mit der x-Achse mit Steigungen
$\mathbf{O=N_1(0|0;-6),\ N_2(\sqrt{6}|0;12),\ N_3(-\sqrt{6}|0;12)}$.

4. Extrempunkte von K_1

Notwendige Bedingung dafür, daß f_1 an der Stelle x eine Extremstelle hat, ist $f_1'(x)=0$. Aus $f_1(x)=0$ erhält man

$3x^2-6=0$. Daraus
$x_4=\sqrt{2}$ mit $y_4=f_1(x_4)=f_1(\sqrt{2})=-4\sqrt{2}$ und
$x_5=-\sqrt{2}$ mit $y_5=f_1(x_5)=f_1(-\sqrt{2})=+4\sqrt{2}$.

x_4 und x_5 sind also mögliche Extremstellen.

Hinreichende Bedingung für einen Hochpunkt (Tiefpunkt) an der Stelle x_H (Stelle x_T) ist $f_1'(x_H)=0$ **und** $f_1''(x_H)<0$ ($f_1'(x_T)=0$ **und** $f_1''(x_T)>0$).

Da $f_1''(x_4)=f_1''(\sqrt{2})=6\sqrt{2}>0$ ist, ist bei $x_4=\sqrt{2}$ der **Tiefpunkt** $\mathbf{T(\sqrt{2}|-4\sqrt{2})}$.

Da $f_1''(x_5)=f_1''(-\sqrt{2})=-6\sqrt{2}<0$ ist, ist bei $x_5=-\sqrt{2}$ der **Hochpunkt** $\mathbf{H(-\sqrt{2}|+4\sqrt{2})}$.

H und T liegen punktsymmetrisch bezüglich O auf K_1.

5. Wendepunkt von K_1

Notwendige und hinreichende Bedingung für eine Wendestelle x_W von f_1 ist $f_1''(x_W)=0$ und $f_1'''(x_W)\neq 0$.

$f_1''(x)=0$ führt auf $6x=0$ mit $x_W=0$; $f_1'''(0)=6\neq 0$.

Da $f_1'(0) = -6$ ist, hat K_1 den Wendepunkt W, der mit dem Ursprung zusammenfällt.

6. Schaubild von K_1

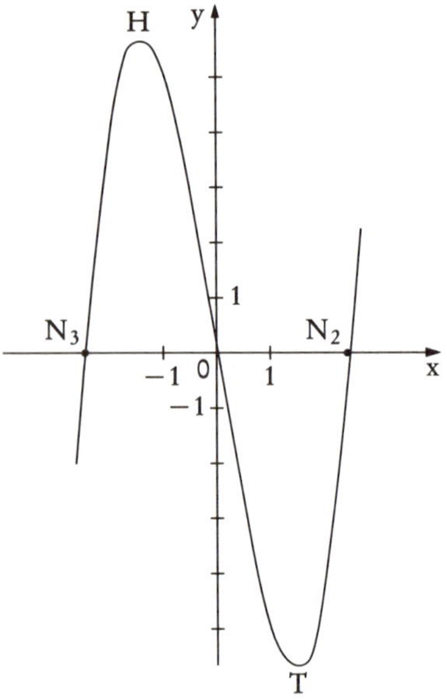

7. Inhaltsberechnung

Die Fläche zwischen K_1 und der positiven x-Achse liegt im 4. Feld unter dem Intervall $[0; \sqrt{6}]$ der Nullstellen. Der Inhalt ergibt sich mit dem Ansatz

$$A = -\int_0^{\sqrt{6}} f_1(x)\,dx.$$

Das Minuszeichen ist erforderlich, da die Fläche im 4. Feld liegt.

$$A = -\int_0^{\sqrt{6}} (x^3 - 6x)\,dx = -\left[\frac{1}{4}x^4 - 3x^2\right]_0^{\sqrt{6}} = -[9 - 18] - [0] = -(-9) = \mathbf{9}$$

Man kann auf das Minuszeichen verzichten, wenn man $|A|$ als Flächeninhalt angibt.

Wegen der Punktsymmetrie ist auch der Inhalt im 2. Feld genau so groß wie der im 4. Feld. Man muß dann aber von $-\sqrt{6}$ bis 0 integrieren.

A

b) Flächeninhalt von K_t mit der positiven x-Achse

1. Schnittpunkte von K_t mit x-Achse ($y=0$)

Die Bedingungsgleichung $f_t(x)=0$ führt auf

$tx^3-3(t+1)x=0$ bzw.

$x(tx^2-3(t+1))=0;\quad x\geqq 0.$

Hieraus erhält man die Schnittpunktsabszissen

$x_1=0$ und $x_2=\sqrt{\dfrac{3(t+1)}{t}}$ mit $t>0$.

2. Inhaltsberechnung

Die Fläche liegt wegen $t>0$ zwischen $x_1=0$ und $x_2=\sqrt{\dfrac{3(t+1)}{t}}$ im 4. Feld.

Damit sich ein positiver Inhalt ergibt, berechnen wir den Betrag des Inhaltes A(t). Diese Überlegung ist wichtig wegen der später folgenden Extremwertaufgabe. Inhalt

$$A(t)=\left|\int_0^{x_2}(tx^3-3(t+1)x)\,dx\right|=\left|\left[\frac{1}{4}tx^4-\frac{3}{2}(t+1)x^2\right]_0^{x_2}\right|$$

$$=\left|\left[\frac{1}{4}t\cdot 9\cdot\frac{(t+1)^2}{t^2}-\frac{3}{2}(t+1)\cdot\frac{3(t+1)}{t}\right]-[0]\right|$$

$$=\left|\frac{9}{4}t\cdot\frac{(t+1)^2}{t^2}-\frac{9}{2}\cdot\frac{(t+1)^2}{t^2}\right|=\left|-\frac{9(t+1)^2}{4t}\right|=\frac{9(t+1)^2}{4t}.$$ Damit ist

$$A(t)=\frac{9}{4t}(t+1)^2.$$

3. Minimumsnachweis von A(t) für $t=1$

Man berechnet $A'(t)$ und $A''(t)$ der Funktion $A(t)=\frac{9}{4t}(t+1)^2$, dabei muß sich $A'(1)=0$ und $A''(1)>0$ ergeben, bzw. muß bei $A'(t)$ sich beim Durchgang durch $t=1$ ein Vorzeichenwechsel von Minus nach Plus ergeben. Es ist

$$A'(t)=\frac{9}{4}\cdot\frac{2(t+1)t-(t+1)^2}{t^2}=\frac{9}{4}\cdot\frac{t^2-1}{t^2}=\frac{9}{4}\cdot\frac{(t-1)(t+1)}{t^2};\qquad (*)$$

$$A''(t)=\frac{9}{4}\cdot\frac{2t\cdot t^2-2t(t^2-1)}{t^4}=\frac{9}{2t^3}.\qquad (**)$$

Aus der Gleichung (*) folgt $A'(1)=0$, aus (**) folgt $A''(1)>0$.
Damit ist für $t=1$ ein lokales (relatives) Minimum nachgewiesen.
Geht im letzten Term von (*) t von $1-\varepsilon$ über in $1+\varepsilon$ ($\varepsilon>0$), dann ändert $A'(t)$ das Vorzeichen von Minus nach Plus. Auch dadurch ist die Existenz des lokalen Minimums bestätigt.

An der Stelle $t=1$ liegt ein einziges lokales Minimum im Intervall $[0; x_2]$. $A(1)$ ist also auch globales (absolutes) Minimum. (Es beträgt $A(1)=9$.)

c) Gemeinsame Punkte von K_t und K_1. Orthogonaler Schnitt von K_t und K_1

1. Gemeinsame Punkte

Die Schnittbedingung für die Abszissen x der gemeinsamen Punkte ist

$f_t(x)=f_1(x)$, d.h., $tx^3-3(t+1)x=x^3-6x$; $\quad t\neq 1$ (laut Aufgabe)

bzw. $\quad tx^3-x^3-3tx-3x+6x=0$; $\quad (t\neq 1)$;

$x((t-1)x^2-3(t-1))=0$; $\quad (t\neq 1)$;

$x(x^2-3)=0$.

Man erhält die drei Abszissen $x_1=0$; $x_2=\sqrt{3}$; $x_3=-\sqrt{3}$.

Dazu die Ordinaten $y_1=0$; $y_2=-3\sqrt{3}$; $y_3=3\sqrt{3}$.

Also sind die gemeinsamen Punkte $S_1(0|0)$, $S_2(\sqrt{3}|-3\sqrt{3})$, $S_3(-\sqrt{3}|3\sqrt{3})$.

In allen drei Schnittpunkten fehlt der Parameter t, also gehen alle Kurven K_t durch die gleichen Punkte S_1, S_2, S_3.

2. Orthogonalität im Punkt $S_1=O$

Der Winkel, den zwei Kurven im Schnittpunkt bilden, ist der Winkel der Tangenten an beide Kurven im Schnittpunkt.

Für K_t ist $f'_t(x)=3tx^2-3(t+1)$. Damit wird $f'_t(0)=-3(t+1)$.

Für K_1 ist $f'_1(0)=-6$.

Orthogonalität besteht, wenn $\quad f'_t(0)\cdot f'_1(0)=-1$ ist.

Damit erhält man das gesuchte t aus $\quad 3(t+1)\cdot 6=-1$

$$\mathbf{t=-\frac{19}{18}}.$$

3. Orthogonalität in den Punkten S_2 und S_3

Aus Symmetriegründen genügt es, t für **einen** Schnittpunkt zu berechnen.

Für S_2 ist $f'_1(\sqrt{3})=3$, $f'_t(\sqrt{3})=3t\cdot 3-3(t+1)=6t-3$.

Orthogonalität besteht, wenn gilt

$3(6t-3)=-1$ bzw.

$18t=8$; somit für

$$\mathbf{t=\frac{4}{9}}.$$

d) Anzahl der Extrempunkte von K_t für $t\in\mathbb{R}$

1. Untersuchung für $t>0$

Es ist zu zeigen: Die Bedingung $f'_t(x)=0$ muß für jedes $t>0$ Lösungen haben, und es muß $f''_t(x)\neq 0$ sein.

Die Ableitungen lauten
$f'_t(x) = 3tx^2 - 3(t+1)$;
$f''_t(x) = 6tx$. Dies ist für jedes $x \neq 0$ von 0 verschieden.

$f'_t(x) = 0$ führt auf $x^2 = \frac{t+1}{t}$. Damit sind die möglichen Abszissen für Extremwerte

$$x_e = \sqrt{\frac{t+1}{t}} \quad \text{oder} \quad x_e = -\sqrt{\frac{t+1}{t}}. \qquad (*)$$

Für $t > 0$ existieren also zwei reelle x_e-Werte aus dem Definitionsbereich von f_t, und da $f''_t(x_e) \neq 0$ ist, gibt es für $t > 0$ zwei Extrempunkte.

2. Untersuchung für $t \leqq 0$

Legt man auch hier den Term (*) für die Berechnungsmöglichkeit von x_e zugrunde, so versagt er für $t = 0$ und für $t = -1$. Für diese t-Werte gibt es aber Funktionen f_0 und f_{-1}, die man unmittelbar auf Extremwerte untersuchen kann.

$t = 0$ führt auf $f_0(x) = -3x$. Das Schaubild gehört zu einer linearen Funktion, es ist eine Ursprungsgerade. K_0 hat keine Extremwerte.

$t = -1$ führt auf $f_{-1}(x) = -x^3$; $y = -x^3$ ist eine Wendeparabel, die keine Extrempunkte hat. In O hat sie einen Wendepunkt mit waagerechter Tangente.

$t < 0$ mit $t \neq -1$:

$x_e = \sqrt{\frac{t+1}{t}}$ ist für $t < 0$ ohne $t = -1$ auf reelle Lösungen zu untersuchen. Aufgrund der gestellten Frage untersuchen wir, für welche t es **keine** reellen x_e gibt. Dies ist der Fall, wenn der Radikantenterm negativ wird. Es muß die Lösungsmenge der Ungleichung $\frac{t+1}{t} < 0$ bestimmt werden.

1. Möglichkeit:
Man zeichnet ein Schaubild der Radikantenfunktion $y = \frac{t+1}{t}$ und gibt an, in welchem Intervall das Schaubild unter der t-Achse verläuft. Das Schaubild ist eine rechtwinklige Hyperbel mit den Asymptoten $t = -1$ (Parallele zur y-Achse) und $y = 1$ (Parallele zur t-Achse).

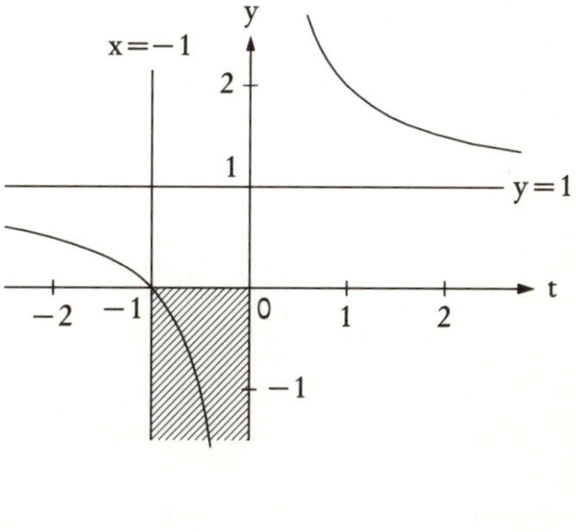

Im Intervall $]-1;0[$ werden die Ordinaten negativ.
Für $-1<t<0$ gibt es deshalb keine reellen Werte für x_e.

2. Möglichkeit:
Man untersucht die Ungleichung $\frac{t+1}{t}<0$ mit dem bekannten Verfahren auf die Lösungsmenge. Dabei ist eine Fallunterscheidung notwendig. Man multipliziert einmal mit $t>0$, dann mit $t<0$.

I: $t>0$ führt auf $t+1<0$, daraus $t<-1$.
$t>0$ und $t<-1$ schließen sich aus. Keine Lösung.

II: $t<0$ führt auf $t+1>0$, daraus $t>-1$.
$t<0$ und $t>-1$ geben die Lösungsmenge $-1<t<0$.

Für das Intervall $]-1;0[$ gibt es (wie oben) auch hier keine Lösung und somit keine Extremwerte.

Zusammenfassung: Nur für $-1 \leqq t \leqq 0$ gibt es keine Extrempunkte, d.h., alle K_t mit $t>0$ und $t<-1$ haben zwei Extrempunkte.

Aufgabe 94/2

Die Funktion f ist gegeben durch

$$f(x)=\frac{x^3+x^2+4}{2x^2};\quad x\neq 0.$$

Ihr Schaubild sei K.

a) Untersuchen Sie K auf Asymptoten sowie auf Hoch-, Tief- und Wendepunkte.
Zeigen Sie, daß $x_1=-2$ Nullstelle von f ist.
Zeichnen Sie K samt Asymptoten für $-4\leqq x\leqq 4$. (LE 1 cm)

b) Die Kurve K, die x-Achse und die Gerade $x=z$ mit $-2<z<0$ begrenzen eine Fläche mit Inhalt A(z).
Berechnen Sie A(z).
Untersuchen Sie A(z) für $z\to 0$.

c) Untersuchen Sie, ob es eine Parabel mit $g(x)=ax^2+bx+c$ gibt, die das Schaubild K sowohl in $N(-2|0)$ als auch in $T(2|2)$ berührt.

d) Für jedes $t>\frac{1}{2}$ schneidet die Gerade $y=\frac{1}{2}x+t$ das Schaubild K in zwei Punkten P_t und Q_t.
Berechnen Sie die Koordinaten von P_t und Q_t.
Zeigen Sie, daß die y-Achse jedes Dreieck OP_tQ_t in zwei flächengleiche Teildreiecke zerlegt.

A

Lösungshinweise:

a) Man denke daran, dem Funktionsterm durch Division mit x^2 eine einfachere Form zu geben, was auch für die Ableitungen hilfreich ist. Wie bestimmt man bei gebrochenrationalen Funktionen die Asymptoten? Wie läßt sich die schiefliegende Asymptote leicht ablesen? Auch eine Polgerade ist vorhanden. Wie weist man nach, daß ein x-Wert Nullstelle ist?

b) Am Schaubild die zu berechnende Fläche festlegen. Welches ist die untere Grenze des Integrals? Aufpassen! Es muß nicht immer ein Grenzwert existieren.

c) Zum Aufstellen der Parabelgleichung sind drei Unbekannte zu bestimmen. Welche 2 Bedingungen gelten an einer Stelle u, wenn sich 2 Kurven mit den Gleichungen $y=f(x)$ und $y=g(x)$ in $x=u$ berühren? Man erhält 4 Bedingungen für 3 Unbekannte. Wann besteht eine eindeutige Lösung?

d) Welche Steigung hat jede Gerade der gegebenen Schar? Zeichne eine in das Schaubild ein mit den Schnittpunkten Q_t und P_t. Wie unterscheiden sich die Abszissen dieser Punkte? Wo liegt die Mitte von P_tQ_t? Mit der Grundformel für den Dreiecksinhalt $A=\frac{1}{2}g\cdot h$ kann man die Flächengleichheit nachweisen, weil die Maßzahlen für g und h bei beiden sich entsprechenden Dreiecken übereinstimmen.

Lösung:

a) **Kurvenuntersuchung von K**

1. Ableitungen

$$f(x) = \frac{x^3+x^2+4}{2x^2} = \frac{1}{2}x+\frac{1}{2}+\frac{2}{x^2}; \qquad x \neq 0$$

$$f'(x) = \frac{1}{2}-\frac{4}{x^3}; \qquad x \neq 0$$

$$f''(x) = \frac{12}{x^4}; \qquad x \neq 0$$

2. Asymptoten

Man muß K auf zwei Arten von Asymptoten untersuchen: Solche, die orthogonal zur x-Achse verlaufen und solche für $x \to \infty$.

(1) Bei gebrochenrationalen Funktionen gibt es Asymptoten der 1. Art an den Stellen, an denen das Nennerpolynom 0 und das Zählerpolynom aber nicht 0 wird. Also ist $x=0$ (y-Achse) Asymptote. Wegen $x^2=0$ ist es eine Polgerade ohne Zeichenwechsel.

(2) Die 2. Art von Asymptoten erkennt man am Grad vom Zähler- und Nennerpolynom. Der Grad vom Zählerpolynom ist 3, der vom Nennerpolynom 2, also um 1 größer. Das besagt, daß eine schiefliegende Asymptote der Form $y=mx+c$ vorliegt, d. h., es muß gelten $\lim\limits_{x \to \infty}(f(x)-mx-c)=0$.

Für K gilt $\lim\limits_{x \to \infty}\left(\frac{1}{2}x+\frac{1}{2}+\frac{2}{x^2}-\frac{1}{2}x-\frac{1}{2}\right)$

$=\lim\limits_{x \to \infty}\frac{2}{x^2}=0.$ Damit ist erwiesen, daß

$y=\frac{1}{2}x+\frac{1}{2}$ die zweite Asymptote von K ist.

3. Extrempunkte und Wendepunkte

Extrempunkte existieren an den Stellen x, an denen $f'(x)=0$ und $f''(x)\neq 0$ ist.

Aus $f'(x)=\frac{1}{2}-\frac{4}{x^3}$ folgt $\frac{1}{2}-\frac{4}{x^3}=0$ bzw.

$x^3-8=0$; hieraus

$x=\sqrt[3]{8}=2$ mit $f(2)=2$.

Da $f''(2)>0$ ist, ist **T(2|2)** ein **Tiefpunkt von K.**

Wendepunkte sind an einer Stelle x möglich, wenn $f''(x)=0$ ist. Da $f''(x)\neq 0$ für alle $x \in \mathbb{R}\setminus\{0\}$, existieren keine Wendepunkte.

4. Schnittpunkt mit x-Achse

$N(-2|0)$ ist zu überprüfen. Die Punktprobe gibt $0=\frac{-2}{2}+\frac{1}{2}+\frac{2}{4}=0$.
Da $f'(-2)=1$ ist, hat K in N die Steigung 1.

5. Schaubild von K

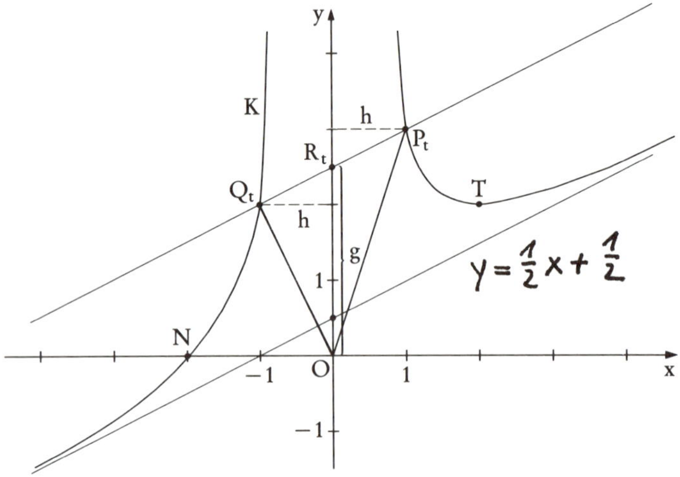

b) Flächeninhaltsberechnung

Den Inhalt der Fläche über $-2<z<0$ ergibt der Ansatz

$$A(z)=\int_{-2}^{z}\left(\frac{1}{2}x+\frac{1}{2}+\frac{2}{x^2}\right)dx=\left[\frac{1}{4}x^2+\frac{1}{2}x-\frac{2}{x}\right]_{-2}^{z}$$

$$A(z)=\left[\frac{1}{4}z^2+\frac{1}{2}z-\frac{2}{z}\right]-[1-1+1]$$

$$=\frac{1}{4}z^2+\frac{1}{2}z-\frac{2}{z}-1\,.$$

Für $z\to 0$ nähert sich das Schaubild K der Asymptote $x=0$.

Im Funktionsterm von A(z) strebt der Teilterm $-\frac{2}{z}\to\infty$ für $z\to 0$, somit auch $A(z)\to\infty$ für $z\to 0$.

Der Grenzwert existiert also nicht.

c) Existenz einer Berührungsparabel

Die Parabel C mit $g(x)=ax^2+bx+c$ soll durch $N(-2|0)$ und durch $T(2|2)$ verlaufen und in diesen Punkten das Schaubild K berühren.

Zur Bestimmung der 3 Formvariablen a, b, c verwenden wir die Bedingungen, die erfüllt sein müssen, wenn die 2 Schaubilder der Funktionen f und g sich an der Stelle $x=u$ berühren. Diese sind

$f(u)=g(u)$ und $f'(u)=g'(u)$.

Mit diesen Bedingungen erhalten wir Gleichungen für a, b, c.
Wegen $g(x)=ax^2+bx+c$ und $g'(x)=2ax+b$ ergeben sich – da 2 Berührpunkte vorgeschrieben sind – die 4 Bedingungen

$g'(-2)=f'(-2)$; $g'(2)=f'(2)$;
$g(-2)=f(-2)$; $g(2)=f(2)$.

Wegen $f'(-2)=1$ und $f'(2)=0$; $f(-2)=0$ und $f(2)=2$ erhält man:

$$-4a+b=1 \quad (1)$$
$$4a+b=0 \quad (2)$$
$$4a-2b+c=0 \quad (3)$$
$$\mathbf{4a+2b+c=2.} \quad (4)$$

Die drei Variablen a, b, c ergeben sich aus 4 Gleichungen nur dann eindeutig, wenn die aus 3 Gleichungen berechneten Zahlen auch die 4. Gleichung erfüllen.
Aus (1) und (2) findet man $b=\frac{1}{2}$, $a=-\frac{1}{8}$; aus (3) erhält man $c=\frac{3}{2}$.
Diese Zahlen erfüllen die Gleichung (4). Damit existiert eine Parabel der gegebenen Form mit der Gleichung $\mathbf{y=-\frac{1}{8}x^2+\frac{1}{2}x+\frac{3}{2}}$.

d) Schnitt von K mit Geradenschar

1. Koordinaten der Schnittpunkte von K mit $y=\frac{1}{2}x+t$

Man erhält die Schnittbedingung

$\frac{1}{2}x+\frac{1}{2}+\frac{2}{x^2}=\frac{1}{2}x+t$; $t>\frac{1}{2}$; $x\neq 0$, d.h.,

$$\frac{2}{x^2}+\frac{1}{2}-t=0;$$
$$\frac{2}{x^2}=t-\frac{1}{2};$$
$$x^2=\frac{4}{2t-1}; \quad \text{somit}$$
$$x_s=\pm 2\sqrt{\frac{1}{2t-1}} \quad \text{mit} \quad y_s=\pm\sqrt{\frac{1}{2t-1}}+t.$$

Damit sind die Schnittpunkte $P_t\left(\frac{2}{\sqrt{2t-1}}\middle|t+\frac{1}{\sqrt{2t-1}}\right)$; $Q_t\left(\frac{-2}{\sqrt{2t-1}}\middle|t-\frac{1}{\sqrt{2t-1}}\right)$.

2. Nachweis der Inhaltsgleichheit zweier Dreiecke

An der Figur wird sichtbar, daß die beiden zu vergleichenden Dreiecke dieselbe Grundseite haben, nämlich OR_t auf der y-Achse mit $|OR_t| = t$.
Die Beträge der Abszissen $|x_{P_t}|$ und $|x_{Q_t}|$ sind gleich. Sie sind die Höhen der Dreiecke mit $h = \frac{2}{\sqrt{2t-1}}$; $t > \frac{1}{2}$.
Die Grundseite und die Höhe der beiden Dreiecke haben für jedes $t > \frac{1}{2}$ die gleichen Maßzahlen, also sind auch ihre Inhalte gleich:

$$A(t) = \frac{t}{\sqrt{2t-1}}; \quad t > \frac{1}{2}.$$

Gegeben sind die Funktionen f und g durch

$f(x)=x^2 \cdot e^{-x}$ und $g(x)=e^{-x}$; $x \in \mathbb{R}$.

Das Schaubild von f sei K, das Schaubild von g sei C.

a) Untersuchen Sie K auf Schnittpunkte mit den Koordinatenachsen sowie auf Hoch- und Tiefpunkte.
Zeichnen Sie K und C für $-1 \leqq x \leqq 4$ in ein gemeinsames Achsenkreuz ein. (LE 2 cm)

b) Berechnen Sie die Koordinaten der gemeinsamen Punkte von K und C.
Die Gerade $x=u$ mit $-1<u<1$ schneidet K und C.
Bestimmen Sie u so, daß der Abstand dieser Schnittpunkte maximal wird.

c) Wenn der CO_2-Anteil der Atmosphäre steigt, erhöht sich die mittlere Temperatur auf der Erde. Nach einer Modellannahme ergibt sich bei einem CO_2-Anteil von x ppm (parts per million) an einem bestimmten Ort eine mittlere Temperatur T(x) in °C gemäß

$T(x)=10+13 \cdot \left(1-e^{-\frac{x-335}{2000}}\right)$.

Bei welchem CO_2-Anteil erhält man eine mittlere Temperatur von 10 °C?
Bei welchem CO_2-Anteil wird die mittlere Temperatur von 12 °C erreicht werden?

Es wird angenommen, daß sich derzeit der CO_2-Anteil x gemäß der Gleichung

$x(t)=t+345$

entwickelt, wobei t die Zahl der Jahre nach 1990 bedeutet.
Bestimmen Sie einen Funktionsterm, der die mittlere Temperatur in Abhängigkeit von der Zeit t angibt.
Welche mittlere Temperatur wird sich im Jahre 2020 ergeben?
Welche mittlere Temperatur ist nach diesem Modell langfristig zu erwarten?

Lösungshinweise:

a) Beim Ableiten ist außer der Produktregel auch die Kettenregel erforderlich. Auf Vorzeichen achten! Das Ausklammern verwenden, damit das Nullsetzen beim Bestimmen der Sonderpunkte auf quadratische Gleichungen führt. Können die Schaubilder K und C unterhalb der x-Achse verlaufen?

b) Wie erhält man die Abszisse des Schnittpunktes zweier Kurven? Wie groß ist der Abstand der Kurven C und K an der Stelle u? Man setze dafür die Funktion $u \mapsto d(u)$ an. Diese ist auf ein Maximum zu untersuchen. C verläuft oberhalb von K. Nutze dies aus.

c) Für das Wachstumsproblem, wonach die Atmosphärentemperatur T mit dem CO_2-Anteil der Luft anwächst, ist eine Modellfunktion gegeben, die also mit der wirklichen Entwicklung möglichst gut übereinstimmen soll. Wie muß man umformen, wenn T gegeben ist und x gesucht wird? Für $T = 10°C$ ist die Rechnung besonders einfach. Beachte die Äquivalenz $e^x = u \Leftrightarrow x = \ln u$.

Im Zusammenhang mit dem Fortschreiten der Zeit t wird x ersetzt durch $t + 345$. Damit ist ein veränderter Funktionsterm gegeben. Mit ihm ist T für $t = 30$ zu berechnen.
Wenn t beliebig weiter zunimmt, strebt T gegen einen Grenzwert. Verwende dabei $\lim\limits_{x \to \infty} e^{-x} = 0$.

Lösung:

a) **Kurvenuntersuchung von K**

1. Ableitungen

$$f(x) = x^2 \cdot e^{-x}; \qquad x \in \mathbb{R}$$
$$f'(x) = 2x\,e^{-x} - x^2 e^{-x} = e^{-x}(2x - x^2); \qquad x \in \mathbb{R}$$
$$f''(x) = -e^{-x}(2x - x^2) + e^{-x}(2 - 2x) = e^{-x}(x^2 - 4x + 2); \qquad x \in \mathbb{R}$$

2. Schnittpunkte von K mit den Koordinatenachsen

Mit der x-Achse:
Man bestimmt x aus $f(x) = 0$: $x^2 e^{-x} = 0$ gibt $x^2 = 0$ mit $y = 0$.
Wegen $f'(0) = 0$ berührt K die x-Achse in $O(0|0)$.

Mit der y-Achse:
Man bestimmt $f(x)$ an der Stelle $x = 0$ und erhält $y = 0$.
Es ergibt sich ebenfalls $O(0|0)$ mit $f'(0) = 0$.

3. Extrempunkte

Notwendige Bedingung: K hat an den Stellen Extrempunkte, für die $f'(x)=0$ ist. Dies führt auf

$e^{-x}(2x-x^2)=0$ bzw.

$2x-x^2=0$;

$x(2-x)=0$. Daraus

$x=0$ oder $x=2$ mit

$f(0)=0$ und $f(2)=\frac{4}{e^2}\approx 0{,}54$.

Hinreichende Bedingung für Hoch- oder Tiefpunkt:
Für Hochpunkt $f'(x)=0$ und $f''(x)<0$;
für Tiefpunkt $f'(x)=0$ und $f''(x)>0$.

Es ist $f''(0)=2>0$ und $f''(2)=\frac{-2}{e^2}<0$. Damit ergeben sich als **Tiefpunkt** **T(0|0)** und als **Hochpunkt** $\mathbf{H}\left(2\,\middle|\,\frac{4}{e^2}\right)\approx H(2|0{,}54)$.

4. Schaubilder von K und C

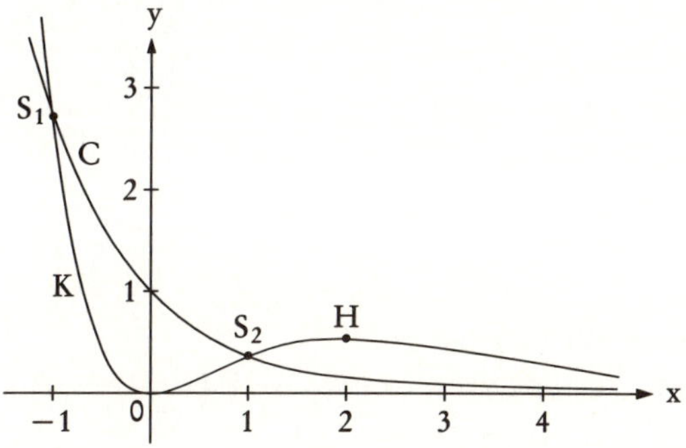

5. Asymptoten

Polgeraden gibt es keine.
Für $x\to\infty$: Es ist $\lim\limits_{\substack{x\to\infty\\x>0}} f(x)=0$ und $\lim\limits_{\substack{x\to\infty\\x>0}} g(x)=0$.

Für K und C ist die **positive x-Achse Asymptote.**

b) Gemeinsame Punkte von K und C. Extremwertaufgabe

1. Gemeinsame Punkte

Schnittbedingung für die x-Werte der gemeinsamen Punkte ist

$f(x) - g(x) = 0$; d. h.,

$x^2 e^{-x} - e^{-x} = 0$ bzw.

$e^{-x}(x^2 - 1) = 0$;

$x^2 - 1 = 0$; daraus folgt

$x_1 = 1$ mit $g(1) = \frac{1}{e} \approx 0{,}37$, sowie $x_2 = -1$ mit $g(-1) = e \approx 2{,}72$.

Damit sind $S_1(-1 \mid e \approx 2{,}72)$ und $S_2\left(1 \,\middle|\, \frac{1}{e} \approx 0{,}37\right)$ die 2 Schnittpunkte von K und C.

2. Maximaler Abstand von C und K im Intervall $-1 < x < 1$

C verläuft über K, dann ist an der Stelle u der auf Maximum zu untersuchende Abstand

$$d(u) = g(u) - f(u)$$
$$= e^{-u} - u^2 e^{-u}$$
$$= e^{-u}(1 - u^2) \quad \text{für} \quad u \in \,]-1; 1[\,.$$

d(u) hat für dasjenige u ein Maximum, für das $d'(u) = 0$ und $d''(u) < 0$ ist.

Es ist $d'(u) = -e^{-u}(1 - u^2) - 2ue^{-u}$

$$= e^{-u}(u^2 - 2u - 1); \quad u \in [-1; 1] \quad \text{und}$$
$$d''(u) = -e^{-u}(u^2 - 2u - 1) + (2u - 2)\, e^{-u}$$
$$= -e^{-u}(u^2 - 4u + 1).$$

$d'(u) = 0$ führt auf

$u^2 - 2u - 1 = 0$. Daraus

$$u_1 = 1 + \sqrt{2}; \quad u_2 = 1 - \sqrt{2}.$$

$u_1 = 1 + \sqrt{2} > 1$ entfällt, da nicht im Intervall $[-1; 1]$.

$$d''(u) = -e^{\sqrt{2}-1}\left((1 - \sqrt{2})^2 - 4 + 4\sqrt{2} + 1\right)$$
$$= -2\sqrt{2}\, e^{\sqrt{2}-1} < 0$$

Im Intervall $-1 < x < 1$ gibt es die Stelle $x = 1 - \sqrt{2} \approx -0{,}414$, an der es für den Abstand von C und K ein relatives Maximum gibt. Da es im Intervall $]-1; 1[$ nur ein Extremum gibt, ist an der Stelle $1 - \sqrt{2}$ auch ein **absolutes (globales) Maximum.**

Bemerkung: Dieses beträgt $d(1 - \sqrt{2}) \approx 1{,}254$.

c) Zusammenhang zwischen CO_2-Anteil und mittlerer Temperatur der Atmosphäre

1. CO_2-Anteil bei 10 °C

Die Modellfunktion für den Anteil von x CO_2-Einheiten und Atmosphären-Temperatur T in °C ist vorgegeben durch die Funktionsgleichung

$T(x)=10+13\cdot\left(1-e^{-\frac{x-335}{2000}}\right).$

Den Anteil x bei $T=10°$ erhält man damit aus

$$10=10+13-13\cdot e^{-\frac{x-335}{2000}};\quad \text{d.h.,}$$

$$13=13\cdot e^{-\frac{x-335}{2000}};$$

$$e^{-\frac{x-335}{2000}}=1;$$

$$\ln e^{-\frac{x-335}{2000}}=\ln 1$$

$$-\frac{x-335}{2000}=0$$

$$\mathbf{x=335\ CO_2\text{-Einheiten.}}$$

2. CO_2-Anteil bei 12 °C

x ist analog zu bestimmen aus

$$12=10+13-13\cdot e^{-\frac{x-335}{2000}}.\quad \text{Umformungen führen auf}$$

$$11=13\cdot e^{-\frac{x-335}{2000}};$$

$$-\frac{x-335}{2000}=\ln\frac{11}{13};$$

$$x-335=-2000\ln\frac{11}{13};$$

$$x\approx 335+334{,}11;$$

$$x\approx 669{,}11.$$

Aufgrund des vorgegebenen Modells sind also **669,1 CO_2-Einheiten** bei der mittleren Temperatur von **12 °C** zu erwarten.

3. T in Abhängigkeit von der Zeit t

Nach der Modellvorstellung gilt mit $x(t)=t+345$ die Beziehung

$$T(t)=10+13\cdot\left(1-e^{-\frac{t+345-335}{2000}}\right)$$

$$=23-13\cdot e^{-\frac{t+10}{2000}};\quad t>0.\qquad (*)$$

Im Jahre 2020, das ist 30 Jahre nach 1990, wäre $t=30$, damit ergibt sich für die mittlere Temperatur der Atmosphäre

$$T(30)=23-13\cdot e^{-\frac{40}{2000}}$$
$$=23-13\cdot e^{-\frac{1}{50}}$$
$$\approx 23-12{,}74=\mathbf{10{,}26}\ (°C).$$

Im Jahre 2020 ist nach dieser Modellvorstellung eine mittlere Temperatur von **10,26 °C** zu erwarten.

4. Langfristig zu erwartende Temperatur

Die Gleichung (*) ist für zunehmendes t zu untersuchen. Wegen

$\lim\limits_{t\to\infty} e^{-\frac{t+10}{2000}}=0$ ergibt sich

$\lim\limits_{t\to\infty} T(t)=23-0=23$ (°C); somit $T_{max}=\mathbf{23}$ **°C.**

Zusätzliche Bemerkung

Wie schnell sich die Temperaturzunahme vollzieht, kann man mit der Umkehrfunktion

$$t=10-2000\ln\frac{23-T}{13}$$

erfassen. Man findet die nach 1990 abgelaufene Zeit t zu den vorgegebenen Temperaturen der Atmosphäre in der Tabelle:

T (°C)	10	10,5	11	12	15	20	22	22,99
t (Jahre)	10	88	170	344	981	2942	5140	14 350

Register

A

A

Analytische Geometrie und Lineare Algebra

Analytische Geometrie und Lineare Algebra

Symbolik

1) Für die Bezeichnung von Vektoren werden deutsche Schreibbuchstaben verwendet (ab 1990 lateinische Buchstaben mit Pfeilen).
   Zur Hilfe im folgenden die verwendeten deutschen und die dazugehörigen lateinischen Buchstaben:

a	b	c	d	e	f	l	n	o
$\mathfrak{a}$	$\mathfrak{b}$	$\mathfrak{c}$	$\mathfrak{d}$	$\mathfrak{e}$	$\mathfrak{f}$	$\mathfrak{l}$	$\mathfrak{n}$	$\mathfrak{o}$
u	v	w	x	y	z	A	B	
$\mathfrak{u}$	$\mathfrak{v}$	$\mathfrak{w}$	$\mathfrak{x}$	$\mathfrak{y}$	$\mathfrak{z}$	$\mathfrak{A}$	$\mathfrak{B}$	

2) Das Zeichen $\Leftrightarrow$ für „ist äquivalent zu“ wird nur bei Umformungen von Gleichungen (Ungleichungen; Gleichungssystemen) verwendet.

3) Das logische Zeichen $\wedge$ sowie $\vee$ wurde durch das Wort „und“ bzw. „oder“ ersetzt.

4) Die Strecke zwischen zwei Punkten A und B wird mit AB bezeichnet. Die Länge der Strecke AB mit $\overline{AB}$, die Gerade durch A und B mit (AB), wenn nicht durch den Aufgabentext die Bezeichnung anders festgelegt ist.

Inhaltsverzeichnis

Aufgabe	Inhalt der Aufgabe
90/3	a) Schrägbild eines Quaders; Gerade durch zwei Punkte; Schnitt: Gerade–Ebene; Schnittwinkel: Gerade–Ebene; Gleichung der Schnittgeraden zweier Ebenen b) Schnitt: Gerade–Ebene; Schnitt: Ebene–Koordinatenebene; gleichschenklige Dreiecke c) Radius eines besonderen Kreises; Schnitt: Kugel–Ebene
91/1	a) Koordinatengleichung einer Ebene; Schnitt: Ebene–Ebene; Schnittwinkel: Ebene–Ebene b) Gleichung einer Kugel; Nachweis, daß eine Kugel eine Ebene berührt; Berührpunkte c) Gleichung einer Geraden, auf der sich Kugelmittelpunkte bewegen; Mittelpunkt und Berührpunkt einer Kugel; Berührung einer Kugel mit einer Ebene, die parallel zu einer Koordinatenebene liegt d) Punktprobe; Lageuntersuchung eines Punktes bezüglich einer Kugel
91/2	a) Schrägbild eines Würfels; Schnitt: Koordinatenachsen–Ebene; Schnitt: Ebene–Würfel; Eckpunkte eines Sechsecks; Umfang eines Dreiecks und eines Sechsecks; orthogonaler Schnitt einer Geraden mit einem Dreieck b) Volumen einer Pyramide; Flächeninhalt eines Dreiecks; Vergleich von Pyramidenvolumen mit dem Volumen eines Würfels c) Punktprobe; Begründung, daß ein Dreieck in einer Ebene liegt, die zu einer Schar von Ebenen gehört; Schnitt: Ebene–Würfel d) Gleichungen von Kugeln; Schnitt: Kugel–Kugel
91/3	a) Nachweis, daß ein Dreieck rechtwinklig ist; Flächeninhalt eines Dreiecks; Punktproben; Koordinatengleichung einer Ebene; Gleichung einer Geraden durch zwei Punkte; Schnittwinkel: Gerade–Ebene b) Gleichung einer Kugel; Koordinaten eines Berührpunktes einer Kugel mit einer Ebene; Gleichung einer Tangentialebene c) Zwei Kugeln berühren eine dritte Kugel; Koordinaten der Berührpunkte und Kugelradien d) Gleichung einer Geraden, auf der Mittelpunkte von Kugeln liegen; Begründung, daß Kugeln eine Ebene berühren; geometrische Beschreibungen von Mengen von Punkten

Aufgabe	Inhalt der Aufgabe
92/1	a) Koordinatengleichung einer Ebene; Schnitt: Ebene–Koordinatenebene; Punktproben; Schrägbild einer Pyramide b) Schnitt: Ebene–Gerade; Nachweis, daß ein Dreieck gleichschenklig ist; Flächeninhalt eines Dreiecks; Volumen einer Pyramide c) Schnitt: Gerade–Koordinatenebene; Punktprobe; Bestimmung des Richtungsvektors einer Geraden
92/2	a) Nachweis, daß eine Gerade in einer Ebene liegt; Koordinatengleichung einer Ebene; Schnittwinkel: Ebene–Ebene b) Abstand: Punkt–Ebene; Abstand: Punkt–Gerade c) Eine Ebene wird an einer Ebene gespiegelt: Gleichung der Bildebene; Gleichung einer besonderen Geraden
92/3	a) Koordinatengleichung einer speziellen Ebene; Koordinatengleichung einer weiteren Ebene; Schnittwinkel: Ebene–Koordinatenebene; Koordinatengleichung einer Ebene durch drei gegebene Punkte; Volumen zweier Prismen b) Gleichung einer Geraden; Koordinatengleichung einer Ebene, die parallel zu einer weiteren Ebene liegt c) Gleichung einer Kugel; Untersuchung, ob eine Ebene eine Kugel schneidet
93/1	a) Koordinatengleichung einer Ebene; Schnitt: Koordinatenachsen–Ebenen; Schrägbilder von Dreiecken; Abstand: Punkt–Ebene b) Schnitt: Gerade–Ebene; Spiegelung eines Punktes an einer Ebene; Koordinaten des Spiegelpunktes; Gleichung einer Bildgeraden c) Schnitt: Ebene–Ebene; Schnittgerade einer Ebenenschar; orthogonale Ebenen d) Koordinaten eines Eckpunktes von einem Körper; Volumen einer Pyramide

Aufgabe	Inhalt der Aufgabe
93/2	a) Koordinatengleichung einer Ebene; Nachweis, daß zwei Ebenen parallel sind; Berechnung des Abstandes; Koordinatengleichung einer parallelen Ebene b) Nachweis, daß ein Punkt auf einer Geraden liegt; Abstand zweier Punkte; Koordinaten von Punkten einer Geraden, die von einem gegebenen Punkt einen bestimmten Abstand haben; Koordinaten des vierten Eckpunktes eines Quadrates c) Gleichung einer Kugel; Koordinaten der Spitze einer Pyramide; Volumen einer Pyramide d) Gleichung einer Geraden, auf der die Mittelpunkte von Kugeln liegen; Gleichung einer Kugelschar; Gleichung einer Kugel, welche eine Ebene berührt
93/3	a) Länge einer Pyramidenkante; Winkel zwischen zwei Kanten; Schnittwinkel: Ebene–Ebene; Flächeninhalt von Dreiecken b) Nachweis, daß eine Kugel vorgegebene Ebenen nicht berührt; Gleichung einer Kugelschar; Abschätzung von einem Kugelradius c) Koordinaten besonderer Punkte auf den Kanten einer Pyramide
94/1	a) Koordinatengleichung einer Ebene durch drei gegebene Punkte; Gleichung der Schnittgeraden zweier Ebenen b) Radius einer Kugel mit gegebenem Mittelpunkt, die eine Gerade berührt; Gleichung dieser Kugel c) Gleichung einer Tangentialebene an eine Kugel; Radien zweier Kugeln mit Mittelpunkten auf der x_1-Achse, die eine Ebene berühren und durch den Ursprung gehen d) Konstruktion der Halbachsen einer Ellipse sowie die Berührpunkte mit einer Raute
94/2	a) Flächeninhalt eines Daches in Form einer Pyramide; Koordinatengleichung einer Ebene; Winkel zwischen einer Deckfläche und einer Rutschfläche b) Koordinaten eines speziellen Punktes; Abstand dieses Punktes von einer Ebene c) Untersuchung, ob man von einem bestimmten Punkt eine Dachecke sehen kann

Aufgabe	Inhalt der Aufgabe
94/3	a) Gleichung einer Kugel um den Ursprung; Schnitt: Gerade–Ebene; Schnittwinkel: Gerade–Ebene; Ermittlung der Koordinaten von Punkten einer Geraden, die von einer Ebene einen vorgegebenen Abstand haben b) Koordinatengleichung einer Ebene, die eine Gerade enthält und auf einer anderen senkrecht steht; Schnitt: Ebene–Ebene; Schnitt: Gerade–Gerade; Gleichung einer Geraden, die senkrecht zu zwei anderen Geraden steht c) Gleichung einer Kugel, die eine Ebene in einem gegebenen Punkt berührt und deren Mittelpunkt auf einer gegebenen Geraden liegt; Untersuchung, ob diese Aufgabe mehrere Lösungen hat

Gegeben sind die Punkte $A(3|-3|0)$, $B(3|3|0)$, $C(-3|3|0)$ und $S(0|0|4)$.

a) Bestimmen Sie die Koordinaten des Punktes D so, daß das Viereck ABCD ein Quadrat ist.
Zeigen Sie, daß die Geraden AB und SC windschief sind.
Die Punkte A, B, C, D und S sind Eckpunkte einer senkrechten quadratischen Pyramide.
Zeichnen Sie die Pyramide in ein Achsenkreuz ein.
(LE 1 cm; Verkürzungsfaktor in x_1-Richtung $\frac{1}{2}\sqrt{2}$)

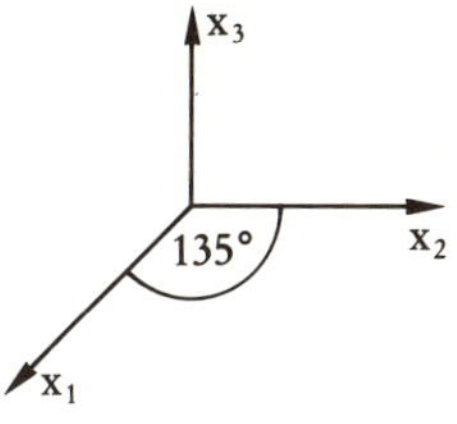

b) Die Ebene E_1 enthält die Seitenfläche ABS; die Ebene E_2 enthält die benachbarte Seitenfläche BCS.
Stellen Sie je eine Koordinatengleichung von E_1 und E_2 auf.
Welchen Winkel schließen E_1 und E_2 ein?
Die Ebene E^* steht auf E_1 und E_2 senkrecht und enthält den Ursprung O.
Bestimmen Sie eine Koordinatengleichung von E^*.

c) Eine Kugel K_1 um den Ursprung berührt die Ebenen E_1 und E_2 aus Teilaufgabe b) in den Punkten B_1 bzw. B_2.
Bestimmen Sie den Radius der Kugel und die Koordinaten der Berührpunkte.

d) Eine Kugel hat den Mittelpunkt $M(0|0|c)$ mit $0<c<4$ und berührt die Seitenflächen der Pyramide.
Geben Sie eine Gleichung dieser Kugel in Abhängigkeit von c an.
Bestimmen Sie c so, daß die Kugel auch noch die Grundfläche der Pyramide berührt.

G

Lösungshinweise:

a) Wie läßt sich der Ortsvektor von D darstellen? Welche zwei Bedingungen müssen windschiefe Geraden erfüllen? Überprüfe diese Bedingungen.

b) Gib Parameterdarstellungen von E_1 bzw. E_2 an und eliminiere jeweils die Parameter. Wie erhält man am schnellsten den Schnittwinkel zweier Ebenen, wenn die Gleichungen in Koordinatenform gegeben sind? Ein Normalenvektor von E^* muß in E_1 und in E_2 liegen. Welche Strecke liegt gleichzeitig in diesen beiden Ebenen?

c) Fasse die Berührpunkte jeweils als Durchstoßpunkte einer Geraden mit der Ebene E_1 bzw. E_2 auf. Deute den Radius der Kugel als Länge der Strecke OB_1.

d) Läßt sich der Radius r_c der Kugel als Abstand deuten? Wie berechnet man den Abstand eines Punktes von einer Ebene? Welche Bedingung muß r_c erfüllen, damit die Kugel auch noch die Grundfläche berührt?

Lösung:

a) **Koordinaten des Punktes D**

Für den Ortsvektor von D gilt:

$$\overrightarrow{OD} = \overrightarrow{OA} + \overrightarrow{BC} = \begin{pmatrix} 3 \\ -3 \\ 0 \end{pmatrix} + \begin{pmatrix} -6 \\ 0 \\ 0 \end{pmatrix} = \begin{pmatrix} -3 \\ -3 \\ 0 \end{pmatrix}; \quad \text{damit } D(-3\,|\,-3\,|\,0).$$

Nachweis, daß die Geraden AB und SC windschief sind

Gerade AB: $\vec{x} = \begin{pmatrix} 3 \\ -3 \\ 0 \end{pmatrix} + r\begin{pmatrix} 0 \\ 6 \\ 0 \end{pmatrix}; \quad r \in \mathbb{R}$

Gerade SC: $\vec{x} = \begin{pmatrix} 0 \\ 0 \\ 4 \end{pmatrix} + s\begin{pmatrix} -3 \\ 3 \\ -4 \end{pmatrix}; \quad s \in \mathbb{R}$

Diese beiden Geraden sind nicht parallel, da die Richtungsvektoren

$\vec{u} = \begin{pmatrix} 0 \\ 6 \\ 0 \end{pmatrix}$ und $\vec{v} = \begin{pmatrix} -3 \\ 3 \\ -4 \end{pmatrix}$ offensichtlich linear unabhängig sind.

Die Schnittbedingung führt auf das LGS

$$\left\{\begin{aligned} 3 \quad &= -3s \\ -3+6r &= \quad 3s \\ 0 \quad &= 4-4s \end{aligned}\right. \quad \text{bzw.} \quad \left\{\begin{aligned} 1 \quad &= -s \\ -1+2r &= \quad s \\ 1 \quad &= \quad s. \end{aligned}\right.$$

Dieses LGS besitzt keine Lösung. Die Geraden haben also keinen gemeinsamen Punkt. Da sie auch nicht parallel sind, sind sie windschief.

Zeichnung

Siehe Figur.

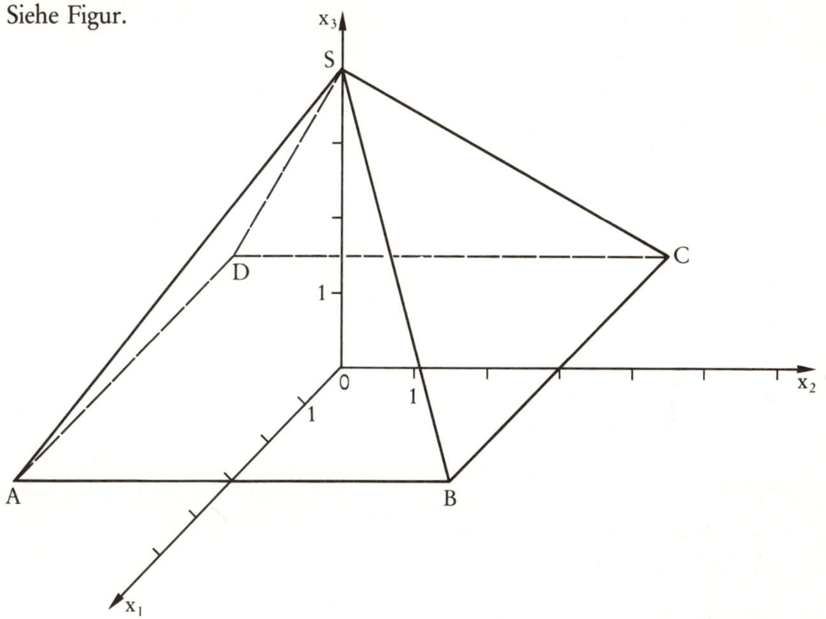

b) Koordinatengleichung von E_1

Parameterdarstellung von E_1:

$$\vec{x} = \begin{pmatrix} 3 \\ -3 \\ 0 \end{pmatrix} + r \begin{pmatrix} 0 \\ 6 \\ 0 \end{pmatrix} + s \begin{pmatrix} -3 \\ 3 \\ 4 \end{pmatrix}; \quad r, s \in \mathbb{R}.$$

Eliminiert man aus dieser Gleichung die Parameter r und s, so ergibt sich als Koordinatengleichung:

$E_1: \; 4x_1 + 3x_3 - 12 = 0.$

Koordinatengleichung von E_2

Parameterdarstellung von E_2:

$$\vec{x} = \begin{pmatrix} 3 \\ 3 \\ 0 \end{pmatrix} + r^* \begin{pmatrix} -6 \\ 0 \\ 0 \end{pmatrix} + s^* \begin{pmatrix} -3 \\ -3 \\ 4 \end{pmatrix}; \quad r^*, s^* \in \mathbb{R}.$$

Eliminiert man r^* und s^*, so ergibt sich als Koordinatengleichung:

$E_2: \; 4x_2 + 3x_3 - 12 = 0.$

Schnittwinkel zwischen E_1 und E_2

Der Schnittwinkel α zwischen den beiden Ebenen läßt sich als Schnittwinkel der zugehörigen Normalen berechnen.

$$\cos\alpha = \frac{\begin{pmatrix}4\\0\\3\end{pmatrix}\cdot\begin{pmatrix}0\\4\\3\end{pmatrix}}{\sqrt{25}\cdot\sqrt{25}} = \frac{9}{25}; \quad \alpha \approx 68{,}9°.$$

Koordinatengleichung von E*

Ein Normalenvektor $\vec{n}^*$ von E* muß orthogonal zu einem Normalenvektor von E_1 und orthogonal zu einem Normalenvektor von E_2 sein. Also ist der Vektor $\overrightarrow{SB}$ ein solcher Normalenvektor $\vec{n}^*$. Die Rechnung bestätigt diese geometrische Überlegung:

Aus $\vec{n}^*\cdot\begin{pmatrix}4\\0\\3\end{pmatrix}=0$ und $\vec{n}^*\cdot\begin{pmatrix}0\\4\\3\end{pmatrix}=0$ folgt $\vec{n}^*=\begin{pmatrix}3\\3\\-4\end{pmatrix}=\overrightarrow{SB}$.

Aus der Normalengleichung $\left[\vec{x}-\begin{pmatrix}0\\0\\0\end{pmatrix}\right]\cdot\begin{pmatrix}3\\3\\-4\end{pmatrix}=0$ ergibt sich als Koordinatengleichung:

$E^*:\ 3x_1+3x_2-4x_3=0.$

c) **Koordinaten der Berührpunkte B_1 und B_2**

Die Lotgerade g_1 zu E_1 durch O schneidet E_1 in B_1.

$$g_1:\ \vec{x}=u\begin{pmatrix}4\\0\\3\end{pmatrix};\quad u\in\mathbb{R}$$

$g_1\cap E_1=\{B_1\}:\ 4\cdot 4u+3\cdot 3u-12=0.$

Hieraus folgt $u=\frac{12}{25}$ und damit $B_1\left(\frac{48}{25}\middle|0\middle|\frac{36}{25}\right)$.

Die Lotgerade g_2 zu E_2 durch O schneidet E_2 in B_2.

$$g_2:\ \vec{x}=v\begin{pmatrix}0\\4\\3\end{pmatrix};\quad v\in\mathbb{R}$$

$g_2\cap E_2=\{B_2\}:\ 4\cdot 4v+3\cdot 3v-12=0.$

Hieraus folgt $v=\frac{12}{25}$ und damit $B_2\left(0\middle|\frac{48}{25}\middle|\frac{36}{25}\right)$.

Kugelradius

Radius der Kugel K_1: $r=|\overrightarrow{OB_1}|=\frac{12}{5}$.

d) Gleichung der Kugel

Es sei r_c der Radius der gesuchten Kugel K_c. Aufgrund der Symmetrie ist r_c gleich dem Abstand des Punktes $M(0|0|c)$ von E_1.

HNF von E_1: $\frac{1}{5}(4x_1+3x_3-12)=0$.

Abstand des Punktes $M(0|0|c)$ von E_1:

$r_c=d=\left|\frac{1}{5}(3c-12)\right|=\frac{1}{5}(12-3c)$; $(0<c<4)$;

K_c: $\left[\mathfrak{x}-\begin{pmatrix}0\\0\\c\end{pmatrix}\right]^2=\left(\frac{12-3c}{5}\right)^2$

Berechnung von c

Damit K_c auch noch die Grundfläche berührt, muß $r_c=c$ $(c>0)$ sein.

Aus $\frac{1}{5}(12-3c)=c$ folgt $c=\frac{3}{2}$.

G

Gegeben sind die Punkte A(3|0|1), B(3|4|−3), C(−1|2|−1) und U(2|2|−1)

sowie die Schar der Kugeln K_t: $\left[\mathfrak{x} - \begin{pmatrix} 2 \\ 2+t \\ t-1 \end{pmatrix}\right]^2 = 2t^2 + 9, \quad t \in \mathbb{R}$.

Die Ebene E enthält die Punkte A, B und C.

a) Zeigen Sie, daß das Dreieck ABC gleichschenklig ist.
Die Gerade s ist die Symmetrieachse des Dreiecks ABC.
Bestimmen Sie eine Gleichung von s, und zeigen Sie, daß U auf s liegt.
Berechnen Sie den Flächeninhalt des Dreiecks ABC.

b) Bestimmen Sie eine Koordinatengleichung von E.
Berechnen Sie den Abstand des Punktes S(2|4|1) von E und das Volumen der Pyramide ABCS.
Die Gerade g ist orthogonal zu E und geht durch S.
Bestimmen Sie eine Parametergleichung von g.
Berechnen Sie die Koordinaten des Fußpunktes des Lotes von S auf die Ebene E.

c) Zeigen Sie, daß für $t=0$ der Mittelpunkt M_0 der Scharkugel K_0 in E liegt.
Zeigen Sie außerdem, daß M_0 Umkreismittelpunkt des Dreiecks ABC ist.
Berechnen Sie die Koordinaten des Mittelpunktes und den Radius des Schnittkreises von K_0 mit der x_2x_3-Ebene.

d) Weisen Sie nach, daß die Kugel K_t, die den kleinsten Radius hat, durch den Ursprung O geht.
Zeigen Sie durch Rechnung: Alle Kugeln K_t haben mit der Ebene E denselben Kreis gemeinsam.

Lösungshinweise:

a) Führe Vektoren ein und berechne ihre Längen. Welcher Dreieckspunkt ist also die Spitze des Dreiecks? Die Symmetrieachse verläuft durch die Spitze und die Mitte der gegenüberliegenden Seite. Welche Gleichung ergibt sich also? Wie weist man nach, daß ein Punkt auf einer Geraden liegt? Wie lautet die Formel für den Flächeninhalt eines Dreiecks?

b) Gib eine Parametergleichung von E an und eliminiere die Parameter. Wie berechnet man den Abstand eines Punktes von einer Ebene? Wie lautet die Formel für den Rauminhalt einer Pyramide? Die Gerade g ist orthogonal zu E. Welchen Richtungsvektor hat damit g? Ein Stützvektor von g ist außerdem bekannt. Zur Bestimmung der Koordinaten des Fußpunktes des Lotes schneide g mit E.

c) Notiere die Koordinaten von M_0. Welcher Punkt ist also M_0? Welche Bedingungen müssen erfüllt sein, damit M_0 Umkreismittelpunkt des Dreiecks ABC ist? Die Ebene, welche die Kugel schneidet, ist keine beliebige Ebene, sondern eine Koordinatenebene. Deshalb kann man die Koordinaten des Mittelpunktes des Schnittkreises sofort angeben. Der Radius ergibt sich mit Hilfe des Satzes von Pythagoras. Eine andere Möglichkeit zur Ermittlung der Koordinaten des Schnittkreismittelpunktes ist, K_0 mit der x_2x_3-Ebene zu schneiden und dann aus der Gleichung des Schnittkreises die Koordinaten abzulesen.

d) Für welchen Wert von t ist der Radius minimal? Erfüllen die Koordinaten von O die zugehörige Kugelgleichung? Zum Nachweis, daß alle Kugeln K_t mit E denselben Kreis gemeinsam haben, kann man die Lotgerade zu E durch M_t mit E schneiden und so die Koordinaten des Schnittkreismittelpunktes berechnen. Der Radius des Schnittkreises ergibt sich wieder mit Hilfe des Satzes von Pythagoras. Woran ist nun ersichtlich, daß alle Kugeln K_t denselben Schnittkreis haben? Eine andere Lösung des Problems ergibt sich aus der Kenntnis des Spezialfalls $t=0$ (vgl. Teilaufgabe c)). Für $t=0$ ist der Schnittkreis der Umkreis des Dreiecks ABC. Ist dies auch für alle Werte von t der Fall?

Lösung:

a) **Nachweis, daß das Dreieck ABC gleichschenklig ist**

Aus $\overrightarrow{AB}=\begin{pmatrix}0\\4\\-4\end{pmatrix}$; $\overrightarrow{AC}=\begin{pmatrix}-4\\2\\-2\end{pmatrix}$; $\overrightarrow{BC}=\begin{pmatrix}-4\\-2\\2\end{pmatrix}$ folgt $|\overrightarrow{AB}|=4\sqrt{2}$; $|\overrightarrow{AC}|=2\sqrt{6}$;

$|\overrightarrow{BC}|=2\sqrt{6}$; damit ist Dreieck ABC gleichschenklig mit Spitze bei C.

Gleichung von s

Es sei M_c die Mitte von AB. Die Symmetrieachse ist die Gerade durch C und M_c. Mit $M_c(3|2|-1)$ folgt

$$s:\ \vec{x} = \begin{pmatrix} -1 \\ 2 \\ -1 \end{pmatrix} + r \begin{pmatrix} 1 \\ 0 \\ 0 \end{pmatrix};\ r \in \mathbb{R}.$$

Nachweis, daß U auf s liegt

Für $r = 3$ ergeben sich die Koordinaten von U.

Flächeninhalt des Dreiecks ABC

Der Flächeninhalt des Dreiecks ABC ist

$$A = \frac{1}{2} \cdot |\overrightarrow{AB}| \cdot |\overrightarrow{M_cC}| = \frac{1}{2} \cdot 4 \cdot \sqrt{2} \cdot 4 = 8 \cdot \sqrt{2}.$$

G

b) **Koordinatengleichung von E**

Parametergleichung von E:

$$\vec{x} = \begin{pmatrix} 3 \\ 0 \\ 1 \end{pmatrix} + r \begin{pmatrix} 0 \\ 1 \\ -1 \end{pmatrix} + s \begin{pmatrix} -2 \\ 1 \\ -1 \end{pmatrix};\ r, s \in \mathbb{R}.$$

Eliminiert man aus dieser Gleichung die Parameter r und s, so ergibt sich als Koordinatengleichung:

$E:\ x_2 + x_3 - 1 = 0.$

Abstand des Punktes S von E

HNF von E: $\frac{1}{\sqrt{2}}(x_2 + x_3 - 1) = 0.$

Abstand d des Punktes S von E:

$$d = \left| \frac{1}{\sqrt{2}}(4 + 1 - 1) \right| = \frac{4}{\sqrt{2}} = 2\sqrt{2}.$$

Volumen der Pyramide

Das Volumen der Pyramide ist

$$V = \frac{1}{3} \cdot G \cdot h = \frac{1}{3} \cdot 8 \cdot \sqrt{2} \cdot 2\sqrt{2} = \frac{32}{3}.$$

Parametergleichung von g

Ein Normalenvektor von E ist Richtungsvektor von g. Damit ergibt sich:

$$g:\ \vec{x} = \begin{pmatrix} 2 \\ 4 \\ 1 \end{pmatrix} + v \begin{pmatrix} 0 \\ 1 \\ 1 \end{pmatrix};\ v \in \mathbb{R}.$$

Koordinaten des Fußpunktes

Die Lotgerade g zu E durch S schneide E in L.

$g \cap E = \{L\}: \; 4+v+1+v-1=0.$

Hieraus folgt $v=-2$ und somit $L(2|2|-1)=U$.

c) **Nachweis, daß M_0 in E liegt**

Für $t=0$ ergibt sich $M_0(2|2|-1)$. Da $M_0=L$ ist und L in E liegt (vgl. Teilaufgabe b)), liegt M_0 in E.

Nachweis, daß M_0 Umkreismittelpunkt des Dreiecks ABC ist

Aus $\overrightarrow{AM_0}=\begin{pmatrix}-1\\2\\-2\end{pmatrix}$; $\overrightarrow{BM_0}=\begin{pmatrix}-1\\-2\\2\end{pmatrix}$; $\overrightarrow{CM_0}=\begin{pmatrix}3\\0\\0\end{pmatrix}$ folgt

$|\overrightarrow{AM_0}|=|\overrightarrow{BM_0}|=|\overrightarrow{CM_0}|=3.$

Da die Ebene E die Punkte A, B und C enthält, ist M_0 Umkreismittelpunkt des Dreiecks ABC.

Koordinaten des Mittelpunktes und Radius des Schnittkreises

1. Möglichkeit: Der Schnittkreis von K_0 mit der x_2x_3-Ebene habe den Mittelpunkt M′ und den Radius r′. Da die Schnittebene eine Koordinatenebene ist, ergibt sich ohne weitere Rechnung $M'(0|2|-1)$.

Mit Hilfe des Satzes von Pythagoras (vgl. Figur) folgt aus $r'^2+2^2=r^2$ und $r^2=9$ für den Radius r′:

$r'=\sqrt{5}.$

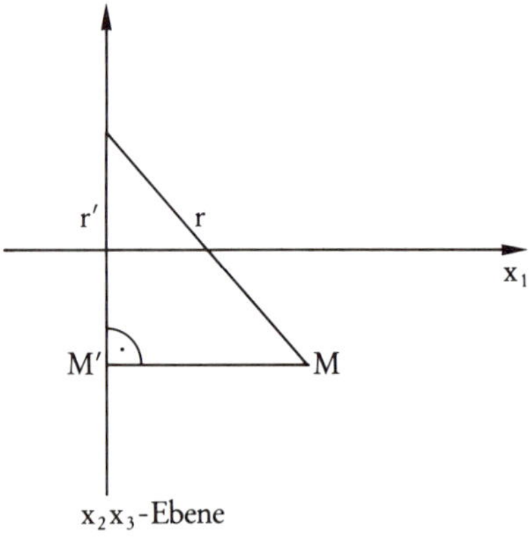

2. Möglichkeit: Für $t=0$ ergibt sich

$K_0: \left[\mathfrak{x}-\begin{pmatrix}2\\2\\-1\end{pmatrix}\right]^2=9.$

Die x_2x_3-Ebene hat die Gleichung $x_1=0$.

$K_0 \cap x_2x_3$-Ebene:

$(0-2)^2+(x_2-2)^2+(x_3+1)^2=9$ bzw. $(x_2-2)^2+(x_3+1)^2=5.$

Also ist $M'(0|2|-1)$ und $r'=\sqrt{5}$.

d) **Nachweis, daß die Kugel K_t, die den kleinsten Radius hat, durch O geht**

Mit $t \in \mathbb{R}$ ist $t^2 \geqq 0$. Also gilt $2t^2+9 \geqq 9$. Die Kugel K_0 mit $t=0$ hat somit den kleinsten Radius. K_0 geht durch O, denn die Koordinaten von O erfüllen die Gleichung von K_0 (vgl. Teilaufgabe c), 2. Möglichkeit).

Nachweis, daß alle Kugeln K_t mit E denselben Kreis gemeinsam haben

1. Möglichkeit: Lotgerade h zu E durch $M_t(2|2+t|t-1)$:

$$h:\ \vec{x}=\begin{pmatrix}2\\2+t\\t-1\end{pmatrix}+s\begin{pmatrix}0\\1\\1\end{pmatrix};\quad s\in\mathbb{R}.$$

Schneidet man h mit E, so ergibt sich als Mittelpunkt des Schnittkreises der Punkt $M_0(2|2|-1)=U=L$.

Der Abstand des Punktes M_t von E ist

$$d=\left|\frac{1}{\sqrt{2}}(2+t+t-1-1)\right|=\left|\frac{2t}{\sqrt{2}}\right|=|t\cdot\sqrt{2}|.$$

Der Radius des Schnittkreises sei ϱ. Aus $\varrho^2=r_t^2-d^2$ folgt

$\varrho=\sqrt{2t^2+9-2t^2}=3.$

Da sowohl der Mittelpunkt als auch der Radius des Schnittkreises von t unabhängig sind, haben alle Kugeln K_t mit E denselben Kreis gemeinsam.

2. Möglichkeit: Aus Teilaufgabe b) ist bekannt: Für $t=0$ ist der Schnittkreis der Kugel K_0 mit E der Umkreis des Dreiecks ABC. Falls nun die Punkte A, B, C für alle $t\in\mathbb{R}$ auf K_t liegen, so ist der Umkreis des Dreiecks ABC für alle K_t der Schnittkreis mit der Ebene E.

Inzidenzprobe für A:

$$\left[\begin{pmatrix}3\\0\\1\end{pmatrix}-\begin{pmatrix}2\\2+t\\t-1\end{pmatrix}\right]^2=\begin{pmatrix}1\\-2-t\\2-t\end{pmatrix}^2=1+4+4t+t^2+4-4t+t^2=2t^2+9;$$

also $A\in K_t$ für alle $t\in\mathbb{R}$.

Inzidenzprobe für B:

$$\left[\begin{pmatrix}3\\4\\-3\end{pmatrix}-\begin{pmatrix}2\\2+t\\t-1\end{pmatrix}\right]^2=\begin{pmatrix}1\\2-t\\-2-t\end{pmatrix}^2=1+4-4t+t^2+4+4t+t^2=2t^2+9;$$

also $B\in K_t$ für alle $t\in\mathbb{R}$.

Inzidenzprobe für C:

$$\left[\begin{pmatrix}-1\\2\\-1\end{pmatrix}-\begin{pmatrix}2\\2+t\\t-1\end{pmatrix}\right]^2=\begin{pmatrix}-3\\-t\\-t\end{pmatrix}^2=9+t^2+t^2=2t^2+9;$$

also $C\in K_t$ für alle $t\in\mathbb{R}$.

G

Gegeben sind die Punkte $A_1(3|2|0)$, $B_1(7|5|0)$, $C_1(4|9|0)$, $C_2(4|9|5)$

und die Gerade g: $\vec{x} = \begin{pmatrix} 6{,}5 \\ 1{,}5 \\ -8 \end{pmatrix} + t \begin{pmatrix} -1{,}5 \\ 2 \\ 8 \end{pmatrix}$; $t \in \mathbb{R}$.

a) Zeigen Sie, daß die Vektoren $\overrightarrow{A_1B_1}$, $\overrightarrow{B_1C_1}$ und $\overrightarrow{C_1C_2}$ gleich lang und paarweise orthogonal sind.
Berechnen Sie die Koordinaten des Punktes D_1 so, daß A_1, B_1, C_1, D_1 Eckpunkte eines Quadrates sind.
Die Punkte A_1, B_1, C_1, D_1 und C_2 sind Eckpunkte eines Würfels.
Geben Sie die Koordinaten der restlichen Eckpunkte an.
Zeichnen Sie den Würfel und die Gerade g in ein Achsenkreuz ein.

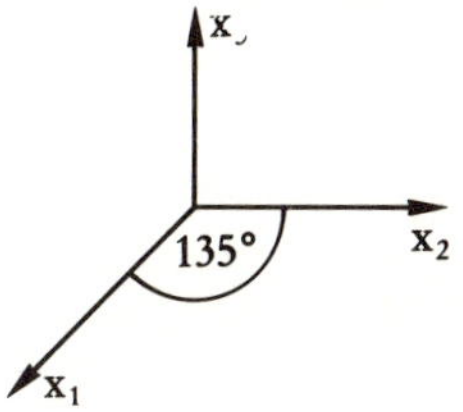

(Ursprung 4,5 cm vom linken Randstrich entfernt; LE 1 cm; Verkürzungsfaktor in x_1-Richtung $\frac{1}{2}\sqrt{2}$)

b) Die Gerade h geht durch die Punkte A_1 und B_1.
Berechnen Sie die Koordinaten des Schnittpunktes T von g und h.
In welchem Verhältnis teilt T die Strecke A_1B_1?
Zeigen Sie, daß g parallel zu der Ebene durch B_1, C_1 und C_2 ist.

c) Dem Quadrat $A_1B_1C_1D_1$ wird ein Kreis einbeschrieben. Dieser Kreis bildet die Grundfläche eines senkrechten Kreiskegels mit der Spitze $S(s_1|s_2|8)$.
Geben Sie s_1 und s_2 an.
Zeichnen Sie den Punkt S in das vorhandene Achsenkreuz ein.
Zeigen Sie, daß eine Mantellinie des Kegels auf g liegt.
Bestimmen Sie eine Gleichung der Ebene, die den Kegel längs dieser Mantellinie berührt.

Lösungshinweise:

a) Welche Bedingung müssen Vektoren erfüllen, damit sie orthogonal sind? Wie läßt sich der Ortsvektor von D_1 darstellen? Die Grundfläche des Würfels liegt in der x_1x_2-Ebene. Die Kantenlänge des Würfels wurde schon berechnet. Damit kann man die Koordinaten der restlichen Eckpunkte angeben.

b) Da zwei Punkte von h gegeben sind, kann man eine Parametergleichung von h angeben. Schneiden von g und h ergibt die Koordinaten von T. Das Teilverhältnis ergibt sich sofort aus dem zu T gehörenden Parameterwert von h. Zum Nachweis der Parallelität kann man entweder den Richtungsvektor von g als Linearkombination von $\overrightarrow{B_1C_1}$ und $\overrightarrow{C_1C_2}$ darstellen oder aber einen Normalenvektor von E ermitteln und nachweisen, daß dieser orthogonal zum Richtungsvektor von g ist.

c) Die Spitze S liegt senkrecht über dem Mittelpunkt des Grundkreises; dieser ist gleichzeitig Mittelpunkt des Quadrats. Daraus ergeben sich s_1 und s_2. Was ist über die Lage von T bekannt? Welcher Punkt ist dann nur noch zu überprüfen? Die Berührebene längs der Mantellinie ST enthält zwei bekannte Geraden; welche?

Lösung:

a) **Nachweis, daß die gegebenen Vektoren gleich lang und paarweise orthogonal sind**

Aus $\overrightarrow{A_1B_1}=\begin{pmatrix}4\\3\\0\end{pmatrix}$; $\overrightarrow{B_1C_1}=\begin{pmatrix}-3\\4\\0\end{pmatrix}$; $\overrightarrow{C_1C_2}=\begin{pmatrix}0\\0\\5\end{pmatrix}$ folgt

$|\overrightarrow{A_1B_1}|=|\overrightarrow{B_1C_1}|=|\overrightarrow{C_1C_2}|=5$;

weiterhin ist $\overrightarrow{A_1B_1}\cdot\overrightarrow{B_1C_1}=\overrightarrow{A_1B_1}\cdot\overrightarrow{C_1C_2}=\overrightarrow{B_1C_1}\cdot\overrightarrow{C_1C_2}=0$.

Koordinaten des Punktes D_1

Für den Ortsvektor von D_1 gilt:

$\overrightarrow{OD_1}=\overrightarrow{OA_1}+\overrightarrow{B_1C_1}=\begin{pmatrix}3\\2\\0\end{pmatrix}+\begin{pmatrix}-3\\4\\0\end{pmatrix}=\begin{pmatrix}0\\6\\0\end{pmatrix}$; damit $D_1(0|6|0)$.

Koordinaten der restlichen Eckpunkte

Da die Kantenlänge des Würfels 5 ist, ergibt sich:

$A_2(3|2|5)$; $B_2(7|5|5)$; $D_2(0|6|5)$.

Zeichnung

Siehe Figur.

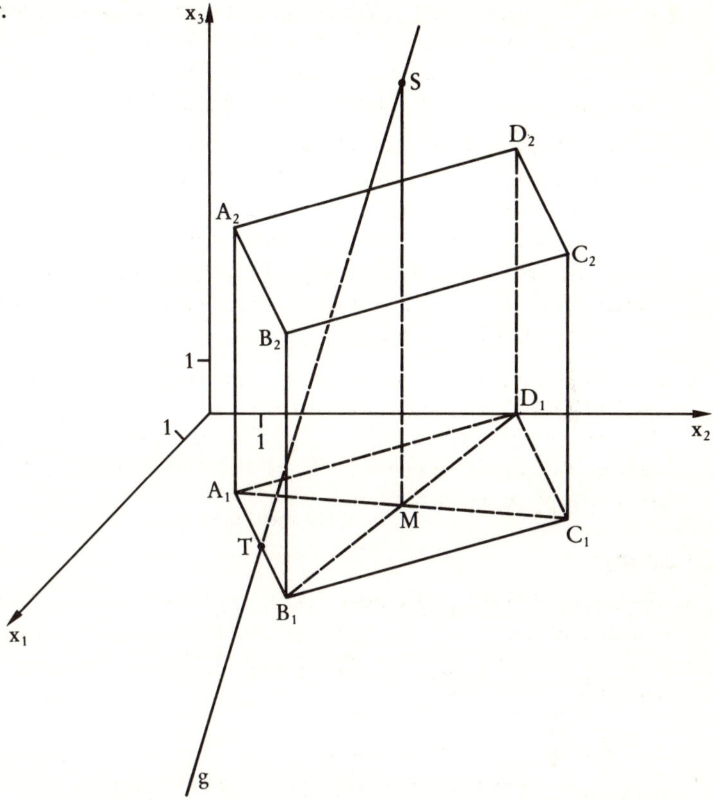

G

b) Koordinaten von T

$$h:\ \vec{x}=\begin{pmatrix}3\\2\\0\end{pmatrix}+r\begin{pmatrix}4\\3\\0\end{pmatrix};\quad r\in\mathbb{R}$$

$g\cap h=\{T\}$: Es ergibt sich das LGS

$$\begin{aligned}6{,}5-1{,}5t&=3+4r\\1{,}5+\ 2\ t&=2+3r\\-8\ \ +\ 8\ t&=0\end{aligned}$$

mit der Lösung $t=1$; $r=\frac{1}{2}$. Somit $T(5\,|\,3{,}5\,|\,0)$.

Teilverhältnis

Wegen $r=\frac{1}{2}$ ist T die Mitte von A_1B_1; T teilt also die Strecke A_1B_1 im Verhältnis 1 : 1.

Nachweis, daß g parallel zur Ebene durch B_1, C_1 und C_2 ist

1. Möglichkeit: Es sei E die Ebene durch B_1, C_1 und C_2. Da $T \notin E$ ist, liegt g nicht in E. Die Gerade g ist parallel zu E, wenn sich der Richtungsvektor von g als Linearkombination von $\overrightarrow{B_1C_1}$ und $\overrightarrow{C_1C_2}$ darstellen läßt.

Aus $\begin{pmatrix}-1{,}5\\2\\8\end{pmatrix}=u\begin{pmatrix}-3\\4\\0\end{pmatrix}+v\begin{pmatrix}0\\0\\5\end{pmatrix}$ folgt $u=\frac{1}{2}$; $v=\frac{8}{5}$.

2. Möglichkeit: Ein Normalenvektor $\vec{n}=\begin{pmatrix}n_1\\n_2\\n_3\end{pmatrix}$ von E ergibt sich aus

$\begin{pmatrix}n_1\\n_2\\n_3\end{pmatrix}\cdot\begin{pmatrix}-3\\4\\0\end{pmatrix}=0$ und $\begin{pmatrix}n_1\\n_2\\n_3\end{pmatrix}\cdot\begin{pmatrix}0\\0\\5\end{pmatrix}=0$ zu $\vec{n}=\begin{pmatrix}4\\3\\0\end{pmatrix}$.

Wegen $\begin{pmatrix}4\\3\\0\end{pmatrix}\cdot\begin{pmatrix}-1{,}5\\2\\8\end{pmatrix}=0$ ist g parallel zu E.

c) **Berechnung von s_1 und s_2**

Der Inkreis des Quadrates $A_1B_1C_1D_1$ habe den Mittelpunkt M. Als Schnittpunkt der Diagonalen ergibt sich $M(3{,}5\,|\,5{,}5\,|\,0)$. Somit ist $s_1=3{,}5$ und $s_2=5{,}5$.

Zeichnung

Siehe Figur.

Nachweis, daß eine Mantellinie des Kegels auf g liegt

T liegt auf g (vgl. Teilaufgabe b)); außerdem liegt T als Mittelpunkt von A_1B_1 auf dem Grundkreis des Kegels. Bleibt nachzuweisen, daß $S \in g$ ist. Aus

$$\begin{aligned}3{,}5 &= 6{,}5-1{,}5t\\5{,}5 &= 1{,}5+2t\\8 &= -8+8t\end{aligned}$$

folgt $t=2$; somit $S \in g$. Also liegt die Mantellinie ST auf g.

Gleichung einer Berührebene

Die Berührebene längs der Mantellinie ST enthält g und h (vgl. Teilaufgabe b)). Damit lautet eine Gleichung dieser Berührebene:

$$\vec{x}=\begin{pmatrix}5\\3{,}5\\0\end{pmatrix}+r\begin{pmatrix}-1{,}5\\2\\8\end{pmatrix}+s\begin{pmatrix}4\\3\\0\end{pmatrix};\quad r,s\in\mathbb{R}.$$

Gegeben sind die Punkte $P(3|1|3)$, $Q(0|2|4)$ und $R(-6|5|5)$,

die Gerade $g: \vec{x} = \begin{pmatrix} -3 \\ 0 \\ 8 \end{pmatrix} + t \begin{pmatrix} 6 \\ -1 \\ -3 \end{pmatrix}; \ t \in \mathbb{R}$

und die Ebene $E_1: \ 2x_1 - x_2 - x_3 - 2 = 0$.

Die Ebene E_2 enthält die Punkte P, Q und R.

a) Berechnen Sie die Koordinaten des Schnittpunktes und den Schnittwinkel von g und E_1.
Bestimmen Sie eine Koordinatengleichung von E_2.
Untersuchen Sie die gegenseitige Lage von g und E_2.

b) Die Ebene E_2 schneidet die x_1-Achse in S_1, die x_2-Achse in S_2 und die x_3-Achse in S_3.
Geben Sie die Koordinaten von S_1, S_2, S_3 an.
Zeichnen Sie die Pyramide $OS_1S_2S_3$.
(LE 1 cm; Verkürzungsfaktor in x_1-Richtung $\frac{1}{2}\sqrt{2}$; Ursprung 6 cm vom linken Rand)

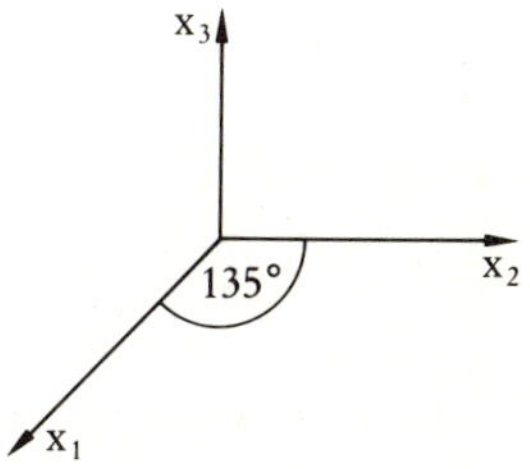

E_1 schneidet S_1O in A, S_1S_2 in B und S_1S_3 in C.
Berechnen Sie die Koordinaten von A, B und C.
Zeichnen Sie das Dreieck ABC in das vorhandene Achsenkreuz ein.
Berechnen Sie das Volumen der Pyramide mit der Spitze C und der Grundfläche S_1BA.

c) Im Punkt $D\left(\frac{3}{2}\middle|5\middle|0\right)$ der Kante S_1S_2 steht ein Stab senkrecht auf der x_1x_2-Ebene mit der Spitze im Punkt $H\left(\frac{3}{2}\middle|5\middle|8\right)$.
Zeichnen Sie den Stab in das vorhandene Achsenkreuz ein.
Sonnenlicht fällt senkrecht zur Pyramidenfläche $S_1S_2S_3$ ein. Dabei wirft der Stab einen Schatten, dessen oberer Teil in der x_2x_3-Ebene liegt; der untere Teil des Schattens liegt auf der Pyramidenfläche $S_1S_2S_3$.
Berechnen Sie die Koordinaten des Schattens der Stabspitze H.
Im Punkt K geht der Schatten des Stabes von der Pyramidenfläche in die x_2x_3-Ebene über.
Berechnen Sie die Koordinaten dieses Knickpunktes K.
Zeichnen Sie den Schatten in das vorhandene Achsenkreuz ein.

Lösungshinweise:

a) Da die Ebene E_1 in Koordinatenform gegeben ist, können x_1, x_2 und x_3 aus der Geradengleichung sofort in die Ebenengleichung eingesetzt werden. Welcher Parameterwert ergibt sich für den Durchstoßpunkt S? Zur Berechnung des Schnittwinkels von g und E_1 benötigt man einen Normalenvektor von E_1. Wie lautet dieser? Da drei Punkte der Ebene E_2 gegeben sind, kann man zunächst eine Parametergleichung aufstellen und dann durch Elimination der Parameter eine Koordinatengleichung von E_2 ermitteln. Damit ist auch ein Normalenvektor von E_2 bekannt. Berechne das skalare Produkt des Normalenvektors von E_2 und des Richtungsvektors von g. Was folgt aus diesem Ergebnis? Was muß noch untersucht werden, um die gegenseitige Lage von g und E_2 beschreiben zu können?

b) Wie erhält man aus einer Koordinatengleichung einer Ebene die Koordinaten der Schnittpunkte mit den Koordinatenachsen? Bei der Berechnung der Koordinaten von A beachte man, daß die x_1-Achse als Gerade eine besonders einfache Darstellung hat. Zur Berechnung der Koordinaten von B und C stelle zunächst die zugehörigen Geradengleichungen auf. In welcher Ebene liegt die Spitze C der Pyramide? Welche Höhe hat also die Pyramide? Zur Berechnung des Flächeninhalts der Grundfläche S_1BA muß man sich überlegen, welche der drei Seiten als „Grundseite“ geschickt ist. Welche Seite und welche Höhe kennt man schon aufgrund der bisherigen Berechnungen?

c) Der Schatten H′ der Stabspitze H ergibt sich als Durchstoßpunkt einer Geraden und der x_2x_3-Ebene. Da das Sonnenlicht senkrecht zur Fläche $S_1S_2S_3$ einfällt, ist ein Richtungsvektor dieser Geraden bekannt. Der Knickpunkt K ergibt sich als Schnittpunkt zweier Geraden. Beachte dabei, daß von K schon zwei Koordinaten bekannt sind.

Lösung:

a) **Koordinaten des Schnittpunktes von g und E_1**

$g \cap E_1 = \{S\}:\ 2(-3+6t)-(-t)-(8-3t)-2=0.$

Hieraus folgt $t=1$ und somit $S(3\,|-1\,|\,5)$.

Schnittwinkel von g und E_1

Es bezeichne $\alpha \leqq 90°$ den Schnittwinkel von g und E_1. Die Gerade g hat den Richtungsvektor $\vec{u}=\begin{pmatrix}6\\-1\\-3\end{pmatrix}$ und die Ebene E_1 hat den Normalenvektor $\vec{n_1}=\begin{pmatrix}2\\-1\\-1\end{pmatrix}$. Damit gilt:

$$\sin\alpha = \frac{|\vec{u}\cdot\overrightarrow{n_1}|}{|\vec{u}|\cdot|\overrightarrow{n_1}|} = \frac{\left|\begin{pmatrix}6\\-1\\-3\end{pmatrix}\cdot\begin{pmatrix}2\\-1\\-1\end{pmatrix}\right|}{\sqrt{46}\cdot\sqrt{6}} = \frac{16}{\sqrt{46}\cdot\sqrt{6}};\quad \alpha\approx 74{,}38°.$$

Koordinatengleichung von E_2

Da drei Punkte der Ebene gegeben sind, ergibt sich sofort eine Parametergleichung von E_2:

$$\vec{x} = \begin{pmatrix}3\\1\\3\end{pmatrix} + r\begin{pmatrix}-3\\1\\1\end{pmatrix} + s\begin{pmatrix}-9\\4\\2\end{pmatrix};\quad r, s \in \mathbb{R}.$$

Durch Elimination von r und s ergibt sich eine Koordinatengleichung:

E_2: $2x_1 + 3x_2 + 3x_3 - 18 = 0$.

Untersuchung der gegenseitigen Lage von g und E_2

E_2 hat den Normalenvektor $\overrightarrow{n_2} = \begin{pmatrix}2\\3\\3\end{pmatrix}$. Da $\overrightarrow{n_2}\cdot\vec{u} = \begin{pmatrix}2\\3\\3\end{pmatrix}\cdot\begin{pmatrix}6\\-1\\-3\end{pmatrix} = 0$ ist, sind g und E_2 parallel. Für den „Stützpunkt“ $B(-3|0|8)$ der Geraden g gilt: $B \in E_2$. Also liegt g in E_2.

b) **Koordinaten der Schnittpunkte der Achsen mit E_2**

Schnittpunkt S_1 mit der x_1-Achse: $x_2 = x_3 = 0$; $x_1 = 9$; $S_1(9|0|0)$.
Schnittpunkt S_2 mit der x_2-Achse: $x_1 = x_3 = 0$; $x_2 = 6$; $S_2(0|6|0)$.
Schnittpunkt S_3 mit der x_3-Achse: $x_1 = x_2 = 0$; $x_3 = 6$; $S_3(0|0|6)$.

Zeichnung

Siehe Figur.

Koordinaten der Punkte A, B und C

$E_1 \cap x_1$-Achse $= \{A\}$: $2x_1 - 2 = 0$; $A(1|0|0)$.

Es sei h die Gerade durch die Punkte S_1 und S_2.

$$h\colon\ \vec{x} = \begin{pmatrix}9\\0\\0\end{pmatrix} + r\begin{pmatrix}-3\\2\\0\end{pmatrix};\quad r \in \mathbb{R};$$

$E_1 \cap h = \{B\}$: $2(9-3r) - 2r - 2 = 0$.

Hieraus folgt $r = 2$ und somit $B(3|4|0)$.

Es sei k die Gerade durch die Punkte S_1 und S_3.

G

k: $\vec{x} = \begin{pmatrix} 9 \\ 0 \\ 0 \end{pmatrix} + s \begin{pmatrix} -3 \\ 0 \\ 2 \end{pmatrix}; \quad s \in \mathbb{R};$

$E_1 \cap k = \{C\}$: $2(9-3s) - 2s - 2 = 0$.

Hieraus folgt $s = 2$ und somit $C(3|0|4)$.

Zeichnung

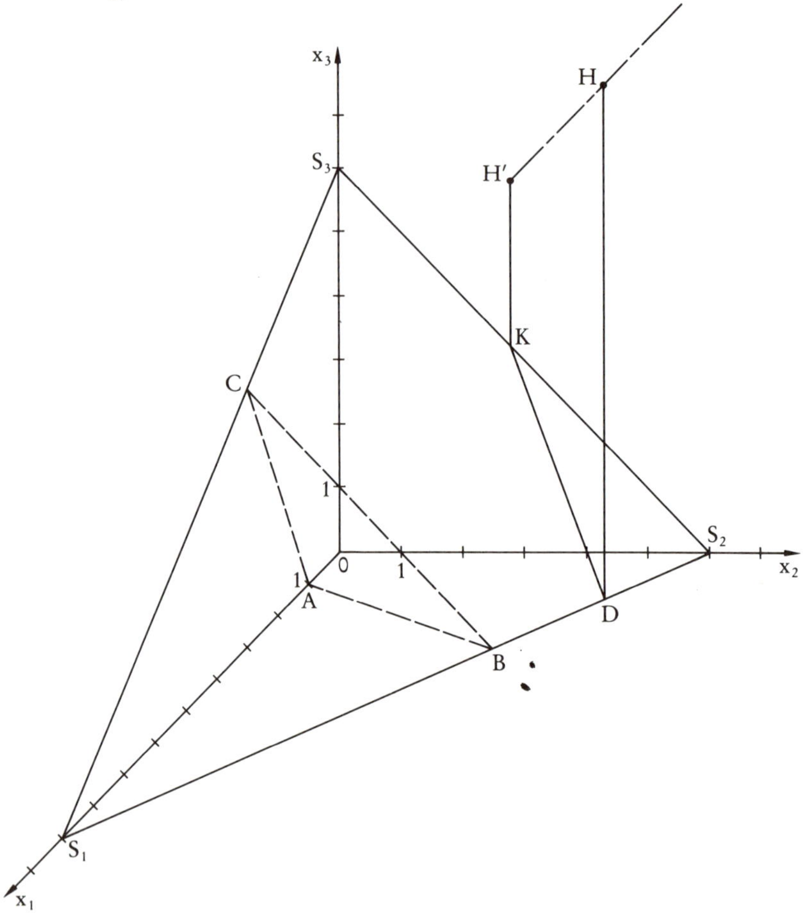

Volumen der Pyramide CS_1BA

Der Punkt $C(3|0|4)$ hat von der Grundfläche S_1BA den Abstand 4. Der Punkt $B(3|4|0)$ hat von der Kante S_1A ebenfalls den Abstand 4. Weiterhin hat die Kante S_1A die Länge 8. Damit gilt:

$$V=\frac{1}{3}\cdot\frac{1}{2}\cdot 8\cdot 4\cdot 4=\frac{64}{3}.$$

c) **Zeichnung**

Siehe Figur.

Koordinaten des Schattens der Stabspitze H

Es sei H′ der Schatten der Stabspitze H. Der Punkt H′ ergibt sich als Durchstoßpunkt der Lotgeraden ℓ zur Fläche $S_1S_2S_3$ durch H und der x_2x_3-Ebene. Da die Fläche $S_1S_2S_3$ in der Ebene E_2 liegt, hat ℓ einen Normalenvektor von E_2 als Richtungsvektor:

$$\ell:\ \vec{x}=\begin{pmatrix}1{,}5\\5\\8\end{pmatrix}+r\begin{pmatrix}2\\3\\3\end{pmatrix};\quad r\in\mathbb{R}.$$

$\ell \cap x_2x_3\text{-Ebene}=\{H'\}$: $1{,}5+2r=0$.

Hieraus folgt $r=-\frac{3}{4}$ und somit $H'\left(0\left|\frac{11}{4}\right|\frac{23}{4}\right)$.

Koordinaten des Knickpunktes K

Der Knickpunkt K ergibt sich als Schnittpunkt der Geraden i, die durch H′ und parallel zur x_3-Achse verläuft, mit der Geraden j durch die Punkte S_2 und S_3.

$$j:\ \vec{x}=\begin{pmatrix}0\\6\\0\end{pmatrix}+r\begin{pmatrix}0\\-1\\1\end{pmatrix};\quad r\in\mathbb{R}.$$

Für Punkte auf i gilt: $x_1=0$; $x_2=\frac{11}{4}$. Aus $\frac{11}{4}=6-r$ folgt $r=\frac{13}{4}$.

Damit: $K\left(0\left|\frac{11}{4}\right|\frac{13}{4}\right)$.

Zeichnung

Siehe Figur.

G

Aufgabe 90/2

Die Punkte $A(8|6|2)$, $B(2|14|2)$, $C(-6|8|2)$ und $D(0|0|2)$ sind Eckpunkte eines ebenen Vierecks. $H(1|7|7)$ bzw. $T(1|7|-3)$ sind die Spitzen von zwei Pyramiden mit der gemeinsamen Grundfläche ABCD.

a) Zeichnen Sie ein Schrägbild dieser Doppelpyramide.
(LE 1 cm; Verkürzungsfaktor in x_1-Richtung $\frac{1}{2}\sqrt{2}$; Querformat)
Zeigen Sie, daß das Viereck ABCD ein Quadrat ist.
Berechnen Sie die Koordinaten des Diagonalenschnittpunktes M dieses Quadrates.
Zeigen Sie, daß die Strecke HT auf der Quadratfläche senkrecht steht und durch M halbiert wird.

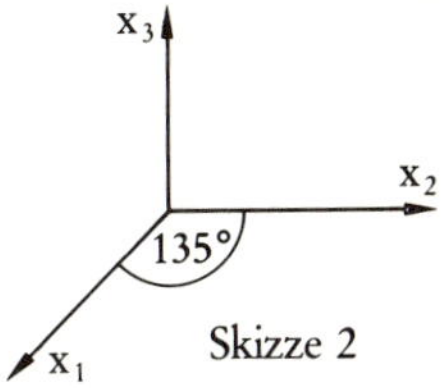

Skizze 2

b) Das Dreieck AHD liegt in der Ebene E_1, das Dreieck BTC in der Ebene E_2.
Zeigen Sie, daß die Ebenen E_1 und E_2 parallel sind, und bestimmen Sie ihren Abstand.
Berechnen Sie die Innenwinkel des Dreiecks AHD.

c) Es gibt eine Kugel K, die alle Seitenflächen der Doppelpyramide berührt (Inkugel).
Bestimmen Sie eine Gleichung von K sowie die Koordinaten derjenigen Punkte, in denen K die Seitenflächen AHD bzw. BTC berührt.
Zeigen Sie, daß es keine Kugel durch alle Eckpunkte der Doppelpyramide gibt (Umkugel).
Verschiebt man nun die Eckpunkte H und T senkrecht zum Quadrat ABCD, so gibt es für geeignete neue Eckpunkte $\overline{H}$ und $\overline{T}$ eine Umkugel der neuen Doppelpyramide.
Bestimmen Sie die Koordinaten von $\overline{H}$ und $\overline{T}$, wenn $\overline{H}, \overline{T}$ wieder symmetrisch zum Mittelpunkt des Quadrates ABCD liegen.

G

Lösungshinweise:

a) Die Punkte A, B, C und D haben als dritte Koordinate jeweils eine 2. Was läßt sich aus dieser Tatsache folgern? Berechne die Vektoren $\overrightarrow{AB}$ und $\overrightarrow{DC}$ bzw. $\overrightarrow{AD}$ und $\overrightarrow{BC}$. Was folgt hieraus? Welche Eigenschaften müssen noch überprüft werden? Wie berechnet man die Koordinaten des Mittelpunktes einer Strecke? Die Ebene, in der die Quadratfläche liegt, ist bekannt (vgl. oben!).
Vergleiche einen Normalenvektor dieser Ebene mit $\overrightarrow{HT}$. Andere Möglichkeit zum Nachweis, daß die Strecke HT auf der Quadratfläche senkrecht steht: Berechne die entsprechenden Skalarprodukte.

b) Die Parallelität zweier Ebenen läßt sich über den Vergleich der zugehörigen Normalenvektoren nachweisen. Da die Eckpunkte der Dreiecke gegeben sind, ermittle also zunächst Parametergleichungen der Ebenen und eliminiere anschließend die Parameter. Der Abstand der Ebenen ergibt sich z. B. als Abstand des Punktes T von der Ebene, in der das Dreieck AHD liegt. Wie berechnet man den Abstand eines Punktes von einer Ebene? Um was für ein Dreieck handelt es sich bei Dreieck AHD? Was folgt hieraus für die Berechnung der Innenwinkel?

c) Die Grundfläche der Doppelpyramide ist ein Quadrat. H und T liegen senkrecht über bzw. unter dem Schnittpunkt M der Diagonalen des Quadrates. Welches ist also der Mittelpunkt der Inkugel? Aus dem Abstand der Ebenen E_1 und E_2 ergibt sich der Kugelradius. Die Berührpunkte ergeben sich als Schnittpunkte der Lotgeraden zu E_1 bzw. E_2 durch M mit E_1 bzw. E_2. Welcher Punkt wäre Mittelpunkt der Umkugel? Zum Nachweis, daß es keine Umkugel gibt, vergleiche mögliche Radien. Welche Strecken müssen somit gleich lang sein, um eine Umkugel zu erhalten?

Lösung:

a) Nachweis, daß das Viereck ABCD ein Quadrat ist

Die Punkte A, B, C, D haben alle die 2 als dritte Koordinate.
Damit liegen sie in der Ebene $x_3 = 2$.

Aus $\overrightarrow{AB} = \overrightarrow{DC} = \begin{pmatrix} -6 \\ 8 \\ 0 \end{pmatrix}$; $\overrightarrow{AD} = \overrightarrow{BC} = \begin{pmatrix} -8 \\ -6 \\ 0 \end{pmatrix}$ und $|\overrightarrow{AB}| = |\overrightarrow{AD}| = 10$ sowie

$\overrightarrow{AB} \cdot \overrightarrow{BC} = \begin{pmatrix} -6 \\ 8 \\ 0 \end{pmatrix} \cdot \begin{pmatrix} -8 \\ -6 \\ 0 \end{pmatrix} = 0$ folgt, daß das Viereck ABCD ein Quadrat ist.

Zeichnung

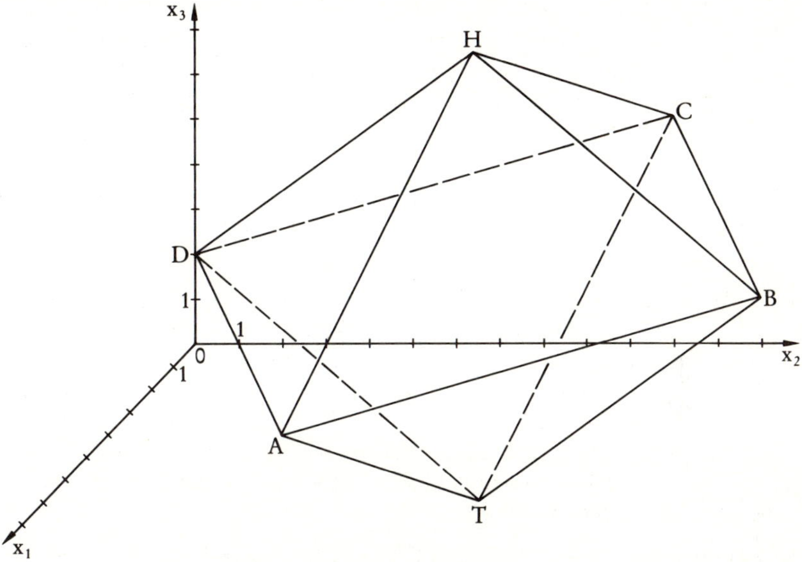

Koordinaten des Diagonalenschnittpunktes M

Es ist $\overrightarrow{x_M} = \frac{1}{2}(\overrightarrow{x_A} + \overrightarrow{x_C}) = \begin{pmatrix} 1 \\ 7 \\ 2 \end{pmatrix}$. Damit: $M(1|7|2)$.

Nachweis, daß HT auf der Quadratfläche senkrecht steht

1. Möglichkeit: Die Quadratfläche liegt in der Ebene $x_3 = 2$. Der Vektor $\overrightarrow{HT} = \begin{pmatrix} 0 \\ 0 \\ -10 \end{pmatrix}$ ist ein Normalenvektor dieser Ebene.

2. Möglichkeit: Der Vektor $\overrightarrow{HT} = \begin{pmatrix} 0 \\ 0 \\ -10 \end{pmatrix}$ ist sowohl zu $\overrightarrow{AB}$ als auch zu $\overrightarrow{AD}$ orthogonal, denn es gilt: $\overrightarrow{HT} \cdot \overrightarrow{AB} = 0$ und $\overrightarrow{HT} \cdot \overrightarrow{AD} = 0$.

Nachweis, daß HT durch M halbiert wird

Es ist $\frac{1}{2}(\overrightarrow{x_H} + \overrightarrow{x_T}) = \begin{pmatrix} 1 \\ 7 \\ 2 \end{pmatrix} = \overrightarrow{x_M}$.

b) Nachweis, daß die Ebenen E_1 und E_2 parallel sind

$$E_1:\ \vec{x}=\begin{pmatrix}0\\0\\2\end{pmatrix}+r\begin{pmatrix}1\\7\\5\end{pmatrix}+s\begin{pmatrix}-7\\1\\5\end{pmatrix};\quad r,s\in\mathbb{R}.$$

Elimination von r und s ergibt eine Koordinatengleichung von E_1:
$3x_1-4x_2+5x_3-10=0$.

$$E_2:\ \vec{x}=\begin{pmatrix}1\\7\\-3\end{pmatrix}+u\begin{pmatrix}1\\7\\5\end{pmatrix}+v\begin{pmatrix}-7\\1\\5\end{pmatrix};\quad u,v\in\mathbb{R}.$$

Elimination von u und v ergibt eine Koordinatengleichung von E_2:
$3x_1-4x_2+5x_3+40=0$.

Da E_1 und E_2 dieselben Normalenvektoren haben, sind die Ebenen parallel.

Abstand von E_1 und E_2

Der Abstand ergibt sich z. B. als Abstand des Punktes T von E_1.

HNF von E_1: $\frac{1}{5\cdot\sqrt{2}}\cdot(3x_1-4x_2+5x_3-10)=0$.

Abstand des Punktes T von E_1:

$$d=\left|\frac{1}{5\cdot\sqrt{2}}\cdot(3\cdot 1-4\cdot 7+5\cdot(-3)-10)\right|=5\cdot\sqrt{2}.$$

Berechnung der Innenwinkel des Dreiecks AHD

Das Dreieck AHD ist gleichschenklig mit Spitze H. Es sei γ der Winkel bei H.

Aus $\cos\gamma=\frac{|\overrightarrow{HA}\cdot\overrightarrow{HD}|}{|\overrightarrow{HA}|\cdot|\overrightarrow{HD}|}=\frac{\left|\begin{pmatrix}7\\-1\\-5\end{pmatrix}\cdot\begin{pmatrix}-1\\-7\\-5\end{pmatrix}\right|}{\sqrt{75}\cdot\sqrt{75}}=\frac{25}{75}=\frac{1}{3}$ folgt $\gamma\approx 70{,}53°$.

Ist α der Winkel bei D und β der Winkel bei A, so ist

$\alpha=\beta=\frac{1}{2}(180°-\gamma)\approx 54{,}74°$.

c) Gleichung von K

Aus Symmetriegründen ist M (vgl. Teilaufgabe a)) der Mittelpunkt der Kugel K; weiterhin ist der Abstand der Ebenen E_1 und E_2 (vgl. Teilaufgabe b)) der Kugeldurchmesser. Damit ergibt sich als Kugelgleichung

$$K:\ \left[\vec{x}-\begin{pmatrix}1\\7\\2\end{pmatrix}\right]^2=\frac{25}{2}.$$

Koordinaten der Berührpunkte mit den Seitenflächen AHD bzw. BTC

Diese Berührpunkte ergeben sich als Schnittpunkte der Lotgeraden g zu E_1 bzw. E_2 durch $M(1|7|2)$ mit E_1 bzw. E_2.

$$g:\ \vec{x}=\begin{pmatrix}1\\7\\2\end{pmatrix}+t\begin{pmatrix}3\\-4\\5\end{pmatrix};\ t\in\mathbb{R}.$$

$g\cap E_1=\{B_1\}:\ 3(1+3t)-4(7-4t)+5(2+5t)-10=0;$

hieraus folgt $t=\frac{1}{2}$ und somit $B_1(2{,}5|5|4{,}5)$.

$g\cap E_2=\{B_2\}:\ 3(1+3t)-4(7-4t)+5(2+5t)+40=0;$

hieraus folgt $t=-\frac{1}{2}$ und somit $B_2(-0{,}5|9|-0{,}5)$.

Nachweis, daß es keine Umkugel gibt

Die Umkugel hätte M (vgl. Teilaufgabe a)) als Mittelpunkt. Da $|\overrightarrow{MA}|=5\cdot\sqrt{2}$ und $|\overrightarrow{MH}|=5$ ist, geht die Kugel um M durch A, B, C und D nicht durch H und T.

Koordinaten von $\overline{H}$ und $\overline{T}$

$\overline{H}$ und $\overline{T}$ liegen auf der Geraden durch M, die orthogonal zur Quadratfläche ABCD ist. Die Quadratfläche aber ist parallel zur x_1x_2-Ebene.

Damit gilt $\overline{H}(1|7|c)$. Aus der Bedingung $|\overrightarrow{M\overline{H}}|=|\overrightarrow{MA}|=5\cdot\sqrt{2}$ folgt $\sqrt{(c-2)^2}=5\cdot\sqrt{2}$ bzw. $c_1=2+5\cdot\sqrt{2};\ c_2=2-5\cdot\sqrt{2}.$

Somit: $\overline{H}(1|7|2+5\cdot\sqrt{2})$ und $\overline{T}(1|7|2-5\cdot\sqrt{2})$.

G

Gegeben ist die Ebene E: $x_1 + x_2 + x_3 = 6$ sowie der dargestellte Quader.

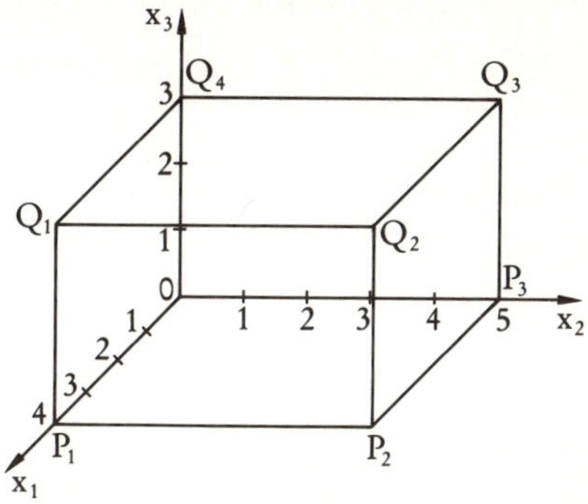

a) Entnehmen Sie der Zeichnung die Koordinaten der Eckpunkte des Quaders, und zeichnen Sie ein Schrägbild des Quaders.
(LE 1 cm; Verkürzungsfaktor in x_1-Richtung $\frac{1}{2}\sqrt{2}$)
Bestimmen Sie eine Gleichung der Geraden g durch die Punkte O und Q_2.
In welchem Punkt und unter welchem Winkel schneidet die Gerade g die Ebene E?
Die Ebene E* geht durch die Punkte P_1, P_3 und Q_3.
Ermitteln Sie eine Gleichung der Schnittgeraden von E und E*.

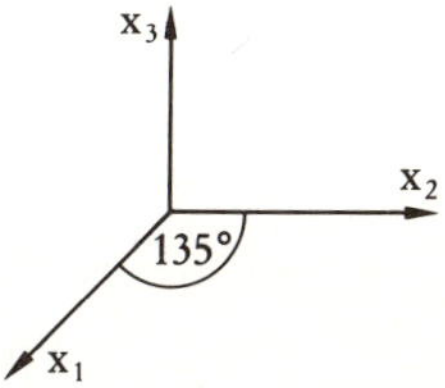

b) Die Quaderkanten Q_4Q_1 bzw. Q_4Q_3 haben mit der Ebene E die Punkte A bzw. B gemeinsam.
Geben Sie die Koordinaten von A und B an.
Die Ebene E schneidet die x_1x_2-Ebene in der Geraden h.
Stellen Sie eine Gleichung von h auf.
Zeichnen Sie A, B und h in das vorhandene Achsenkreuz ein.
Auf der Geraden h gibt es zwei Punkte C_1 und C_2, so daß die Dreiecke ABC_1 und ABC_2 gleichschenklig sind mit Spitze A.
Bestimmen Sie die Koordinaten von C_1 und C_2.

c) In der Ebene E liegt ein Kreis k mit Mittelpunkt $R(2|3|1)$. Die Gerade h aus Teilaufgabe b) ist Tangente an k.
Berechnen Sie den Radius von k.
Es gibt Kugeln mit Radius $r = \frac{3}{2}\sqrt{6}$, welche mit der Ebene E den Kreis k gemeinsam haben.
Bestimmen Sie die Koordinaten der Kugelmittelpunkte.

G

Lösungshinweise:

a) Die Gerade g ist eine Ursprungsgerade. Welchen Richtungsvektor hat g? Da die Ebene E in Koordinatenform gegeben ist, können x_1, x_2 und x_3 aus der Geradengleichung von g sofort in die Ebenengleichung eingesetzt werden. Welcher Parameterwert ergibt sich für den Durchstoßpunkt? Wie berechnet man den Schnittwinkel zwischen einer Geraden und einer Ebene? Da drei Punkte der Ebene E* gegeben sind, ermittle zunächst eine Parametergleichung von E* und setze anschließend x_1, x_2 und x_3 dieser Gleichung in die Koordinatengleichung von E ein. Man erhält einen Zusammenhang zwischen den Parametern. Wie ergibt sich hieraus die gesuchte Gleichung der Schnittgeraden?

b) Den Punkt A erhält man als Schnitt der Geraden durch Q_1 und Q_4 mit E; entsprechend ergibt sich der Punkt B als Schnitt der Geraden durch Q_3 und Q_4 mit E. Beide Geraden haben besondere Richtungsvektoren. Zur Ermittlung einer Gleichung von h beachte man, daß die x_1x_2-Ebene eine Koordinatenebene ist und somit eine einfache Darstellung hat. Wie lautet diese? Wie ergibt sich somit eine Gleichung von h? Für Punkte C auf h lassen sich nun die Koordinaten in Abhängigkeit eines Parameters angeben. Aus der Bedingung $|\overrightarrow{AC}| = |\overrightarrow{AB}|$ ergeben sich die gesuchten Werte des Parameters.

c) Der Kreis k berühre die Gerade h in L. Für die Berechnung der Koordinaten von L gibt es zwei Möglichkeiten. Entweder man arbeitet mit dem Lot auf h durch R oder aber man schneidet h mit einer Hilfsebene. Wie lautet eine Gleichung dieser Hilfsebene? Der gesuchte Radius r_1 ergibt sich als Betrag eines Vektors. Auf welcher Geraden liegen die Kugelmittelpunkte? Fertige eine Skizze an. Welche Strecken sind bekannt, welche sind gesucht? Welcher Zusammenhang besteht zwischen r, dem Radius r_1 von k und den Abständen der Kugelmittelpunkte von R?

Lösung:

a) **Gleichung der Geraden g**

Mit $Q_2(4|5|3)$ folgt

$$g:\ \vec{x} = r\begin{pmatrix}4\\5\\3\end{pmatrix};\quad r \in \mathbb{R}.$$

Koordinaten des Schnittpunktes von g und E

$g \cap E = \{S\}$: $4r + 5r + 3r = 6$; hieraus folgt $r = \frac{1}{2}$ und somit $S(2|2{,}5|1{,}5)$.

Zeichnung

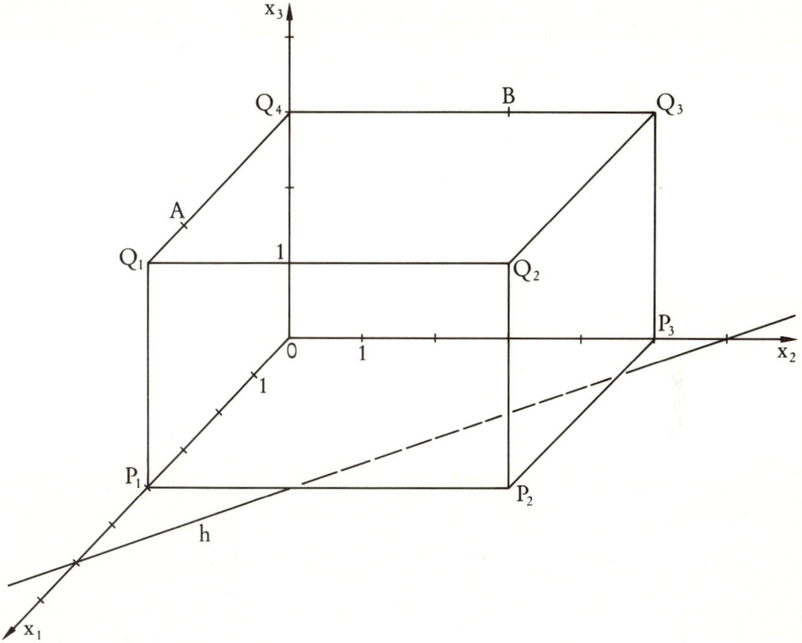

Schnittwinkel von g und E

Der Vektor $\vec{n}=\begin{pmatrix}1\\1\\1\end{pmatrix}$ ist ein Normalenvektor von E.

Für den Schnittwinkel α gilt also

$$\sin\alpha=\frac{\left|\begin{pmatrix}4\\5\\3\end{pmatrix}\cdot\begin{pmatrix}1\\1\\1\end{pmatrix}\right|}{\sqrt{50}\cdot\sqrt{3}}=\frac{12}{\sqrt{150}};\quad \text{somit ist } \alpha\approx 78{,}5°.$$

Gleichung der Schnittgeraden von E und E*

Die Ebene E* durch die Punkte $P_1(4|0|0)$, $P_3(0|5|0)$, $Q_3(0|5|3)$ hat die Gleichung

$$E^*\colon\ \vec{x}=\begin{pmatrix}4\\0\\0\end{pmatrix}+s\begin{pmatrix}-4\\5\\0\end{pmatrix}+t\begin{pmatrix}-4\\5\\3\end{pmatrix};\quad s,t\in\mathbb{R}.$$

G

Für die Schnittgerade k gilt:

$4-4s-4t+5s+5t+3t=6$ bzw. $s=2-4t$.

Also: $\vec{x}=\begin{pmatrix}4\\0\\0\end{pmatrix}+(2-4t)\cdot\begin{pmatrix}-4\\5\\0\end{pmatrix}+t\begin{pmatrix}-4\\5\\3\end{pmatrix}$ bzw.

k: $\quad\vec{x}=\begin{pmatrix}-4\\10\\0\end{pmatrix}+t\begin{pmatrix}12\\-15\\3\end{pmatrix}=\begin{pmatrix}-4\\10\\0\end{pmatrix}+t^*\begin{pmatrix}4\\-5\\1\end{pmatrix};\ t^*\in\mathbb{R}$.

b) **Koordinaten von A und B**

Die Gerade i durch die Punkte Q_1 und Q_4 hat die Gleichung

i: $\vec{x}=\begin{pmatrix}4\\0\\3\end{pmatrix}+p\begin{pmatrix}1\\0\\0\end{pmatrix};\ p\in\mathbb{R}$.

$i\cap E=\{A\}$: $4+p+3=6$; hieraus folgt $p=-1$ und somit $A(3|0|3)$.

Die Gerade j durch die Punkte Q_3 und Q_4 hat die Gleichung

j: $\vec{x}=\begin{pmatrix}0\\0\\3\end{pmatrix}+q\begin{pmatrix}0\\1\\0\end{pmatrix};\ q\in\mathbb{R}$.

$j\cap E=\{B\}$: $q+3=6$; hieraus folgt $q=3$ und somit $B(0|3|3)$.

Gleichung von h

E: $x_1+x_2+x_3=6$

x_1x_2-Ebene: $x_3=0$

Setzt man $x_2=v$, so folgt $x_1=6-v$. Also hat h die Gleichung

h: $\vec{x}=\begin{pmatrix}6-v\\v\\0\end{pmatrix}=\begin{pmatrix}6\\0\\0\end{pmatrix}+v\begin{pmatrix}-1\\1\\0\end{pmatrix};\ v\in\mathbb{R}$.

Zeichnung

Siehe Figur.

Koordinaten von C_1 und C_2

Für Punkte C auf h gilt: $C(6-v|v|0)$. Damit:

$\overrightarrow{AC}=\begin{pmatrix}3-v\\v\\-3\end{pmatrix};\ |\overrightarrow{AC}|=\sqrt{(3-v)^2+v^2+(-3)^2}=\sqrt{2v^2-6v+18};$

$\overrightarrow{AB}=\begin{pmatrix}-3\\3\\0\end{pmatrix};\ |\overrightarrow{AB}|=\sqrt{9+9}=\sqrt{18}.$

Aus der Bedingung $\sqrt{2v^2-6v+18}=\sqrt{18}$ folgt $v(2v-6)=0$ bzw. $v_1=0$; $v_2=3$. Damit: $C_1(6|0|0)$; $C_2(3|3|0)$.

c) **Radius von k**

Für die Berechnung der Koordinaten des Berührpunktes L des Kreises k und der Geraden h gibt es zwei Möglichkeiten.

1. Möglichkeit: Es sei $L(x_1|x_2|x_3)$ der Lotfußpunkt des Lotes auf h durch $R(2|3|1)$. Da $L \in h$ ist, gilt: $x_1=6-v$, $x_2=v$, $x_3=0$.

Aus $\overrightarrow{RL}\cdot\begin{pmatrix}-1\\1\\0\end{pmatrix}=0$ folgt $(4-v)\cdot(-1)+v-3=0$ bzw. $v=3{,}5$.

Also gilt: $L(2{,}5|3{,}5|0)$.

2. Möglichkeit: Es sei H′ die Hilfsebene durch $R(2|3|1)$ senkrecht zu h. Der Berührpunkt L ergibt sich als Schnittpunkt von H′ und h.

$$H'\colon \left[\vec{x}-\begin{pmatrix}2\\3\\1\end{pmatrix}\right]\cdot\begin{pmatrix}-1\\1\\0\end{pmatrix}=0 \quad \text{bzw.} \quad x_1-x_2+1=0$$

$H'\cap h=\{L\}$: $6-v-v+1=0$; hieraus folgt $v=3{,}5$ und somit $L(2{,}5|3{,}5|0)$.

Der Radius r_1 von k ergibt sich nun als Betrag des Vektors $\overrightarrow{RL}$:

$$r_1=|\overrightarrow{RL}|=\left|\begin{pmatrix}-0{,}5\\-0{,}5\\1\end{pmatrix}\right|=\sqrt{1{,}5}.$$

Koordinaten der Kugelmittelpunkte

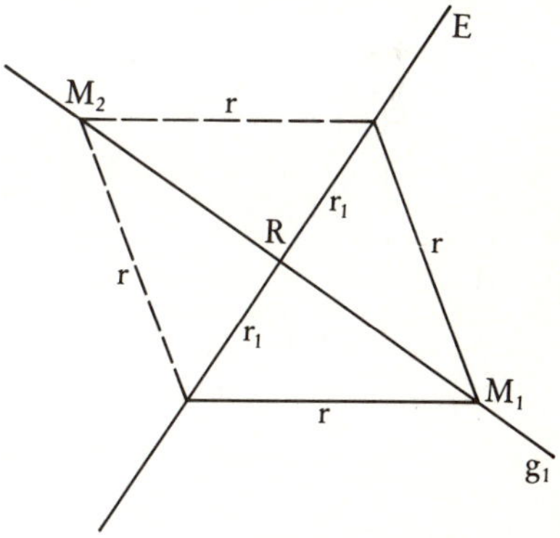

Die gesuchten Kugelmittelpunkte M_1 und M_2 liegen auf der Lotgeraden g_1 zu E durch $R(2|3|1)$.

$$g_1\colon \vec{x}=\begin{pmatrix}2\\3\\1\end{pmatrix}+w\begin{pmatrix}1\\1\\1\end{pmatrix};\quad w\in\mathbb{R}.$$

Für Punkte M auf g_1 gilt:

$M(2+w|3+w|1+w)$.

Aus $|\overrightarrow{RM}|^2+(\sqrt{1{,}5})^2=\left(\frac{3}{2}\sqrt{6}\right)^2$

folgt $3w^2+\frac{3}{2}=\frac{27}{2}$ bzw.

$w_1=-2$; $w_2=2$.

Damit: $M_1(0|1|-1)$; $M_2(4|5|3)$.

Die Ebene E_1 hat die Gleichung $-4x_1+3x_2-3=0$. Die Ebene E_2 geht durch die Punkte $A(0|1|2)$, $B(2|3|2)$, $C(3|5|4)$.

a) Geben Sie eine Koordinatengleichung der Ebene E_2 an.
Bestimmen Sie eine Gleichung der Schnittgeraden von E_1 und E_2.
Berechnen Sie den Winkel zwischen den beiden Ebenen.

b) Die Seitenflächen einer Rinne liegen in den Ebenen E_1 bzw. E_2.
Die Kugel K mit Mittelpunkt $M(5|-4|3)$ berührt E_1.
Geben Sie eine Gleichung von K an.
Zeigen Sie, daß K auch E_2 berührt.
In welchen Punkten berührt die Kugel die Rinne?

c) Die Kugel K aus Teilaufgabe b) rollt in dieser Rinne so aufwärts, daß sie immer die beiden Ebenen E_1 und E_2 berührt.
Geben Sie eine Gleichung der Geraden an, auf der sich dann der Kugelmittelpunkt bewegt.
Die Kugel rollt in der Rinne, bis sich ihr Mittelpunkt in der x_1x_3-Ebene befindet.
Berechnen Sie für diese Lage die Koordinaten des Mittelpunktes M' und der Berührpunkte.
Nun rollt die Kugel weiter, bis sie erstmals die Ebene $x_3=20$ berührt.
Berechnen Sie für diese Lage die Koordinaten des Kugelmittelpunkts.

d) Zeigen Sie, daß der Mittelpunkt der rollenden Kugel nie mit dem Punkt $P(11|0|15)$ zusammenfallen kann.
Untersuchen Sie, ob es eine Lage der rollenden Kugel gibt, so daß sich der Punkt P im Innern der Kugel befindet.

Lösungshinweise:

a) Da drei Punkte gegeben sind, kann man zunächst eine Parametergleichung der Ebene E_2 aufstellen und dann durch Elimination der Parameter eine Koordinatengleichung von E_2 ermitteln. Die Gleichung der Schnittgeraden von E_1 und E_2 kann verschieden ermittelt werden. Entweder man setzt in die Koordinatengleichung von E_1 für x_1, x_2, x_3 die entsprechenden Terme aus der Parametergleichung von E_2 ein oder aber man sucht sich 2 Punkte der Schnittgeraden. Hierzu deutet man die beiden Koordinatengleichungen von E_1 und E_2 als Gleichungssystem und sucht zwei spezielle Lösungen. Wie ergibt sich nun eine Gleichung der Schnittgeraden? Wie erhält man am schnellsten den Schnittwinkel zweier Ebenen, wenn die Gleichungen in Koordinatenform gegeben sind?

b) Von der Kugel K ist der Mittelpunkt M gegeben. Die Kugel K berührt die Ebene E_1. Wie erhält man also den Radius der Kugel? Der Abstand des Punktes M von E_2 läßt sich ebenfalls berechnen. In welchem Fall berührt die Kugel K auch die Ebene E_2? Die Berührpunkte ergeben sich als Schnittpunkte von Lotgeraden mit E_1 bzw. E_2. Wie erhält man Richtungsvektoren dieser Lotgeraden, wenn die zugehörigen Ebenen in Koordinatenform gegeben sind?

c) Vergleiche die Richtung, in der die Kugel rollt, mit der Richtung der Schnittgeraden von E_1 und E_2. Ein Punkt der gesuchten Geraden ist bekannt, welcher? Der Punkt M′ ergibt sich als Schnittpunkt der soeben ermittelten Geraden mit der x_1x_3-Ebene. Durch welche Gleichung wird diese Koordinatenebene beschrieben? Die neuen Berührpunkte ergeben sich durch folgende Überlegung: Bei dem Rollvorgang hat sich der Mittelpunkt der Kugel von M nach M′ bewegt. Durch welchen Vektor wird diese Verschiebung beschrieben? Entsprechend müssen sich auch die alten Berührpunkte verschieben. Wie verläuft die Ebene $x_3 = 20$? Die Kugel K hat den Radius 7 und berührt diese Ebene von unten, denn laut Text rollt die Kugel aufwärts. In welcher Ebene liegt also der jetzt gesuchte Kugelmittelpunkt?

d) In Teilaufgabe c) wurde eine Gleichung der Geraden ermittelt, auf der sich der Kugelmittelpunkt bewegt. Der Nachweis kann also sofort durch eine Punktprobe geführt werden. Bei der Untersuchung, ob der Punkt P im Innern der Kugel mit dem Mittelpunkt M* liegen kann, vergleicht man die Länge des Vektors $\overrightarrow{M^*P}$ mit dem Kugelradius. Dabei liegt M* auf der obigen Geraden. Welche Ungleichung ergibt sich also? Wie untersucht man quadratische Ungleichungen auf Lösungen?

Lösung:

a) **Koordinatengleichung von E_2**

Da drei Punkte der Ebene E_2 gegeben sind, ergibt sich sofort eine Parametergleichung von

$$E_2:\ \vec{x}=\begin{pmatrix}0\\1\\2\end{pmatrix}+r\begin{pmatrix}2\\2\\0\end{pmatrix}+s\begin{pmatrix}3\\4\\2\end{pmatrix};\quad r,s\in\mathbb{R}.$$

Setzt man für $\vec{x}=\begin{pmatrix}x_1\\x_2\\x_3\end{pmatrix}$ ein und eliminiert man r und s, so ergibt sich eine Koordinatengleichung:

$E_2:\ 2x_1-2x_2+x_3=0.$

Gleichung der Schnittgeraden von E_1 und E_2

1. Möglichkeit:

Aus der Parametergleichung von E_2 folgt:

$x_1=2r+3s;\ x_2=1+2r+4s;\ x_3=2+2s.$

Setzt man in die Koordinatengleichung von E_1 für x_1, x_2, x_3 diese Terme ein, ergibt sich:

$-4(2r+3s)+3(1+2r+4s)-3=0.$

Hieraus folgt $r=0$. Also ist

$$\vec{x}=\begin{pmatrix}0\\1\\2\end{pmatrix}+s\begin{pmatrix}3\\4\\2\end{pmatrix};\quad s\in\mathbb{R};$$

eine Gleichung der Schnittgeraden von E_1 und E_2.

2. Möglichkeit:

Eine Gleichung der Schnittgeraden erhält man auch, wenn man 2 Punkte dieser Geraden kennt. Um solche 2 Punkte zu finden, sucht man Lösungen des von beiden Gleichungen gebildeten Gleichungssystems:

$E_1:\ -4x_1+3x_2-3\ =0,$

$E_2:\quad 2x_1-2x_2+x_3=0.$

Multipliziert man die Gleichung von E_2 mit 2 und addiert diese zu der Gleichung von E_1, so erhält man $-x_2+2x_3-3=0$. Die Wahl von $x_3=1$ führt auf $x_2=-1$ und dann auf $x_1=-1{,}5$; die Wahl von $x_3=2$ führt auf $x_2=1$ und dann auf $x_1=0$. Also sind $R(-1{,}5\,|-1\,|\,1)$ und $S(0\,|\,1\,|\,2)$ Punkte der Schnittgeraden. Damit ist

G

$$\vec{x}=\begin{pmatrix}-1,5\\-1\\1\end{pmatrix}+r\begin{pmatrix}1,5\\2\\1\end{pmatrix};\quad r\in\mathbb{R};$$
$$=\begin{pmatrix}-1,5\\-1\\1\end{pmatrix}+r^*\begin{pmatrix}3\\4\\2\end{pmatrix};\quad r^*\in\mathbb{R};$$

eine Gleichung der Schnittgeraden von E_1 und E_2.

Schnittwinkel zwischen E_1 und E_2

Der Schnittwinkel α zwischen den beiden Ebenen läßt sich als Schnittwinkel der zugehörigen Normalen berechnen.

$$\cos\alpha=\left|\frac{\begin{pmatrix}-4\\3\\0\end{pmatrix}\cdot\begin{pmatrix}2\\-2\\1\end{pmatrix}}{\sqrt{25}\cdot\sqrt{9}}\right|=\frac{14}{15};\quad \alpha\approx 21,04°.$$

b) **Gleichung der Kugel K**

Von der Kugel K ist der Mittelpunkt $M(5|-4|3)$ gegeben. Der Radius r der Kugel K ist gleich dem Abstand d_1 des Punktes M von E_1.

HNF von E_1: $\frac{1}{5}(-4x_1+3x_2-3)=0$;

$$r=d_1(M;E_1)=\left|\frac{1}{5}(-4\cdot 5+3\cdot(-4)-3)\right|=7.$$

Damit ergibt sich:

$$K:\ \left[\vec{x}-\begin{pmatrix}5\\-4\\3\end{pmatrix}\right]^2=49.$$

Nachweis, daß K auch E_2 berührt

Die Kugel K berührt auch E_2, wenn der Abstand d_2 des Punktes M von E_2 ebenfalls 7 ist.

HNF von E_2: $\frac{1}{3}(2x_1-2x_2+x_3)=0$;

$$d_2(M;E_2)=\left|\frac{1}{3}(2\cdot 5-2\cdot(-4)+3)\right|=7=r;$$

also berührt K auch E_2.

Koordinaten der Berührpunkte B_1 und B_2

Der Berührpunkt B_1 ergibt sich als Schnittpunkt der Lotgeraden g_1 zu E_1 durch $M(5|-4|3)$ mit E_1. Ein Normalenvektor von E_1 ist also Richtungsvektor von g_1.

g_1: $\vec{x} = \begin{pmatrix} 5 \\ -4 \\ 3 \end{pmatrix} + s \begin{pmatrix} -4 \\ 3 \\ 0 \end{pmatrix}$; $s \in \mathbb{R}$.

$g_1 \cap E_1 = \{B_1\}$: $-4(5-4s) + 3(-4+3s) - 3 = 0$;

hieraus folgt $s = \frac{7}{5}$ und somit $B_1\left(-\frac{3}{5}\middle|\frac{1}{5}\middle|3\right)$.

Der Berührpunkt B_2 ergibt sich als Schnittpunkt der Lotgeraden g_2 zu E_2 durch M mit E_2. Ein Normalenvektor von E_2 ist Richtungsvektor von g_2.

g_2: $\vec{x} = \begin{pmatrix} 5 \\ -4 \\ 3 \end{pmatrix} + t \begin{pmatrix} 2 \\ -2 \\ 1 \end{pmatrix}$; $t \in \mathbb{R}$.

G

$g_2 \cap E_2 = \{B_2\}$: $2(5+2t) - 2(-4-2t) + 3 + t = 0$;

hieraus folgt $t = -\frac{7}{3}$ und somit $B_2\left(\frac{1}{3}\middle|\frac{2}{3}\middle|\frac{2}{3}\right)$.

c) **Gleichung der Geraden, auf der sich der Kugelmittelpunkt bewegt**

Die Kugel rollt in der durch die Ebenen E_1 und E_2 gebildeten Rinne. Also bewegt sich der Kugelmittelpunkt M auf der Geraden g_3 durch M parallel zur Schnittgeraden von E_1 und E_2.
Die Schnittgerade wurde in Teilaufgabe a) berechnet:

$\vec{x} = \begin{pmatrix} 0 \\ 1 \\ 2 \end{pmatrix} + s \begin{pmatrix} 3 \\ 4 \\ 2 \end{pmatrix}$; $s \in \mathbb{R}$.

Damit ist g_3: $\vec{x} = \begin{pmatrix} 5 \\ -4 \\ 3 \end{pmatrix} + t \begin{pmatrix} 3 \\ 4 \\ 2 \end{pmatrix}$; $t \in \mathbb{R}$;

eine Gleichung der gesuchten Geraden.

Koordinaten von M′

Der Punkt M′ ergibt sich als Schnittpunkt der Geraden g_3 mit der x_1x_3-Ebene. Die x_1x_3-Koordinatenebene wird durch $x_2 = 0$ beschrieben. Mit $x_2 = 0$ folgt aus der Gleichung für g_3: $0 = -4 + 4t$; hieraus folgt $t = 1$ und somit $M'(8|0|5)$.

Koordinaten der Berührpunkte B_1' und B_2'

Bei dem Rollvorgang hat sich der Kugelmittelpunkt von $M(5|-4|3)$ nach $M'(8|0|5)$ bewegt. Diese Bewegung wird durch den Vektor

$\vec{u} = \begin{pmatrix} 3 \\ 4 \\ 2 \end{pmatrix}$ beschrieben. Die in Teilaufgabe b) ermittelten Berührpunkte verschieben sich in gleicher Weise:

$B_1'\left(\frac{12}{5}\middle|\frac{21}{5}\middle|5\right)$ und $B_2'\left(\frac{10}{3}\middle|\frac{14}{3}\middle|\frac{8}{3}\right)$.

Koordinaten von M″

Die Ebene $x_3=20$ verläuft parallel zur x_1x_2-Ebene. Der Radius der Kugel (vgl. Teilaufgabe b)) ist $r=7$. Da die Kugel aufwärts rollt, berührt sie die Ebene $x_3=20$ von unten. Also liegt der Mittelpunkt M″ in der Ebene $x_3=13$. Der Mittelpunkt M″ ergibt sich als Schnittpunkt der Geraden g_3 mit dieser Ebene $x_3=13$. Aus $13=3+2t$ folgt $t=5$ und somit $M''(20|16|13)$.

d) **Nachweis**

Zu zeigen ist, daß der gegebene Punkt $P(11|0|15)$ nicht auf der Geraden g_3 liegt. Die Punktprobe liefert $11=5+3t$ und hieraus $t=2$. Da $0 \neq -4+4\cdot 2$ ist, liegt P nicht auf g_3.

Untersuchung, ob P im Innern der rollenden Kugel liegen kann

Bei dem Rollvorgang liegt der Kugelmittelpunkt M* auf g_3. Also ist $M^*(5+3t|-4+4t|3+2t)$. Der Punkt $P(11|0|15)$ liegt im Innern der rollenden Kugel, wenn der Betrag des Vektors $\overrightarrow{M^*P}$ kleiner als der Kugelradius $r=7$ werden kann.

Es ist $\overrightarrow{M^*P}=\begin{pmatrix}6-3t\\4-4t\\12-2t\end{pmatrix}$. Hieraus folgt:

$$|\overrightarrow{M^*P}|=\sqrt{(6-3t)^2+(4-4t)^2+(12-2t)^2}$$
$$=\sqrt{29t^2-116t+196}.$$

Zu untersuchen ist also die Ungleichung

$29t^2-116t+196<49$ bzw.

$29t^2-116t+147<0$.

Die zugehörige Parabel hat die Gleichung $y=29t^2-116t+147$.

Die Nullstellen ergeben sich aus $29t^2-116t+147=0$. Da die Diskriminante $116^2-4\cdot 29\cdot 147$ aber negativ ist, gibt es keine Nullstellen, d.h., das Schaubild verläuft ganz oberhalb der x-Achse. Die zu untersuchende Ungleichung hat keine Lösung; es gibt also keine Lage der rollenden Kugel, so daß sich der Punkt P im Innern der Kugel befindet.

Aufgabe 91/2

Die Punkte O(0|0|0), A(6|0|0), B(0|6|0), C(0|0|6), F(6|6|6) sind Eckpunkte eines Würfels.
Zu jedem $t \in \mathbb{R}$ ist eine Ebene E_t gegeben durch $x_1 + x_2 + x_3 = 3(t+1)$.

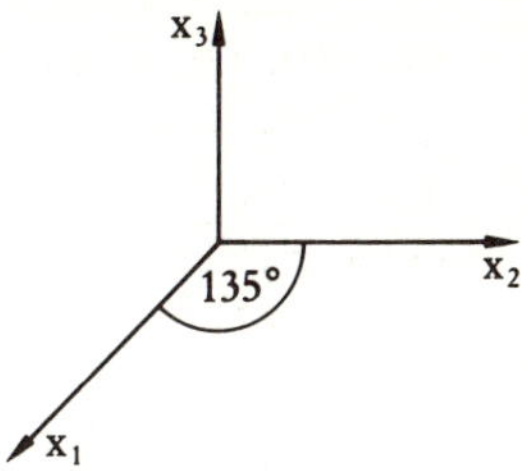

a) Zeichnen Sie den Würfel in den Achsenkreuz ein. (LE 1 cm; Verkürzungsfaktor in x_1-Richtung $\frac{1}{2}\sqrt{2}$)
Die Ebene E_2 schneidet die Koordinatenachsen in den Punkten S_1, S_2, S_3.
Zeichnen Sie das Dreieck $S_1S_2S_3$ in das vorhandene Achsenkreuz ein.
Die Ebene E_2 schneidet den Würfel in einem regelmäßigen Sechseck.
Die Eckpunkte des Sechsecks liegen auf den Seiten des Dreiecks $S_1S_2S_3$.
Zeichnen Sie das Sechseck ein.
Geben Sie die Koordinaten der in der x_2x_3-Ebene liegenden Eckpunkte des Sechsecks an.
Zeigen Sie: Das Dreieck ABC und das Sechseck haben den gleichen Umfang.
Weisen Sie nach, daß die gerade OF das Dreieck ABC in seinem Schwerpunkt rechtwinklig schneidet.

b) Berechnen Sie das Volumen V_1 der Pyramide OABC.
Bestimmen Sie den Flächeninhalt des Dreiecks ABC.
V_2 ist das Volumen der Pyramide ABCF.
Zeigen Sie: Die Summe von V_1 und V_2 ist gleich dem halben Volumen des Würfels.

c) Die Ebenen E_t sind zueinander parallel.
In welcher dieser Ebenen liegt der Ursprung O?
Begründen Sie, daß das Dreieck ABC in einer der Scharebenen E_t liegt.
Für welche Werte von t schneidet E_t den Würfel in einem Dreieck?

d) Die Kugel K_1 hat ihren Mittelpunkt im Ursprung und berührt die Ebene E_2.
Bestimmen Sie eine Gleichung von K_1.
Der Mittelpunkt des Sechsecks aus Teilaufgabe a) ist Mittelpunkt einer Kugel K_2, die die Sechseckseiten berührt.
Bestimmen Sie eine Gleichung von K_2.
Die Kugeln K_1 und K_2 schneiden sich in einem Kreis, der in einer der Scharebenen E_t liegt.
Bestimmen Sie das zugehörige t.

G

Lösungshinweise:

a) Die Ebene E_t ist in Koordinatenform gegeben. Wie erhält man hieraus die Koordinaten der Schnittpunkte mit den Koordinatenachsen? Nachdem man das Dreieck $S_1S_2S_3$ eingezeichnet hat, sind schon 3 Seiten des Sechsecks in der Figur. Die restlichen 3 Seiten ergeben sich als Verbindungsstrecken von Kantenmitten. Die gesuchten Eckpunkte des Sechsecks liegen in der x_2x_3-Ebene; damit ist schon eine Koordinate bekannt. Mit Hilfe einfacher geometrischer Überlegungen ergeben sich die anderen Koordinaten. Welches besondere Dreieck ist Dreieck ABC? Wie erhält man also den zugehörigen Umfang? Wo liegen die Eckpunkte des Sechsecks? Was folgt hieraus für das Sechseck? Für die einzelnen Koordinaten des Schwerpunktes eines Dreiecks gibt es jeweils eine Formel; welche? Liegt der Schwerpunkt auf der Geraden OF? Den Nachweis, daß die Gerade OF das Dreieck ABC in S rechtwinklig schneidet, kann man verschieden erbringen: Entweder man arbeitet mit dem Skalarprodukt oder aber man vergleicht die Lage des Dreiecks ABC mit der von Dreieck $S_1S_2S_3$.

b) Das Volumen V_1 ist einfach zu bestimmen, wenn man das Dreieck OAB als Grundfläche ansieht. Wie lautet die Formel für den Flächeninhalt eines gleichseitigen Dreiecks? Zur Berechnung von V_2 deute das Dreieck ABC als Grundfläche. Welche Strecke ist dann die zugehörige Höhe?

c) Die Ebene durch den Ursprung O erhält man durch eine Punktprobe. Punktproben liefern auch eine mögliche Begründung dafür, daß das Dreieck ABC in einer der Ebenen E_t liegt. Eine andere Möglichkeit ist der Rückgriff auf Teilaufgabe a). Die Ebenen E_t sind alle parallel. Ein Normalenvektor aller Ebenen ist bekannt. Für welche Werte von t berühren die zugehörigen Ebenen den Würfel? Welche Ebene schneidet den Würfel in einem gleich großen Dreieck wie ABC? Damit ergeben sich Intervalle für die gesuchten Werte von t.

d) Der Mittelpunkt der Kugel K_1 ist bekannt. Der Radius r_1 ergibt sich als Abstand. Der Mittelpunkt der Kugel K_2 ergibt sich sofort aufgrund von Symmetrieüberlegungen. Das Sechseck ist regelmäßig; es kann also in spezielle Dreiecke zerlegt werden. Wie ergibt sich nun der Radius r_2 der Kugel K_2? Wie bestimmt man die Ebene, in welcher der Schnittkreis zweier Kugeln liegt? Eine andere Möglichkeit zur Bestimmung des gesuchten Wertes für t bietet sich an, wenn man einen Schnitt durch die zwei sich schneidenden Kugeln zeichnet und dann zweimal den Satz des Pythagoras anwendet.

Lösung:

a) **Zeichnung**

Siehe Figur.

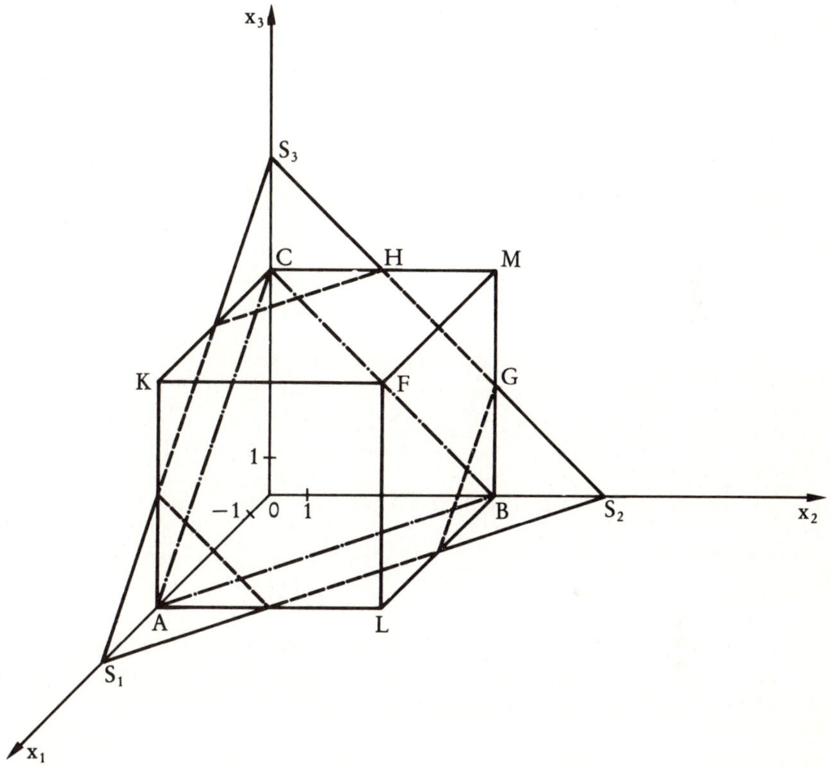

Koordinaten der Schnittpunkte der Achsen mit E_2

E_2: $x_1 + x_2 + x_3 = 9$

Schnittpunkt S_1 mit der x_1-Achse: $x_2 = x_3 = 0$; $x_1 = 9$; $S_1(9|0|0)$.
Schnittpunkt S_2 mit der x_2-Achse: $x_1 = x_3 = 0$; $x_2 = 9$; $S_2(0|9|0)$.
Schnittpunkt S_3 mit der x_3-Achse: $x_1 = x_2 = 0$; $x_3 = 9$; $S_3(0|0|9)$.

Zeichnung

Siehe Figur.

Koordinaten der in der x_2x_3-Ebene liegenden Eckpunkte des Sechsecks

Die Gerade durch die Punkte S_2 und S_3 schneide das in der x_2x_3-Ebene liegende Quadrat in den Punkten G und H. Da $\overline{BS_2} = \overline{BG}$ und $\overline{CS_3} = \overline{CH}$ ist, ergibt sich $G(0|6|3)$ und $H(0|3|6)$.

Nachweis des gleichen Umfangs

Aufgrund der Koordinaten von A, B und C ist das Dreieck ABC gleichseitig.

Mit $\overrightarrow{AB} = \begin{pmatrix} -6 \\ 6 \\ 0 \end{pmatrix}$ ergibt sich $|\overrightarrow{AB}| = \sqrt{72} = 6 \cdot \sqrt{2}$.

Für den Umfang U_1 des Dreiecks folgt damit:

$U_1 = 3 \cdot 6 \cdot \sqrt{2} = 18 \cdot \sqrt{2}$.

Die Eckpunkte des Sechsecks liegen jeweils in der Mitte der zugehörigen Kanten des Würfels. Das Sechseck ist also regelmäßig.

Mit $\overrightarrow{GH} = \begin{pmatrix} 0 \\ -3 \\ 3 \end{pmatrix}$ ergibt sich $|\overrightarrow{GH}| = \sqrt{18} = 3 \cdot \sqrt{2}$.

Für den Umfang U_2 des Sechsecks folgt damit:

$U_2 = 6 \cdot 3 \cdot \sqrt{2} = 18 \cdot \sqrt{2}$.

Also haben das Dreieck ABC und das Sechseck den gleichen Umfang.

Nachweis

Für die Koordinaten des Schwerpunktes $S(x_1|x_2|x_3)$ gilt:

$$x_1 = \frac{1}{3}(x_{1A} + x_{1B} + x_{1C});\ x_2 = \frac{1}{3}(x_{2A} + x_{2B} + x_{2C});\ x_3 = \frac{1}{3}(x_{3A} + x_{3B} + x_{3C}).$$

Somit ergibt sich: $S\left(\frac{1}{3} \cdot 6 \,\middle|\, \frac{1}{3} \cdot 6 \,\middle|\, \frac{1}{3} \cdot 6\right) = S(2|2|2)$.

Die Gerade durch die Punkte $O(0|0|0)$ und $F(6|6|6)$ hat die Gleichung:

$$\vec{x} = r \begin{pmatrix} 1 \\ 1 \\ 1 \end{pmatrix};\quad r \in \mathbb{R}.$$

Für $r = 2$ ergibt sich der Schwerpunkt S.

Der Nachweis, daß die Gerade OF das Dreieck ABC in S rechtwinklig schneidet, kann verschieden erbracht werden.

1. Möglichkeit:

Mit $\overrightarrow{SA}=\begin{pmatrix}4\\-2\\-2\end{pmatrix}$; $\overrightarrow{SB}=\begin{pmatrix}-2\\4\\-2\end{pmatrix}$; $\overrightarrow{SC}=\begin{pmatrix}-2\\-2\\4\end{pmatrix}$ folgt

$$\overrightarrow{SA}\cdot\begin{pmatrix}1\\1\\1\end{pmatrix}=0;\ \overrightarrow{SB}\cdot\begin{pmatrix}1\\1\\1\end{pmatrix}=0;\ \overrightarrow{SC}\cdot\begin{pmatrix}1\\1\\1\end{pmatrix}=0.$$

Die Gerade OF schneidet also das Dreieck ABC in S rechtwinklig.

2. Möglichkeit:

Das Dreieck ABC geht durch zentrische Streckung von O aus mit dem Streckfaktor 1,5 in das Dreieck $S_1S_2S_3$ über. Also ist die Ebene durch die Punkte A, B und C parallel zur Ebene E_2. Die Ebene E_2 aber hat den Richtungsvektor

$\begin{pmatrix}1\\1\\1\end{pmatrix}$ der Geraden OF als Normalenvektor.

G

b) Berechnung des Volumens V_1

Deutet man von der Pyramide OABC die Fläche OAB als Grundfläche und die Strecke OC als Höhe, so ergibt sich:

$$V_1=\frac{1}{3}\cdot\frac{1}{2}\cdot|\overrightarrow{OA}|\cdot|\overrightarrow{OB}|\cdot|\overrightarrow{OC}|$$
$$=\frac{1}{3}\cdot\frac{1}{2}\cdot 6\cdot 6\cdot 6=36.$$

Berechnung des Flächeninhalts von Dreieck ABC

Das Dreieck ABC ist gleichseitig. Ein gleichseitiges Dreieck mit der Kantenlänge a hat den Flächeninhalt $A=\frac{a^2}{4}\cdot\sqrt{3}$. Mit $a=|\overrightarrow{AB}|=6\cdot\sqrt{2}$ (vgl. Teilaufgabe a)) ergibt sich:

$$A=\frac{36\cdot 2}{4}\cdot\sqrt{3}=18\cdot\sqrt{3}.$$

Nachweis von $V_1+V_2=\frac{1}{2}V_3$

Deutet man von der Pyramide ABCF die Fläche ABC als Grundfläche und die Strecke SF als Höhe, so ergibt sich:

$$V_2=\frac{1}{3}\cdot 18\cdot\sqrt{3}\cdot|\overrightarrow{SF}|=6\cdot\sqrt{3}\cdot 4\cdot\sqrt{3}=72.$$

Damit ist
$V_1 + V_2 = 36 + 72 = 108.$
Das Volumen V_3 des Würfels ist $V_3 = 6^3 = 216.$
Also ist $V_1 + V_2 = \frac{1}{2} \cdot V_3.$

c) **Ebene durch den Ursprung**

Für $O(0|0|0)$ ergibt sich aus der Gleichung für die Ebene E_t: $0 = 3(t+1)$. Also geht die Ebene E_{-1} durch den Ursprung.

Begründung, daß das Dreieck ABC in einer der Scharebenen E_t liegt

1. Möglichkeit:
Setzt man die Koordinaten von A, B bzw. C in die Gleichung für die Ebene E_t ein, ergibt sich jeweils $t = 1$; d.h., das Dreieck ABC liegt in der Ebene E_1.

2. Möglichkeit:
Die Gleichung für E_t beschreibt eine Schar paralleler Ebenen; die Ebene E_2 gehört zu dieser Schar. Die Ebene durch die Punkte A, B und C ist parallel zur Ebene E_2 (vgl. Teilaufgabe a)).

Ermittlung der Werte von t

Alle Ebenen haben den Vektor $\begin{pmatrix}1\\1\\1\end{pmatrix}$ als Normalenvektor; d.h., die überhaupt zu betrachtenden Ebenen liegen senkrecht zur räumlichen Diagonale des Würfels durch O und F. Für $t = -1$ berührt die zugehörige Ebene den Würfel in O, für $t = 5$ den Würfel in $F(6|6|6)$. Dies sind also Grenzlagen. Für $t = 1$ geht die Ebene durch die Punkte A, B und C, für $t = 3$ durch die Punkte $K(6|0|6)$, $L(6|6|0)$ und $M(0|6|6)$. E_t schneidet also den Würfel in einem Dreieck für $-1 < t \leqq 1$ oder $3 \leqq t < 5$.

d) **Gleichung von K_1**

Der Radius r_1 der Kugel K_1 ist gleich dem Abstand d_1 des Ursprungs O von E_2.
HNF von E_2: $\frac{1}{\sqrt{3}}(x_1 + x_2 + x_3 - 9) = 0$;

$r_1 = d_1(O; E_2) = \left|\frac{-9}{\sqrt{3}}\right| = 3 \cdot \sqrt{3}.$

Damit ergibt sich:
K_1: $\vec{x}^2 = 27.$

Gleichung von K_2

Aufgrund der Symmetrie ist $M_2(3|3|3)$ der Mittelpunkt des Sechsecks. Das Dreieck M_2GH ist gleichseitig mit der Seitenlänge $|\overrightarrow{GH}|=3\cdot\sqrt{2}$ (vgl. Teilaufgabe a)). Der Radius r_2 der Kugel K_2 ergibt sich als Höhe dieses Dreiecks:

$$r_2=\frac{1}{2}\cdot 3\cdot\sqrt{2}\cdot\sqrt{3}=\frac{3}{2}\cdot\sqrt{6}.$$

$$K_2:\ \left[\vec{x}-\begin{pmatrix}3\\3\\3\end{pmatrix}\right]^2=\frac{27}{2}$$

Berechnung des Wertes von t

1. Möglichkeit:

Laut Aufgabe schneiden sich die beiden Kugeln:

$$K_1:\ x_1^2+x_2^2+x_3^2=27;$$

$$K_2:\ (x_1-3)^2+(x_2-3)^2+(x_3-3)^2=\frac{27}{2}.$$

Die Ebene des Schnittkreises ergibt sich, wenn man beide Gleichungen subtrahiert.

$$x_1^2+x_2^2+x_3^2=27 \qquad (1)$$

$$x_1^2-6x_1+9+x_2^2-6x_2+9+x_3^2-6x_3+9=\frac{27}{2} \qquad (2)$$

$$(1)-(2):\quad 6x_1-9+6x_2-9+6x_3-9=\frac{27}{2}$$

bzw. $$x_1+x_2+x_3=\frac{27}{4}$$

Aus $\frac{27}{4}=3(t+1)$ folgt $t=\frac{5}{4}=1{,}25$.

2. Möglichkeit:

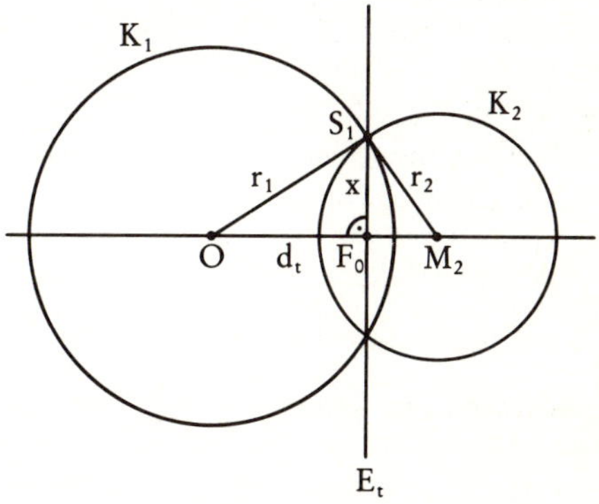

In der Figur ist d_t der Abstand des Ursprungs von der Ebene E_t.

HNF von E_t:

$$\frac{1}{\sqrt{3}}(x_1+x_2+x_3-3(t+1))=0;$$

$$d_t(O;E_t)=\left|\frac{-3(t+1)}{\sqrt{3}}\right|=\sqrt{3}(t+1).$$

Die Strecke OM_2 hat die Länge $|\overrightarrow{OM_2}|=\sqrt{27}$.

Wendet man den Satz des Pythagoras auf die Dreiecke OF_0S_1 und $F_0M_2S_1$ an, ergibt sich:

$$d_t^2 + x^2 = r_1^2 \qquad (1)$$

$$(\sqrt{27} - d_t)^2 + x^2 = r_2^2 \qquad (2)$$

$$(1)-(2): \qquad d_t^2 - (\sqrt{27} - d_t)^2 = r_1^2 - r_2^2 .$$

Setzt man r_1, r_2 und d_t ein, so folgt:

$$[\sqrt{3}(t+1)]^2 - [\sqrt{27} - \sqrt{3}(t+1)]^2 = 27 - \frac{27}{2} .$$

Dies ist eine Gleichung für t; aus ihr folgt $t = \frac{5}{4}$.

Gegeben sind die Punkte $A(1|6|-5)$, $B(7|9|1)$, $C(4|3|7)$ und $D(-16|-8|-2)$ sowie die Gerade g_1: $\vec{x}=\begin{pmatrix}-1\\5\\-7\end{pmatrix}+s\begin{pmatrix}2\\1\\2\end{pmatrix}$; $s \in \mathbb{R}$.

Die Punkte A, B und C liegen in der Ebene E.

a) Zeigen Sie, daß das Dreieck ABC rechtwinklig ist.
Berechnen Sie seinen Flächeninhalt.
Welche der Punkte A, B, C liegen auf der Geraden g_1?
Bestimmen Sie eine Koordinatengleichung von E.
Geben Sie eine Gleichung der Geraden g_2 durch A und D an.
Unter welchem Winkel schneidet g_2 die Ebene E?

b) Der Punkt D ist Mittelpunkt der Kugel K, welche die Ebene E berührt.
Zeigen Sie, daß K die folgende Gleichung hat:

$$\vec{x}^2+\begin{pmatrix}32\\16\\4\end{pmatrix}\cdot\vec{x}+315=0.$$

Berechnen Sie die Koordinaten des Berührpunktes von K und E.
Ermitteln Sie eine Gleichung der zu E parallelen Tangentialebene an K.

c) Es gibt zwei Kugeln mit dem Ursprung als Mittelpunkt, die die Kugel K aus Teilaufgabe b) berühren.
Berechnen Sie die Koordinaten der Berührpunkte und die Kugelradien.

d) Zu jedem $t \in \mathbb{R}$ ist eine Kugel K_t gegeben durch

$$K_t:\ \left[\vec{x}-\begin{pmatrix}t-7\\t+1\\-2\end{pmatrix}\right]^2=9.$$

Auf welcher Geraden liegen die Mittelpunkte aller Kugeln K_t?
Begründen Sie, daß jede der Kugeln K_t die Ebene E berührt.
Beschreiben Sie geometrisch die Menge aller Punkte, die auf mindestens einer der Scharkugeln K_t liegen.
Welche dieser Punkte liegen auf genau einer der Kugeln K_t?

G

Lösungshinweise:

a) Berechne die Vektoren $\overrightarrow{AB}$, $\overrightarrow{AC}$ und $\overrightarrow{BC}$. Wie weist man nach, daß zwei Vektoren orthogonal sind? Wie berechnet man den Flächeninhalt eines rechtwinkligen Dreiecks? Die Lagen von A, B und C lassen sich mit Hilfe von Punktproben klären. Da drei Punkte gegeben sind, kann man zunächst eine Parametergleichung der Ebene E aufstellen und dann durch Elimination der Parameter eine Koordinatengleichung ermitteln. Wie bestimmt man die Gleichung einer Geraden, von der zwei Punkte gegeben sind? Wie berechnet man den Schnittwinkel einer Geraden und einer Ebene?

b) Der Radius r der Kugel K ergibt sich als Abstand des Punktes D von der Ebene E. Damit ist eine Gleichung der Kugel K in der Form $(\vec{x}-\vec{m})^2=r^2$ angebbar. Ausmultiplizieren der linken Seite ergibt die angegebene Form. Der Berührpunkt ergibt sich als Schnittpunkt der Lotgeraden zu E durch D mit E. Der Berührpunkt der anderen Tangentialebene ergibt sich durch Punktspiegelung; an welchem Punkt?

c) Fertige eine Planfigur für die beschriebene Situation an. Auf welcher Geraden liegen die Berührpunkte der Kugeln? Der Richtungsvektor dieser Geraden ist bekannt. Damit lassen sich die Ortsvektoren der Berührpunkte angeben, wenn man den Richtungsvektor auf die Länge 1 normiert. Die Kugelradien ergeben sich als Summe bzw. als Differenz.

d) Zur Ermittlung der Gleichung der Geraden spalte den Ortsvektor des Mittelpunktes M_t auf. Die Begründung, daß die Kugeln die Ebene E berühren, kann über eine Abstandsberechnung erfolgen, oder aber man untersucht die Richtung der Ortslinie aller Mittelpunkte im Vergleich mit der Lage der Ebene E. Zur geometrischen Beschreibung fertige eine Planfigur an.

Lösung:

a) **Nachweis, daß das Dreieck ABC rechtwinklig ist**

Mit $\overrightarrow{AB}=\begin{pmatrix}6\\3\\6\end{pmatrix}$; $\overrightarrow{AC}=\begin{pmatrix}3\\-3\\12\end{pmatrix}$; $\overrightarrow{BC}=\begin{pmatrix}-3\\-6\\6\end{pmatrix}$ folgt $\overrightarrow{AB}\cdot\overrightarrow{BC}=0$; also ist das Dreieck ABC rechtwinklig mit dem rechten Winkel bei B.

Flächeninhalt des Dreiecks ABC

$$A_\Delta=\frac{1}{2}\cdot|\overrightarrow{AB}|\cdot|\overrightarrow{BC}|=\frac{1}{2}\cdot 9\cdot 9=\frac{81}{2}$$

Punktproben

Aus $\begin{cases} 1=-1+2s \\ 6=5+s \\ -5=-7+2s \end{cases}$ folgt $s=1$; also $A \in g_1$.

Aus $\begin{cases} 7=-1+2s \\ 9=5+s \\ 1=-7+2s \end{cases}$ folgt $s=4$; also $B \in g_1$.

Der Punkt C liegt somit nicht auf g_1.

Koordinatengleichung von E

Da drei Punkte der Ebene gegeben sind, ergibt sich sofort eine Parametergleichung von E:

$$\vec{x}=\begin{pmatrix}1\\6\\-5\end{pmatrix}+r\begin{pmatrix}2\\1\\2\end{pmatrix}+s\begin{pmatrix}1\\-1\\4\end{pmatrix};\quad r, s \in \mathbb{R}.$$

Setzt man für $\vec{x}=\begin{pmatrix}x_1\\x_2\\x_3\end{pmatrix}$ ein und eliminiert man r und s, so ergibt sich eine Koordinatengleichung:

E: $2x_1-2x_2-x_3+5=0$.

Gleichung der Geraden g_2 durch A und D

$$g_2:\ \vec{x}=\begin{pmatrix}1\\6\\-5\end{pmatrix}+t\begin{pmatrix}-17\\-14\\3\end{pmatrix};\quad t \in \mathbb{R}$$

Schnittwinkel zwischen g_2 und E

Es bezeichne $\alpha \leqq 90°$ den Schnittwinkel zwischen der Geraden g_2 und der Ebene E.

$$\sin\alpha=\frac{\left|\begin{pmatrix}-17\\-14\\3\end{pmatrix}\cdot\begin{pmatrix}2\\-2\\-1\end{pmatrix}\right|}{\sqrt{494}\cdot\sqrt{9}}=\frac{9}{3\cdot\sqrt{494}}=\frac{3}{\sqrt{494}};\quad \alpha\approx 7{,}76°$$

b) **Gleichung der Kugel K**

Der Radius r der Kugel K ist gleich dem Abstand d des Punktes $D(-16|-8|-2)$ von E.

HNF von E: $\frac{1}{3}(2x_1-2x_2-x_3+5)=0$;

$r=d(D;E)=3$.

Damit ergibt sich:

$$K:\ \left[\vec{x}-\begin{pmatrix}-16\\-8\\-2\end{pmatrix}\right]^2=9.$$

Durch Ausmultiplizieren folgt hieraus

$$\vec{x}^2+\begin{pmatrix}32\\16\\4\end{pmatrix}\vec{x}+315=0.$$

Koordinaten des Berührpunktes von K und E

Die Lotgerade g_3 zu E durch D schneidet E in B_1.

$$g_3:\ \vec{x}=\begin{pmatrix}-16\\-8\\-2\end{pmatrix}+u\begin{pmatrix}2\\-2\\-1\end{pmatrix};\quad u\in\mathbb{R}$$

$g_3\cap E=\{B_1\}$: $2(-16+2u)-2(-8-2u)-(-2-u)+5=0$.

Hieraus folgt $u=1$ und damit $B_1(-14|-10|-3)$.

Gleichung der zu E parallelen Tangentialebene an K

Es sei B_1' der Berührpunkt der zu E parallelen Tangentialebene an K. Er ergibt sich als Bildpunkt von B_1 bei der Punktspiegelung an D. Damit ergeben sich die Koordinaten von B_1' aus der Gleichung von g_3 für $u=-1$: $B_1'(-18|-6|-1)$.

Als zu E parallele Tangentialebene E' an K folgt somit:

$$\left[\vec{x}-\begin{pmatrix}-16\\-8\\-2\end{pmatrix}\right]\cdot\left[\begin{pmatrix}-18\\-6\\-1\end{pmatrix}-\begin{pmatrix}-16\\-8\\-2\end{pmatrix}\right]=9$$

bzw. $2x_1-2x_2-x_3+23=0$.

c) **Koordinaten der Berührpunkte**

Die gesuchten Berührpunkte S_1 und S_2 ergeben sich als Schnittpunkte der Geraden g_4 durch O und D mit K (siehe Figur). Die Gerade g_4 hat den Richtungsvektor $\vec{w}=\begin{pmatrix}-16\\-8\\-2\end{pmatrix}$. Damit lassen sich die Ortsvektoren der Punkte S_1 und S_2 mit Hilfe des Einheitsvektors $\vec{w_0}$ wie folgt darstellen:

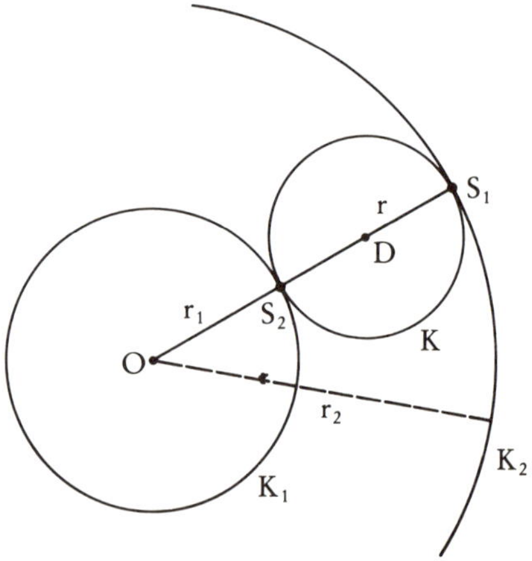

$$\overrightarrow{OS_1} = \overrightarrow{OD} - 3\cdot\overrightarrow{w_0} = \overrightarrow{OD} - 3\cdot\frac{\vec{w}}{|\vec{w}|} = \begin{pmatrix}-16\\-8\\-2\end{pmatrix} - 3\cdot\frac{\begin{pmatrix}-16\\-8\\-2\end{pmatrix}}{18} = \frac{5}{6}\cdot\begin{pmatrix}-16\\-8\\-2\end{pmatrix};$$

also: $S_1\left(-\frac{40}{3}\middle|-\frac{20}{3}\middle|-\frac{5}{3}\right)$.

$$\overrightarrow{OS_2} = \overrightarrow{OD} + 3\cdot\overrightarrow{w_0} = \overrightarrow{OD} + 3\cdot\frac{\vec{w}}{|\vec{w}|} = \begin{pmatrix}-16\\-8\\-2\end{pmatrix} + 3\cdot\frac{\begin{pmatrix}-16\\-8\\-2\end{pmatrix}}{18} = \frac{21}{18}\cdot\begin{pmatrix}-16\\-8\\-2\end{pmatrix};$$

also: $S_2\left(-\frac{56}{3}\middle|-\frac{28}{3}\middle|-\frac{7}{3}\right)$.

Berechnung der Kugelradien

$r_1 = |\overrightarrow{OS_1}| = |\overrightarrow{OD}| - r = 18 - 3 = 15$

$r_2 = |\overrightarrow{OS_2}| = |\overrightarrow{OD}| + r = 18 + 3 = 21$

d) **Gerade durch die Mittelpunkte aller Kugeln K_t**

Die Kugel K_t hat den Mittelpunkt $M_t(t-7\,|\,t+1\,|\,-2)$.
Die gesuchte Gerade g_5 hat somit die Gleichung:

$$g_5:\ \vec{x} = \begin{pmatrix}t-7\\t+1\\-2\end{pmatrix} = \begin{pmatrix}-7\\1\\-2\end{pmatrix} + t\begin{pmatrix}1\\1\\0\end{pmatrix};\quad t\in\mathbb{R}.$$

Begründung

1. Möglichkeit:

Alle Kugeln K_t haben den gleichen Radius $r=3$. Der Abstand d_t des Mittelpunktes M_t von E ist (vgl. Teilaufgabe b)):

$$d_t(M_t;E) = \left|\frac{1}{3}\cdot[2(t-7)-2(t+1)+2+5]\right| = 3 = r \text{ für alle } t.$$

Also berührt jede der Kugeln K_t die Ebene E.

2. Möglichkeit:

Da alle Kugeln den gleichen Radius $r=3$ haben, berühren sie die Ebene E, wenn die Ortslinie der Mittelpunkte parallel zu E verläuft. Die Gerade g_5 hat den Richtungsvektor $\begin{pmatrix}1\\1\\0\end{pmatrix}$; die Ebene E hat die Richtungsvektoren $\begin{pmatrix}2\\1\\2\end{pmatrix}$ und $\begin{pmatrix}1\\-1\\4\end{pmatrix}$.

Aus $\begin{pmatrix}1\\1\\0\end{pmatrix}=r\begin{pmatrix}2\\1\\2\end{pmatrix}+s\begin{pmatrix}1\\-1\\4\end{pmatrix}$ folgt $r=\frac{2}{3}$; $s=-\frac{1}{3}$.

Damit ist der Richtungsvektor von g_5 als Linearkombination der Richtungsvektoren der Ebene E darstellbar; d.h., g_5 ist parallel zu E. Jede der Kugeln K_t berührt die Ebene E.

Beschreibung

Die Menge aller Punkte, die auf mindestens einer der Scharkugeln K_t liegen, ist ein unbegrenzter Vollzylinder mit der Achse g_5 und dem Durchmesser 6. Dieser Vollzylinder berührt die Ebene E (vgl. die Figur).
Auf genau einer der Kugeln K_t liegen die Punkte des Mantels dieses Vollzylinders.

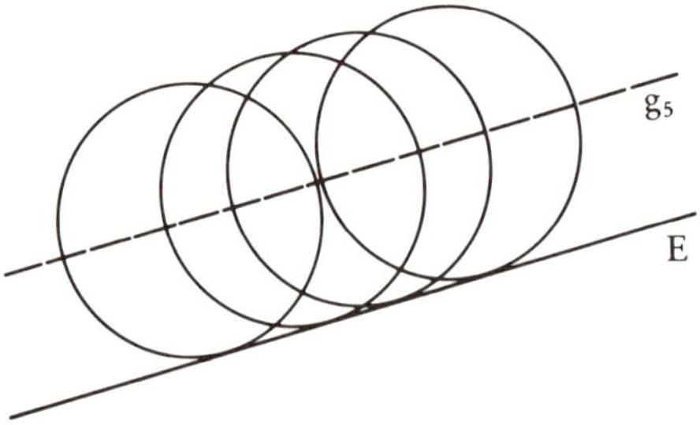

Die Ebene E enthält die Punkte P(6|6|0), Q(2|2|6) und R(4|5|2).
Die Punkte P, A(2|8|0) und O(0|0|0) sind Eckpunkte einer massiven dreiseitigen Pyramide mit der Spitze S(4|6|10).

a) Stellen Sie eine Koordinatengleichung von E auf.
Ermitteln Sie eine Gleichung der Schnittgeraden der Ebene E mit der x_1x_2-Ebene.
Zeigen Sie, daß A und P auf dieser Schnittgeraden liegen.
Zeichnen Sie ein Schrägbild der Pyramide.
(LE 1 cm; Verkürzungsfaktor in x_1-Richtung $\frac{1}{2}\sqrt{2}$)

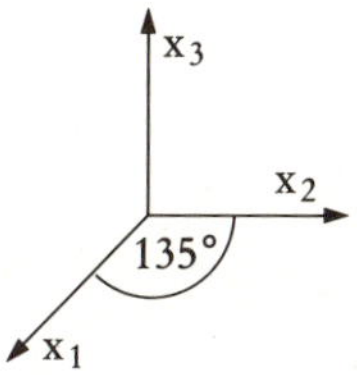

b) Die Ebene E schneidet die Pyramide in einem Dreieck.
Bestimmen Sie die Koordinaten der Eckpunkte dieses Dreiecks.
Zeichnen Sie dieses Dreieck in das vorhandene Achsenkreuz ein.
Zeigen Sie, daß das Schnittdreieck gleichschenklig ist, und berechnen Sie seinen Flächeninhalt.
Bestimmen Sie das Volumen derjenigen Pyramide, die das Schnittdreieck als Grundfläche und S als Spitze hat.

c) Der Vektor $\begin{pmatrix} 3 \\ -1 \\ -5 \end{pmatrix}$ gibt die Richtung von parallel einfallendem Licht an.
Dabei wirft die Pyramide PAOS einen Schatten auf die x_1x_2-Ebene.
Bestimmen Sie die Koordinaten des Schattenpunktes S* der Pyramidenspitze S.
Zeigen Sie, daß S* auf der Geraden durch A und P liegt.
Zeichnen Sie den Pyramidenschatten in das vorhandene Achsenkreuz ein.
Die Richtung des einfallenden Lichtes wird nun so verändert, daß der Schatten der Pyramide ein gleichschenklig-rechtwinkliges Dreieck $O\overline{S}P$ mit rechtem Winkel bei $\overline{S}$ ergibt.
Welchen Richtungsvektor hat dann das einfallende Licht?

Lösungshinweise:

a) Da drei Punkte gegeben sind, kann man zunächst eine Parametergleichung der Ebene E aufstellen und dann durch Elimination der Parameter eine Koordinatengleichung ermitteln. In welchen Punkten schneidet die Ebene E die x_1- bzw. x_2-Achse? Damit ergibt sich die gesuchte Schnittgerade als Gerade durch zwei Punkte. Zum Nachweis, daß A und P auf der Schnittgeraden liegen, führe Punktproben durch.

b) Auf welcher Ebene steht die Pyramide PAOS? Welche Eckpunkte des Schnittdreiecks sind schon bekannt? Auf welcher Kante der Pyramide muß also der dritte Eckpunkt liegen? Er ergibt sich also als Schnittpunkt einer Geraden mit einer Ebene. Das Schrägbild gibt einen Hinweis darauf, welche Strecken gleich lang sind; prüfe dies nach. Um den Flächeninhalt des Schnittdreiecks zu berechnen, benötigt man eine Dreieckshöhe. Welche bietet sich an? Zur Ermittlung des Volumens fehlt noch die Höhe der Pyramide. Diese Höhe steht senkrecht auf der Ebene, in der die Grundfläche liegt. Wie erhält man also die Höhe der Pyramide?

c) Der Schnittpunkt S* ergibt sich als Schnittpunkt einer Geraden mit der x_1x_2-Ebene. Durch welchen Punkt verläuft diese Gerade? Ist ein Richtungsvektor bekannt? Die Lageuntersuchung von S* wird wieder durch eine Punktprobe durchgeführt. Durch die Veränderung des einfallenden Lichtes soll das entstehende Dreieck gleichschenklig-rechtwinklig werden. Auf welcher Geraden liegt also S? Zur endgültigen Festlegung von S verwende das Skalarprodukt.

Lösung:

a) **Koordinatengleichung von E**

Da drei Punkte der Ebene gegeben sind, ergibt sich sofort eine Parametergleichung von E:

$$\vec{x} = \begin{pmatrix} 6 \\ 6 \\ 0 \end{pmatrix} + r\begin{pmatrix} -4 \\ -4 \\ 6 \end{pmatrix} + s\begin{pmatrix} -2 \\ -1 \\ 2 \end{pmatrix}; \quad r, s \in \mathbb{R}.$$

Setzt man für $\vec{x} = \begin{pmatrix} x_1 \\ x_2 \\ x_3 \end{pmatrix}$ ein und eliminiert man r und s, so ergibt sich eine Koordinatengleichung:

$$\mathbf{E:}\ x_1 + 2x_2 + 2x_3 - 18 = 0.$$

Gleichung der Schnittgeraden von E mit der x_1x_2-Ebene

Man bestimmt zunächst die Schnittpunkte der Ebene E mit der x_1- bzw. x_2-Achse.

Schnittpunkt S_1 mit der x_1-Achse: $x_2 = x_3 = 0$; $x_1 = 18$; $S_1(18|0|0)$.
Schnittpunkt S_2 mit der x_2-Achse: $x_1 = x_3 = 0$; $x_2 = 9$; $S_2(0|9|0)$.

Hieraus folgt für die Schnittgerade:

$$g:\ \vec{x} = \begin{pmatrix} 18 \\ 0 \\ 0 \end{pmatrix} + t \begin{pmatrix} -18 \\ 9 \\ 0 \end{pmatrix};\quad t \in \mathbb{R} \quad \text{bzw.}$$

$$\mathbf{g:}\ \vec{x} = \begin{pmatrix} 18 \\ 0 \\ 0 \end{pmatrix} + t^* \begin{pmatrix} -2 \\ 1 \\ 0 \end{pmatrix};\quad t^* \in \mathbb{R}.$$

Nachweis, daß A und P auf g liegen

Aus $\begin{pmatrix} 2 \\ 8 \\ 0 \end{pmatrix} = \begin{pmatrix} 18 \\ 0 \\ 0 \end{pmatrix} + t^* \begin{pmatrix} -2 \\ 1 \\ 0 \end{pmatrix}$ folgt $t^* = 8$, also $\mathbf{A} \in \mathbf{g}$.

Aus $\begin{pmatrix} 6 \\ 6 \\ 0 \end{pmatrix} = \begin{pmatrix} 18 \\ 0 \\ 0 \end{pmatrix} + t^* \begin{pmatrix} -2 \\ 1 \\ 0 \end{pmatrix}$ folgt $t^* = 6$, also $\mathbf{P} \in \mathbf{g}$.

b) **Koordinaten der Eckpunkte des Dreiecks**

Nach Teilaufgabe a) liegen die Punkte **A und P** auf der Schnittgeraden der Ebene E mit der x_1x_1-Ebene. Also sind A und P Eckpunkte des Dreiecks. Der dritte Eckpunkt B ergibt sich als Schnittpunkt der Geraden h durch die Punkte $O(0|0|0)$ und $S(4|6|10)$ mit der Ebene E.

$$h:\ \vec{x} = u \begin{pmatrix} 4 \\ 6 \\ 10 \end{pmatrix};\quad u \in \mathbb{R}$$

$h \cap E = \{B\}$: $4u + 12u + 20u - 18 = 0$;

hieraus folgt $u = \frac{1}{2}$ und somit $\mathbf{B(2|3|5)}$.

Zeichnung

Siehe Figur.

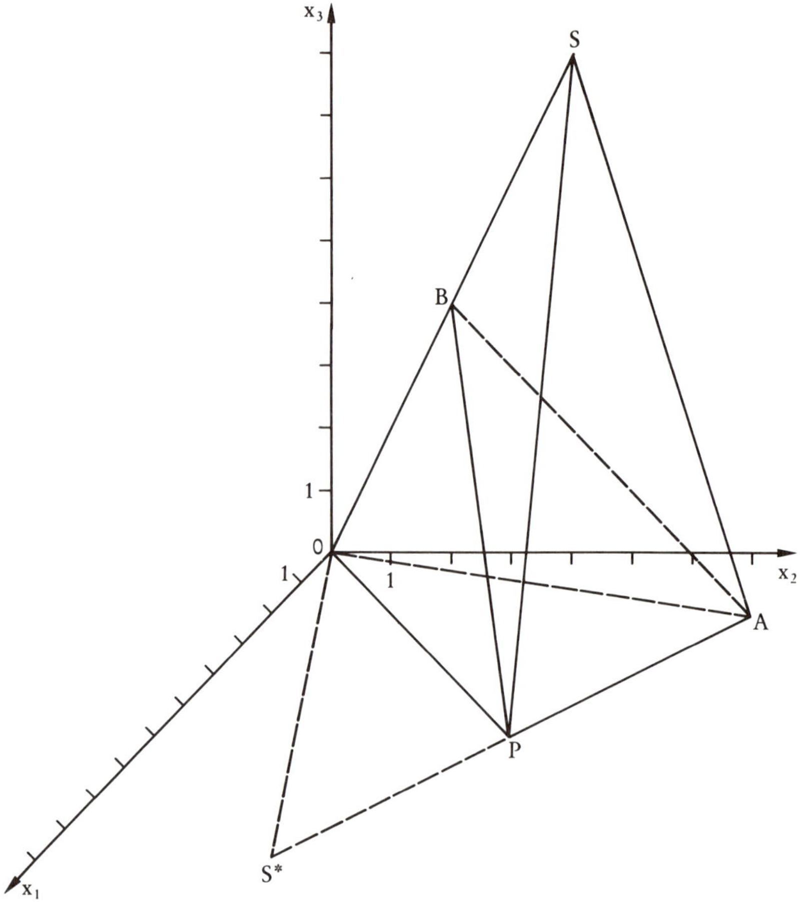

Nachweis, daß das Schnittdreieck gleichschenklig ist

Die Zeichnung läßt vermuten, daß $\overline{BP} = \overline{BA}$ ist.

Aus $\overrightarrow{BP} = \begin{pmatrix} 4 \\ 3 \\ -5 \end{pmatrix}$ folgt $|\overrightarrow{BP}| = \left|\begin{pmatrix} 4 \\ 3 \\ -5 \end{pmatrix}\right| = \sqrt{50} = \mathbf{5 \cdot \sqrt{2}}$.

Aus $\overrightarrow{BA} = \begin{pmatrix} 0 \\ 5 \\ -5 \end{pmatrix}$ folgt $|\overrightarrow{BA}| = \left|\begin{pmatrix} 0 \\ 5 \\ -5 \end{pmatrix}\right| = \sqrt{50} = \mathbf{5 \cdot \sqrt{2}}$.

Also ist das Schnittdreieck PAB **gleichschenklig**.

Flächeninhalt des Schnittdreiecks

Das Dreieck PAB ist gleichschenklig. Somit ist es sinnvoll, die Strecke BM_1 mit M_1 als Mitte von PA als Höhe h_1 des Dreiecks zu wählen. Mit $M_1(4|7|0)$ ergibt sich

$$h_1 = |\overrightarrow{BM_1}| = \left|\begin{pmatrix} 2 \\ 4 \\ -5 \end{pmatrix}\right| = \sqrt{45} = \mathbf{3 \cdot \sqrt{5}}.$$

Also gilt

$$A_{\text{Dreieck}} = \frac{1}{2} \cdot |\overrightarrow{PA}| \cdot h_1 = \frac{1}{2} \cdot \left|\begin{pmatrix} -4 \\ 2 \\ 0 \end{pmatrix}\right| \cdot 3 \cdot \sqrt{5} = \frac{1}{2} \cdot 2 \cdot \sqrt{5} \cdot 3 \cdot \sqrt{5} = \mathbf{15}.$$

Volumen der Pyramide

Die Höhe h_2 der Pyramide PABS ergibt sich als Abstand des Punktes S von der Ebene E.

HNF von E: $\frac{1}{3}(x_1 + 2x_2 + 2x_3 - 18) = 0$;

$$h_1 = d(S;E) = \left|\frac{1}{3}(4 + 2 \cdot 6 + 2 \cdot 10 - 18)\right| = 6.$$

Somit ergibt sich:

$$V_{\text{Pyramide}} = \frac{1}{3} \cdot A_{\text{Dreieck}} \cdot h_1 = \frac{1}{3} \cdot 15 \cdot 6 = \mathbf{30}.$$

c) **Koordinaten des Schattenpunktes S***

Der Schattenpunkt S* ergibt sich als Schnittpunkt der Geraden k durch den Punkt S mit dem Richtungsvektor $\begin{pmatrix} 3 \\ -1 \\ -5 \end{pmatrix}$ und der x_1x_2-Ebene.

$$k: \vec{x} = \begin{pmatrix} 4 \\ 6 \\ 10 \end{pmatrix} + v\begin{pmatrix} 3 \\ -1 \\ -5 \end{pmatrix}; \quad v \in \mathbb{R};$$

x_1x_2-Ebene: $x_3 = 0$.

Aus $0 = 10 - 5v$ folgt $v = 2$ und somit $\mathbf{S^*(10|4|0)}$.

Nachweis, daß S* auf der Geraden durch A und P liegt

Die Gerade durch die Punkte A und P ist die Schnittgerade g der Ebene E mit der x_1x_2-Ebene (vgl. Teilaufgabe a)). Aus

$$\begin{aligned} 10 &= 18 - 2t^* \\ 4 &= t^* \\ 0 &= 0 \end{aligned}$$

folgt $t^* = 4$; somit $\mathbf{S^* \in g}$.

Zeichnung

Siehe Figur.

Richtungsvektor des einfallenden Lichtes

Der Punkt $\overline{S}$ liegt in der x_1x_2-Ebene auf der Mittelsenkrechten m der Strecke OP. Der Mittelpunkt M_2 von OP hat die Koordinaten $M_2(3|3|0)$. Aus $\overrightarrow{OP}=\begin{pmatrix}6\\6\\0\end{pmatrix}$ folgt für den Richtungsvektor $\vec{v}$ der Mittelsenkrechten $\vec{v}=\begin{pmatrix}1\\-1\\0\end{pmatrix}$.

Damit ergibt sich

$$m:\ \vec{x}=\begin{pmatrix}3\\3\\0\end{pmatrix}+p\begin{pmatrix}1\\-1\\0\end{pmatrix};\quad p\in\mathbb{R}.$$

Also hat $\overline{S}$ die Koordinaten $\overline{S}(3+p|3-p|0)$.

Da sich bei $\overline{S}$ ein rechter Winkel ergeben soll, müssen $\overrightarrow{O\overline{S}}$ und $\overrightarrow{P\overline{S}}$ orthogonal sein. Mit $\overrightarrow{O\overline{S}}=\begin{pmatrix}3+p\\3-p\\0\end{pmatrix}$ und $\overrightarrow{P\overline{S}}=\begin{pmatrix}-3+p\\-3-p\\0\end{pmatrix}$ folgt aus

$(3+p)\cdot(-3+p)+(3-p)\cdot(-3-p)=0$ zunächst $p^2=9$ und hieraus $p_1=3$; $p_2=-3$. Nur $p_1=3$, also der Punkt $S_1(6|0|0)$, liefert ein Schattendreieck mit OP als einer Seite. Damit ist

$\overrightarrow{SS_1}=\begin{pmatrix}2\\-6\\-10\end{pmatrix}$ ein Richtungsvektor des einfallenden Lichtes.

Die Ebene E_1 hat die Gleichung $x_1 + x_2 = 4$.
Die Ebene E_2 enthält den Punkt P(4|2|5) und die Gerade

$$g:\ \vec{x} = \begin{pmatrix} 1 \\ 3 \\ 3 \end{pmatrix} + t \begin{pmatrix} 1 \\ -1 \\ 0 \end{pmatrix};\quad t \in \mathbb{R}.$$

a) Zeigen Sie, daß g in E_1 liegt.
Bestimmen Sie eine Koordinatengleichung von E_2.
Wie groß ist der Winkel zwischen den Ebenen E_1 und E_2?

b) Bestimmen Sie den Abstand des Punktes P von der Ebene E_1.
Welchen Abstand besitzt P von der Geraden g?

c) Die Ebene E_2 wird an der Ebene E_1 gespiegelt.
Bestimmen Sie eine Gleichung der Bildebene.
Geben Sie eine Gleichung der Geraden h an, die an der Ebene E_1 liegt, durch den Punkt Q(2|2|1) der Ebene E_1 geht und senkrecht zu g ist.

Lösungshinweise:

a) Setze x_1, x_2, x_3 aus der Gleichung für g in die Gleichung von E_1 ein. Für welche Werte von t ist diese Gleichung erfüllt? Was folgt hieraus? Die Gerade g liegt in E_2, außerdem auch der Punkt P. Damit ergibt sich eine Parametergleichung von E_2. Eliminiere anschließend die Parameter. Wie erhält man am schnellsten den Schnittwinkel zweier Ebenen, wenn die Gleichungen in Koordinatenform gegeben sind?

b) Die Ebene E_1 ist in Koordinatenform gegeben. Wie erhält man hieraus den Abstand des Punktes P von E_1? Den Abstand des Punktes P von der Geraden g kann man verschieden berechnen: Entweder man ermittelt die Gleichung einer Hilfsebene E^*, die senkrecht zu g durch P verläuft oder aber man beachtet, daß der Richtungsvektor von g und der Vektor $\overrightarrow{PF}$ mit F als Lotfußpunkt des Lotes von P auf g orthogonal sind.

c) Fertige eine Skizze an, welche die gegenseitige Lage von E_1, E_2, g und P verdeutlicht. Der Abstand des Punktes P von E_1 ist bekannt (vgl. Teilaufgabe b)). Berechne zunächst die Koordinaten des Spiegelpunktes $\overline{P}$ von P bei der Spiegelung an E_1. Verwende hierbei einen Normalenvektor von E_1 als Richtungsvektor. Die Gerade g liegt in E_1 und E_2. Was folgt hieraus für die Lage von g bezüglich der Bildebene $\overline{E}_2$? Aus diesen Überlegungen ergibt sich eine Gleichung von $\overline{E}_2$ in Parameterdarstellung. Eine Gleichung von h kann man verschieden ermitteln: Entweder man arbeitet wieder mit einer Hilfsebene E', die senkrecht zu E_1 und senkrecht zu g verläuft oder aber man nutzt aus, daß ein Richtungsvektor von h orthogonal ist zu einem Normalenvektor von E_1 und orthogonal ist zu einem Richtungsvektor von g.

Lösung:

a) **Nachweis, daß g in E_1 liegt**

Aus der Gleichung für g folgt $x_1 = 1 + t$; $x_2 = 3 - t$; $x_3 = 3$; eingesetzt in die Gleichung für E_1 ergibt sich: $1 + t + 3 - t = 4$. Diese Gleichung ist für alle Werte von t erfüllt. Also liegt **g in E_1**.

Koordinatengleichung von E_2

Der Punkt $P(4|2|5)$ und die Gerade g liegen in E_2. Einen zweiten Richtungsvektor erhält man mit Hilfe von P und $A(1|3|3) \in g$.

Also ist $\vec{x}=\begin{pmatrix}1\\3\\3\end{pmatrix}+t\begin{pmatrix}1\\-1\\0\end{pmatrix}+s\begin{pmatrix}3\\-1\\2\end{pmatrix}$; $s, t \in \mathbb{R}$

eine Parametergleichung von E_2. Setzt man für $\vec{x}=\begin{pmatrix}x_1\\x_2\\x_3\end{pmatrix}$ ein und eliminiert man s und t, so ergibt sich eine Koordinatengleichung:

$\mathbf{E_2: x_1+x_2-x_3-1=0}$.

Schnittwinkel zwischen E_1 und E_2

Der Schnittwinkel α zwischen den beiden Ebenen läßt sich als Schnittwinkel der zugehörigen Normalen berechnen.

$$\cos\alpha=\left|\frac{\begin{pmatrix}1\\1\\0\end{pmatrix}\cdot\begin{pmatrix}1\\1\\-1\end{pmatrix}}{\sqrt{2}\cdot\sqrt{3}}\right|=\frac{2}{\sqrt{6}};\quad \alpha\approx\mathbf{35{,}26°}.$$

b) Abstand des Punktes P von E_1

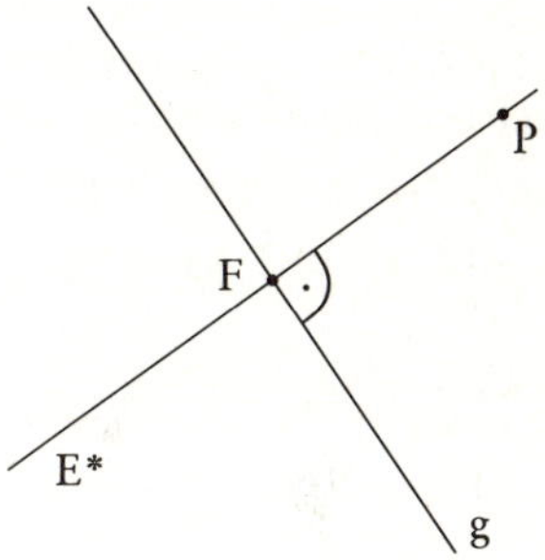

HNF von E_1: $\frac{1}{\sqrt{2}}(x_1+x_2-4)=0$;

Abstand d_1 des Punktes P von E_1:

$d_1=\left|\frac{1}{\sqrt{2}}\cdot(4+2-4)\right|=\frac{2}{\sqrt{2}}=\mathbf{\sqrt{2}}$.

Abstand des Punktes P von g

1. Möglichkeit:

Hilfsebene E* senkrecht zu g durch P. Die Hilfsebene E* hat den Richtungsvektor von g als Normalenvektor und geht durch P:

$E^*: \begin{pmatrix}1\\-1\\0\end{pmatrix}\cdot\left[\vec{x}-\begin{pmatrix}4\\2\\5\end{pmatrix}\right]=0$ bzw.

$x_1-x_2-2=0$.

$g\cap E^*=\{F\}$: $(1+t)-(3-t)-2=0$

Hieraus folgt $t=2$ und somit $F(3|1|3)$.

Der Abstand d_2 des Punktes P von g ist

$d_2=|\overrightarrow{PF}|=\left|\begin{pmatrix}-1\\-1\\-2\end{pmatrix}\right|=\mathbf{\sqrt{6}}$.

G

2. Möglichkeit:

Lotgerade zu g durch P.
Es sei F der Lotfußpunkt des Lotes von P auf g. Da $F \in g$ ist, gilt $F(1+t|3-t|3)$. Der Richtungsvektor von g und der Vektor $\overrightarrow{PF}$ sind orthogonal. Aus

$\begin{pmatrix}1\\-1\\0\end{pmatrix}\cdot\overrightarrow{PF}=0$ folgt $\begin{pmatrix}1\\-1\\0\end{pmatrix}\cdot\begin{pmatrix}t-3\\-t-1\\-2\end{pmatrix}=0$ und hieraus $t=2$.

Damit ergeben sich wie oben die Koordinaten von F und der Abstand d_2 des Punktes P von g.

c) Gleichung der Bildebene

Es sei $\overline{E}_2$ die Bildebene von E_2 bei der Spiegelung an E_1. Die Gerade g ist Schnittgerade von E_1 und E_2: Also liegt g auch in $\overline{E}_2$. Einen weiteren Punkt in $\overline{E}_2$ erhält man, wenn man den Punkt P der Ebene E_2, der nicht auf g liegt, an E_1 spiegelt. Der Spiegelpunkt von P sei $\overline{P}$. Der Abstand des Punktes P von E_1 ist $d_1=\sqrt{2}$. Außerdem ist $\vec{n}_1=\begin{pmatrix}1\\1\\0\end{pmatrix}$ ein Normalenvektor von E_1. Damit gilt:

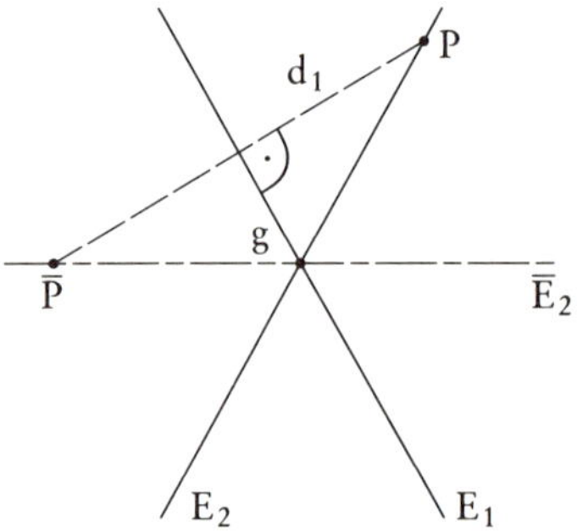

$$\overrightarrow{O\overline{P}}=\overrightarrow{OP}-2\cdot d_1\cdot\frac{\vec{n}_1}{|\vec{n}_1|}$$

$$=\begin{pmatrix}4\\2\\5\end{pmatrix}-2\cdot\sqrt{2}\cdot\frac{\left|\begin{pmatrix}1\\1\\0\end{pmatrix}\right|}{\sqrt{2}}=\begin{pmatrix}4\\2\\5\end{pmatrix}-2\cdot\begin{pmatrix}1\\1\\0\end{pmatrix}=\begin{pmatrix}2\\0\\5\end{pmatrix}.$$

Somit ist $\overline{P}(2|0|5)$ der Spiegelpunkt von P. Hieraus folgt für $\overline{E}_2$ die Parameterdarstellung

$$\overline{E}_2:\ \vec{x}=\begin{pmatrix}1\\3\\3\end{pmatrix}+u\begin{pmatrix}1\\-1\\0\end{pmatrix}+v\begin{pmatrix}1\\-3\\2\end{pmatrix};\quad u, v \in \mathbb{R};$$

bzw. die Koordinatendarstellung

$$\overline{E}_2:\ x_1+x_2+x_3-7=0.$$

Gleichung der Geraden h

1. Möglichkeit:

Hilfsebene E′ senkrecht zu E_1 und senkrecht zu g.

Die Hilfsebene E′ hat den Richtungsvektor von g als Normalenvektor und geht durch Q:

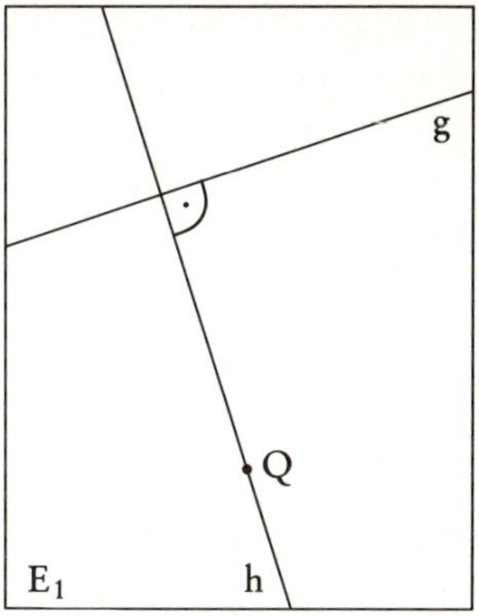

$$E': \begin{pmatrix}1\\-1\\0\end{pmatrix}\cdot\left[\vec{x}-\begin{pmatrix}2\\2\\1\end{pmatrix}\right]=0 \quad \text{bzw.} \quad x_1-x_2=0.$$

Es ist $E' \cap E_1 = h$.

Die Koordinatengleichungen

$E': \; x_1-x_2=0,$

$E_1: \; x_1+x_2=4$

werden erfüllt von Punkten mit $x_1=2;\ x_2=2;\ x_3=t$. Also ist

$$\mathbf{h}: \vec{x}=\begin{pmatrix}2\\2\\0\end{pmatrix}+t\begin{pmatrix}0\\0\\1\end{pmatrix}; \quad t\in\mathbb{R}$$

eine Gleichung der Schnittgeraden. Für $t=1$ ergibt sich z. B. der Ortsvektor des Punktes Q.

2. Möglichkeit:

Die Gerade h liegt in E_1; geht durch Q und ist senkrecht zu g.
Hieraus folgt der Ansatz

$$h: \vec{x}=\begin{pmatrix}2\\2\\1\end{pmatrix}+u\begin{pmatrix}a\\b\\c\end{pmatrix}; \quad u\in\mathbb{R}.$$

Da h in E_1 liegt, müssen Richtungsvektoren von h und Normalenvektoren von E_1 orthogonal sein:

$$\begin{pmatrix}a\\b\\c\end{pmatrix}\cdot\begin{pmatrix}1\\1\\0\end{pmatrix}=0.$$

Hieraus folgt

(1) $a+b=0.$

Da h senkrecht zu g ist, gilt

$$\begin{pmatrix}a\\b\\c\end{pmatrix}\cdot\begin{pmatrix}1\\-1\\0\end{pmatrix}=0 \quad \text{bzw.}$$

(2) $a-b=0.$

G

Aus den Gleichungen (1) und (2) folgt: $a=b=0$; c beliebig.
Damit ist

$$\mathbf{h}:\ \vec{x}=\begin{pmatrix}2\\2\\1\end{pmatrix}+u\begin{pmatrix}0\\0\\1\end{pmatrix};\quad u\in\mathbb{R}$$

eine Gleichung der gesuchten Geraden. Aus dieser Geraden ergibt sich für $u=0$ der Ortsvektor des Punktes Q.

Aufgabe 92/3

Eine Garage ist festgelegt durch die Eckpunkte A, B, C, D, E, F, G und H. Die Garage ist vorne 4 m und hinten nur 3 m hoch. Zur Unterbringung von Gartengeräten ist ein Abstellraum angebaut, der durch die Punkte D, C, P, Q, G, H festgelegt ist. P liegt auf der Verlängerung von BC (siehe Zeichnung; Maße in Meter; drei Kanten der Garage liegen auf den Koordinatenachsen).

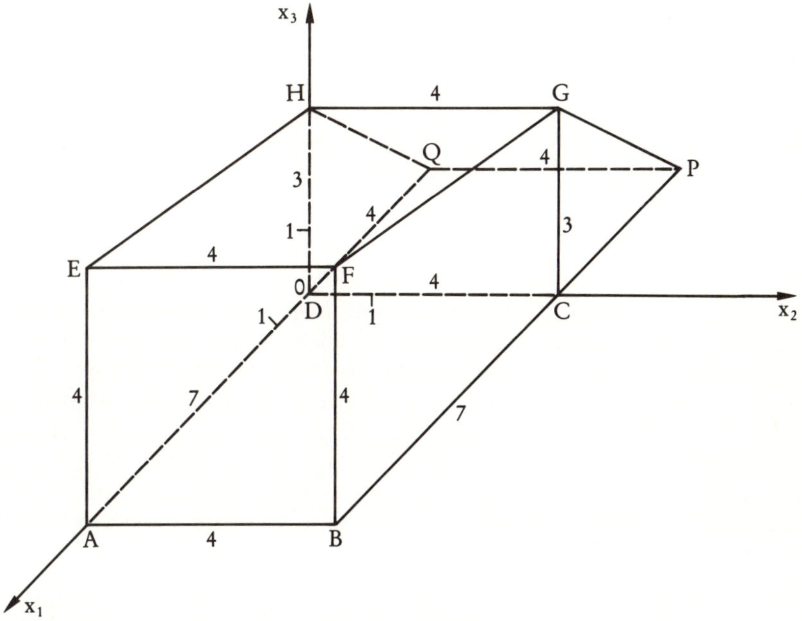

a) Geben Sie eine Koordinatengleichung der „Türebene" E_T durch A, B und F an.
Bestimmen Sie eine Koordinatengleichung der „Dachebene" E_1 durch F, G und H.
Welchen Neigungswinkel hat E_1 gegen die x_1x_2-Ebene?
Bestimmen Sie eine Koordinatengleichung der zweiten „Dachebene" E_2 durch Q, P und G.
Berechnen Sie das Volumen der Garage mit Abstellraum.

b) Ein nasser Ball rollt von der Mitte von EF zur Mitte von HG und hinterläßt dabei eine geradlinige Spur auf dem Garagendach.
Beschreiben Sie diese Spur mit Hilfe einer Geradengleichung.

Nun rollt der Ball die „Dachebene“ E_2 aus Teilaufgabe a) hinunter. Der Ball hat einen Durchmesser von 0,4 m; sein Mittelpunkt bewegt sich in einer Ebene E_3 parallel zu E_2.
Geben Sie eine Koordinatengleichung von E_3 an.

c) Neben der Garagenwand durch B, C und G steht auf dem Erdboden ein kugelförmiger Gasbehälter K mit dem Durchmesser 2 m. Er berührt diese Wand von außen senkrecht über der Mitte der Kante BC.
Bestimmen Sie eine Gleichung von K.
Eine Person (Augenhöhe 1,50 m) steht senkrecht zur x_1x_2-Ebene in der Mitte der Dachfläche EFGH.
Ist ein Teil des Gasbehälters für die Person sichtbar, oder liegt er ganz unterhalb der Sehebene durch F und G?

Lösungshinweise:

a) Notiere zunächst die Koordinaten aller Eckpunkte. Die „Türebene“ E_T hat eine ganz spezielle Lage. Welche? Hieraus folgt sofort eine Gleichung dieser Ebene. Welche spezielle Lage hat die „Dachebene“ E_1? Notiere eine Parametergleichung von E_1 und eliminiere die Parameter. Der Neigungswinkel der „Dachebene“ gegen die x_1x_2-Ebene berechnet sich als Winkel zwischen den zugehörigen Normalenvektoren. Welchen Normalenvektor hat die angegebene Koordinatenebene? Da von der Ebene E_2 drei Punkte gegeben sind, ist eine Koordinatengleichung ermittelbar. Wie? Welche Gestalt haben die Garage und der Abstellraum? Welche Flächen sollte man jeweils als Grundflächen wählen?

b) Wie berechnet man den Mittelpunkt einer Strecke? Eine Koordinatengleichung von E_3 erhält man mit Hilfe von Abstandsüberlegungen. Welchen Abstand haben E_2 und E_3? Welchen Abstand hat E_2 vom Ursprung? Welchen Abstand hat somit E_3 vom Ursprung? Wie lautet also die Hessesche Normalenform von E_3?

c) Berechne die Mitte von BC. Wo berührt also der Gasbehälter die Garagenwand? Damit kann man die Koordinaten des Kugelmittelpunktes und somit eine Gleichung von K angeben. Für die geforderte Untersuchung benötigt man zunächst die Koordinaten des „Augenpunktes“. Dieser liegt 1,50 m über der Mitte der Dachfläche. Mit dem „Augenpunkt“ und den Punkten F und G sind drei Punkte der Sehebene gegeben. Zur Entscheidung, ob ein Teil des Gasbehälters sichtbar ist oder nicht, vergleiche den Abstand des Kugelmittelpunktes von der Sehebene mit dem Kugelradius.

Lösung:

Die Koordinaten der Garagenecken einschließlich Abstellraum sind:
A(7|0|0), B(7|4|0), C(0|4|0), D(0|0|0), E(7|0|4), F(7|4|4), G(0|4|3), H(0|0|3), P(−4|4|0), Q(−4|0|0).

a) **Koordinatengleichung der „Türebene" E_T**

Die „Türebene" E_T durch A, B und F liegt parallel zur x_2x_3-Ebene. Damit gilt:

$$E_T: \; x_1 = 7.$$

Koordinatengleichung der „Dachebene" E_1

Die „Dachebene" E_1 ist parallel zur x_2-Achse, aber nicht parallel zur x_1x_2-Ebene. Mit Hilfe der Punkte H, E und G ergibt sich eine Parametergleichung von E_1:

$$E_1: \; \vec{x} = \begin{pmatrix} 0 \\ 0 \\ 3 \end{pmatrix} + s \begin{pmatrix} 7 \\ 0 \\ 1 \end{pmatrix} + t \begin{pmatrix} 0 \\ 4 \\ 0 \end{pmatrix}; \quad s, t \in \mathbb{R}.$$

Setzt man für $\vec{x} = \begin{pmatrix} x_1 \\ x_2 \\ x_3 \end{pmatrix}$ ein und eliminiert man s und t, so ergibt sich eine Koordinatengleichung:

$$E_1: \; x_1 - 7x_3 + 21 = 0.$$

Neigungswinkel von E_1 gegen die x_1x_2-Ebene

Der Neigungswinkel α zwischen der Ebene E_1 und der x_1x_2-Ebene läßt sich als Winkel zwischen den zugehörigen Normalenvektoren berechnen.

$$\cos\alpha = \left| \frac{\begin{pmatrix} 1 \\ 0 \\ -7 \end{pmatrix} \cdot \begin{pmatrix} 0 \\ 0 \\ 1 \end{pmatrix}}{\sqrt{50} \cdot 1} \right| = \frac{7}{\sqrt{50}}; \quad \alpha \approx \mathbf{8{,}13°}.$$

Koordinatengleichung der „Dachebene" E_2

Auch die „Dachebene" E_2 ist parallel zur x_2-Achse. Der Punkt H liegt in E_2. Mit Hilfe der Punkte H, G und Q ergibt sich eine Parametergleichung von E_2:

$$E_2: \; \vec{x} = \begin{pmatrix} 0 \\ 0 \\ 3 \end{pmatrix} + u \begin{pmatrix} 0 \\ 4 \\ 0 \end{pmatrix} + v \begin{pmatrix} -4 \\ 0 \\ -3 \end{pmatrix}; \quad u, v \in \mathbb{R}.$$

Hieraus folgt die Koordinatengleichung

$$E_2: \; 3x_1 - 4x_3 + 12 = 0.$$

G

Volumen der Garage mit Abstellraum

Es sei V_1 das Volumen der Garage. Die Garage hat die Gestalt eines Prismas mit dem Trapez BCGF als Grundfläche. Damit gilt:

$$V_1 = \frac{1}{2} \cdot (4+3) \cdot 7 \cdot 4\,m^3 = 98\,m^3.$$

Es sei V_2 das Volumen des Abstellraumes. Der Abstellraum hat die Gestalt eines Prismas mit dem rechtwinkligen Dreieck CPG als Grundfläche. Also gilt:

$$V_2 = \frac{1}{2} \cdot 4 \cdot 3 \cdot 4\,m^3 = 24\,m^3.$$

Insgesamt ergibt sich somit das Volumen $\mathbf{V = V_1 + V_2 = 122\,m^3}$.

b) **Spur des nassen Balls**

Es ist $M_1(7|2|4)$ die Mitte von EF und $M_2(0|2|3)$ die Mitte von HG. Die Spur des Balls kann also mit Hilfe der Gleichung

$$\vec{x} = \begin{pmatrix} 7 \\ 2 \\ 4 \end{pmatrix} + r \begin{pmatrix} -7 \\ 0 \\ -1 \end{pmatrix}; \quad r \in \mathbb{R}$$

beschrieben werden.

Koordinatengleichung von E_3

Die Ebene E_3 ist parallel zur Ebene E_2. Projiziert man diese Ebenen senkrecht auf die x_1x_3-Koordinatenebene, so erhält man die nebenstehende Figur. Aus dem Abstand d_1 der Ebene E_2 vom Ursprung D und dem Abstand der Ebenen E_2 und E_3 untereinander läßt sich der Abstand d_2 der Ebene E_3 vom Ursprung D berechnen.

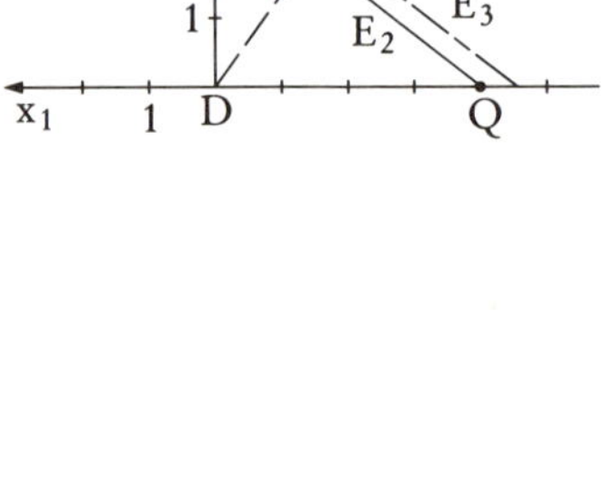

HNF von E_2: $\frac{1}{5}(3x_1 - 4x_3 + 12) = 0$

Abstand d_1 des Punktes $D(0|0|0)$ von E_2:

$$d_1 = \frac{12}{5}.$$

Also hat die Ebene E_3 von D den Abstand

$$d_2 = \frac{12}{5} + 0{,}2 = \frac{13}{5}.$$

Da $E_3 \parallel E_2$ ist, ergibt sich als HNF von E_3:

$\frac{1}{5}(3x_1 - 4x_3 + 13) = 0$.

Somit ist

$\mathbf{E_3:\ 3x_1 - 4x_3 + 13 = 0}$

eine Koordinatengleichung von E_3.

c) **Gleichung von K**

Es sei $M_3(3{,}5\,|\,4\,|\,0)$ die Mitte von BC. Die Kugel K hat den Durchmesser 2 m und damit den Radius 1 m. K berührt also die Garagenwand im Punkt $R(3{,}5\,|\,4\,|\,1)$. Der Mittelpunkt M_4 der Kugel K liegt auf der Parallelen zur x_2-Achse durch R. Also gilt: $M_4(3{,}5\,|\,5\,|\,1)$. Damit ist

$$\mathbf{K:}\ \left[\vec{x} - \begin{pmatrix} 3{,}5 \\ 5 \\ 1 \end{pmatrix}\right]^2 = 1$$

eine Gleichung von K.

Untersuchung, ob ein Teil des Gasbehälters sichtbar ist

Es sei $M_5(3{,}5\,|\,2\,|\,3{,}5)$ die Mitte der Dachfläche EFGH. Mit der Augenhöhe 1,50 m ergibt sich $S(3{,}5\,|\,2\,|\,5)$ als „Augenpunkt". Für die Person ist ein Teil des Gasbehälters sichtbar, wenn der Abstand d_3 des Kugelmittelpunktes $M_4(3{,}5\,|\,5\,|\,1)$ von der Sehebene E_4 durch die Punkte S, F und G kleiner ist als der Radius der Kugel K. Dieser Abstand ist mit Hilfe einer Koordinatengleichung der Sehebene E_4 berechenbar. Da drei Punkte der Ebene E_4 gegeben sind, ergibt sich sofort eine Parametergleichung von

$$E_4:\ \vec{x} = \begin{pmatrix} 3{,}5 \\ 2 \\ 5 \end{pmatrix} + p\begin{pmatrix} 3{,}5 \\ 2 \\ -1 \end{pmatrix} + q\begin{pmatrix} -3{,}5 \\ 2 \\ -2 \end{pmatrix};\quad p, q \in \mathbb{R}.$$

Setzt man für $\vec{x} = \begin{pmatrix} x_1 \\ x_2 \\ x_3 \end{pmatrix}$ ein und eliminiert man p und q, so ergibt sich eine Koordinatengleichung:

$E_4:\ 4x_1 - 21x_2 - 28x_3 + 168 = 0$.

HNF von E_4: $\frac{1}{\sqrt{1241}}(4x_1 - 21x_2 - 28x_3 + 168) = 0$;

$$d_3(M_4; E_4) = \left|\frac{4 \cdot 3{,}5 - 21 \cdot 5 - 28 \cdot 1 + 168}{\sqrt{1241}}\right| = \frac{49}{\sqrt{1241}} \approx 1{,}39.$$

Da also d_3 größer als 1 ist, liegt der Gasbehälter ganz unterhalb der Sehebene und ist somit **auch in Teilen nicht sichtbar**.

Gegeben sind die Ebene E: $4x_1+6x_2+3x_3-24=0$,

die Gerade h: $\vec{x}=\begin{pmatrix}1\\0\\6\end{pmatrix}+t\begin{pmatrix}1\\0\\-2\end{pmatrix}$; $t\in\mathbb{R}$ und

der Punkt $P(1|3|2)$.
Die Ebene F enthält h und P.

a) Bestimmen Sie eine Koordinatengleichung von F.
E schneidet die Koordinatenachsen in S_1, S_2 und S_3.
F schneidet die Koordiantenachsen in T_1, T_2 und T_3.
Geben Sie die Koordinaten dieser sechs Punkte an, und zeichnen Sie die beiden Dreiecke $S_1S_2S_3$ und $T_1T_2T_3$ in ein Koordinatensystem ein.
(LE 1 cm; Verkürzungsfaktor in x_1-Richtung $\frac{1}{2}\sqrt{2}$)

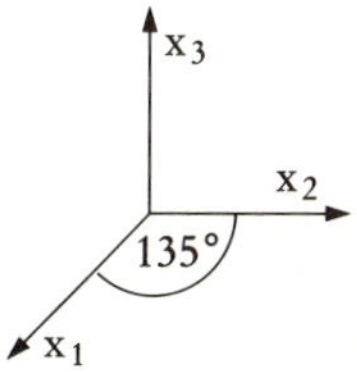

Berechnen Sie den Abstand des Punktes P von der Ebene E.

b) Die Gerade g geht durch die Punkte $Q\left(-2\middle|1\middle|\frac{1}{2}\right)$ und $R(-6|-1|1)$.
Berechnen Sie die Koordinaten des Schnittpunktes der Geraden g mit der Ebene F.
Der Punkt Q wird an der Ebene F gespiegelt.
Bestimmen Sie die Koordinaten des Bildpunktes $\overline{Q}$.
Die Gerade g wird an der Ebene F gespiegelt.
Geben Sie unter Verwendung der bisherigen Ergebnisse eine Gleichung der Bildgeraden $\overline{g}$ an.

c) Bestimmen Sie eine Gleichung der Schnittgeraden s von E und F.
Zeichnen Sie s in das vorhandene Koordinatensystem ein.
E und F gehören zu der Ebenenschar
E_a: $(10-a)x_1+ax_2+3x_3-24=0$; $a\in\mathbb{R}$.
Zeigen Sie, daß alle Ebenen dieser Schar die Gerade s enthalten.
Für welches a steht die zugehörige Ebene E_a senkrecht auf E?

d) Gegeben sind die Pyramiden $S_1S_2S_3O$ und $T_1T_2T_3O$ mit den Eckpunkten S_1, S_2, S_3 und T_1, T_2, T_3 aus Teilaufgabe a) sowie $O(0|0|0)$.
Alle Punkte, die sowohl zur einen als auch zur anderen Pyramide gehören, bilden einen Körper K mit 5 Eckpunkten.
Bestimmen Sie die Koordinaten desjenigen Eckpunktes X von K, der auf keiner der Koordinatenachsen liegt.
Berechnen Sie das Volumen des Körpers K.

Lösungshinweise:

a) Die Gerade h und der Punkt P liegen in F. Damit ergibt sich eine Parametergleichung von F. Eliminiere anschließend die Parameter. Wie erhält man aus einer Koordinatengleichung einer Ebene die Koordinaten der Schnittpunkte mit den Koordinatenachsen? Den Abstand des Punktes P von der Ebene E erhält man mit Hilfe der Hesseschen Normalenform.

b) Mit Hilfe der gegebenen Punkte Q und R ergibt sich eine Parametergleichung von g. Setze nun x_1, x_2 und x_3 in die Koordinatenform von F ein. Welcher Parameterwert ergibt sich für den Schnittpunkt S? Zur Berechnung der Koordinaten des Bildpunktes $\overline{Q}$ fertige eine Lageskizze an. Stelle eine Gleichung der Lotgeraden k zu F durch Q auf und ermittle die Koordinaten des Lotfußpunktes. Wie erhält man hieraus die Koordinaten des Spiegelpunktes $\overline{Q}$? Bei der Spiegelung von g an F ist S Fixpunkt. Damit sind zwei Punkte von $\overline{g}$ gegeben.

c) Die Gleichung der Schnittgeraden s von E und F kann verschieden ermittelt werden. Entweder man setzt in die Koordinatengleichung von E für x_1, x_2 und x_3 die entsprechenden Terme aus der Parametergleichung von F aus der Teilaufgabe c) ein, oder aber man sucht sich zwei Punkte der Schnittgeraden. Aus Teilaufgabe a) ist der Punkt $S_3 = T_3$ bekannt. Durch Subtraktion der beiden Koordinatengleichungen von E und F erhält man eine Bedingung für die Koordinaten eines zweiten Punktes von s. Der Nachweis, daß alle Ebenen der Schar die Gerade s enthalten, gelingt durch Einsetzen von x_1, x_2 und x_3 aus der Parametergleichung von s in die Koordinatengleichung von E_a. Welche Bedingung muß erfüllt sein, damit zwei Ebenen aufeinander senkrecht stehen? Sind Normalenvektoren bekannt?

d) Der Eckpunkt X ergibt sich als Schnittpunkt der Geraden s mit der x_1x_2-Ebene. Welches sind nun die Eckpunkte des Körpers K? Aus welchen Pyramiden setzt er sich zusammen? Die gemeinsame Höhe ist bekannt. Welches sind die Grundflächen? Wie lautet die Formel für das Volumen einer Pyramide?

Lösung:

a) **Koordinatengleichung von F**

Da h in F liegt, hat man schon einen Punkt in F und einen Richtungsvektor. Einen zweiten Richtungsvektor erhält man mit Hilfe von $A(1|0|6) \in h$.

Also ist

$$\vec{x}=\begin{pmatrix}1\\0\\6\end{pmatrix}+t\begin{pmatrix}1\\0\\-2\end{pmatrix}+r\begin{pmatrix}0\\-3\\4\end{pmatrix};\qquad r;t\in\mathbb{R}$$

eine Parametergleichung von F. Setzt man für $\vec{x}=\begin{pmatrix}x_1\\x_2\\x_3\end{pmatrix}$ ein und eliminiert man r und t, so ergibt sich eine Koordinatengleichung:

F: $6x_1+4x_2+3x_3-24=0$.

Koordinaten der Schnittpunkte der Achsen mit E

E: $4x_1+6x_2+3x_3-24=0$
Schnittpunkt S_1 mit der x_1-Achse: $x_2=x_3=0$; $x_1=6$; **$S_1(6|0|0)$**.
Schnittpunkt S_2 mit der x_2-Achse: $x_1=x_3=0$; $x_2=4$; **$S_2(0|4|0)$**.
Schnittpunkt S_3 mit der x_3-Achse: $x_1=x_2=0$; $x_3=8$; **$S_3(0|0|8)$**.

Koordinaten der Schnittpunkte der Achsen mit F

F: $6x_1+4x_2+3x_3-24=0$
Schnittpunkt T_1 mit der x_1-Achse: $x_2=x_3=0$; $x_1=4$; **$T_1(4|0|0)$**.
Schnittpunkt T_2 mit der x_2-Achse: $x_1=x_3=0$; $x_2=6$; **$T_2(0|6|0)$**.
Schnittpunkt T_3 mit der x_3-Achse: $x_1=x_2=0$; $x_3=8$; **$T_3(0|0|8)$**.

Zeichnung

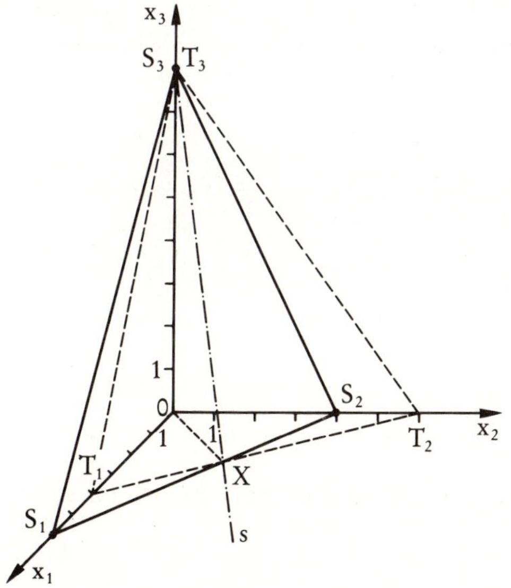

G

Abstand des Punktes P von E

HNF von E: $\frac{1}{\sqrt{61}}(4x_1+6x_2+3x_3-24)=0$

Abstand d des Punktes $P(1|3|2)$ von E:

$$d=\left|\frac{1}{\sqrt{61}}(4\cdot 1+6\cdot 3+3\cdot 2-24)\right|=\frac{4}{\sqrt{61}}\approx 0{,}51\,.$$

b) Koordinaten des Schnittpunktes von g und F

$$g:\ \vec{x}=\begin{pmatrix}-2\\1\\0{,}5\end{pmatrix}+u\begin{pmatrix}-4\\-2\\0{,}5\end{pmatrix};\qquad u\in\mathbb{R}$$

$g\cap F=\{S\}$: $6(-2-4u)+4(1-2u)+3(0{,}5+0{,}5u)-24=0$;
hieraus folgt $u=-1$ und somit $\mathbf{S(2|3|0)}$.

Koordinaten des Bildpunktes $\overline{Q}$

Die Lotgerade k zu F durch Q schneide F in L. Ein Normalenvektor von F ist Richtungsvektor von k.

$$k:\ \vec{x}=\begin{pmatrix}-2\\1\\0{,}5\end{pmatrix}+v\begin{pmatrix}6\\4\\3\end{pmatrix};\qquad v\in\mathbb{R}$$

$k\cap F=\{L\}$:
$6(-2+6v)+4(1+4v)+3(0{,}5+3v)-24=0$;
hieraus folgt $v=0{,}5$ und somit $L(1|3|2)$.

Aus $\overrightarrow{O\overline{Q}}=\overrightarrow{OQ}+2\cdot\overrightarrow{QL}$

$$=\begin{pmatrix}-2\\1\\0{,}5\end{pmatrix}+2\cdot\begin{pmatrix}3\\2\\1{,}5\end{pmatrix}=\begin{pmatrix}4\\5\\3{,}5\end{pmatrix}$$

folgt $\mathbf{\overline{Q}(4|5|3{,}5)}$

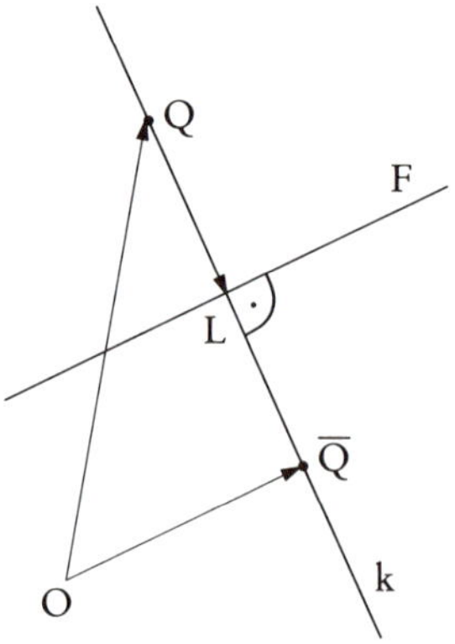

Gleichung der Bildgerade $\overline{g}$

Bei der Spiegelung der Geraden g an F ist S Fixpunkt. Die Bildgerade $\overline{g}$ geht also durch die Punkte S und $\overline{Q}$.

$$\overline{g}:\ \vec{x}=\begin{pmatrix}2\\3\\0\end{pmatrix}+w\begin{pmatrix}2\\2\\3{,}5\end{pmatrix};\qquad w\in\mathbb{R}$$

c) **Gleichung der Schnittgeraden s von E und F**

1. Möglichkeit:
Aus der Parametergleichung von F (vgl. Teilaufgabe a)) folgt:
$x_1 = 1 + t;\ x_2 = -3r;\ x_3 = 6 - 2t + 4r.$
Setzt man in die Koordinatengleichung von E für x_1, x_2, x_3 diese Terme ein, ergibt sich:
$4(1+t) + 6(-3r) + 3(6 - 2t + 4r) - 24 = 0.$
Hieraus folgt $t = -1 - 3r$. Also ist

$$\vec{x} = \begin{pmatrix} 1 \\ 0 \\ 6 \end{pmatrix} + (-1-3r) \cdot \begin{pmatrix} 1 \\ 0 \\ -2 \end{pmatrix} + r \begin{pmatrix} 0 \\ -3 \\ 4 \end{pmatrix}; \quad r \in \mathbb{R}$$

$$\vec{\mathbf{x}} = \begin{pmatrix} 0 \\ 0 \\ 8 \end{pmatrix} + \mathbf{r} \begin{pmatrix} -3 \\ -3 \\ 10 \end{pmatrix}; \quad \mathbf{r} \in \mathbb{R}$$

eine Gleichung der Schnittgeraden s von E und F.

2. Möglichkeit:
Eine Gleichung der Schnittgeraden erhält man auch, wenn man zwei Punkte dieser Geraden kennt. Aus Teilaufgabe a) ist bekannt, daß $S_3 = T_3(0|0|8)$ auf s liegt. Aus den Gleichungen
E: $4x_1 + 6x_2 + 3x_3 - 24 = 0,$
F: $6x_1 + 4x_2 + 3x_3 - 24 = 0$
folgt durch Subtraktion $-2x_1 + 2x_2 = 0$ bzw. $x_1 = x_2$. Mit $x_3 = 0$ folgt $4x_2 + 6x_2 - 24 = 0$ bzw. $x_2 = 2{,}4$. Also liegt auch $B(2{,}4|2{,}4|0)$ auf s.
Damit ist

$$\vec{x} = \begin{pmatrix} 0 \\ 0 \\ 8 \end{pmatrix} + p \begin{pmatrix} 2{,}4 \\ 2{,}4 \\ -8 \end{pmatrix}; \quad p \in \mathbb{R}$$

$$\vec{\mathbf{x}} = \begin{pmatrix} 0 \\ 0 \\ 8 \end{pmatrix} + \mathbf{p}* \begin{pmatrix} -3 \\ -3 \\ 10 \end{pmatrix}; \quad \mathbf{p}* \in \mathbb{R}$$

eine Gleichung der Schnittgeraden s von E und F.

Zeichnung
Siehe Figur.

Nachweis, daß alle Ebenen der Schar die Gerade s enthalten

E_a: $(10-a)x_1 + ax_2 + 3x_3 - 24 = 0;\ a \in \mathbb{R}$
Schneidet man E_a mit der Geraden s, so ergibt sich
$(10-a)(-3r) + a(-3r) + 3(8 + 10r) - 24 = 0$ bzw. $0 = 0$ für alle $a \in \mathbb{R}$.
Also enthält E_a für jedes $a \in \mathbb{R}$ die Gerade s.

Berechnung des Wertes von a

E_a steht senkrecht auf E, wenn die zugehörigen Normalenvektoren orthogonal sind. Aus

$$\begin{pmatrix} 10-a \\ a \\ 3 \end{pmatrix} \cdot \begin{pmatrix} 4 \\ 6 \\ 3 \end{pmatrix} = 0 \quad \text{folgt} \quad \mathbf{a = -24{,}5}.$$

d) Koordinaten des Eckpunktes X

Der Eckpunkt X ergibt sich als Schnittpunkt der Geraden s (vgl. Teilaufgabe c)) mit der x_1x_2-Ebene.

$$s:\ \vec{x} = \begin{pmatrix} 0 \\ 0 \\ 8 \end{pmatrix} + r \begin{pmatrix} -3 \\ -3 \\ 10 \end{pmatrix}; \qquad r \in \mathbb{R};$$

x_1x_2-Ebene: $x_3 = 0$.

Aus $0 = 8 + 10r$ folgt $r = -0{,}8$ und hieraus $\mathbf{X(2{,}4\,|\,2{,}4\,|\,0)}$.
(Vgl. auch die 2. Möglichkeit zur Bestimmung einer Gleichung von s in Teilaufgabe c).)

Volumen des Körpers K

Der Körper K mit dem Volumen V setzt sich aus den beiden Pyramiden OT_1XS_3 und OXS_2S_3 zusammen. Diese Pyramiden wiederum haben das gleiche Volumen V_1. Es gilt also $V = 2 \cdot V_1$. Die Höhe h der Pyramiden ist 8.

Mit $V_1 = \frac{1}{3} A_{Dreieck} \cdot h = \frac{1}{3} \cdot \frac{1}{2} \cdot 4 \cdot 2{,}4 \cdot 8$ ergibt sich

$$V = 2 \cdot V_1 = 2 \cdot \frac{1}{3} \cdot \frac{1}{2} \cdot 4 \cdot 2{,}4 \cdot 8 = \mathbf{25{,}6}.$$

Gegeben sind die Punkte $M(5|4|-1)$ und $D(7|8|-5)$,
die Ebene $E: 2x_1 + x_2 + 2x_3 = 0$ und

die Gerade $g: \vec{x} = \begin{pmatrix} 3 \\ 6 \\ 0 \end{pmatrix} + t \begin{pmatrix} -2 \\ 2 \\ 1 \end{pmatrix}; \quad t \in \mathbb{R}$.

a) Die Ebene E_1 enthält die Gerade g und den Punkt D.
Bestimmen Sie eine Koordinatengleichung von E_1.
Zeigen Sie, daß die Ebenen E und E_1 parallel sind, und bestimmen Sie ihren Abstand.
Ermitteln Sie eine Koordinatengleichung derjenigen Ebene E_2, von der E und E_1 denselben Abstand haben.

b) Zeigen Sie, daß M auf g liegt.
Berechnen Sie den Abstand d der Punkte D und M.
Begründen Sie, daß d der Abstand des Punktes D von g ist.
Bestimmen Sie die Koordinaten der Punkte A und C auf g, die von M ebenfalls den Abstand d haben.
Die Punkte A, C und D sind Eckpunkte eines Quadrates mit dem Mittelpunkt M.
Bestimmen Sie die Koordinaten des vierten Eckpunktes B.

c) Der Punkt M ist Mittelpunkt der Kugel K, die durch die Eckpunkte des Quadrates aus Teilaufgabe b) geht.
Geben Sie eine Gleichung von K an.
Eine Pyramide hat das Quadrat aus Teilaufgabe b) als Grundfläche und die Kugel K als Umkugel.
Bestimmen Sie die Koordinaten ihrer Spitze (mit $x_3 > 0$) so, daß die Pyramide maximale Höhe hat.
Berechnen Sie das Volumen dieser Pyramide.

d) Der Kreis k geht durch die Eckpunkte des Quadrates aus Teilaufgabe b).
Die Mittelpunkte aller Kugeln, die k als gemeinsamen Schnittkreis haben, liegen auf einer Geraden h.
Geben Sie eine Gleichung von h an.
Bestimmen Sie eine Gleichung für die Kugeln dieser Schar.
Ermitteln Sie eine Gleichung derjenigen Kugel dieser Schar, welche die Ebene E berührt.

Lösungshinweise:

a) Die Gerade g und der Punkt D liegen in E_1. Damit ergibt sich eine Parametergleichung von E_1. Eliminiere anschließend die Parameter. Die Parallelität zweier Ebenen läßt sich über den Vergleich der zugehörigen Normalenvektoren nachweisen. Die Ebene E geht durch den Ursprung. Woran erkennt man dies? Also ergibt sich der Abstand d_1 der Ebenen z. B. als Abstand des Ursprungs von der Ebene E_1. Die Ebene E_2 ist parallel zu E und E_1 und hat vom Ursprung den Abstand $\frac{1}{2}d_1$.

b) M liegt auf g, wenn sich bei der Punktprobe kein Widerspruch ergibt. Andere Möglichkeit: Für welchen Wert von t ergeben sich die Koordinaten von M? Der Abstand d ergibt sich als Betrag des zugehörigen Vektors. Zur Beantwortung der folgenden Fragen fertige eine Skizze an, welche die gegenseitige Lage von g, A, B, C, D, M verdeutlicht. Es ist d der Abstand von g, wenn die zugehörigen Richtungsvektoren orthogonal sind. Wie lautet die Bedingung für die Orthogonalität von zwei Vektoren? Zur Berechnung der Koordinaten von A und C beachte, daß diese Punkte auf g liegen. Außerdem sollen sie von M ebenfalls den Abstand d haben und d ist nun bekannt. M ist die Mitte der Strecke BD. Hieraus ergeben sich die Koordinaten von B.

c) Von der Kugel K sind der Mittelpunkt M und der Radius $r=d$ bekannt. Also ist eine Gleichung sofort anzugeben. In welcher Ebene liegt das Quadrat ABCD, wenn man die Ergebnisse aus Teilaufgabe a) beachtet? Damit ergibt sich die Spitze der Pyramide entweder als Schnittpunkt der Orthogonalen zu E_1 durch M mit der Kugel K oder direkt mit Hilfe eines Ortsvektors. Welche Grundfläche hat die Pyramide? Wie ist der Flächeninhalt dieser Grundfläche berechenbar? Die Höhe der Pyramide ist schon bekannt.

d) Der Mittelpunkt M_K einer Kugel der Schar liegt auf der Geraden h. Fertige eine Skizze an, welche die gegenseitige Lage von E_1 und h sowie der Punkte A, C, M, M_K verdeutlicht. Aus Teilaufgabe c) ist eine Gleichung von h bekannt. Zur Bestimmung einer Gleichung der Kugelschar fehlt noch der Kugelradius. Dieser ergibt sich als Betrag des Vektors $\overrightarrow{AM_K}$. Eine Kugel der Schar berührt E, wenn der Abstand des Punktes M_K von E gleich dem Kugelradius r_K ist. Berechne also zunächst diesen Abstand mit Hilfe der Hesseschen Normalenform von E und setze dann diesen gleich dem bekannten Kugelradius r_K.

Lösung:

a) **Koordinatengleichung von E_1**

Da g in E_1 liegt, hat man schon einen Punkt in E_1 und einen Richtungsvektor. Einen zweiten Richtungsvektor erhält man mit Hilfe von $A(3|6|0) \in g$. Also ist

$$\vec{x} = \begin{pmatrix} 3 \\ 6 \\ 0 \end{pmatrix} + t\begin{pmatrix} -2 \\ 2 \\ 1 \end{pmatrix} + r\begin{pmatrix} 4 \\ 2 \\ -5 \end{pmatrix}; \quad r, t \in \mathbb{R}$$

eine Parametergleichung von E_1. Setzt man für $\vec{x} = \begin{pmatrix} x_1 \\ x_2 \\ x_3 \end{pmatrix}$ ein und eliminiert man r und t, so ergibt sich eine Koordinatengleichung:

$\mathbf{E_1: 2x_1 + x_2 + 2x_3 - 12 = 0}$.

Nachweis, daß E und E_1 parallel sind

Die Ebenen

$E: \quad 2x_1 + x_2 + 2x_3 \qquad = 0$ und

$E_1: \quad 2x_1 + x_2 + 2x_3 - 12 = 0$

sind parallel, da z.B. der Vektor $\begin{pmatrix} 2 \\ 1 \\ 2 \end{pmatrix}$ ein Normalenvektor von E und E_1 ist.

Abstand von E und E_1

Die Ebene E geht durch den Punkt $O(0|0|0)$. Also ergibt sich der Abstand der beiden Ebenen als Abstand des Punktes $O(0|0|0)$ von E_1.

HNF von E_1: $\frac{1}{3}(2x_1 + x_2 + 2x_3 - 12) = 0$

Abstand d_1 des Punktes $O(0|0|0)$ von E_1:

$d_1 = \left|\frac{1}{3}(-12)\right| = 4$.

Koordinatengleichung von E_2

Die Ebene E_2 hat von $O(0|0|0)$ den Abstand 2. Also ist

$\frac{1}{3}(2x_1 + x_2 + 2x_3 - 6) = 0$ bzw.

$\mathbf{E_2: 2x_1 + x_2 + 2x_3 - 6 = 0}$

eine Koordinatengleichung von E_2.

b) **Nachweis, daß M auf g liegt**

Aus $\begin{cases} 5 = 3 - 2t \\ 4 = 6 + 2t \\ -1 = \quad t \end{cases}$ folgt $t = -1$; also $\mathbf{M \in g}$.

Andere Möglichkeit: Für $t = -1$ ergibt sich: $M(5|4|-1)$; d.h., $M \in g$.

Abstand d der Punkte D und M

Aus $\overrightarrow{DM}=\begin{pmatrix}-2\\-4\\4\end{pmatrix}$ folgt $d=|\overrightarrow{DM}|=\sqrt{4+16+16}=\sqrt{36}=\mathbf{6}$.

Begründung, daß d der Abstand des Punktes D von g ist

Es ist d der Abstand des Punktes D von g, wenn $\overrightarrow{DM}$ und der Richtungsvektor von g orthogonal sind. Wegen $\begin{pmatrix}-2\\-4\\4\end{pmatrix}\cdot\begin{pmatrix}-2\\2\\1\end{pmatrix}=0$ ist dies der Fall.

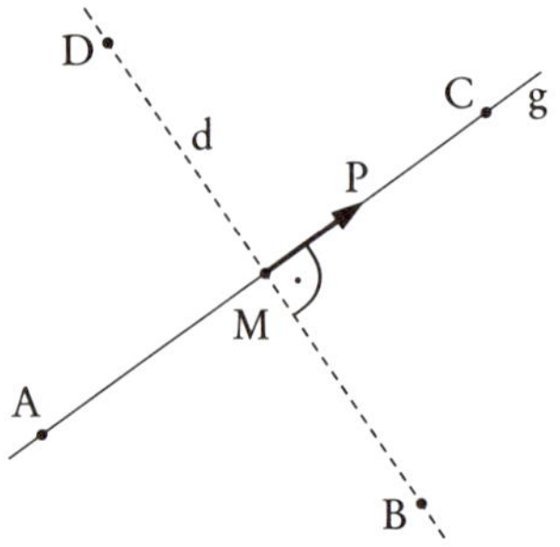

Koordinaten von A und C

Es sei P ein Punkt auf g. Dann gilt: $P(3-2t\,|\,6+2t\,|\,t)$.

Der Vektor $\overrightarrow{MP}=\begin{pmatrix}-2-2t\\2+2t\\1+t\end{pmatrix}$ hat den Betrag

$|\overrightarrow{MP}|=\sqrt{(-2-2t)^2+(2+2t)^2+(1+t)^2}$.

Aus $(-2-2t)^2+(2+2t)^2+(1+t)^2=36$ folgt $t^2+2t-3=0$ mit $t_1=-3$; $t_2=1$.

Für $t_1=-3$ ergibt sich $\mathbf{A(9\,|\,0\,|-3)}$; für $t_2=1$ ergibt sich $\mathbf{C(1\,|\,8\,|\,1)}$.

Koordinaten von B

M ist die Mitte von BD. Also hat der Punkt B den Ortsvektor

$\overrightarrow{OB}=\overrightarrow{OM}+\overrightarrow{DM}=\begin{pmatrix}5\\4\\-1\end{pmatrix}+\begin{pmatrix}-2\\-4\\4\end{pmatrix}=\begin{pmatrix}3\\0\\3\end{pmatrix}$; also $\mathbf{B(3\,|\,0\,|\,3)}$.

c) **Gleichung der Kugel K**

Die Kugel K hat den Mittelpunkt M und den Radius $d=6$. Damit ergibt sich:

$$\mathbf{K:}\ \left[\vec{x}-\begin{pmatrix}5\\4\\-1\end{pmatrix}\right]^2=\mathbf{36}.$$

Koordinaten der Spitze der Pyramide

1. Möglichkeit:

Aus Teilaufgabe a) ist bekannt, daß D und g in der Ebene E_1 liegen. Also liegt auch das Quadrat ABCD in E_1. Die Spitze der Pyramide ergibt sich also als Schnittpunkt der Orthogonalen h zu E_1 durch M mit der Kugel K. Da h einen Normalenvektor von E_1 als Richtungsvektor hat, ergibt sich:

$$h: \quad \vec{x} = \begin{pmatrix} 5 \\ 4 \\ -1 \end{pmatrix} + u \begin{pmatrix} 2 \\ 1 \\ 2 \end{pmatrix}; \quad u \in \mathbb{R}.$$

$$h \in K = \{S\}: \quad \begin{pmatrix} 5 + 2u - 5 \\ 4 + u - 4 \\ -1 + 2u + 1 \end{pmatrix}^2 = 36.$$

Aus $(2u)^2 + u^2 + (2u)^2 = 36$ folgt $u^2 = 4$ mit $u_1 = 2$; $u_2 = -2$.
Für $u_1 = 2$ ergibt sich $S_1(9|6|3)$; für $u_2 = -2$ ergibt sich $S_2(1|2|-5)$.
Wegen $x_3 > 0$ ist $\mathbf{S_1(9|6|3)}$ die gesuchte Spitze der Pyramide.

2. Möglichkeit:

Die Orthogonale h zu E_1 durch M hat den Richtungsvektor $\vec{w} = \begin{pmatrix} 2 \\ 1 \\ 2 \end{pmatrix}$.

Da die Umkugel den Radius $r = 6$ hat, läßt sich der Ortsvektor der Spitze S_1 mit Hilfe des Einheitsvektors $\vec{w_0}$ wie folgt darstellen:

$$\overrightarrow{OS_1} = \overrightarrow{OM} + 6 \cdot \vec{w_0} = \overrightarrow{OM} + 6 \cdot \frac{1}{3} \cdot \begin{pmatrix} 2 \\ 1 \\ 2 \end{pmatrix}$$

$$= \begin{pmatrix} 5 \\ 4 \\ -1 \end{pmatrix} + 6 \cdot \frac{1}{3} \cdot \begin{pmatrix} 2 \\ 1 \\ 2 \end{pmatrix} = \begin{pmatrix} 9 \\ 6 \\ 3 \end{pmatrix};$$

also: $\mathbf{S_1(9|6|3)}$.

Volumen der Pyramide

Die Pyramide hat das Quadrat mit der Seitenlänge $|\overrightarrow{AB}| = 6 \cdot \sqrt{2}$ als Grundfläche und die Höhe 6. Also gilt für das Volumen V der Pyramide:

$$V = \frac{1}{3} \cdot (6 \cdot \sqrt{2})^2 \cdot 6 = \frac{1}{3} \cdot 72 \cdot 6 = \mathbf{144}.$$

d) Gleichung der Geraden h

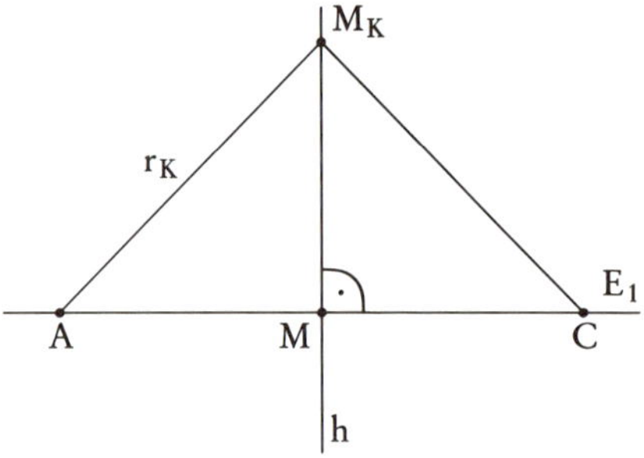

Die Mittelpunkte der Kugeln, die k als Schnittkreis haben, liegen auf der Orthogonalen h zu E_1 durch M (vgl. Teilaufgabe c), 1. Möglichkeit). Damit gilt:

$$\mathbf{h}: \vec{x} = \begin{pmatrix} 5 \\ 4 \\ -1 \end{pmatrix} + u \begin{pmatrix} 2 \\ 1 \\ 2 \end{pmatrix}; \quad u \in \mathbb{R}.$$

Gleichung der Kugelschar

Der Mittelpunkt M_K einer Kugel der Schar liegt auf h:
$M_K(5+2u\,|\,4+u\,|\,-1+2u)$.

Der Kugelradius r_K einer solchen Kugel ergibt sich als Betrag des Vektors

$$\overrightarrow{AM_K} = \begin{pmatrix} 2u-4 \\ u+4 \\ 2u+2 \end{pmatrix}.$$

$$r_K = \sqrt{(2u-4)^2 + (u+4)^2 + (2u+2)^2} = 3 \cdot \sqrt{u^2+4}$$

Damit ergibt sich als Gleichung der Kugelschar:

$$\left[\vec{x} - \begin{pmatrix} 5+2u \\ 4+u \\ -1+2u \end{pmatrix}\right]^2 = 9\,(u^2+4); \quad u \in \mathbb{R}.$$

Gleichung der Kugel, die E berührt

Eine Kugel dieser Schar berührt E, wenn der Abstand des Kugelmittelpunktes M_K von der Ebene E gleich dem Kugelradius r_K ist.

HNF von E: $\frac{1}{3}(2x_1 + x_2 + 2x_3) = 0$

$$d(M_K; E) = \left|\frac{1}{3}[2(5+2u) + (4+u) + 2(-1+2u)]\right|$$
$$= |4+3u|$$

Aus $(4+3u)^2 = 9(u^2+4)$ folgt $u = \frac{5}{6}$.

Damit berührt die Kugel mit der Gleichung

$$\left[\vec{x} - \frac{1}{6} \cdot \begin{pmatrix} 40 \\ 29 \\ 4 \end{pmatrix}\right]^2 = \frac{169}{4}$$

die Ebene E.

Ein Sandkasten, dessen obere Kanten das Quadrat ABCD bilden, soll einen Holzdeckel von der Form einer senkrechten Pyramide mit der Spitze S erhalten. (siehe Skizze; Maße in Dezimeter)

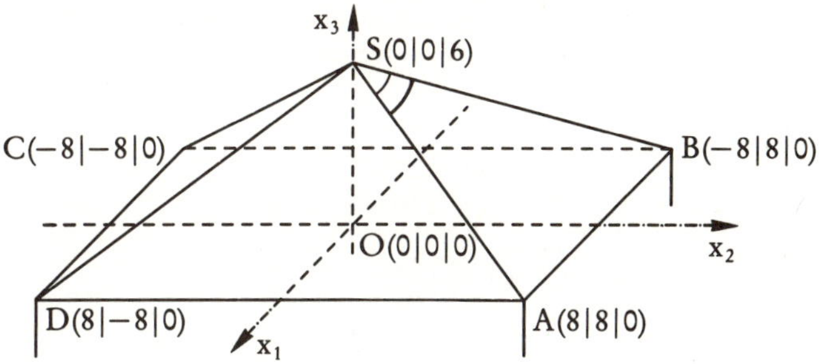

a) Zuerst werden die Seitenflächen des Deckels ausgesägt.
Berechnen Sie dazu die Länge der Pyramidenkante AS und den Winkel α zwischen AS und BS.
Für die Montage muß man den (stumpfen) Winkel β zwischen zwei benachbarten Seitenflächen kennen.
Berechnen Sie β.
Wieviel Quadratmeter Holz benötigt man zum Bau des Deckels, wenn man vom Verschnitt absieht?

b) Der Sandkasten ist mit Sand gefüllt, der eingeebnet genau bis zur Fläche ABCD reicht.
Ein Ball mit dem Radius 2,5 dm liegt mitten auf dieser Sandfläche.
Zeigen Sie, daß der Ball beim Aufsetzen des Deckels auf den Sandkasten nicht zusammengedrückt wird.
Ein anderer Ball hat den Radius r und liegt ebenfalls mitten auf der Sandfläche.
Bestimmen Sie eine Kugelgleichung für diesen Ball.
Wie groß darf der Radius des Balles höchstens sein, wenn der Ball beim Aufsetzen des Deckels weder verformt noch in den Sand gedrückt werden soll?

c) Zum Anheben des Deckels wird auf den Seitenkanten AS bzw. CS in gleicher Höhe je ein Haltegriff angebracht. Der Befestigungspunkt H_1 des ersten Griffs soll vom Befestigungspunkt H_2 des zweiten Griffs einen Abstand von 4 dm haben.
Berechnen Sie die Koordinaten von H_1 und H_2.

G

Lösungshinweise:

a) Notiere zunächst die Koordinaten aller Eckpunkte des Holzdeckels. Da die Eckpunkte der Kante AS gegeben sind, ergibt sich die Länge als Betrag des zugehörigen Vektors. Zur Berechnung des Winkels α benötigt man noch den Vektor $\overrightarrow{SB}$. Die Berechnung des stumpfen Winkels β zwischen den beiden Seitenflächen erfolgt mit Hilfe von Normalenvektoren der zugehörigen Ebenen. Diese Normalenvektoren kann man auf verschiedene Weisen ermitteln. Entweder man bestimmt für jede Ebene zunächst eine Koordinatengleichung oder aber man verwendet die Tatsache, daß ein Normalenvektor zu beiden Richtungsvektoren $\vec{u}$ und $\vec{v}$ einer Ebene orthogonal ist. Bei dieser Möglichkeit setzt man $\overrightarrow{n_1} = \begin{pmatrix} n_1 \\ n_2 \\ n_3 \end{pmatrix}$ an und bildet $\overrightarrow{n_1} \cdot \vec{u} = 0$ und $\overrightarrow{n_1} \cdot \vec{v} = 0$.
Aus welchen Teilflächen besteht der Holzdeckel? Diese Teilflächen sind mit der Flächenformel für das Dreieck berechenbar. Wie ermittelt man die Höhen dieser Dreiecke?

b) Die Lage des ersten Balles wird deutlich, wenn man eine Schnittfigur anfertigt. Welche Ebene sollte man mit der Pyramide schneiden? Da der Radius des ersten Balles gegeben ist, kann man die Koordinaten des Mittelpunktes M_1 der zugehörigen Kugel sofort angeben. Die Forderung, daß der Ball nicht zusammengedrückt wird, läßt sich als eine Abstandsbedingung formulieren. Wie berechnet man den Abstand eines Punktes von einer Ebene?
Die Kugelgleichung für den zweiten Ball ergibt sich mit entsprechenden Überlegungen wie beim ersten Ball. Auch die Abstandsbedingung ergibt sich analog. Sie führt auf eine Betragsgleichung; diese hat zunächst zwei Lösungen, von denen aber wegen $r > 0$ eine ausgeschlossen werden kann.

c) Zur Berechnung der Koordinaten von H_1 und H_2 fertige eine Skizze an, welche die gegenseitige Lage von A, C und S verdeutlicht. Der Abstand von H_1 und H_2 ist gegeben. Die Strecke H_1H_2 schneide die x_3-Achse in F. Der Punkt H_1 liegt auf der Kante AS. Hieraus folgen zunächst die Koordinaten von H_1 und F, allerdings noch mit einer Variablen. Aus der Bedingung $|\overrightarrow{FH_1}| = 2$ folgt dann der gesuchte Wert dieser Variablen.

Lösung:

Die Koordinaten des Holzdeckels sind:
$A(8|8|0)$, $B(-8|8|0)$, $C(-8|-8|0)$, $D(8|-8|0)$, $S(0|0|6)$.

a) **Länge der Pyramidenkante AS**

Aus $\overrightarrow{AS} = \begin{pmatrix} -8 \\ -8 \\ 6 \end{pmatrix}$ ergibt sich für die Länge der Kante:

$|\overrightarrow{AS}| = \sqrt{64+64+36} = \sqrt{164} \approx \mathbf{12{,}8}$.

Winkel zwischen den Kanten AS und BS

Ist α der Winkel zwischen $\overrightarrow{SA}$ und $\overrightarrow{SB}$, so folgt aus

$$\cos\alpha = \frac{\left|\begin{pmatrix} 8 \\ 8 \\ -6 \end{pmatrix} \cdot \begin{pmatrix} -8 \\ 8 \\ -6 \end{pmatrix}\right|}{\sqrt{164}\cdot\sqrt{164}} = \frac{36}{164}$$ der Winkel $\alpha \approx \mathbf{77{,}3°}$.

Winkel zwischen den Seitenflächen

E_1 und E_2 seien die beiden Ebenen, welche die Seitenflächen ABS bzw. ADS enthalten. Weiterhin seien β der stumpfe und β^* der spitze Winkel zwischen diesen beiden Ebenen. Dann läßt sich β^* als Schnittwinkel zwischen den zugehörigen Normalenvektoren berechnen. Also müssen zunächst Normalenvektoren $\overrightarrow{n_1}$ und $\overrightarrow{n_2}$ der Ebenen E_1 und E_2 ermittelt werden.

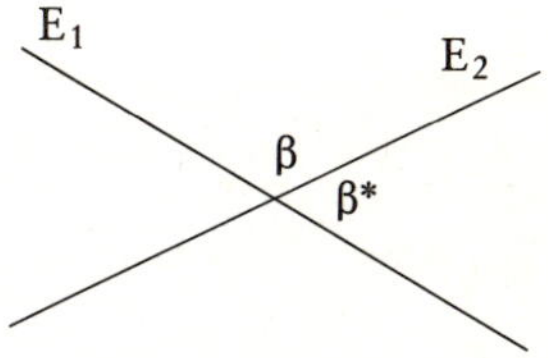

1. Möglichkeit

Man bestimmt jeweils zunächst eine Koordinatengleichung der Ebene.

$E_1: \ \vec{x} = \begin{pmatrix} 0 \\ 0 \\ 6 \end{pmatrix} + r\begin{pmatrix} 8 \\ 8 \\ -6 \end{pmatrix} + s\begin{pmatrix} -8 \\ 8 \\ -6 \end{pmatrix}; \quad r, s \in \mathbb{R}$

Setzt man für $\vec{x} = \begin{pmatrix} x_1 \\ x_2 \\ x_3 \end{pmatrix}$ ein und eliminiert man r und s, so ergibt sich eine Koordinatengleichung:

$E_1: \ 3x_2 + 4x_3 - 24 = 0$.

Also ist $\overrightarrow{n_1} = \begin{pmatrix} 0 \\ 3 \\ 4 \end{pmatrix}$ ein Normalenvektor von E_1.

G

Für die Ebene E_2 ergibt sich entsprechend:

$$E_2:\ \vec{x}=\begin{pmatrix}0\\0\\6\end{pmatrix}+u\begin{pmatrix}8\\8\\-6\end{pmatrix}+v\begin{pmatrix}8\\-8\\-6\end{pmatrix};\qquad u, v\in\mathbb{R}\qquad \text{bzw.}$$

$$E_2:\ 3x_1+4x_3-24=0.$$

Also ist $\overrightarrow{n_2}=\begin{pmatrix}3\\0\\4\end{pmatrix}$ ein Normalenvektor von E_2.

2. Möglichkeit:

Der Normalenvektor $\overrightarrow{n_1}=\begin{pmatrix}n_1\\n_2\\n_3\end{pmatrix}$ von E_1 muß orthogonal sein zu den beiden Richtungsvektoren der Ebene E_1.

Aus $\begin{pmatrix}n_1\\n_2\\n_3\end{pmatrix}\cdot\begin{pmatrix}8\\8\\-6\end{pmatrix}=0$ und $\begin{pmatrix}n_1\\n_2\\n_3\end{pmatrix}\cdot\begin{pmatrix}-8\\8\\-6\end{pmatrix}=0$ folgt

$$\left|\begin{array}{l}8n_1+8n_2-6n_3=0\\-8n_1+8n_2-6n_3=0\end{array}\right.\qquad \text{bzw.}\quad 4n_2-3n_3=0.$$

Also: $\overrightarrow{n_1}=\begin{pmatrix}0\\3\\4\end{pmatrix}$.

Entsprechend ergibt sich aus

$\begin{pmatrix}n_1\\n_2\\n_3\end{pmatrix}\cdot\begin{pmatrix}8\\8\\-6\end{pmatrix}=0$ und $\begin{pmatrix}n_1\\n_2\\n_3\end{pmatrix}\cdot\begin{pmatrix}8\\-8\\-6\end{pmatrix}=0$

der Normalenvektor $\overrightarrow{n_2}=\begin{pmatrix}3\\0\\4\end{pmatrix}$ der Ebene E_2.

Nun folgt aus

$$\cos\beta^*=\frac{\left|\begin{pmatrix}0\\3\\4\end{pmatrix}\cdot\begin{pmatrix}3\\0\\4\end{pmatrix}\right|}{5\cdot 5}=\frac{16}{25}$$ der Winkel $\beta^*\approx 50{,}2°$.

Also ist $\beta=180°-\beta^*\approx 180°-50{,}2°=\mathbf{129{,}8°}$.

Holzbedarf für den Deckel

Die Oberfläche des pyramidenförmigen Deckels setzt sich zusammen aus dem Inhalt der vier flächengleichen Dreiecke.
Die Seite AB hat die Mitte $M(0|8|0)$. Die Höhe h des Dreiecks ABS läßt sich aus dem Dreieck OMS berechnen.

$h=\sqrt{8^2+6^2}=\sqrt{100}=10$

Damit ergibt sich:

$A_{Dreieck}=\frac{1}{2}\cdot|\overrightarrow{AB}|\cdot h=\frac{1}{2}\cdot 16\cdot 10=80.$

Der Holzbedarf für den Deckel beträgt also $4\cdot 80\,dm^2=320\,dm^2=\mathbf{3{,}2\,m^2}$.

b) **Nachweis, daß der Ball nicht zusammengedrückt wird**

Schneidet man die Pyramide und den Ball mit der x_2x_3-Ebene, entsteht die nebenstehende Schnittfigur, wobei M die Mitte der Kante AB ist. Der Mittelpunkt M_1 des Balles liegt auf der x_3-Achse und hat die Koordinaten $M_1(0|0|2{,}5)$.

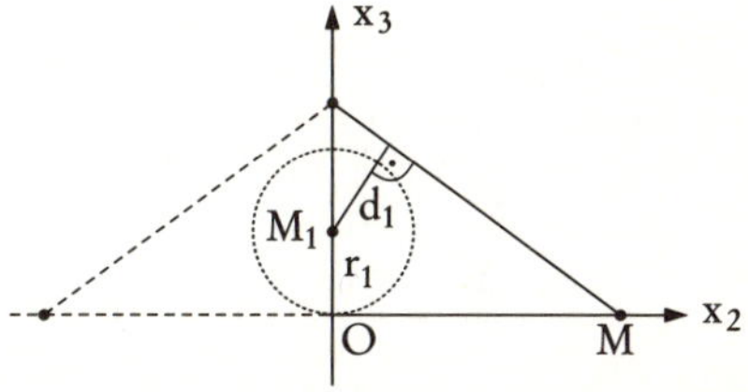

Der Ball wird nicht zusammengedrückt, wenn der Radius $r_1=2{,}5$ des Balles kleiner ist als der Abstand d_1 des Punktes M_1 von der Ebene E_1 (vgl. Teilaufgabe a)).

HNF von E_1: $\frac{1}{5}(3x_2+4x_3-24)=0$

$d_1=\frac{1}{5}\left|3\cdot 0+4\cdot 2{,}5-24\right|=\frac{1}{5}\cdot 14=2{,}8$

Da $2{,}5<2{,}8$ ist, wird der Ball **nicht** zusammengedrückt.

Kugelgleichung für den zweiten Ball

Da der zweite Ball den Radius r hat und ebenfalls mitten auf der Sandfläche liegt, ist $M_2(0|0|r)$ der zugehörige Mittelpunkt. Also ist

$$\left[\vec{x}-\begin{pmatrix}0\\0\\r\end{pmatrix}\right]^2=r^2$$

die Kugelgleichung für den zweiten Ball.

Abschätzung für den Radius des zweiten Balles

Der zweite Ball wird beim Aufsetzen des Deckels weder verformt noch in den Sand gedrückt, wenn der Abstand d des Punktes $M_2(0|0|r)$ von der Ebene E_1 (vgl. Teilaufgabe a)) höchstens gleich dem Radius r ist.

HNF von E_1: $\frac{1}{5}(3x_2 + 4x_3 - 24) = 0$

$d = \frac{1}{5}\left|(3 \cdot 0 + 4 \cdot r - 24)\right| = \frac{1}{5}|4r - 24|$

Aus $\frac{1}{5}|4r - 24| = r$ folgt $4r - 24 = 5r$ oder $4r - 24 = -5r$ bzw. $r = -24$ oder $r = \frac{24}{9} = \frac{8}{3}$. Da $r > 0$ ist, darf der Radius des zweiten Balles **höchstens $\frac{8}{3}$ dm sein.**

c) **Koordinaten von H_1 und H_2**

Schneidet man die Pyramide mit der Ebene, welche die Punkte A, C und S enthält, ergibt sich die gezeichnete Schnittfigur. Gegeben ist $\overline{H_1H_2} = 4$. Die Strecke H_1H_2 verläuft parallel zur x_1x_2-Ebene und schneidet die x_3-Achse in F. Wegen der Symmetrie ist $\overline{H_1F} = 2$. Der Punkt H_1 liegt auf der Geraden g durch die Punkte A und S.

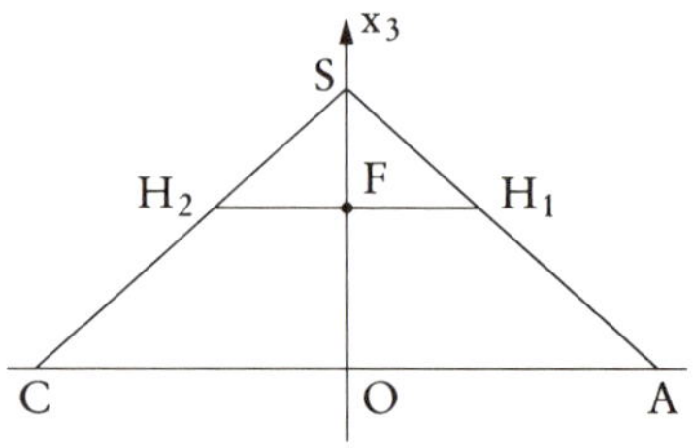

$$g: \vec{x} = \begin{pmatrix} 0 \\ 0 \\ 6 \end{pmatrix} + t\begin{pmatrix} 8 \\ 8 \\ -6 \end{pmatrix}; \quad t \in \mathbb{R}$$

Also hat H_1 die Koordinaten $H_1(8t|8t|6-6t)$.

Da F auf gleicher Höhe über der x_1x_2-Ebene liegt wie H_1, ergibt sich $F(0|0|6-6t)$. Hieraus folgt

$$\overrightarrow{FH_1} = \begin{pmatrix} 8t \\ 8t \\ 8 \end{pmatrix} \text{ mit } |\overrightarrow{FH_1}| = \sqrt{64t^2 + 64t^2} = 8t\sqrt{2}.$$

Aus $8t\sqrt{2} = 2$ folgt $t = \frac{1}{4\sqrt{2}} = \frac{1}{8} \cdot \sqrt{2}$.

Damit sind $\mathbf{H_1}\left(\sqrt{2}\,\middle|\,\sqrt{2}\,\middle|\,6 - \frac{3}{4}\sqrt{2}\right)$ und $\mathbf{H_2}\left(-\sqrt{2}\,\middle|\,-\sqrt{2}\,\middle|\,6 - \frac{3}{4}\sqrt{2}\right)$ die Koordinaten der gesuchten Punkte.

Die Ebene E_1 enthält die Punkte $A(1|3|-2)$, $B(1|6|-2)$ und $C(-5|-2|-6)$. Gegeben ist weiter die Ebene $E_2: 6x_1 - 10x_2 + x_3 - 14 = 0$.

a) Bestimmen Sie eine Koordinatengleichung der Ebene E_1 und eine Gleichung der Schnittgeraden von E_1 und E_2.

b) Die Gerade g durch B und C ist Tangente einer Kugel mit dem Mittelpunkt $M(-2|-1|2)$.
Berechnen Sie den Radius der Kugel, und geben Sie eine Gleichung dieser Kugel an.

c) Der Punkt $P(4|-1|5)$ liegt auf einer Kugel mit Mittelpunkt $M(-2|-1|2)$.
Bestimmen Sie eine Gleichung der Tangentialebene T im Punkt P.
Es gibt zwei Kugeln mit Mittelpunkten auf der x_1-Achse, die T berühren und durch $O(0|0|0)$ gehen.
Bestimmen Sie die Radien dieser Kugeln.

d) Zeichnen Sie in ein ebenes Koordinatensystem die Punkte $A'(-5|0)$ und $B'(0|-3)$ ein.
A' und B' sind Eckpunkte einer zu den Koordinatenachsen symmetrischen Raute A'B'C'D'.
Zeichnen Sie die Raute in das Koordinatensystem ein.
Die Raute A'B'C'D' ist das Bild eines Quadrates ABCD bei einer senkrecht-affinen Abbildung mit der x-Achse als Affinitätsachse.
Konstruieren Sie dieses Quadrat ABCD.
Der Inkreis des Quadrats wird durch diese Abbildung auf eine Ellipse abgebildet.
Konstruieren Sie die Halbachsen der Ellipse und die Berührpunkte mit der Raute.
Geben Sie Näherungswerte für die Längen der Halbachsen und die Koordinaten eines der Berührpunkte aus der Zeichnung an.

Lösungshinweise:

a) Mit Hilfe der gegebenen Punkte kann man zunächst eine Parametergleichung von E_1 angeben. Eliminiere danach die Parameter. Die Gleichung der Schnittgeraden s von E_1 und E_2 kann verschieden ermittelt werden.
1. Möglichkeit: Man setzt z. B. $x_3 = t$, berechnet x_1 in Abhängigkeit von t aus der Gleichung für E_1 und setzt dies in die Gleichung für E_2 ein. Es ergibt sich x_2 in Abhängigkeit von t. Aus allen drei Gleichungen zusammen folgt die Parametergleichung der Schnittgeraden s.
2. Möglichkeit: Man setzt in die Koordinatengleichung von E_2 für x_1, x_2 und x_3 die entsprechenden Terme aus der Parametergleichung von E_1 ein. Es ergibt sich eine Gleichung zwischen den Parametern. Hieraus folgt wieder eine Parametergleichung der Schnittgeraden s.

b) Der Radius r der Kugel K ist der Abstand des Punktes M von der Geraden g durch B und C. Diesen Abstand kann man verschieden berechnen: Entweder man ermittelt die Gleichung einer Hilfsebene H, die senkrecht zu g durch M verläuft und schneidet diese mit g, oder aber man beachtet, daß der Richtungsvektor von g und der Vektor $\overrightarrow{MF}$ (F ist Fußpunkt des Lotes) orthogonal sind. Da der Mittelpunkt gegeben ist, kann man nun eine Gleichung der Kugel angeben.

c) Der Mittelpunkt M der Kugel ist der gleiche wie in Teilaufgabe b). Liegt der Punkt P auf der Kugel aus b)? Benutze nun die Gleichung einer Tangentialebene. Andere Möglichkeit zur Ermittlung der Tangentialebene: Verwende die Beziehung $\overrightarrow{PM} \cdot \overrightarrow{PX} = 0$ für alle Punkte X der Tangentialebene T.
Verdeutliche die spezielle Lage der beschriebenen Kugeln in einer Skizze (x_1x_3-Ebene). Welche Koordinaten der Kugelmittelpunkte sind bekannt? Welche Beziehung folgt aus der Tatsache, daß die Kugeln die Ebene T berühren und durch den Ursprung gehen? Mit Hilfe der Abstände ergibt sich eine Betragsgleichung. Diese hat zwei Lösungen.

d) Die Raute A'B'C'D' ist das Bild eines Quadrates ABCD bei einer senkrecht-affinen Abbildung mit der x-Achse als Affinitätsachse. Welche Punkte bleiben also fest? Auf welchem Kreis liegen die Punkte B und D? Zeichne den Inkreis des Quadrates. Damit ist die große Halbachse der Ellipse bekannt. Mit Hilfe des Punktes C = C' auf der Affinitätsachse und dem zugeordneten Punktepaar D und D' kann man z. B. den Berührpunkt B_1' im ersten Feld konstruieren. Der vom Ursprung ausgehende Strahl durch B_1 und die Parallele zur x-Achse durch B_1' schneiden sich in einem Punkt des anderen Hauptkreises.

Lösung:

a) **Koordinatengleichung von E_1**

Parametergleichung von E_1:

$$\vec{x} = \begin{pmatrix} 1 \\ 3 \\ -2 \end{pmatrix} + u \begin{pmatrix} 0 \\ 3 \\ 0 \end{pmatrix} + v \begin{pmatrix} -6 \\ -5 \\ -4 \end{pmatrix}; \quad u, v \in \mathbb{R}$$

Eliminiert man aus dieser Gleichung die Parameter u und v, so ergibt sich eine Koordinatengleichung:

E_1: $2x_1 - 3x_3 - 8 = 0$.

Gleichung der Schnittgeraden s von E_1 und E_2

1. Möglichkeit:

Mit $x_3 = t$ folgt aus E_1: $x_1 = 4 + \frac{3}{2}t$. Setzt man x_1 und x_3 in E_2 ein, ergibt sich $6\left(4 + \frac{3}{2}t\right) - 10x_2 + t - 14 = 0$ und daraus $x_2 = 1 + t$.

Aus $\begin{cases} x_1 = 4 + \frac{3}{2}t \\ x_2 = 1 + t \\ x_3 = t \end{cases}$ folgt

$$\vec{x} = \begin{pmatrix} 4 \\ 1 \\ 0 \end{pmatrix} + t \begin{pmatrix} 1{,}5 \\ 1 \\ 1 \end{pmatrix}; \quad t \in \mathbb{R} \quad \text{bzw.}$$

$$\vec{x} = \begin{pmatrix} 4 \\ 1 \\ 0 \end{pmatrix} + t^* \begin{pmatrix} 3 \\ 2 \\ 2 \end{pmatrix}; \quad t^* \in \mathbb{R}$$

als Gleichung der Schnittgeraden s von E_1 und E_2.

2. Möglichkeit:

Aus der Parametergleichung von E_1 folgt:

$x_1 = 1 - 6v$; $x_2 = 3 + 3u - 5v$; $x_3 = -2 - 4v$.

Setzt man diese Terme in die Koordinatengleichung von E_2 ein, ergibt sich:

$6(1 - 6v) - 10(3 + 3u - 5v) + (-2 - 4v) - 14 = 0$.

Hieraus folgt $v = 3u + 4$. Also ist

$$\vec{x} = \begin{pmatrix} 1 \\ 3 \\ -2 \end{pmatrix} + u \begin{pmatrix} 0 \\ 3 \\ 0 \end{pmatrix} + (3u + 4) \begin{pmatrix} -6 \\ -5 \\ -4 \end{pmatrix}; \quad u \in \mathbb{R}$$

$$\vec{x} = \begin{pmatrix} -23 \\ -17 \\ -18 \end{pmatrix} + u \begin{pmatrix} -18 \\ -12 \\ -12 \end{pmatrix}; \quad u \in \mathbb{R}$$

G

$$\vec{x}=\begin{pmatrix}-23\\-17\\-18\end{pmatrix}+u^*\begin{pmatrix}3\\2\\2\end{pmatrix};\qquad u^*\in\mathbb{R}.$$

b) Radius und Gleichung der Kugel

Der Radius r der Kugel K ist der Abstand des Punktes M von der Geraden g durch B und C.

1. Möglichkeit:

Hilfsebene H senkrecht zu g durch M.
H hat den Richtungsvektor von g als Normalenvektor.

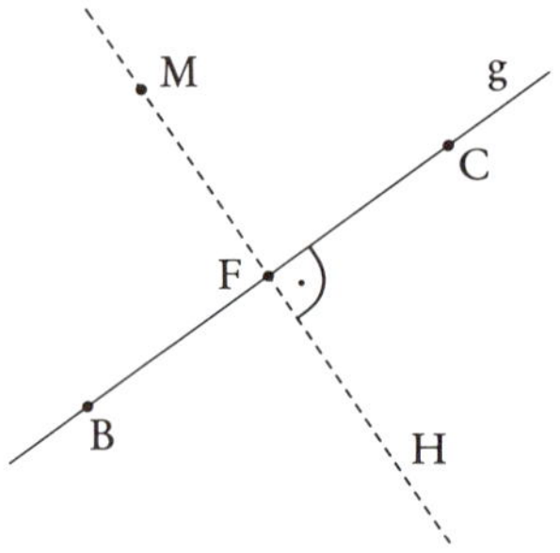

$$g:\ \vec{x}=\begin{pmatrix}1\\6\\-2\end{pmatrix}+s\begin{pmatrix}3\\4\\2\end{pmatrix};\qquad s\in\mathbb{R};$$

$$H:\ \left[\vec{x}-\begin{pmatrix}-2\\-1\\2\end{pmatrix}\right]\cdot\begin{pmatrix}3\\4\\2\end{pmatrix}=0\quad\text{bzw.}$$

$3x_1+4x_2+2x_3+6=0.$

$g\cap H=\{F\}:\ 3(1+3s)+4(6+4s)+2(-2+2s)+6=0$

Hieraus folgt $s=-1$ und somit $F(-2|2|-4)$.

Der Abstand d des Punktes M von g ist

$$d=|\overrightarrow{MF}|=\left|\begin{pmatrix}0\\3\\-6\end{pmatrix}\right|=\sqrt{45}=3\sqrt{5}.\quad\text{Also auch } \mathbf{r=3\sqrt{5}}.$$

$$\mathbf{K:}\ \left[\vec{x}-\begin{pmatrix}-2\\-1\\2\end{pmatrix}\right]^2=45$$

2. Möglichkeit:

Lotgerade h zu g durch M.

Es sei F der Lotfußpunkt des Lotes von M auf g. Da $F\in g$ ist, gilt $F(1+3s|6+4s|-2+2s)$. Der Richtungsvektor von g und der Vektor $\overrightarrow{MF}$ sind orthogonal. Aus

$$\begin{pmatrix}3\\4\\2\end{pmatrix}\cdot\overrightarrow{MF}=0\quad\text{folgt}\quad\begin{pmatrix}3\\4\\2\end{pmatrix}\cdot\begin{pmatrix}3+3s\\7+4s\\-4+2s\end{pmatrix}=0\quad\text{und hieraus } s=-1.$$

Damit ergeben sich wie oben die Koordinaten von F und der Abstand d des Punktes M von g.

c) **Gleichung der Tangentialebene T in P**

1. Möglichkeit:

Man verwendet die Gleichung der Tangentialebene T an eine gegebene Kugel K in einem vorgegebenen Punkt P. Der Punkt P liegt auf der Kugel K aus Teilaufgabe b). Der Kugelradius ist also $r=3\sqrt{5}$.

$$T:\ \left[\vec{x}-\begin{pmatrix}-2\\-1\\2\end{pmatrix}\right]\cdot\left[\begin{pmatrix}4\\-1\\5\end{pmatrix}-\begin{pmatrix}-2\\-1\\2\end{pmatrix}\right]=45 \quad \text{bzw.}$$

T: $2x_1+x_3-13=0$

2. Möglichkeit:

Der Punkt X liegt auf der Tangentialebene T durch P, wenn gilt:

$\overrightarrow{PM}\cdot\overrightarrow{PX}=0$. Aus $\begin{pmatrix}-6\\0\\-3\end{pmatrix}\cdot\begin{pmatrix}x_1-4\\x_2+1\\x_3-5\end{pmatrix}=0$ folgt

T: $2x_1+x_3-13=0$.

Radien der Berührkugeln

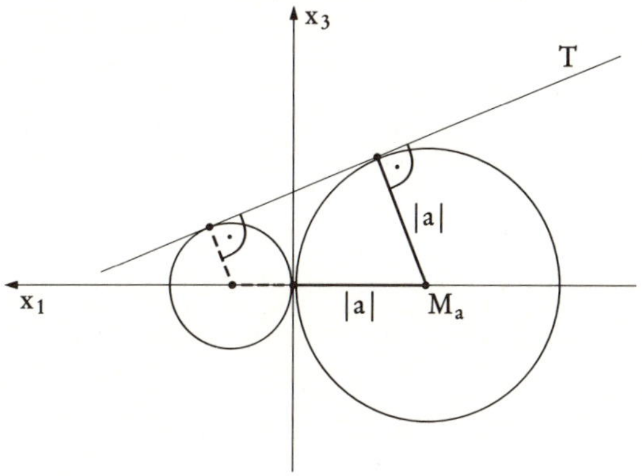

Die Mittelpunkte der Kugeln liegen auf der x_1-Achse. Die Kugeln gehen durch den Ursprung und berühren T (siehe Skizze). Deshalb gilt:

$M_a(a|0|0)$; $r=|a|$ und $d(M_a;T)=d(M_a;O)$.

HNF von T: $\frac{1}{\sqrt{5}}(2x_1+x_3-13)=0$;

$d(M_a;T)=\left|\frac{1}{\sqrt{5}}(2a-13)\right|$.

Aus $\left|\frac{1}{\sqrt{5}}(2a-13)\right| = |a|$ folgt $\frac{1}{\sqrt{5}}(2a-13)=a$ bzw. $\frac{1}{\sqrt{5}}(2a-13)=-a$ und hieraus $a_1=-13(\sqrt{5}+2)$ bzw. $a_2=13(\sqrt{5}-2)$.

Damit sind $r_1=|a_1|=\mathbf{13(\sqrt{5}+2)}$ und $r_2=|a_2|=\mathbf{13(\sqrt{5}-2)}$ die gesuchten Kugelradien.

d) Konstruktionen

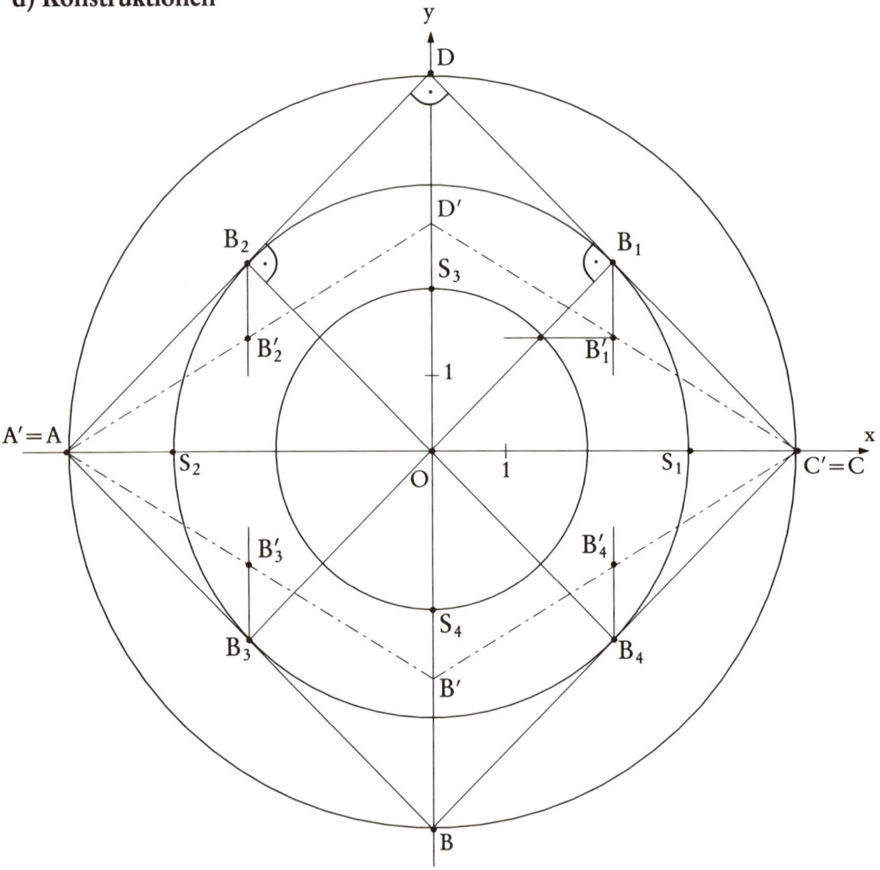

Näherungswerte

Halbachsen: $\overline{OS_1} \approx 3{,}5$; $\overline{OS_3} \approx 2{,}1$

Berührpunkt: $B_1'(2{,}5\,|\,1{,}5)$

Auf einem Kinderspielplatz steht ein Stangengerüst als Kletterturm. Es besteht aus einem Würfel $P_1P_2P_3P_4Q_1Q_2Q_3Q_4$ der Kantenlänge 3 m. Die Deckfläche $Q_1Q_2Q_3Q_4$ ist aus einer massiven Holzplatte; ihr ist ein 1 m hohes Quadergerüst aufgesetzt. Die Dachkanten bilden eine 2 m hohe symmetrische Pyramide. Von der Kante Q_2Q_3 führt eine 3 m breite und 5 m lange rechteckige Rutschfläche zum Boden. Drei Kanten des Gerüsts liegen auf den Koordinatenachsen; der Boden liegt in der horizontalen x_1x_2-Ebene. (siehe Skizze)

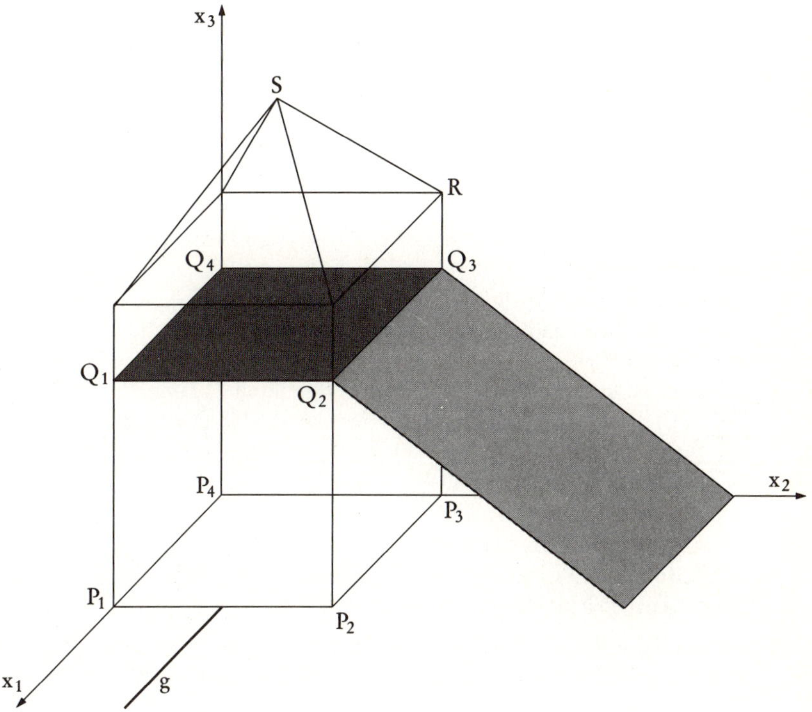

a) Das Dach soll gedeckt werden.
Berechnen Sie den Flächeninhalt des Dachs.
Bestimmen Sie eine Koordinatengleichung der Ebene E, in der die Rutschfläche liegt.
Bestimmen Sie den Winkel zwischen der Deckfläche $Q_1Q_2Q_3Q_4$ und der Rutschfläche.

b) Vertikal über dem Mittelpunkt der Rutschfläche soll eine Lampe angebracht werden; sie soll 2,50 m über dem Mittelpunkt hängen.
Bestimmen Sie die Koordinaten der punktförmig gedachten Lichtquelle.
Aus Sicherheitsgründen muß die Lampe einen Mindestabstand von 1,80 m zur Rutschfläche haben.
Untersuchen Sie durch Rechnung, ob diese Vorschrift hier eingehalten ist.

c) Eine geradlinige Markierung g auf dem Boden verläuft parallel zur x_1-Achse; sie beginnt in der Mitte der Kante P_1P_2. (siehe Skizze)
Auf der Markierung steht ein Kind 3 m vor der Seitenfläche $P_1P_2Q_2Q_1$.
Kann es von dort aus die Dachecke R sehen, wenn seine Augenhöhe 1 m beträgt?
Wie groß muß der Abstand des Kindes auf der Markierung g von der Seitenfläche $P_1P_2Q_2Q_1$ sein, damit das Kind den Punkt R gerade noch sieht?

Lösungshinweise:

a) Notiere zunächst die Koordinaten der angegebenen Eckpunkte des Gerüstes. Welche Koordinaten hat die vordere, rechte, obere Ecke des Quaders? Das Dach besteht aus vier gleichschenkligen Dreiecken. Wie lautet die Formel für den Flächeninhalt eines Dreiecks? Überlege, aus welchem „Stützdreieck" sich die Höhe eines der vier Dreiecke ergibt. Die Rutschfläche treffe die x_1x_2-Ebene in einer Strecke mit den Endpunkten P_5 und P_6, wobei P_6 auf der x_2-Achse liegt. Wie lang ist die Strecke P_3Q_3? Die Länge der Strecke Q_3P_6 ist 5. Hieraus folgt $\overline{P_3P_6}$. Damit kann man die Koordinaten von P_5 und P_6 angeben und eine Parametergleichung von E notieren. Elimination der Parameter ergibt eine Koordinatengleichung.
Um den Winkel zwischen der Dachfläche und der Rutschfläche zu berechnen, ermittelt man zunächst den Schnittwinkel zwischen den Ebenen, in denen diese Flächen liegen. Dieser Schnittwinkel ist kleiner als 90°.

b) Da die Koordinaten der Eckpunkte der Rutsche bekannt sind, kann man die Koordinaten des Mittelpunktes dieses Dreiecks angeben. Wie muß man die dritte Koordinate dieses Mittelpunktes ändern, um die Lage der Lampe zu erhalten?
Zur Überprüfung der Vorschrift berechnet man den Abstand der Lampe von der Ebene, in welcher die Rutsche liegt.

c) Aus den in der Aufgabe genannten Zahlen kann man die Koordinaten des „Augenpunktes" A_1 des Kindes ermitteln. Von diesem Punkt ist die Dachecke R sichtbar, wenn die Gerade durch A_1 und R die Holzplatte $Q_1Q_2Q_3Q_4$ nicht schneidet. Welche besondere Lage hat die Ebene, in der die Holzplatte liegt? Wie lautet also eine Gleichung dieser Ebene?

Berechne den Durchstoßpunkt, und entscheide, ob er im Innern der Fläche $Q_1Q_2Q_3Q_4$ liegt oder nicht.
Es sei A_2 der „Augenpunkt" des Kindes, von dem aus der Punkt R gerade noch sichtbar ist. Welche Koordinaten von A_2 sind bekannt? Stelle eine Gleichung der Geraden auf, die durch A_2 und R geht. Welche Bedingung muß diese Gerade erfüllen, damit das Kind den Punkt R gerade noch sieht?

Lösung:

Die Koordinaten der Punkte sind:
$P_1(3|0|0)$; $P_2(3|3|0)$; $Q_1(3|0|3)$; $Q_2(3|3|3)$; $Q_3(0|3|3)$; $S(1,5|1,5|6)$; $R(0|3|4)$. Die vordere, rechte, obere Ecke des Quaders sei R_2. Es gilt: $R_2(3|3|4)$.

a) **Flächeninhalt des Daches**

Die Spitze S liegt 2 m über dem Mittelpunkt M_1 der Deckfläche des Quaders. Der Fußpunkt der Höhe der Seitenfläche R_2RS sei M_2.

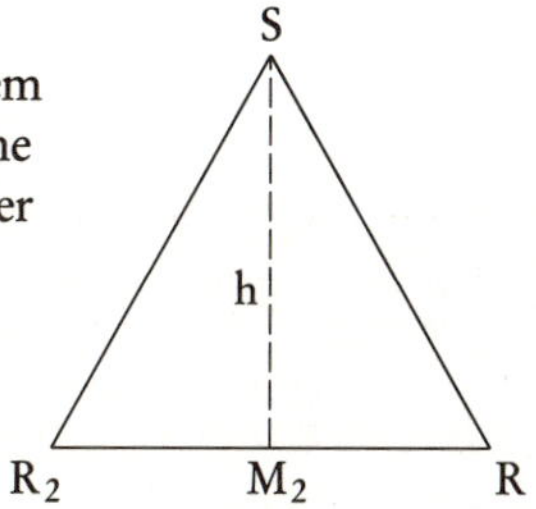

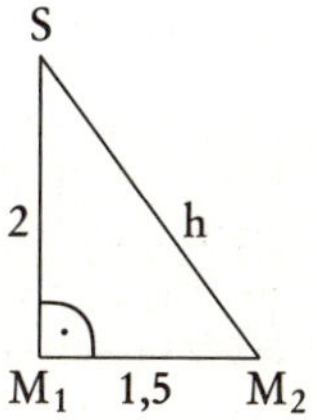

$$A_{Dach} = 4 \cdot A_{Dreieck\ R_2RS}$$
$$= 4 \cdot \frac{1}{2} \cdot 3 \cdot h$$
$$= 4 \cdot \frac{1}{2} \cdot 3 \cdot \sqrt{2^2 + 1{,}5^2}$$
$$= 15$$

Der Flächeninhalt des Daches beträgt **15 m²**.

Koordinatengleichung der Ebene E

Die 5 m lange Rutschfläche trifft die x_1x_2-Ebene in einer Strecke mit den Endpunkten P_5 und P_6, wobei P_6 auf der x_2-Achse liegt. Also gilt:
$\overline{P_3P_6} = \sqrt{5^2 - 3^2} = 4$.
Damit haben P_5 und P_6 die Koordinaten $P_5(3|7|0)$ und $P_6(0|7|0)$.
Mit den Richtungsvektoren $\overrightarrow{Q_3Q_2}$ und $\overrightarrow{Q_3P_6}$ ergibt sich:

$$E\colon\ \vec{x} = \begin{pmatrix}0\\3\\3\end{pmatrix} + s\begin{pmatrix}1\\0\\0\end{pmatrix} + t\begin{pmatrix}0\\4\\-3\end{pmatrix}; \quad s, t \in \mathbb{R}.$$

Setzt man für $\vec{x} = \begin{pmatrix}x_1\\x_2\\x_3\end{pmatrix}$ ein und eliminiert man s und t, so ergibt sich eine Koordinatengleichung:

$$\mathbf{E\colon\ 3x_2 + 4x_3 - 21 = 0.}$$

Winkel zwischen der Deckfläche und der Rutschfläche

Es bezeichne $\alpha \leqq 90°$ den Schnittwinkel zwischen den Ebenen, in denen die Deckfläche und die Rutschfläche liegen. Die Deckfläche hat den Normalenvektor $\vec{n}_1 = \begin{pmatrix} 0 \\ 0 \\ 1 \end{pmatrix}$, die Rutschfläche den Normalenvektor $\vec{n}_2 = \begin{pmatrix} 0 \\ 3 \\ 4 \end{pmatrix}$.

Hieraus folgt:

$$\cos\alpha = \frac{\left|\begin{pmatrix} 0 \\ 0 \\ 1 \end{pmatrix} \cdot \begin{pmatrix} 0 \\ 3 \\ 4 \end{pmatrix}\right|}{\sqrt{1} \cdot \sqrt{25}} = \frac{4}{5}; \quad \alpha \approx 36{,}87°.$$

Damit gilt für den Winkel β zwischen Deck- und Rutschfläche:
$\beta = 180° - \alpha \approx \mathbf{143{,}13°}$.

b) **Koordinaten der Lichtquelle**

Der Mittelpunkt M der Rutschfläche ist $M(1{,}5\,|\,5\,|\,1{,}5)$.
Da die Lampe 2,50 m über M hängen soll, ergibt sich für die Lage der Lampe der Punkt $\mathbf{L(1{,}5\,|\,5\,|\,4)}$.

Untersuchung, ob der Mindestabstand eingehalten wird

HNF von E: $\frac{1}{5}(3x_2 + 4x_3 - 21) = 0$

$d(L; E) = \frac{1}{5}\,|15 + 16 - 21| = 2$

Wegen $2\,\text{m} > 1{,}80\,\text{m}$ ist die **Vorschrift eingehalten.**

c) **Überprüfung, ob man die Dachecke R sehen kann**

Der Augenpunkt des Kindes ist $A_1(6\,|\,1{,}5\,|\,1)$.
Das Kind sieht die Dachecke R, wenn die Gerade h_1 durch die Punkte A_1 und R die Holzplatte $Q_1Q_2Q_3Q_4$ nicht schneidet.

$$h_1: \ \vec{x} = \begin{pmatrix} 6 \\ 1{,}5 \\ 1 \end{pmatrix} + u \begin{pmatrix} -6 \\ 1{,}5 \\ 3 \end{pmatrix}; \quad u \in \mathbb{R}$$

Die Ebene F, in der die Holzplatte liegt, ist parallel zur x_1x_2-Ebene und hat die Gleichung
F: $x_3 = 3$.
$h_1 \cap F = \{U\}$: Aus $1 + 3u = 3$ folgt $u = \frac{2}{3}$.

Für den Durchstoßpunkt U ergibt sich also: $U(2\,|\,2{,}5\,|\,3)$.

Da U im Innern der Fläche $Q_1Q_2Q_3Q_4$ liegt, kann das Kind die Dachecke R vom Punkt A_1 aus **nicht sehen.**

Berechnung des Abstandes

Es sei A_2 der Augenpunkt des Kindes, von dem aus die Dachecke R gerade noch sichtbar ist. Damit gilt: $A_2(a|1{,}5|1)$ mit $a>6$.
Die Gerade h_2 durch A_2 und R hat die Gleichung:

$$h_2:\ \vec{x}=\begin{pmatrix}0\\3\\4\end{pmatrix}+v\begin{pmatrix}a\\-1{,}5\\-3\end{pmatrix};\qquad v\in\mathbb{R}.$$

Das Kind sieht die Dachecke R gerade noch, wenn die Gerade h_2 die Kante Q_1Q_2 trifft. Für die Punkte auf dieser Kante gilt: $x_1=3$; $0<x_2<3$; $x_3=3$.

Aus $\left\{\begin{array}{r} va=3\\ 4-3v=3\end{array}\right.$ folgt $v=\frac{1}{3}$; $a=9$.

Der Abstand des Kindes von der Seitenfläche $P_1P_2Q_2Q_1$ muß also **6 m** betragen.

Die Ebene E hat die Gleichung $2x_1 + 2x_2 + x_3 = 12$.

Die Gerade g hat die Gleichung $\vec{x} = \begin{pmatrix} -3 \\ -1 \\ 2 \end{pmatrix} + t \begin{pmatrix} 1 \\ 6 \\ 4 \end{pmatrix}; \quad t \in \mathbb{R}$.

a) Welche Kugel mit dem Mittelpunkt $O(0|0|0)$ berührt die Ebene E?
Bestimmen Sie den Schnittpunkt der Geraden g mit der Ebene E.
Unter welchem Winkel schneiden sich g und E?
Welche Punkte auf g haben von E den Abstand 3?

b) Bestimmen Sie eine Koordinatengleichung der Ebene F, die g enthält und auf E senkrecht steht.
Ermitteln Sie eine Gleichung der Schnittgeraden s von E und F.
Geben Sie den Schnittpunkt der Geraden g und s an.
Bestimmen Sie eine Gleichung derjenigen Geraden, die g und s senkrecht schneidet.

c) Eine Kugel K hat ihren Mittelpunkt M auf der Geraden g. K berührt die Ebene E in $B(1|3|4)$.
Bestimmen Sie eine Gleichung von K.
Eine Kugel $\overline{K}$ hat ihren Mittelpunkt $\overline{M}$ ebenfalls auf g und berührt E in $\overline{B}(1|a|b)$.
Untersuchen Sie, ob $\overline{K}$ mit K identisch sein muß.

Lösungshinweise:

a) Von der Kugel ist der Mittelpunkt gegeben; der Radius ergibt sich als Abstand des Ursprungs von der Ebene E. Wie berechnet man den Abstand eines Punktes von einer Ebene?
Die Gerade g ist in Parameterform gegeben. Setze nun x_1, x_2 und x_3 aus g in die Koordinatenform von E ein. Welcher Parameterwert ergibt sich für den Schnittpunkt D?
Der Schnittwinkel α zwischen einer Geraden und einer Ebene ergibt sich mit Hilfe des Richtungsvektors der Geraden und einem Normalenvektor der Ebene. Wie lautet die Gleichung für α?
Die Punkte P_t liegen auf g. Wie lauten also die Koordinaten in Abhängigkeit von t? Der Abstand 3 ist gegeben. Mit Hilfe der Hesse-Form der Ebene E erhält man eine Betragsgleichung. Welche zwei Werte ergeben sich für den Parameter?

b) Skizziere im Schrägbild zwei senkrechte Ebenen E und F. Zeichne in F die Gerade g ein. Welchen Punkt der Schnittgeraden kennt man schon? Für die Parameterdarstellung von F ist ein Normalenvektor von E ein zweiter Richtungsvektor. Notiere also die Parameterdarstellung von F und eliminiere die Parameter.
Die Gleichung der Schnittgeraden s von E und F kann verschieden ermittelt werden. Entweder man subtrahiert die beiden Koordinatengleichungen von E und F und führt mit $x_3 = p$ einen Parameter ein, oder aber man setzt in die Koordinatengleichung von E für x_1, x_2 und x_3 die entsprechenden Terme aus der Parametergleichung von F ein. Der Schnittpunkt der Geraden g und s ist der Punkt D aus Teilaufgabe a). Die Gerade g_1 schneide g und s senkrecht. Trage sie in die Skizze ein. In welcher Ebene liegt sie, und durch welchen Punkt geht sie? Damit kann man eine Gleichung in Parameterform angeben.

c) Skizziere die Geraden g und s mit dem Schnittpunkt D. Der Punkt B liegt auf s. Der Mittelpunkt M der Kugel K ergibt sich als Schnittpunkt der Geraden g mit einer Hilfsgeraden h durch B senkrecht zu E. Wie erhält man den Radius der Kugel, wenn man Mittelpunkt und Berührpunkt kennt?
Auf welcher Geraden liegt $\overline{B}$? Punktprobe liefert den Parameter; hieraus ergeben sich a und b.
Andere Möglichkeit: Von $\overline{B}$ ist eine Koordinate bekannt. In welcher Ebene liegt also $\overline{B}$? Schneidet man diese Ebene mit s, ergeben sich die Koordinaten von $\overline{B}$.

Lösung:

a) **Gleichung der Kugel**

Der Mittelpunkt der Kugel K_1 ist $O(0|0|0)$. Da die Kugel K_1 die Ebene E berührt, ergibt sich der Kugelradius r_1 als Abstand des Punktes $O(0|0|0)$ von E.

HNF von E: $\frac{1}{3}(2x_1 + 2x_2 + x_3 - 12) = 0$

$$r_1 = d(O;E) = \left|\frac{1}{3}\cdot(-12)\right| = 4$$

Damit ergibt sich:

$\mathbf{K_1:\ \vec{x}^2 = 16.}$

Koordinaten des Schnittpunktes von g und E

$g \cap E = \{D\}$: $2(-3+t) + 2(-1+6t) + 2 + 4t = 12$;
hieraus folgt $t = 1$ und somit $\mathbf{D(-2|5|6)}$.

Schnittwinkel zwischen g und E

Es bezeichne $\alpha \leqq 90°$ den Schnittwinkel zwischen g und E.

$$\sin\alpha = \frac{\left|\begin{pmatrix}1\\6\\4\end{pmatrix}\cdot\begin{pmatrix}2\\2\\1\end{pmatrix}\right|}{\sqrt{53}\cdot\sqrt{9}} = \frac{18}{\sqrt{53}\cdot 3} = \frac{6}{\sqrt{53}};\quad \alpha \approx \mathbf{55{,}5°}$$

Punkte auf g mit Abstand 3 von E

Für die Punkte P_t auf g gilt: $P_t(-3+t|-1+6t|2+4t)$.
Diese Punkte haben von E den Abstand:

$$d(P_t;E) = \left|\frac{1}{3}[2(-3+t) + 2(-1+6t) + 2 + 4t - 12]\right|$$
$$= |6t-6|.$$

Aus $|6t-6| = 3$ folgt $6t-6=-3$ oder $6t-6=+3$ und hieraus
$t_1 = \frac{1}{2}$; $t_2 = \frac{3}{2}$.

Also haben die Punkte $\mathbf{P_{0,5}(-1{,}5|8|8)}$ **und** $\mathbf{P_{1,5}(-2{,}5|2|4)}$ von E den Abstand 3.

G

b) Koordinatengleichung von F

Die Ebene F enthält die Gerade g und steht senkrecht auf E. Ein Normalenvektor von E ist also ein zweiter Richtungsvektor von F. Damit ist

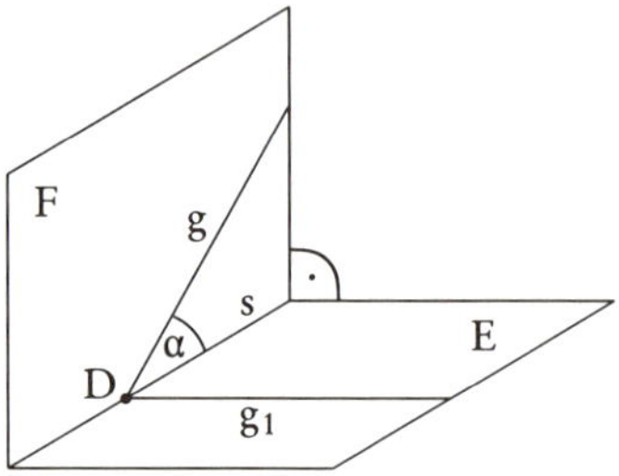

$$F: \vec{x} = \begin{pmatrix} -3 \\ -1 \\ 2 \end{pmatrix} + u \begin{pmatrix} 1 \\ 6 \\ 4 \end{pmatrix} + v \begin{pmatrix} 2 \\ 2 \\ 1 \end{pmatrix}; \quad u, v \in \mathbb{R}$$

eine Parametergleichung von F. Setzt man

für $\vec{x} = \begin{pmatrix} x_1 \\ x_2 \\ x_3 \end{pmatrix}$ ein und eliminiert man u

und v, so ergibt sich eine Koordinatengleichung:

F: $2x_1 - 7x_2 + 10x_3 - 21 = 0$.

Gleichung der Schnittgeraden s von E und F

1. Möglichkeit :

Aus den Gleichungen

$E: \; 2x_1 + 2x_2 + x_3 = 12$

$F: \; 2x_1 - 7x_2 + 10x_3 = 21$

folgt durch Subtraktion $x_2 - x_3 = -1$. Setzt man $x_3 = p$, so folgt $x_2 = -1 + p$ und $x_1 = 7 - 1{,}5p$.

Aus $\left\{\begin{array}{l} x_1 = 7 - 1{,}5p \\ x_2 = -1 + p \\ x_1 = p \end{array}\right.$ folgt

$$\vec{x} = \begin{pmatrix} 7 \\ -1 \\ 0 \end{pmatrix} + p \begin{pmatrix} -1{,}5 \\ 1 \\ 1 \end{pmatrix}; \quad p \in \mathbb{R} \quad \text{bzw.}$$

$$\vec{\mathbf{x}} = \begin{pmatrix} 7 \\ -1 \\ 0 \end{pmatrix} + \mathbf{p}^* \begin{pmatrix} -3 \\ 2 \\ 2 \end{pmatrix}; \quad \mathbf{p}^* \in \mathbb{R}$$

als Gleichung der Schnittgeraden s von E und F.

2. Möglichkeit:

Aus der Parametergleichung von F folgt:

$x_1 = -3 + u + 2v$; $x_2 = -1 + 6u + 2v$; $x_3 = 2 + 4u + v$.

Setzt man in die Koordinatengleichung von E für x_1, x_2, x_3 diese Terme ein, ergibt sich:

$2(-3 + u + 2v) + 2(-1 + 6u + 2v) + 2 + 4u + v = 12.$

Hieraus folgt $v=2-2u$. Also ist

$$\vec{x}=\begin{pmatrix}-3\\-1\\2\end{pmatrix}+u\begin{pmatrix}1\\6\\4\end{pmatrix}+(2-2u)\cdot\begin{pmatrix}2\\2\\1\end{pmatrix};\quad u\in\mathbb{R}$$

$$\vec{\mathbf{x}}=\begin{pmatrix}1\\3\\4\end{pmatrix}+\mathbf{u}\begin{pmatrix}-3\\2\\2\end{pmatrix};\quad \mathbf{u}\in\mathbb{R}$$

eine Gleichung der Schnittgeraden s von E und F.

Koordinaten des Schnittpunktes von g und s

Der Schnittpunkt der Geraden g und s ist der Punkt D aus Teilaufgabe a). Also gilt: $D(-2|5|6)$.

Gleichung der Geraden, die g und s senkrecht schneidet

Diese Gerade sei g_1 (vgl. Skizze). Sie geht durch D und hat einen Normalenvektor von F als Richtungsvektor. Damit gilt:

$$\mathbf{g_1}:\ \vec{\mathbf{x}}=\begin{pmatrix}-2\\5\\6\end{pmatrix}+\mathbf{r}\begin{pmatrix}2\\-7\\10\end{pmatrix};\quad \mathbf{r}\in\mathbb{R}.$$

c) **Gleichung der Kugel K**

Da die Ebene F senkrecht auf E steht, liegt B auf der Schnittgeraden s von E und F. Der Mittelpunkt M der Kugel ergibt sich als Schnittpunkt der Geraden h, welche durch B geht und senkrecht zu E ist, mit der Geraden g.

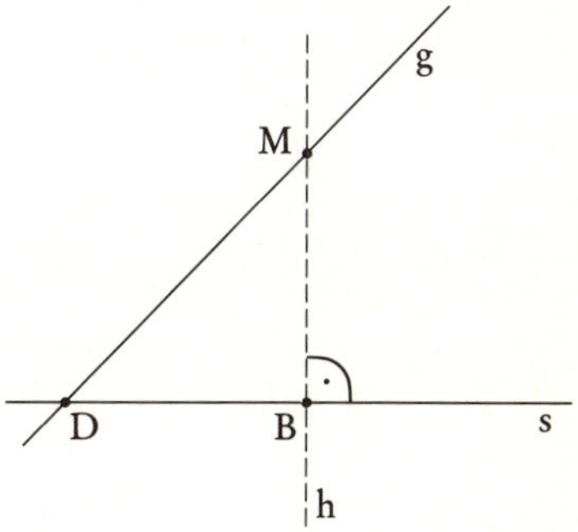

$$h:\ \vec{x}=\begin{pmatrix}1\\3\\4\end{pmatrix}+v\begin{pmatrix}2\\2\\1\end{pmatrix};\quad v\in\mathbb{R}$$

$$g:\ \vec{x}=\begin{pmatrix}-3\\-1\\2\end{pmatrix}+t\begin{pmatrix}1\\6\\4\end{pmatrix};\quad t\in\mathbb{R}$$

Aus $\begin{cases}1+2v=-3+t\\3+2v=-1+6t\\4+v=2+4t\end{cases}$ folgt $t=0;\ v=-2$.

Also ist $M(-3|-1|2)$ der Mittelpunkt der Kugel K. Der Radius de. Kugel K ergibt sich als Betrag des Vektors $\overrightarrow{MB}$.

$$r=|\overrightarrow{MB}|=\left|\begin{pmatrix}4\\4\\2\end{pmatrix}\right|=\sqrt{16+16+4}=6$$

Damit ist

$$K:\ \left[\vec{x}-\begin{pmatrix}-3\\-1\\2\end{pmatrix}\right]^2=36$$

eine Gleichung der Kugel K.

Untersuchung, ob $\overline{K}$ mit K identisch sein muß

1. Möglichkeit:

$\overline{B}$ muß ebenfalls auf s liegen. Punktprobe für $\overline{B}(1|a|b)$ ergibt:

$$\begin{cases} 1= \ \ 7-3p^* \\ a=-1+2p^* \\ b= \qquad 2p^* \end{cases}$$

Hieraus folgt: $p^*=2$; $a=3$; $b=4$.

Also ergibt sich $\overline{B}(1|3|4)=B$. **Es ist also $\overline{K}$ mit K identisch.**

2. Möglichkeit:

Der Punkt $\overline{B}(1|a|b)$ liegt in der Ebene E_1: $x_1=1$. Schneidet man s mit E_1, so ergibt sich:

$1=7+p^*(-3)$ und hieraus $p^*=2$.

Setzt man diesen Wert in die Gleichung für s ein, folgt: $\overline{B}(1|3|4)=B$.

Register

Wahrscheinlichkeitsrechnung und Statistik

Wahrscheinlichkeitsrechnung und Statistik

Lehrplanänderungen

Zentral gestellte Abituraufgaben aus dem Gebiet der Wahrscheinlichkeitsrechnung und Statistik gibt es erst ab dem Abitur 1984.

Nach dem am 1. 8. 1984 in Kraft getretenen „Bildungsplan für das Gymnasium" wird im Grundkurs die „Beurteilende Statistik" erst in 13.2 behandelt. Dafür wird aber bis zur schriftlichen Abiturprüfung die Behandlung der Begriffe Zufallsvariable, Wahrscheinlichkeitsverteilung, Erwartungswert, Varianz und Standardabweichung verlangt.

Inhaltsverzeichnis

Aufgabe	Inhalt der Aufgabe
90/3	a) Wahrscheinlichkeiten bei Binomialverteilung (Tafel); spezieller Multiplikationssatz b) Erwartungswert einer Zufallsvariablen c) Spezieller Multiplikationssatz; allgemeiner Additionssatz d) Wahrscheinlichkeiten bei Binomialverteilung (Tafel); Erwartungswert einer Zufallsvariablen
91/1	a) Wahrscheinlichkeiten bei Binomialverteilungen; Pfadregel b) Baumdiagramm; Wahrscheinlichkeiten über Gegenereignisse; Pfadregel bzw. Formeln der Kombinatorik c) Wahrscheinlichkeitsverteilung und Erwartungswert einer Zufallsvariablen; faires Spiel d) Baumdiagramm; Gewinnchancen zweier Spieler bei Ziehungen mit bzw. ohne Zurücklegen
91/2	a) Pfadregel; Wahrscheinlichkeit über Gegenereignis; Kombinatorik b) Wahrscheinlichkeiten bei Binomialverteilungen (Tafel und Formel von Bernoulli) c) Baumdiagramm; gleiche Gewinnwahrscheinlichkeiten zweier Spieler bei einem Spiel; faires Spiel d) Baumdiagramm; Berechnung von Wahrscheinlichkeiten bei einem fairen Spiel; Pfadregel; spezieller Additionssatz
91/3	a) Pfadregel; Kombinatorik; Erwartungswert bei einer Binomialverteilung b) Wahrscheinlichkeiten bei Binomialverteilungen; spezieller Multiplikationssatz und spezieller Additionssatz c) Spezieller Additionssatz; Pfadregel; Zerlegen eines Ereignisses; Wahrscheinlichkeit bei Binomialverteilung (Formel von Bernoulli); Wahrscheinlichkeit beim Zahlenlotto d) Untersuchung auf Unabhängigkeit zweier Ereignisse; allgemeiner Additionssatz; Regel von De Morgan

Aufgabe	Inhalt der Aufgabe
92/1	a) Wahrscheinlichkeiten mit Hilfe eines Baumdiagramms; Pfadregel b) Erwartungswert und Standardabweichung einer Zufallsvariablen; Bestimmung eines Intervalls mit Hilfe einer Wahrscheinlichkeitsverteilung c) Pfadregel; Wahrscheinlichkeit bei Binomialverteilung (Formel von Bernoulli); Variante der „Drei-Mindestens-Aufgabe" d) Wahrscheinlichkeitsverteilung für den Gewinn eines Spielers; Nachweis, daß ein Spiel fair ist
92/2	a) Pfadregel; Wahrscheinlichkeit bei Binomialverteilung; spezieller Additionssatz b) Erwartungswert einer Zufallsvariablen c) Pfadregel; Wahrscheinlichkeit bei Binomialverteilung (Formel von Bernoulli) d) Vergleich von Gewinnwahrscheinlichkeiten
92/3	a) Wahrscheinlichkeiten bei Binomialverteilungen; allgemeiner Additionssatz b) Wahrscheinlichkeit bei Binomialverteilung (Formel von Bernoulli); spezieller Multiplikationssatz c) Einsatz bei einem fairen Spiel d) Erwartungswert und Varianz einer binomialverteilten Zufallsvariablen
93/1	a) Wahrscheinlichkeit bei Binomialverteilung; allgemeiner Additionssatz; spezieller Multiplikationssatz; Kombinatorik; Wahrscheinlichkeitsverteilung, Erwartungswert und Standardabweichung einer Zufallsvariablen b) Wahrscheinlichkeiten bei Binomialverteilungen (Tafel und Formel von Bernoulli) c) Spezieller Multiplikationssatz; Anzahl der Drehungen eines Glücksrades d) Erwartungswert für den Gewinn bei einem Spiel

Aufgabe	Inhalt der Aufgabe
93/2	a) Spezieller Multiplikations- und Additionssatz; Kombinatorik; Pfadregel b) Wahrscheinlichkeiten bei Binomialverteilungen; Variante der „Drei-Mindestens-Aufgabe" c) Kombinatorik; Pfadregel; spezieller Additionssatz; Baumdiagramm d) Baumdiagramm; Wahrscheinlichkeitsverteilung und Erwartungswert für den Gewinn bei einem Spiel; Wahrscheinlichkeit bei einem fairen Spiel
93/3	a) Wahrscheinlichkeiten bei Binomialverteilungen (Tafel und Formel von Bernoulli); Kombinatorik; Pfadregel b) Wahrscheinlichkeiten bei Binomialverteilungen; Variante der „Drei-Mindestens-Aufgabe" c) Kombinatorik; Ziehen ohne Zurücklegen; Erwartungswert einer Zufallsvariablen d) Baumdiagramm; Pfadregel; Erwartungswert einer Zufallsvariablen
94/1	a) Wahrscheinlichkeit bei Binomialverteilung; Multiplikationssatz; spezieller Additionssatz b) Wahrscheinlichkeiten bei Binomialverteilungen (Summentabelle mit $p > 0{,}5$; Formel von Bernoulli) c) Baumdiagramm; Wahrscheinlichkeitsverteilung, Erwartungswert und Varianz einer Zufallsvariablen d) Testen einer Hypothese; rechtsseitiger Test; Wahrscheinlichkeit für einen Fehler 2. Art
94/2	a) Wahrscheinlichkeit bei Binomialverteilung; spezieller Multiplikationssatz; Kombinatorik b) Wahrscheinlichkeiten bei Binomialverteilungen (Summentabelle mit $p > 0{,}5$; Formel von Bernoulli); Mindestanzahl von Spielen („Drei-Mindestens-Aufgabe") c) Baumdiagramm; Wahrscheinlichkeitsverteilung und Erwartungswert einer Zufallsvariablen d) Spezieller Multiplikationssatz; spezieller Additionssatz; Lösen einer Ungleichung

Aufgabe	Inhalt der Aufgabe
94/3	a) Wahrscheinlichkeiten bei Binomialverteilungen (Summentabelle mit $p > 0{,}5$); Berechnung einer Gruppengröße b) Spezieller Multiplikationssatz; Formel von Bernoulli c) Spezieller Additions- und spezieller Multiplikationssatz d) Vergleich zweier Erwartungswerte

In eine Urne befinden sich neun Kugeln, die von 1 bis 9 durchnumeriert sind.

a) Aus der Urne werden nacheinander drei Kugeln mit Zurücklegen gezogen.
Berechnen Sie die Wahrscheinlichkeiten der Ereignisse
A: Man erhält drei gleiche Nummern
B: Alle drei Nummern sind verschieden
C: Man erhält mindestens zweimal eine ungerade Nummer
D: Die Summe der drei Nummern ist größer als 4.
Wie viele Kugeln muß man mit Zurücklegen ziehen, damit die Wahrscheinlichkeit für mindestens eine Eins größer ist als 0,5 ?

b) Bei einem Glücksspiel werden aus der Urne nacheinander drei Kugeln mit Zurücklegen gezogen. Der Einsatz beträgt 0,40 DM.
Die Auszahlung beträgt
1 DM, wenn eine Eins erscheint,
2 DM bei zwei Einsen und
4 DM bei drei Einsen.
In allen anderen Fällen wird nichts ausbezahlt.
Mit welchem durchschnittlichen Gewinn pro Spiel kann ein Spieler bei einer großen Anzahl von Spielen rechnen?

c) Zwei Spieler R und S benutzen die Urne bei einem Spiel um Geld.
Spieler R legt 2 DM auf den Tisch. S zieht mit Zurücklegen eine Kugel aus der Urne. Ist deren Nummer gerade, so muß S den auf dem Tisch liegenden Betrag verdoppeln, andernfalls darf er ihn halbieren.
Ausgehend von dem nun auf dem Tisch liegenden Betrag wiederholt S das Verfahren einmal. Danach erhält R den schließlich auf dem Tisch liegenden Betrag.
Möchten Sie bei einer großen Anzahl von Spielen lieber Spieler R oder Spieler S sein?
Das Spiel soll nun fair gemacht werden.
Wie müssen dazu die Wahrscheinlichkeiten für das Verdoppeln bzw. Halbieren gewählt werden?
Wie kann man dieses faire Spiel mit der vorhandenen Urne durchführen?

Lösungshinweise:

a) Die Wahrscheinlichkeiten der Ereignisse A und B lassen sich verschieden berechnen. Entweder man benutzt die Pfadregel oder aber man deutet das Zufallsexperiment als Laplace-Experiment und verwendet die Formeln der Kombinatorik. Auf wie viele Arten kann man aus der Urne jeweils 3 gleiche Nummern ziehen? Auf wie viele Arten 3 verschiedene Nummern? Auf wie viele Arten lassen sich diese dann anordnen? Das Ereignis C läßt sich mit Hilfe einer Zufallsvariablen beschreiben. Wie ist diese verteilt, wenn die Wahrscheinlichkeit für eine ungerade Nummer die Trefferwahrscheinlichkeit ist? Wie lautet das Gegenereignis von D in Worten? Wann ergibt sich die Summe 3, wann die Summe 4 ? Bei der letzten Frage handelt es sich um eine Variante der sogenannten „Drei-Mindestens-Aufgabe“ (vgl. Lösungshinweise zu 84/3).

b) Zur Berechnung des durchschnittlichen Gewinns kann man entweder die Zufallsvariable Z: „Auszahlung an den Spieler“ oder die Zufallsvariable G: „Gewinn des Spielers“ betrachten. Bei Verwendung von Z muß vom Erwartungswert E(Z) noch der Einsatz abgezogen werden.

c) Betrachte z. B. den Spieler R. Zeichne ein Baumdiagramm und führe für den auf dem Tisch liegenden Betrag eine Zufallsvariable ein. Welche Werte kann diese Zufallsvariable annehmen? Ermittle die zugehörigen Wahrscheinlichkeiten mit Hilfe der Pfadregel und berechne den Erwartungswert. Berücksichtige zum Schluß noch den Einsatz des Spielers R. Um das Spiel fair zu machen, führe die Wahrscheinlichkeit p für das Verdoppeln und die Wahrscheinlichkeit $1-p$ für das Halbieren ein. Welcher Erwartungswert ergibt sich jetzt? Wie lautet bei Berücksichtigung des Einsatzes die Bedingung für ein faires Spiel?

Lösung:

a) **Berechnung von Wahrscheinlichkeiten**

Die Wahrscheinlichkeit des Ereignisses A kann man verschieden ermitteln.

1. Möglichkeit: Beim 1. Zug wird mit der Wahrscheinlichkeit 1 eine beliebige Nr. gezogen; beim 2. Zug wird mit der Wahrscheinlichkeit $\frac{1}{9}$ die gleiche Nr. wie beim 1. Zug gezogen; beim 3. Zug wird wieder mit der Wahrscheinlichkeit $\frac{1}{9}$ die gleiche Nr. wie beim 1. und 2. Zug gezogen. Damit ergibt sich mit Hilfe der Pfadregel

$P(A) = 1 \cdot \frac{1}{9} \cdot \frac{1}{9} = \frac{1}{81} \approx 0{,}0123.$

2. Möglichkeit: Da man auf 9 Arten jeweils 3 gleiche Nummern ziehen kann, ergibt sich für das dreistufige Laplace-Experiment:

$$P(A)=\frac{9}{9\cdot 9\cdot 9}=\frac{1}{81}.$$

Die Wahrscheinlichkeit des Ereignisses B kann man ebenfalls verschieden ermitteln.

1. Möglichkeit: Beim 1. Zug wird mit der Wahrscheinlichkeit 1 eine beliebige Nr. gezogen; beim 2. Zug wird mit der Wahrscheinlichkeit $\frac{8}{9}$ eine der verbleibenden Nummern gezogen; beim 3. Zug wird mit der Wahrscheinlichkeit $\frac{7}{9}$ eine der jetzt noch verbliebenen Nummern gezogen. Damit ergibt sich mit Hilfe der Pfadregel

$$P(B)=1\cdot\frac{8}{9}\cdot\frac{7}{9}=\frac{56}{81}\approx 0{,}6914.$$

2. Möglichkeit: Es gibt $\binom{9}{3}$ Arten, aus den 9 Nummern 3 auszuwählen; diese lassen sich dann auf 3! Arten anordnen. Damit ergibt sich für dieses dreistufige Laplace-Experiment:

$$P(B)=\frac{\binom{9}{3}\cdot 3!}{9\cdot 9\cdot 9}=\frac{56}{81}.$$

Das Ereignis C läßt sich mit Hilfe einer binomialverteilten Zufallsvariablen beschreiben. Zählt X die Anzahl der ungeraden Nummern bei 3 Durchführungen des Zufallsexperimentes, so ist diese Zufallsvariable $B_{3;\frac{5}{9}}$-verteilt. Damit gilt:

$$P(C)=P(X\geqq 2)=P(X=2)+P(X=3)$$
$$=\binom{3}{2}\cdot\left(\frac{5}{9}\right)^2\cdot\frac{4}{9}+\binom{3}{3}\cdot\left(\frac{5}{9}\right)^3=\frac{425}{729}\approx 0{,}5830.$$

Vom Ereignis D ist $\overline{D}$: „Die Summe der drei Nummern ist höchstens 4" das Gegenereignis. Die Summe 3 wird erzielt, wenn bei jeder der drei Ziehungen die Nr. 1 gezogen wird. Die Summe 4 ergibt sich bei zweimal die Nr. 1 und einmal die Nr. 2; da dies auf 3 Arten möglich ist, ergibt sich insgesamt:

$$P(D)=1-P(\overline{D})=1-\left[\left(\frac{1}{9}\right)^3+3\cdot\left(\frac{1}{9}\right)^3\right]=1-\frac{1+3}{9^3}=\frac{725}{729}\approx 0{,}9945.$$

Mindestanzahl von Ziehungen

Es sei Y: Anzahl der Einsen bei n Ziehungen mit Zurücklegen. Y ist binomialverteilt mit den Parametern n und $p=\frac{1}{9}$.

Aus $P(Y\geqq 1)=1-P(Y=0)=1-\left(\frac{8}{9}\right)^n>0{,}5$ folgt durch Logarithmieren oder mit Hilfe eines Taschenrechners $n\geqq 6$. Man muß also mindestens 6 Kugeln ziehen.

b) Gewinnerwartung bei einem Spiel

Z sei Zufallsvariable für die Auszahlung (in DM). Z kann die Werte 0; 1; 2; 4 annehmen. Für die Wahrscheinlichkeitsverteilung von Z gilt:

z_i	0	1	2	4
$P(Z=z_i)$	$\left(\frac{8}{9}\right)^3$	$3\cdot\left(\frac{1}{9}\right)\cdot\left(\frac{8}{9}\right)^2$	$3\cdot\left(\frac{1}{9}\right)^2\cdot\frac{8}{9}$	$\left(\frac{1}{9}\right)^3$

Daraus folgt als Erwartungswert

$$E(Z)=1\cdot 3\cdot\left(\frac{1}{9}\right)\cdot\left(\frac{8}{9}\right)^2+2\cdot 3\cdot\left(\frac{1}{9}\right)^2\cdot\frac{8}{9}+4\cdot\left(\frac{1}{9}\right)^3\approx 0{,}3347.$$

Um den durchschnittlichen Gewinn pro Spiel zu ermitteln, muß noch der Einsatz berücksichtigt werden. Wegen $E(Z)-0{,}4\approx-0{,}0653$, verliert der Spieler auf lange Sicht pro Spiel rund 6,5 Pf.

c) Gewinnerwartung des Spielers R

Zu dem Spiel gehört das folgende Baumdiagramm. Angegeben sind auch die jeweils auf dem Tisch liegenden Beträge.

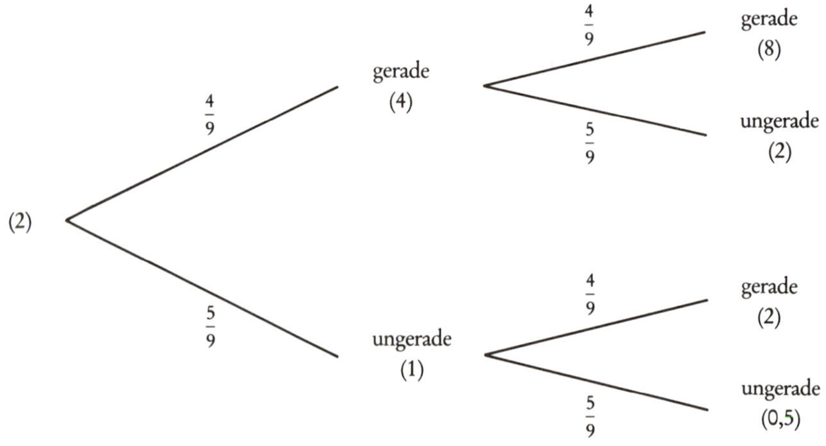

W sei Zufallsvariable für den nach Ende des Spiels auf dem Tisch liegenden Betrag (in DM). W kann die Werte 8; 2; 0,5 annehmen. Mit Hilfe der Pfadregel ergibt sich die Wahrscheinlichkeitsverteilung von W.

w_i	8	2	0,5
$P(W=w_i)$	$\left(\frac{4}{9}\right)^2$	$2\cdot\frac{4}{9}\cdot\frac{5}{9}$	$\left(\frac{5}{9}\right)^2$

Hieraus folgt der Erwartungswert

$$E(W)=8\cdot\frac{16}{81}+2\cdot\frac{40}{81}+\frac{1}{2}\cdot\frac{25}{81}\approx 2{,}72.$$

Wegen $E(W)-2\approx 0{,}72$, gewinnt R auf lange Sicht pro Spiel rund 0,72 DM. Also möchte ich lieber Spieler R sein.

Faires Spiel

Es sei p die Wahrscheinlichkeit für das Verdoppeln und $1-p$ die Wahrscheinlichkeit für das Halbieren. Dann gilt:

$$\begin{aligned} E(W) &= 8\cdot p^2+2\cdot 2p(1-p)+\frac{1}{2}\cdot(1-p)^2 \\ &= 4{,}5p^2+3p+\frac{1}{2}. \end{aligned}$$

Bei einem fairen Spiel ist $E(W)=2$.

Aus $4{,}5p^2+3p+\frac{1}{2}=2$ folgt $p_1=\frac{1}{3}$; $p_2=-1$.

Man muß also für das Verdoppeln die Wahrscheinlichkeit $p=\frac{1}{3}$ und für das Halbieren die Wahrscheinlichkeit $q=1-p=\frac{2}{3}$ wählen. Das Spiel ist also fair, wenn man z. B. beim Ziehen der Nummern 1; 2; 3 verdoppelt und sonst halbiert.

Ein Glücksrad erzeugt die Zahlen 2 und 5 mit den Wahrscheinlichkeiten 0,7 bzw. 0,3.

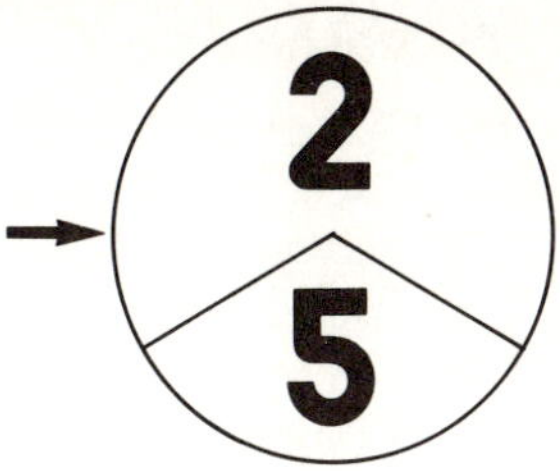

a) Das Glücksrad wird zehnmal gedreht.
Berechnen Sie die Wahrscheinlichkeiten der Ereignisse
A: Die Zahl 5 tritt genau viermal auf
B: Die Zahl 5 tritt häufiger auf als die Zahl 2
C: Die Zahlen 2 und 5 treten abwechselnd auf.
Wie oft muß man das Glücksrad drehen, um mit einer Wahrscheinlichkeit von mindestens 95 % wenigstens einmal die Zahl 5 zu bekommen?

b) Ein Zufallsexperiment besteht darin, das Glücksrad dreimal zu drehen und die Summe der Zahlen festzustellen.
Y sei Zufallsvariable für diese Summe.
Berechnen Sie den Erwartungswert E(Y) und die Varianz V(Y).
Dieses Zufallsexperiment wird viermal durchgeführt.
Mit welcher Wahrscheinlichkeit hat dabei die Summe der Zahlen höchstens einmal den Wert 9?

c) Das Glücksrad wird so oft gedreht, bis die Summe der Zahlen mindestens 8 beträgt.
Wie oft muß man im Mittel drehen?

d) Ein Glücksrad mit der Wahrscheinlichkeit p für die Zahl 2 und der Wahrscheinlichkeit $(1-p)$ für die Zahl 5 wird bei einem Glücksspiel verwendet. Der Einsatz beträgt 1 DM. Das Rad wird zweimal gedreht. Erscheint zweimal die Zahl 5, so erhält der Spieler 2 DM ausbezahlt, erscheint zweimal die Zahl 2, so erhält er 1 DM ausbezahlt. In den anderen Fällen erfolgt keine Auszahlung.
Wie groß muß p gewählt werden, damit das Spiel fair ist?

Lösungshinweise:

a) Die Ereignisse A und B lassen sich mit Hilfe einer Zufallsvariablen beschreiben. Wie ist diese verteilt, wenn die Wahrscheinlichkeit für die Zahl 5 die Trefferwahrscheinlichkeit ist? Beim Ereignis C treten die Zahlen 2 und 5 abwechselnd auf. Wie viele Ergebnisse sind also möglich? Bei der letzten Frage handelt es sich um eine Variante der sogenannten „Drei-Mindestens-Aufgabe" (vgl. Lösungshinweise zu 84/3).

b) Zeichne ein Baumdiagramm für das dreistufige Zufallsexperiment. Welche Werte kann Y annehmen? Zur Berechnung der zugehörigen Wahrscheinlichkeiten verwende die Pfadregel. Wie sind Erwartungswert und Varianz einer Zufallsvariablen definiert?
Zur Lösung der letzten Frage führe eine neue Zufallsvariable ein. Wie ist diese aufgrund der bisherigen Ergebnisse verteilt?

c) Zeichne ein Baumdiagramm; es ergeben sich Pfade unterschiedlicher Länge. Führe für die Anzahl der Drehungen, bis die Summe der Zahlen mindestens 8 beträgt, eine Zufallsvariable ein. Welche Werte kann diese annehmen? Zur Berechnung der zugehörigen Wahrscheinlichkeiten verwende wieder die Pfadregel.

d) Zeichne wiederum ein Baumdiagramm und führe für den Gewinn des Spielers eine Zufallsvariable ein. Beachte, daß sich der Gewinn aus der Auszahlung minus dem Einsatz errechnet. Wie lautet die Bedingung für ein faires Spiel?

Lösung:

a) **Berechnung von Wahrscheinlichkeiten**

Die Ereignisse A und B lassen sich mit Hilfe der Zufallsvariablen X: „Anzahl der Zahl 5 bei 10 Drehungen" ausdrücken. X ist $B_{10;0,3}$-verteilt.

$P(A)=P(X=4)=0{,}2001$

$P(B)=P(X\geqq 6)=1-P(X\leqq 5)=1-0{,}9527=0{,}0473$

Mit Hilfe der Pfadregel ergibt sich

$P(C)=2\cdot 0{,}7^5\cdot 0{,}3^5\approx 0{,}0008.$

Mindestanzahl von Drehungen

Die Zufallsvariable U: „Anzahl der Zahl 5 bei n Drehungen" ist binomialverteilt mit den Parametern n und $p=0{,}3$. Gesucht ist die kleinste natürliche Zahl n, für die gilt: $P(U\geqq 1)\geqq 0{,}95$.
Aus $P(U\geqq 1)=1-P(U=0)=1-0{,}7^n\geqq 0{,}95$ folgt durch Logarithmieren oder mit Hilfe eines Taschenrechners $n\geqq 9$. Man muß also mindestens 9mal drehen.

b) Erwartungswert und Varianz von Y

Zu dem Zufallsexperiment gehört das folgende Baumdiagramm.

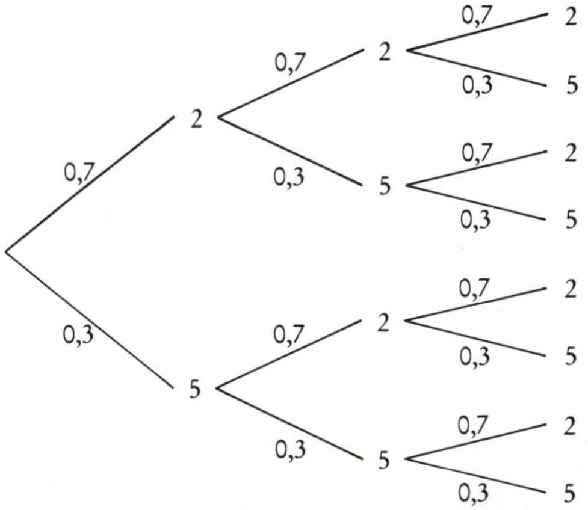

Ergebnis	Summe
(2; 2; 2)	6
(2; 2; 5)	9
(2; 5; 2)	9
(2; 5; 5)	12
(5; 2; 2)	9
(5; 2; 5)	12
(5; 5; 2)	12
(5; 5; 5)	15

Die Zufallsvariable Y kann die Werte 6; 9; 12; 15 annehmen. Mit Hilfe der Pfadregel ergibt sich die Wahrscheinlichkeitsverteilung von Y.

y_i	6	9	12	15
$P(Y=y_i)$	$0{,}7^3$	$3\cdot 0{,}7^2\cdot 0{,}3$	$3\cdot 0{,}7\cdot 0{,}3^2$	$0{,}3^3$

Hieraus folgen Erwartungswert und Varianz:

$$E(Y)=6\cdot 0{,}7^3+9\cdot 3\cdot 0{,}7^2\cdot 0{,}3+12\cdot 3\cdot 0{,}7\cdot 0{,}3^2+15\cdot 0{,}3^3=8{,}7;$$

$$V(Y)=(6-8{,}7)^2\cdot 0{,}7^3+(9-8{,}7)^2\cdot 3\cdot 0{,}7^2\cdot 0{,}3+(12-8{,}7)^2\cdot 3\cdot 0{,}7\cdot 0{,}3^2+(15-8{,}7)^2\cdot 0{,}3^3=5{,}67.$$

Summe der Zahlen hat höchstens einmal den Wert 9

Ist Z Zufallsvariable für die Anzahl der Versuche bei 4 Versuchen, bei denen die Summe den Wert 9 hat, so ist Z binomialverteilt mit den Parametern $n=4$ und $p=3\cdot 0{,}7^2\cdot 0{,}3=0{,}441$.

$$P(Z\leqq 1)=P(Z=0)+P(Z=1)$$
$$=(1-0{,}441)^4+4\cdot 0{,}441\cdot(1-0{,}441)^3\approx 0{,}4058$$

Die gesuchte Wahrscheinlichkeit beträgt also rund 41 %.

c) Erwartungswert für die Anzahl der Drehungen

Zu dem Zufallsexperiment gehört das folgende Baumdiagramm.

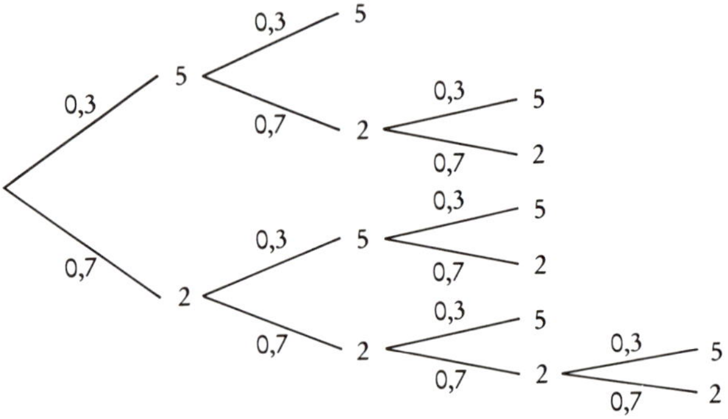

W sei Zufallsvariable für die Anzahl der Drehungen, bis die Summe der Zahlen mindestens 8 beträgt. W kann die Werte 2; 3; 4 annehmen. Mit Hilfe der Pfadregel ergibt sich die Wahrscheinlichkeitsverteilung von W.

w_i	2	3	4
$P(W = w_i)$	$0{,}3^2$ $= 0{,}090$	$2 \cdot 0{,}3^2 \cdot 0{,}7 + 3 \cdot 0{,}3 \cdot 0{,}7^2$ $= 0{,}567$	$0{,}7^4 + 0{,}7^3 \cdot 0{,}3$ $= 0{,}343$

Hieraus folgt der Erwartungswert

$E(W) = 2 \cdot 0{,}090 + 3 \cdot 0{,}567 + 4 \cdot 0{,}343 = 3{,}253.$

Bei sehr vielen Drehungen muß man also im Mittel ungefähr 3,25mal drehen.

d) Wahrscheinlichkeit für ein faires Spiel

Zu dem Glücksspiel gehört das folgende Baumdiagramm.

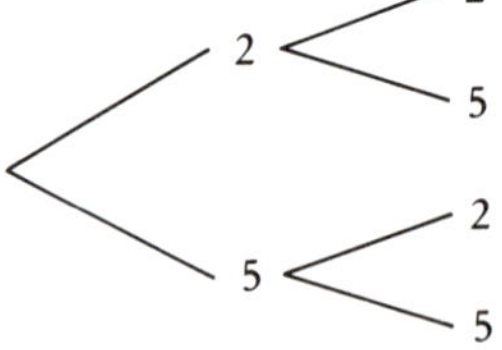

Gewinn	Wahrscheinlichkeit
0	p^2
−1	$p(1-p)$
−1	$(1-p)p$
1	$(1-p)^2$

Die Zufallsvariable G: „Gewinn des Spielers“ hat also folgende Verteilung:

g_i	-1	0	1
$P(G=g_i)$	$2p(1-p)$	p^2	$(1-p)^2$

$$E(G)=-1\cdot 2p(1-p)+0\cdot p^2+1\cdot(1-p)^2$$
$$=3p^2-4p+1$$

Die Bedingung für ein faires Spiel ist $E(G)=0$. Aus $3p^2-4p+1=0$ folgt $p_1=\frac{1}{3}$; $p_2=1$. Also muß $p=\frac{1}{3}$ gewählt werden.

W

Eine Firma stellt mit zwei Maschinen Glühbirnen her. Bei Maschine 1 beträgt der Ausschußanteil 0,1; bei Maschine 2 beträgt er $\frac{1}{6}$.

a) Berechnen Sie die Wahrscheinlichkeiten der Ereignisse
A: Von drei aus der Maschine 1 entnommenen Glühbirnen ist keine defekt
B: Von vier Glühbirnen aus Maschine 1 sind nur die erste und die vierte defekt
C: Von fünf Glühbirnen aus Maschine 2 sind genau drei defekt.
Jetzt werden aus der Produktion von Maschine 1 und 2 jeweils zwei Glühbirnen entnommen.
Mit welcher Wahrscheinlichkeit ist von den vier Glühbirnen mindestens eine defekt?

b) Die Firma liefert Glühbirnen von Maschine 1 aus. Ein Händler bestellt diese Glühbirnen in Kisten zu 20 Stück. Bei Ankunft einer Sendung prüft er die Glühbirnen einer Kiste. Sind höchstens drei defekt, behält er die Sendung; sind mehr als vier defekt, so wird die Sendung abgelehnt. Sind genau vier defekt, so prüft er die Glühbirnen einer weiteren Kiste. In diesem Fall nimmt er die gesamte Lieferung nur an, wenn in der zweiten Kiste weniger als drei Glühbirnen defekt sind.
Mit welcher Wahrscheinlichkeit weist dieser Händler eine Lieferung zurück?

c) Ein anderer Händler vereinbart mit der Firma folgende Regelung für Glühbirnen von Maschine 1:
Jede Sendung besteht aus Kisten zu 50 Glühbirnen. Bei Ankunft wird eine zufällig herausgegriffene Kiste überprüft.
Sind davon höchstens sechs Glühbirnen defekt, so wird der volle Preis berechnet. Sind davon sieben oder acht Glühbirnen defekt, so wird der halbe Preis berechnet. Sind mehr als acht Glühbirnen defekt, so wird die Sendung abgelehnt. In diesem Fall muß die Firma die Kosten für den Rücktransport in Höhe von 0,30 DM pro Glühbirne übernehmen.
Die Produktionskosten (einschließlich Anlieferung) betragen 2,00 DM pro Glühbirne.
Welchen Preis pro Glühbirne muß die Firma diesem Händler mindestens in Rechnung stellen, damit sie langfristig keinen Verlust macht?

Lösungshinweise:

a) Die Wahrscheinlichkeiten für die Ereignisse A und B ergeben sich mit Hilfe der Pfadregel. Das Ereignis C läßt sich mit Hilfe einer Zufallsvariablen beschreiben. Wie ist diese verteilt, wenn die Wahrscheinlichkeit für eine defekte Glühbirne die Trefferwahrscheinlichkeit ist? Zur Lösung der letzten Frage gehe zum Gegenereignis über.

b) Führe für die Anzahl der defekten Glühbirnen in einer Kiste zu 20 Stück eine Zufallsvariable ein. Wie ist diese verteilt? Drücke die Wahrscheinlichkeit für Ablehnung einer Lieferung mit Hilfe dieser eingeführten Zufallsvariablen aus. Benutze dabei den speziellen Additions- und Multiplikationssatz.

c) Ist a der Preis (in DM) pro Glühbirne, so lassen sich die Werte, welche die Zufallsvariable für den Gewinn (in DM) der Firma pro Kiste annehmen kann, mit Hilfe von a ausdrücken. Welche Bedingung ergibt sich aus der Forderung, daß die Firma langfristig keinen Verlust machen soll?

Lösung:

a) Berechnung von Wahrscheinlichkeiten

Mit Hilfe der Pfadregel ergibt sich:

$P(A) = 0{,}9^3 = 0{,}729,$

$P(B) = 0{,}1 \cdot 0{,}9^2 \cdot 0{,}1 = 0{,}0081.$

Beschreibt X die Anzahl der defekten Glühbirnen bei 5 Entnahmen, so ist X binomialverteilt mit den Parametern $n = 5$ und $p = \frac{1}{6}$.

$$P(C) = P(X = 3) = \binom{5}{3} \cdot \left(\frac{1}{6}\right)^3 \cdot \left(\frac{5}{6}\right)^2 \approx 0{,}0322$$

Um die Wahrscheinlichkeit des Ereignisses D: „Von jeweils zwei Glühbirnen aus der Produktion von Maschine 1 und 2 ist insgesamt mindestens eine Glühbirne defekt“ zu berechnen, geht man zum Gegenereignis $\overline{D}$ über, da die Wahrscheinlichkeit für $\overline{D}$ leichter zu berechnen ist.

$$P(D) = 1 - P(\overline{D}) = 1 - 0{,}9^2 \cdot \left(\frac{5}{6}\right)^2 = 0{,}4375$$

b) Wahrscheinlichkeit für Ablehnung einer Lieferung

Es sei E das Ereignis „Die Lieferung wird abgelehnt“. Führt man außerdem die Zufallsvariable Y: „Anzahl der defekten Glühbirnen in einer Kiste zu 20 Stück“ ein, so läßt sich die Wahrscheinlichkeit von E mit Hilfe von Y ausdrücken. Y ist $B_{20;0,1}$-verteilt. Mit Hilfe des speziellen Additions- und Multiplikationssatzes ergibt sich:

$$P(E) = P(Y > 4) + P(Y = 4) \cdot P(Y \geqq 3)$$
$$= 0{,}0432 + 0{,}0898 \cdot 0{,}3231 \approx 0{,}0722.$$

Der Händler weist also eine Lieferung mit der Wahrscheinlichkeit von rund 7,2 % zurück.

c) **Mindestpreis pro Glühbirne**

Es sei a der Preis (in DM) pro Glühbirne. Die Zufallsvariable G beschreibe den Gewinn (in DM) der Firma pro Kiste. Weiterhin sei Z Zufallsvariable für die Anzahl der defekten Glühbirnen in einer Kiste zu 50 Stück. Z ist $B_{50;0,1}$-verteilt. Für die Zufallsvariable G ergibt sich damit die folgende Wahrscheinlichkeitsverteilung:

g_i	$(a-2) \cdot 50$	$\left(\frac{a}{2}-2\right) \cdot 50$	$-2{,}30 \cdot 50$
$P(G=g_i)$	$P(Z \leqq 6)$ $=0{,}7702$	$P(Z=7)+P(Z=8)$ $=0{,}1719$	$P(Z>8)$ $=0{,}0579$

$$E(G) = (a-2) \cdot 50 \cdot 0{,}7702 + \left(\frac{a}{2}-2\right) \cdot 50 \cdot 0{,}1719 - 2{,}30 \cdot 50 \cdot 0{,}0579$$

Aus $E(G) \geqq 0$ folgt $a \geqq 2{,}36$.

Die Firma muß also dem Händler einen Preis von mindestens 2,36 DM pro Glühbirne in Rechnung stellen.

Eine Urne enthält 1 rote, 4 schwarze und 5 weiße Kugeln.

a) Oliver zieht mit einem Griff 3 Kugeln.
Berechnen Sie die Wahrscheinlichkeiten der Ereignisse
A: Alle 3 Kugeln sind weiß
B: Die Kugeln haben 3 verschiedene Farben
C: Mindestens 2 Kugeln sind weiß.
Warum sind die Ereignisse A und C abhängig?

b) Zunächst will Michael nacheinander 4 Kugeln mit Zurücklegen ziehen; danach soll Oliver 4 Kugeln ohne Zurücklegen ziehen.
Michael behauptet, daß er dabei die größere Chance hat, mindestens 3 schwarze Kugeln zu ziehen.
Überprüfen Sie seine Behauptung.

c) Oliver bietet Michael folgendes Spiel an:
Er zahlt Michael einen Spieleinsatz von 5 Pf und zieht aus der Urne nacheinander je eine Kugel ohne Zurücklegen, bis er die rote Kugel hat; er zieht jedoch höchstens 5 Kugeln.
Zieht Oliver die rote Kugel im k-ten Zug, so erhält er von Michael 2^k Pf ausbezahlt.
Zieht er die rote Kugel auch im fünften Zug nicht, so muß Michael nichts bezahlen.
Ist es für Michael ratsam, sich auf eine große Zahl solcher Spiele einzulassen?

d) In einer anderen Urne sind 4 schwarze und einige weiße Kugeln.
Wie groß kann deren Anzahl sein, damit bei zweimaligem Ziehen ohne Zurücklegen die Wahrscheinlichkeit für zwei verschiedene Farben $\frac{8}{15}$ beträgt?

Lösungshinweise:

a) Die Wahrscheinlichkeiten der Ereignisse A, B und C können mit Hilfe der Pfadregel oder mit Hilfe der Kombinatorik berechnet werden. Bei der Verwendung der Pfadregel ist es hilfreich, sich klar zu machen, daß die Ziehungsart „Ziehen mit einem Griff" durch eine andere Ziehungsart ersetzt werden kann. Handelt es sich dann um Ziehungen mit oder ohne Zurücklegen? Weiterhin kann ein Baumdiagramm nützlich sein. Bei der Ermittlung der Anzahl der möglichen und der günstigen Ergebnisse muß man sich überlegen, ob es sich bei dem Zufallsexperiment um eine geordnete oder ungeordnete Stichprobe handelt. Bei dem Ereignis B muß von den roten, schwarzen und weißen Kugeln je eine Kugel gezogen werden. Auf wie viele Arten ist dies möglich? Bei dem Ereignis C müssen mindestens zwei weiße Kugeln gezogen werden. Auf wie viele Arten kann man genau zwei weiße, auf wie viele Arten kann man genau drei weiße Kugeln ziehen?
Wie überprüft man, ob zwei Ereignisse abhängig bzw. unabhängig sind?

b) Michael zieht 4 Kugeln mit Zurücklegen. Führe eine Zufallsvariable ein. Wie ist diese verteilt? Formuliere die gesuchte Wahrscheinlichkeit mit der eingeführten Zufallsvariablen und ermittle sie mit Hilfe einer Tafel. Oliver zieht 4 Kugeln ohne Zurücklegen. Wie in Teilaufgabe a) kann man die gesuchte Wahrscheinlichkeit mit Hilfe der Pfadregel oder mit Hilfe der Kombinatorik berechnen.

c) Zeichne ein Baumdiagramm des Spiels. Führe für den Gewinn von Oliver eine Zufallsvariable G ein. Welche Werte kann G annehmen, wenn 5 Pf eingezahlt und beim Ziehen einer roten Kugel im k-ten Zug 2^k Pf ausbezahlt werden? Ermittle die zugehörige Verteilung mit Hilfe der Pfadregel. Welcher Erwartungswert ergibt sich für diese Verteilung?

d) Es sei n die Anzahl der weißen Kugeln. Zeichne ein Baumdiagramm des zweistufigen Zufallsexperimentes. Beachte, daß es sich wiederum um Ziehungen ohne Zurücklegen handelt. Welche Gleichung für n ergibt sich mit Hilfe der Pfadregel?

Lösung:

a) **Berechnung von Wahrscheinlichkeiten**

1. Möglichkeit: Mit Hilfe der Pfadregel und des Additionssatzes erhält man:

$$P(A) = \frac{5}{10} \cdot \frac{4}{9} \cdot \frac{3}{8} = \frac{1}{12}$$

$$P(B) = 3! \cdot \frac{5}{10} \cdot \frac{4}{9} \cdot \frac{1}{8} = \frac{1}{6}.$$

Das Ereignis C kann in $C = C_1 \cup A$ zerlegt werden, wobei C_1: Genau zwei Kugeln sind weiß. Bei drei Ziehungen mit genau zwei weißen Kugeln muß die dritte in diesem Fall rot oder schwarz sein. Da die Ereignisse C_1 und A disjunkt (unvereinbar) sind, erhält man mit Hilfe des Additionssatzes:

$$P(C) = P(C_1) + P(A)$$
$$= 3 \cdot \frac{5}{10} \cdot \frac{4}{9} \cdot \frac{1}{8} + 3 \cdot \frac{5}{10} \cdot \frac{4}{9} \cdot \frac{4}{8} + P(A) = \frac{1}{2}.$$

2. Möglichkeit: Es gibt $\binom{10}{3}$ Arten, von 10 Kugeln 3 zu ziehen; weiterhin gibt es $\binom{5}{3}$ Arten, von 5 weißen Kugeln 3 zu ziehen. Damit ergibt sich:

$$P(A) = \frac{\binom{5}{3}}{\binom{10}{3}} = \frac{10}{120} = \frac{1}{12}.$$

Entsprechend erhält man:

$$P(B) = \frac{\binom{5}{1} \cdot \binom{4}{1} \cdot \binom{1}{1}}{\binom{10}{3}} = \frac{5 \cdot 4 \cdot 1}{120} = \frac{1}{6};$$

$$P(C) = P(C_1) + P(A)$$
$$= \frac{\binom{5}{2} \cdot \binom{5}{1}}{\binom{10}{3}} + \frac{\binom{5}{3}}{\binom{10}{3}} = \frac{10 \cdot 5}{120} + \frac{10}{120} = \frac{1}{2}.$$

Für die Ereignisse A und C gilt: $A \cap C = A$. Aus $P(A) = \frac{1}{12}$, $P(C) = \frac{1}{2}$ und $P(A \cap C) = P(A) = \frac{1}{12}$ folgt $P(A \cap C) \neq P(A) \cdot P(C)$; d. h., die Ereignisse A und C sind voneinander abhängig.

b) Überprüfung der Behauptung

Das Ereignis D: „Michael zieht bei vier Ziehungen mit Zurücklegen mindestens drei schwarze Kugeln" kann mit Hilfe einer Zufallsvariablen ausgedrückt werden. Beschreibt X die Anzahl der schwarzen Kugeln bei vier Ziehungen mit Zurücklegen, so ist X binomialverteilt mit $n = 4$ und $p = 0{,}4$.

$$P(D) = P(X \geqq 3) = P(X = 3) + P(X = 4)$$
$$= 0{,}1536 + 0{,}0256 = 0{,}1792$$

Die Wahrscheinlichkeit des Ereignisses E: „Oliver zieht bei vier Ziehungen ohne Zurücklegen mindestens drei schwarze Kugeln“ kann mit Hilfe der Pfadregel oder mit Hilfe der Kombinatorik berechnet werden.

$$P(E)=\binom{4}{3}\cdot\frac{4}{10}\cdot\frac{3}{9}\cdot\frac{2}{8}\cdot\frac{6}{7}+\frac{4}{10}\cdot\frac{3}{9}\cdot\frac{2}{8}\cdot\frac{1}{7}\approx 0{,}1190$$

bzw.

$$P(E)=\frac{\binom{4}{3}\cdot\binom{6}{1}+\binom{4}{4}}{\binom{10}{4}}=\frac{4\cdot 6+1}{210}=\frac{25}{210}\approx 0{,}1190$$

Die Wahrscheinlichkeit, daß Michael mindestens drei schwarze Kugeln zieht, ist also größer.

c) Gewinnerwartung bei einem Spiel

Bezeichnet r: rote Kugel; n: nicht rote Kugel, ergibt sich folgendes Baumdiagramm:

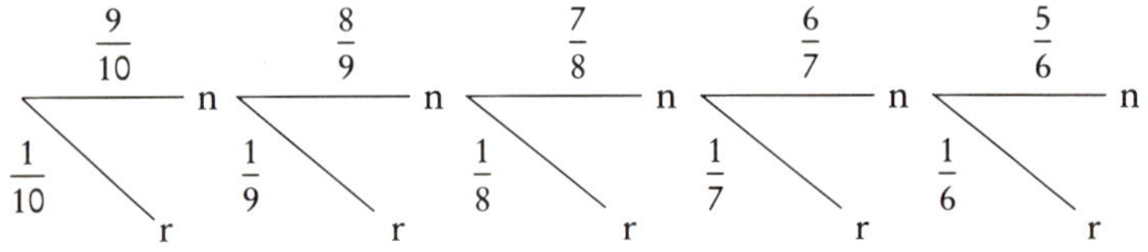

Mit Hilfe der Pfadregel erhält man also für die Zufallsvariable G: „Gewinn für Oliver“ folgende Verteilung:

g_i	$-5+2$ $=-3$	$-5+4$ $=-1$	$-5+8$ $=3$	$-5+16$ $=11$	$-5+32$ $=27$	-5
$P(G=g_i)$	0,1	0,1	0,1	0,1	0,1	0,5

Daraus folgt der Erwartungswert

$E(G)=(-3-1+3+11+27)\cdot 0{,}1+(-5)\cdot 0{,}5=1{,}2.$

Da Oliver eine Gewinnerwartung von 1,2 Pf hat, sollte Michael sich nicht auf eine große Zahl solcher Spiele einlassen.

d) Berechnung der Anzahl der weißen Kugeln

Es sei n die Anzahl der weißen Kugeln. Dann ergibt sich das folgende Baumdiagramm des zweistufigen Zufallsexperimentes.

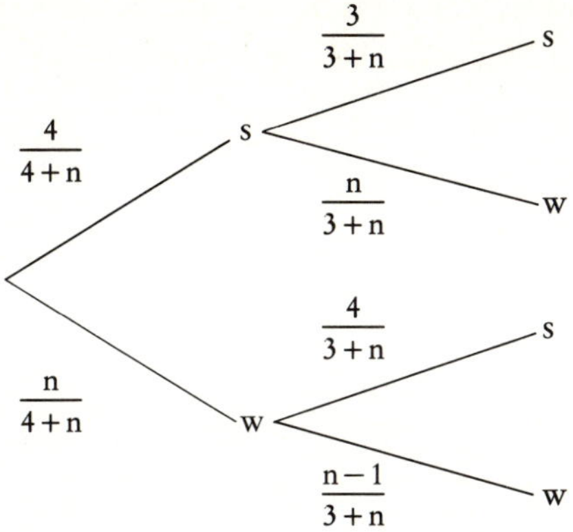

Mit Hilfe der Pfadregel erhält man die Gleichung

$\frac{4}{4+n} \cdot \frac{n}{3+n} + \frac{n}{4+n} \cdot \frac{4}{3+n} = \frac{8}{15}$ bzw.

$n^2 - 8n + 12 = 0.$

Hieraus folgt $n=2$ oder $n=6$. In der Urne können also 2 oder 6 weiße Kugeln sein.

W

Aufgabe 90/2

An einem Lotteriestand werden Rubbelkarten angeboten. Von den 16 Feldern einer Karte tragen drei eine 1, drei eine 2 und vier eine 3. Die restlichen Felder sind Leerfelder. Die nebenstehende Skizze zeigt ein Beispiel.
Die Lage der einzelnen Zahlen bzw. Leerfelder ist zufällig. Jede Karte ist mit einer undurchsichtigen Deckschicht überzogen, die man mit einer Münze ganz oder in Teilen entfernen kann. Nach dem Kauf einer Rubbelkarte muß der Käufer zwei Felder aufrubbeln, d. h., die Deckschicht dieser beiden Felder entfernen; damit wird der Inhalt dieser Felder sichtbar.

1		2	1
3	2	3	3
2		3	
	1		

a) Berechnen Sie die Wahrscheinlichkeiten der Ereignisse
   A: Beide Felder enthalten dieselbe Zahl
   B: Die Summe der Zahlen beider Felder ist größer als 4
   C: Es ist mindestens ein Leerfeld dabei
   D: A oder B.

b) Eine Rubbelkarte kostet 2 DM. Rubbelt der Käufer zwei 3er-Felder auf, so erhält er 20 DM ausbezahlt, bei zwei 2er-Feldern erhält er 2 DM und bei zwei Einserfeldern 1 DM.
   Die Zufallsvariable X beschreibe den Gewinn des Käufers in DM.
   Berechnen Sie den Erwartungswert und die Standardabweichung von X.
   Wie muß der Auszahlungsbetrag beim Aufrubbeln von zwei 3er-Feldern abgeändert werden, damit das Spiel fair wird?

c) Es liegt ein Hauptgewinn vor, wenn man zwei 3er-Felder aufrubbelt.
   Mit wie vielen Hauptgewinnen kann man beim Kauf von 60 Rubbelkarten durchschnittlich rechnen?
   Wie groß ist die Wahrscheinlichkeit, beim Kauf von 60 Rubbelkarten mehr als zwei Hauptgewinne zu erhalten?
   Wie viele Rubbelkarten muß der Käufer mindestens erwerben, um mit einer Wahrscheinlichkeit von mehr als 99 % mindestens einen Hauptgewinn zu erhalten?

d) Zeigen Sie, daß die beiden Ereignisse A und B aus Teilaufgabe a) abhängig sind.
   Kann man durch Umwandeln eines oder mehrerer Leerfelder in Einserfelder erreichen, daß A und B unabhängig werden?

Lösungshinweise:

a) Die Wahrscheinlichkeiten der Ereignisse A, B und C können mit Hilfe der Pfadregel oder mit Hilfe der Kombinatorik berechnet werden. In beiden Fällen ist es hilfreich, das gegebene Zufallsexperiment im Urnenmodell darzustellen. Welche Art des Ziehens muß gewählt werden? Weiterhin kann ein Baumdiagramm nützlich sein.
Bei Verwendung der Sätze aus der Kombinatorik muß man sich überlegen, ob es sich um geordnete oder ungeordnete Stichproben handelt. Auf wie viele Arten kann man aus 16 Feldern zwei Felder auswählen? Zur Ermittlung der Anzahl der günstigen Ergebnisse für das Ereignis A muß man sich klar machen, daß zwei Einsen oder zwei Zweien oder zwei Dreien gezogen werden müssen. Auf wie viele Arten ist dies möglich?
Bei welchen gezogenen Zahlen ist die Summe größer als 4? Wie viele Ergebnisse sind also für das Ereignis B günstig? Zur Ermittlung der Wahrscheinlichkeit des Ereignisses C geht man zum Gegenereignis $\overline{C}$ über. Gib $\overline{C}$ in Worten an. Die Wahrscheinlichkeit P(D) ergibt sich mit Hilfe des Additionssatzes. Gib $A \cap B$ in Worten an.

b) Wie hängen die drei Größen Einzahlung, Auszahlung und Gewinn zusammen? Welche Werte kann somit X annehmen? Zur Berechnung der zugehörigen Wahrscheinlichkeiten verwende die Pfadregel. Wie sind Erwartungswert und Varianz einer Zufallsvariablen definiert? Was versteht man unter einem fairen Spiel? Welche Gleichung ergibt sich somit aus dieser Bedingung für den Auszahlungsbetrag a beim Aufrubbeln von zwei 3er-Feldern?

c) Führe für die Anzahl der Hauptgewinne bei 60 Rubbelkarten eine Zufallsvariable ein. Die Wahrscheinlichkeit für einen Hauptgewinn ist aus Teilaufgabe a) bekannt. Vgl. dazu die Berechnung von P(D). Wie ist also die eingeführte Zufallsvariable verteilt? Welcher Erwartungswert ergibt sich? Das Ereignis „Mehr als zwei Hauptgewinne bei 60 Rubbelkarten“ kann mit der Zufallsvariablen ausgedrückt werden. Da für $n = 60$ keine Tafel zur Verfügung steht, berechne die gesuchte Wahrscheinlichkeit mit Hilfe der Formel von Bernoulli (Taschenrechner!). Bei der letzten Frage handelt es sich um eine Variante der sogenannten „Drei-Mindestens-Aufgabe“. Das zweite mindestens ist hier durch „mehr als“ ersetzt worden. Führe eine binomialverteilte Zufallsvariable ein und formuliere mit deren Hilfe die Bedingung. Löse die Ungleichung durch Logarithmieren oder durch systematisches Probieren mit dem Taschenrechner.

d) Wie überprüft man, ob zwei Ereignisse abhängig bzw. unabhängig sind? Zur Beantwortung der letzten Frage überprüfe zunächst, welche der Ereignisse

A, B, $A \cap B$ sich durch Umwandlung von Leerfelder in Einserfelder überhaupt ändern. Danach berechne P(A) mit Hilfe der Pfadregel. Welche Bedingung ergibt sich also für die Anzahl n der möglicherweise zu ändernden Leerfelder? Welcher Zahlenmenge muß n angehören?

Lösung:

a) Berechnung von Wahrscheinlichkeiten

Beziehen sich die Kugelfarben weiß, schwarz, rot und blau auf die Zahlen 1, 2, 3 bzw. auf ein Leerfeld, so läßt sich das gegebene Zufallsexperiment durch folgendes Urnenmodell beschreiben: Aus einer Urne mit 3 weißen, 3 schwarzen, 4 roten und 6 blauen Kugeln werden 2 Kugeln ohne Zurücklegen gezogen.

1. Möglichkeit:

Das Ereignis A kann zerlegt werden in $A = A_1 \cup A_2 \cup A_3$, wobei A_1: Beide Kugeln sind weiß, A_2: Beide Kugeln sind schwarz, A_3: Beide Kugeln sind rot. Da die Ereignisse A_1, A_2 und A_3 disjunkt (unvereinbar) sind, erhält man mit Hilfe der Pfadregel und des speziellen Additionssatzes:

$$P(A) = P(A_1) + P(A_2) + P(A_3)$$
$$= \frac{3}{16} \cdot \frac{2}{15} + \frac{3}{16} \cdot \frac{2}{15} + \frac{4}{16} \cdot \frac{3}{15} = \frac{1}{10} = 0{,}1.$$

Die Augensumme ist größer als 4, wenn eine 2 und eine 3 bzw. wenn zwei 3en gezogen werden. Damit ergibt sich:

$$P(B) = \frac{3}{16} \cdot \frac{4}{15} + \frac{4}{16} \cdot \frac{3}{15} + \frac{4}{16} \cdot \frac{3}{15} = \frac{3}{20} = 0{,}15.$$

Das Gegenereignis $\overline{C}$ zu C ist $\overline{C}$: Es ist kein Leerfeld dabei. Somit:

$$P(C) = 1 - P(\overline{C}) = 1 - \frac{10}{16} \cdot \frac{9}{15} = \frac{5}{8} = 0{,}625.$$

Nach dem allgemeinen Additionssatz gilt:

$$P(D) = P(A \cup B) = P(A) + P(B) - P(A \cap B).$$

Mit $A \cap B$: „Beide Felder enthalten eine 3“ ergibt sich:

$$P(D) = \frac{1}{10} + \frac{3}{20} - \frac{4}{16} \cdot \frac{3}{15} = \frac{1}{5} = 0{,}2.$$

2. Möglichkeit:

Aus 16 Kugeln kann man auf $\binom{16}{2}$ Arten zwei Kugeln auswählen. Weiterhin gibt es $\binom{3}{2}$ Arten, von 3 weißen Kugeln 2 zu ziehen, $\binom{3}{2}$ Arten, von

W

3 schwarzen Kugeln 2 zu ziehen, und $\binom{4}{2}$ Arten, von 4 roten Kugeln 2 zu ziehen. Damit ergibt sich:

$$P(A)=\frac{\binom{3}{2}+\binom{3}{2}+\binom{4}{2}}{\binom{16}{2}}=\frac{3+3+6}{120}=0{,}1.$$

Entsprechend erhält man:

$$P(B)=\frac{\binom{4}{2}+\binom{3}{1}\cdot\binom{4}{1}}{\binom{16}{2}}=\frac{6+3\cdot 4}{120}=0{,}15;$$

$$P(C)=1-\frac{\binom{10}{2}}{\binom{16}{2}}=1-\frac{45}{120}=0{,}625.$$

b) Erwartungswert und Standardabweichung des Gewinns

Es gilt: Gewinn = Auszahlung − Einsatz. Damit kann die Zufallsvariable X die Werte 18, 0, −1 und −2 annehmen. Die zugehörigen Wahrscheinlichkeiten ergeben sich mit Hilfe der Pfadregel. Damit hat X die folgende Wahrscheinlichkeitsverteilung:

x_i	18	0	−1	−2
$P(X=x_i)$	$\frac{4}{16}\cdot\frac{3}{15}=\frac{1}{20}$	$\frac{3}{16}\cdot\frac{2}{15}=\frac{1}{40}$	$\frac{3}{16}\cdot\frac{2}{15}=\frac{1}{40}$	$\frac{36}{40}=\frac{9}{10}$

Für den Erwartungswert ergibt sich:

$$E(X)=18\cdot\frac{1}{20}-1\cdot\frac{1}{40}-2\cdot\frac{9}{10}=-\frac{37}{40}=-0{,}925.$$

Für die Varianz bzw. Standardabweichung erhält man:

$$V(X)=(18+0{,}925)^2\cdot\frac{1}{20}+(0+0{,}925)^2\cdot\frac{1}{40}+(-1+0{,}925)^2\cdot\frac{1}{40}+(-2+0{,}925)^2\cdot\frac{9}{10}$$
$$\approx 18{,}9694 \text{ bzw. } \sigma_X\approx 4{,}36.$$

Faires Spiel

Es sei a der Auszahlungsbetrag beim Aufrubbeln von zwei 3er-Feldern. Die Zufallsvariable Y beschreibe den Gewinn des Käufers in DM bei der Auszahlung a. Die Zufallsvariable Y hat die folgende Wahrscheinlichkeitsverteilung:

y_i	$a-2$	0	-1	-2
$P(Y=y_i)$	$\frac{1}{20}$	$\frac{1}{40}$	$\frac{1}{40}$	$\frac{9}{10}$

Für den Erwartungswert von Y ergibt sich:

$E(Y)=(a-2)\cdot\frac{1}{20}-1\cdot\frac{1}{40}-2\cdot\frac{9}{10}=\frac{1}{20}a-\frac{77}{40}$.

Aus $\frac{1}{20}a-\frac{77}{40}=0$ folgt $a=38{,}5$.

Das Spiel ist fair, wenn beim Aufrubbeln von zwei 3er-Feldern 38,50 DM ausbezahlt werden.

c) **Erwartungswert für die Anzahl der Hauptgewinne**

Es sei E das Ereignis „Hauptgewinn" und Z Zufallsvariable für die Anzahl der Hauptgewinne bei 60 Rubbelkarten. Dann gilt $P(E)=\frac{4}{16}\cdot\frac{3}{15}=0{,}05=p$.
Die Zufallsvariable Z ist somit $B_{60;\,0{,}05}$-verteilt. Also ist $E(Z)=60\cdot 0{,}05=3$.
Man kann also 3 Hauptgewinne erwarten.

Wahrscheinlichkeit für mehr als zwei Hauptgewinne

Es sei F das Ereignis „Mehr als zwei Hauptgewinne bei 60 Rubbelkarten".
Dann gilt:

$$\begin{aligned}P(F)=P(Z>2)&=1-P(Z\leqq 2)\\&=1-[P(Z=0)+P(Z=1)+P(Z=2)]\\&=1-\left[\binom{60}{0}\cdot 0{,}05^0\cdot 0{,}95^{60}+\binom{60}{1}\cdot 0{,}05^1\cdot 0{,}95^{59}\right.\\&\qquad\left.+\binom{60}{2}\cdot 0{,}05^2\cdot 0{,}95^{58}\right]\\&\approx 0{,}5826.\end{aligned}$$

Mindestanzahl von Rubbelkarten

Die Zufallsvariable W: „Anzahl der Hauptgewinne bei n Rubbelkarten" ist binomialverteilt mit den Parametern n und $p=0{,}05$. Gesucht ist die kleinste natürliche Zahl n, für die gilt: $P(W\geqq 1)>0{,}99$.
Aus $P(W\geqq 1)=1-P(W=0)=1-0{,}95^n>0{,}99$ folgt durch Logarithmieren oder mit Hilfe eines Taschenrechners $n\geqq 90$. Man muß also mindestens 90 Rubbelkarten kaufen.

W

d) Nachweis, daß A und B abhängig sind

Da $P(A \cap B)=\frac{1}{20} \neq P(A) \cdot P(B)=\frac{1}{10} \cdot \frac{3}{20}=\frac{3}{200}$ gilt, sind die Ereignisse A und B voneinander abhängig.

Kann man erreichen, daß A und B unabhängig werden?

Es sei n die Anzahl der möglicherweise zu ändernden Leerfelder. Die Ereignisse B und $A \cap B$ ändern sich durch Umwandeln eines oder mehrerer Leerfelder in Einserfelder nicht. Damit folgt:

$$P(A)=\frac{3+n}{16} \cdot \frac{2+n}{15}+\frac{3}{16} \cdot \frac{2}{15}+\frac{4}{16} \cdot \frac{3}{15}=\frac{(3+n) \cdot (2+n)+18}{16 \cdot 15}.$$

Aus der Bedingung $P(A) \cdot P(B)=P(A \cap B)$ ergibt sich die Gleichung

$$\frac{(3+n) \cdot (2+n)+18}{16 \cdot 15} \cdot \frac{3}{20}=\frac{1}{20}$$

bzw. $n^2+5n-56=0$.

Hieraus folgt $n=-2{,}5+\frac{1}{2}\sqrt{249}$ oder $n=-2{,}5-\frac{1}{2}\sqrt{249}$.

Da beide Lösungen der quadratischen Gleichung keine natürlichen Zahlen sind, bleiben A und B abhängig.

Aufgabe 90/3

Ein Betrieb fertigt elektronische Bauteile als Massenware; die Ausschußquote beträgt 10 %.

a) Der laufenden Produktion werden nacheinander 50 Bauteile zufällig entnommen.
Berechnen Sie die Wahrscheinlichkeiten der Ereignisse
A: Alle Bauteile sind einwandfrei
B: Höchstens 3 Bauteile sind defekt
C: Mehr als 35 Bauteile sind defekt
D: Mindestens 4 und höchstens 6 Bauteile sind defekt
E: Unter den ersten 20 Bauteilen ist höchstens eines defekt, und unter den letzten 30 ist mindestens eines defekt.

b) Eine Schaltung (siehe Skizze) enthält 5 Bauteile, von denen genau eines defekt ist.

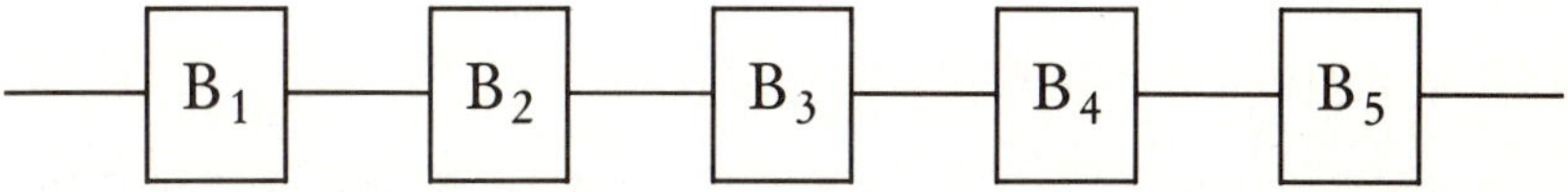

Um es herauszufinden, werden die Bauteile der Reihe nach untersucht, bis feststeht, welches Bauteil defekt ist.
Wie viele Bauteile sind im Schnitt zu prüfen?

c) Mit Bauteilen aus der laufenden Produktion werden folgende Schaltungen aufgebaut:

Schaltung I:

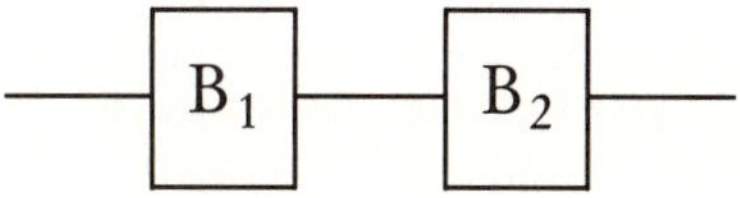

Schaltung II:

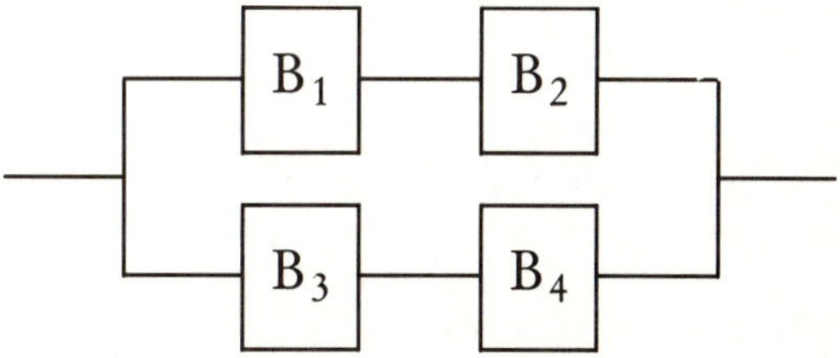

Die Schaltung I funktioniert, wenn beide Bauteile einwandfrei sind.
Die Schaltung II funktioniert, wenn wenigstens in einem Zweig beide Bauteile einwandfrei sind.
Mit welcher Wahrscheinlichkeit p_I funktioniert Schaltung I?
Mit welcher Wahrscheinlichkeit p_{II} funktioniert Schaltung II?
Um wieviel Prozent ist p_{II} größer als p_I?

d) Ein Großabnehmer, der die Bauteile selbst prüft, erhält diese in Kartons mit je 50 Stück. Er muß pro Karton den vollen Preis zahlen, falls er darin weniger als 7 defekte Teile entdeckt. Bei 7 bis 10 defekten Teilen zahlt er nur 60 % des vollen Preises. Findet er mehr als 10 defekte Teile, wird ihm der Karton kostenlos überlassen.
Wie muß der Hersteller den Abgabepreis pro Karton festlegen, wenn er im Schnitt 55 DM pro Karton einnehmen will?

Lösungshinweise:

a) Die Ereignisse A, B, C und D lassen sich mit Hilfe einer Zufallsvariablen X beschreiben. Wie ist diese verteilt, wenn man beachtet, daß die Bauteile der laufenden Produktion entnommen werden? Ermittle die gesuchten Wahrscheinlichkeiten mit Hilfe einer Tafel. Das Ereignis E kann in zwei Ereignisse E_1 und E_2 zerlegt werden. Diese wiederum lassen sich mit neuen Zufallsvariablen beschreiben. Sind E_1 und E_2 voneinander abhängig oder unabhängig?

b) Führe für die Anzahl der zur Bestimmung des defekten Bauteils notwendigen Überprüfungen eine Zufallsvariable ein. Welche Werte kann diese Zufallsvariable annehmen, wenn man beachtet, daß bekannt ist, genau ein Bauteil ist defekt? Mit welchen Wahrscheinlichkeiten nimmt die Zufallsvariable ihre Werte an? Wie ist der Erwartungswert einer Zufallsvariablen definiert?

c) Führe Ereignisse für das Arbeiten der Bauteile ein. Drücke p_I und p_{II} mit Hilfe der Wahrscheinlichkeiten dieser Ereignisse aus. Überlege, welche Ereignisse unabhängig bzw. unvereinbar sind.

d) Führe für den Erlös W pro Karton eine Zufallsvariable ein. Welche Werte kann diese annehmen, wenn a der Abgabepreis pro Karton ist? Die Wahrscheinlichkeiten, mit der die Zufallsvariable W ihre Werte annimmt, lassen sich mit Hilfe der Zufallsvariablen X (vgl. Teilaufgabe a)) ermitteln. Welcher Term in Abhängigkeit von a ergibt sich für E(W)? Aus der Bedingung $E(W) = 55$ ergibt sich der Abgabepreis a.

Lösung:

a) Wahrscheinlichkeiten bei vorgegebenen Binomialverteilungen

Da es sich um eine Massenproduktion handelt, wird die Wahrscheinlichkeit für defekte Bauteile auch bei Ziehungen ohne Zurücklegen praktisch nicht geändert. Man kann also von einer Bernoulli-Kette mit der Wahrscheinlichkeit $p=0{,}1$ für Treffer ausgehen. Beschreibt X die Anzahl der defekten unter 50 Bauteilen, so ist X binomialverteilt mit $n=50$ und $p=0{,}1$.

$P(A)=P(X=0)=0{,}9^{50}=0{,}0052$

$P(B)=P(X\leqq 3)=0{,}2503$

$P(C)=P(X>35)=1-P(X\leqq 35)=1-1=0$

$$P(D)=P(4\leqq X\leqq 6)=P(X\leqq 6)-P(X\leqq 3)$$
$$=0{,}7702-0{,}2503=0{,}5199$$

Das Ereignis E kann in $E=E_1\cap E_2$ zerlegt werden, wobei E_1: Unter den ersten 20 Bauteilen ist höchstens eines defekt, E_2: Unter den letzten 30 ist mindestens eines defekt. Die Ereignisse E_1 und E_2 sind voneinander unabhängig.

Beschreiben Y und Z die Anzahlen der defekten unter 20 bzw. 30 Bauteilen, so sind Y und Z binomialverteilt mit $p=0{,}1$ und $n=20$ bzw. $n=30$.

$$P(E)=P(E_1\cap E_2)=P(E_1)\cdot P(E_2)$$
$$=P(Y\leqq 1)\cdot P(Z\geqq 1)$$
$$=P(Y\leqq 1)\cdot[1-P(Z=0)]$$
$$=0{,}3917\cdot[1-0{,}9^{30}]$$
$$\approx 0{,}3751$$

b) Erwartungswert einer Wahrscheinlichkeitsverteilung

Die Zufallsvariable X beschreibe die Anzahl der zur Bestimmung des defekten Bauteils notwendigen Überprüfungen. Schreibt man 1 für ein defektes und 0 für ein intaktes Bauteil, so gilt:

$10000 \overset{X}{\mapsto} 1$

$01000 \mapsto 2$

$00100 \mapsto 3$

$00010 \mapsto 4$

$00001 \mapsto 4$

x_i	1	2	3	4
$P(X=x_i)$	$\frac{1}{5}$	$\frac{1}{5}$	$\frac{1}{5}$	$\frac{2}{5}$

$$E(X)=1\cdot\frac{1}{5}+2\cdot\frac{1}{5}+3\cdot\frac{1}{5}+4\cdot\frac{2}{5}=\frac{1}{5}(1+2+3+8)=2{,}8\,.$$

Auf lange Sicht sind also im Mittel 2,8 Bauteile zu prüfen.

c) Zuverlässigkeitsuntersuchungen bei Schaltungen

Folgende Ereignisse werden eingeführt:

B_i: Das i. Bauteil ist einwandfrei; $i=1;2$ für Schaltung I bzw. $i=1;2;3;4$ für Schaltung II. Wegen der Unabhängigkeit gilt:

$$p_I = P(B_1 \cap B_2) = P(B_1) \cdot P(B_2) = 0{,}9 \cdot 0{,}9 = 0{,}81,$$

$$\begin{aligned} p_{II} = P((B_1 \cap B_2) \cup (B_3 \cap B_4)) &= P(B_1 \cap B_2) + P(B_3 \cap B_4) \\ &\quad - P(B_1 \cap B_2 \cap B_3 \cap B_4) \\ &= 0{,}9^2 + 0{,}9^2 - 0{,}9^4 = 0{,}9639. \end{aligned}$$

Aus $\frac{0{,}9639 - 0{,}81}{0{,}81} = 0{,}19$ folgt, daß p_{II} um 19% größer ist als p_I.

d) Berechnung des Abgabepreises pro Karton

Beschreibt die Zufallsvariable X wie in Teilaufgabe a) die Anzahl der defekten unter 50 Bauteilen, so ist X binomialverteilt mit $n=50$ und $p=0{,}1$. Die Zufallsvariable W beschreibe den Erlös in DM pro Karton. Weiterhin sei a der Abgabepreis in DM pro Karton. Da

$P(X<7) = P(X \leqq 6) = 0{,}7702,$

$P(7 \leqq X \leqq 10) = 0{,}2204$ und

$P(X>10) = 1 - P(X \leqq 10) = 0{,}0094$

ist, erhält man die folgende Wahrscheinlichkeitsverteilung von W.

w_i	a	0,6a	0
$P(W=w_i)$	0,7702	0,2204	0,0094

$E(W) = a \cdot 0{,}7702 + 0{,}6a \cdot 0{,}2204 = 0{,}90244a$

Aus $0{,}90244a = 55$ folgt $a \approx 60{,}95$.

Der Hersteller muß den Abgabepreis pro Karton auf 60,95 DM festlegen.

Eine Urne enthält 5 rote, 3 weiße und 2 gelbe Kugeln.

a) Es werden Kugeln mit Zurücklegen gezogen.
Wie groß ist die Wahrscheinlichkeit, bei 10 Ziehungen keine gelbe Kugel zu erhalten?
Wie wahrscheinlich ist es, bei 4 Ziehungen genau 2 gelbe Kugeln zu erhalten?
Mit welcher Wahrscheinlichkeit zieht man mit der 10. Kugel die 7. rote Kugel?

b) Es werden nacheinander ohne Zurücklegen 2 Kugeln gezogen.
Berechnen Sie die Wahrscheinlichkeiten der Ereignisse
A: Beide Kugeln haben verschiedene Farben
B: Die 2. Kugel ist rot oder gelb.
Nun werden 3 Kugeln mit einem Griff gezogen.
Mit welcher Wahrscheinlichkeit haben genau 2 davon die gleiche Farbe?

c) Bei einem Spiel werden der Urne nacheinander 3 Kugeln ohne Zurücklegen entnommen. Für jede weiße Kugel erhält der Spieler 2 DM, für jede andersfarbige zahlt er 1 DM. Die Zufallsvariable X beschreibt bei einem Spiel den Gewinn des Spielers in DM.
Ermitteln Sie die Wahrscheinlichkeitsverteilung von X.
Mit welchem durchschnittlichen Gewinn pro Spiel kann der Spieler rechnen?
Nun erhält der Spieler für jede weiße Kugel a DM und zahlt für jede andersfarbige Kugel b DM.
Welche Beziehung muß dann zwischen a und b bestehen, damit das Spiel fair ist?

d) Bei einem zweiten Spiel ziehen Spieler E und Spieler F jeweils mit Zurücklegen abwechselnd in dieser Reihenfolge je eine Kugel aus der Urne. Wer zuerst eine weiße Kugel zieht, hat gewonnen. Das Spiel wird spätestens nach 4 gezogenen Kugeln beendet. Ist auch die 4. Kugel nicht weiß, endet das Spiel unentschieden.
Wie groß sind die Gewinnchancen von E bzw. F?
Bei einem dritten Spiel ziehen die Spieler in gleicher Reihenfolge, jedoch ohne Zurücklegen, solange, bis einer die erste weiße Kugel zieht.
Wie groß sind ihre Gewinnchancen diesmal?

Lösungshinweise:

a) Es handelt sich um Ziehungen mit Zurücklegen. Führe für $n=10$ bzw. für $n=4$ Zufallsvariablen mit „gelb“ als Treffer ein. Wie sind diese verteilt? Die gesuchten Wahrscheinlichkeiten ergeben sich nun mit Hilfe einer Tabelle. Die Wahrscheinlichkeit für das letzte Ereignis ergibt sich durch folgende Überlegung: Mit der 10. Kugel die 7. rote Kugel zu ziehen heißt doch, daß bei 9 Ziehungen 6 rote Kugeln erschienen sind und beim 10. Zug wieder eine rote Kugel erscheint.

b) Es handelt sich um Ziehungen ohne Zurücklegen. Zeichne ein Baumdiagramm des zweistufigen Zufallsexperimentes. Die Wahrscheinlichkeiten der Ereignisse A bzw. B lassen sich nun mit Hilfe der Pfadregel direkt oder über die Gegenereignisse ermitteln. Auch Ziehungen mit einem Griff können als Ziehungen ohne Zurücklegen beschrieben werden. Die Wahrscheinlichkeit für das Ereignis „genau 2 Kugeln haben die gleiche Farbe“ läßt sich mit Hilfe der Pfadregel oder der Kombinatorik ermitteln.

c) Die Anzahl der weißen Kugeln kann 3, 2, 1 oder 0 sein. Welche Werte kann damit die Zufallsvariable X annehmen, wenn man beachtet, daß Verluste negative Gewinne sind? Die zugehörigen Wahrscheinlichkeiten ermittelt man z.B. wie in Teilaufgabe b) mit Hilfe der Kombinatorik. Der durchschnittliche Gewinn ergibt sich als Erwartungswert der Zufallsvariablen X. Was versteht man unter einem fairen Spiel? Welche Werte kann X annehmen, wenn man für jede weiße Kugel a DM erhält und für jede andersfarbige Kugel b DM zahlt? Die zugehörigen Wahrscheinlichkeiten bleiben ungeändert.

d) Zeichne ein Baumdiagramm des zweiten Spiels. Es ergeben sich Pfade unterschiedlicher Länge. Nach spätestens 4 Ziehungen ist das Spiel beendet. Die Gewinnchancen von E bzw. F ergeben sich mit Hilfe der Pfadregel. Beim dritten Spiel wird ohne Zurücklegen gezogen. Nach wieviel Ziehungen spätestens ist das Spiel jetzt beendet? Die neuen Gewinnchancen von E bzw. F ergeben sich wiederum mit Hilfe der Pfadregel.

Lösung:

a) **Berechnung von Wahrscheinlichkeiten**

Es handelt sich um Ziehungen mit Zurücklegen. Ist X Zufallsvariable für die Anzahl der gelben Kugeln bei 10 Ziehungen, so ist X binomialverteilt mit den Parametern $n=10$ und $p=0{,}2$. Mit Hilfe einer Tabelle ergibt sich:
$P(X=0)=0{,}1074$.

Ist Y Zufallsvariable für die Anzahl der gelben Kugeln bei 4 Ziehungen, so ist Y binomialverteilt mit $n=4$ und $p=0{,}2$.

$P(Y=2)=0{,}1536$

Das Ereignis A: „Mit der 10. Kugel die 7. rote Kugel ziehen" läßt sich nicht mit Hilfe einer Zufallsvariablen beschreiben. Das Ereignis A tritt ein, wenn bei 9 Ziehungen 6 rote Kugeln gezogen wurden und beim 10. Zug wieder eine rote Kugel erscheint. Die Wahrscheinlichkeit für eine rote Kugel bei einem Zug ist 0,5. Mit Hilfe der Pfadregel gilt also:

$$P(A)=\binom{9}{6}\cdot 0{,}5^6\cdot 0{,}5^3\cdot 0{,}5\approx 0{,}0820.$$

b) Berechnung von Wahrscheinlichkeiten

Es handelt sich jetzt um Ziehungen ohne Zurücklegen. Zu den zwei Ziehungen gehört das folgende Baumdiagramm.

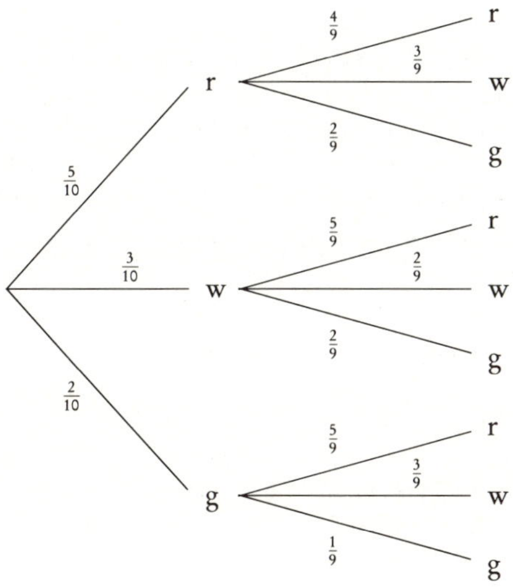

Die Wahrscheinlichkeiten der Ereignisse A und B lassen sich nun direkt oder mit Hilfe der entsprechenden Gegenereignisse berechnen.

$$P(A)=\frac{5}{10}\cdot\frac{3}{9}+\frac{5}{10}\cdot\frac{2}{9}+\frac{3}{10}\cdot\frac{5}{9}+\frac{3}{10}\cdot\frac{2}{9}+\frac{2}{10}\cdot\frac{5}{9}+\frac{2}{10}\cdot\frac{3}{9}$$

$$=\frac{62}{90}\approx 0{,}6889$$

W

Mit $\overline{A}$: „Beide Kugeln haben gleiche Farben“ ergibt sich:

$$P(A)=1-P(\overline{A})=1-\left(\frac{5}{10}\cdot\frac{4}{9}+\frac{3}{10}\cdot\frac{2}{9}+\frac{2}{10}\cdot\frac{1}{9}\right)$$

$$=\frac{62}{90}\approx 0{,}6889\,.$$

$$P(B)=\frac{5}{10}\cdot\frac{4}{9}+\frac{5}{10}\cdot\frac{2}{9}+\frac{3}{10}\cdot\frac{5}{9}+\frac{3}{10}\cdot\frac{2}{9}+\frac{2}{10}\cdot\frac{5}{9}+\frac{2}{10}\cdot\frac{1}{9}$$

$$=\frac{63}{90}=0{,}7$$

Mit $\overline{B}$: „Die zweite Kugel ist weiß“ ergibt sich:

$$P(B)=1-P(\overline{B})=1-\left(\frac{5}{10}\cdot\frac{3}{9}+\frac{3}{10}\cdot\frac{2}{9}+\frac{2}{10}\cdot\frac{3}{9}\right)$$

$$=\frac{63}{90}=0{,}7\,.$$

Nun werden 3 Kugeln mit einem Griff gezogen. Es sei C das Ereignis: Genau 2 Kugeln haben die gleiche Farbe. Die Wahrscheinlichkeit P(C) läßt sich mit der Pfadregel oder mit Hilfe der Kombinatorik berechnen. Die beiden Kugeln gleicher Farbe können entweder rot oder weiß oder gelb sein.

1. Möglichkeit:

Die nicht rote Kugel kann beim 1. oder 2. oder 3. Zug gezogen werden; entsprechendes gilt für die nicht weiße bzw. für die nicht gelbe. Damit:

$$P(C)=\frac{5}{10}\cdot\frac{4}{9}\cdot\frac{5}{8}\cdot 3+\frac{3}{10}\cdot\frac{2}{9}\cdot\frac{7}{8}\cdot 3+\frac{2}{10}\cdot\frac{1}{9}\cdot\frac{8}{8}\cdot 3$$

$$=\frac{79}{120}\approx 0{,}6583\,.$$

2. Möglichkeit:

Es gibt $\binom{10}{3}$ Arten, von 10 Kugeln 3 mit einem Griff zu ziehen; weiterhin gibt es $\binom{5}{2}$ Arten, von 5 roten Kugeln 2 zu ziehen und $\binom{5}{1}$ Arten, von 5 nicht roten Kugeln 1 zu ziehen. Entsprechendes gilt für die Farben weiß und gelb. Damit ergibt sich:

$$P(C)=\frac{\binom{5}{2}\cdot\binom{5}{1}+\binom{3}{2}\cdot\binom{7}{1}+\binom{2}{2}\cdot\binom{8}{1}}{\binom{10}{3}}$$

$$=\frac{10\cdot 5+3\cdot 7+1\cdot 8}{120}=\frac{79}{120}\approx 0{,}6583\,.$$

c) Ermittlung der Wahrscheinlichkeitsverteilung von X

Es handelt sich um ein dreistufiges Zufallsexperiment. Die Zufallsvariable X beschreibt den Gewinn des Spielers in DM bei einem Spiel. Da die Anzahl der weißen Kugeln bei 3 Ziehungen 3, 2, 1 oder 0 ist, kann X die Werte 6, 3, 0, −3 annehmen. Die zugehörigen Wahrscheinlichkeiten ergeben sich wie in Teilaufgabe b).

Anzahl der weißen Kugeln	3	2	1	0
x_i	6	3	0	−3
$P(X=x_i)$	$\frac{\binom{3}{3}\cdot\binom{7}{0}}{\binom{10}{3}} = \frac{1}{120}$	$\frac{\binom{3}{2}\cdot\binom{7}{1}}{\binom{10}{3}} = \frac{21}{120}$	$\frac{\binom{3}{1}\cdot\binom{7}{2}}{\binom{10}{3}} = \frac{63}{120}$	$\frac{\binom{3}{0}\cdot\binom{7}{3}}{\binom{10}{3}} = \frac{35}{120}$

Erwartungswert von X

$$E(X) = 6\cdot\frac{1}{120} + 3\cdot\frac{21}{120} + 0\cdot\frac{63}{120} - 3\cdot\frac{35}{120} = -0{,}30$$

Der Spieler muß also mit einem durchschnittlichen Verlust von 0,30 DM pro Spiel rechnen.

Beziehung zwischen a und b bei einem fairen Spiel

Unter den geänderten Bedingungen kann die Zufallsvariable X die Werte 3a, 2a − b, a − 2b, −3b annehmen. Die zugehörigen Wahrscheinlichkeiten sind die gleichen wie beim ursprünglichen Spiel.

$$E(X) = 3a\cdot\frac{1}{120} + (2a-b)\cdot\frac{21}{120} + (a-2b)\cdot\frac{63}{120} + (-3b)\cdot\frac{35}{120}$$

Mit der Bedingung $E(X)=0$ für ein faires Spiel ergibt sich

$$\frac{3a}{120} + \frac{42a}{120} + \frac{63a}{120} - \frac{21b}{120} - \frac{126b}{120} - \frac{105b}{120} = 0$$

bzw. $108a = 252b$ oder $a : b = 7 : 3$.

d) Gewinnchancen von E bzw. F bei Ziehungen mit Zurücklegen

Bezeichnet w: weiße Kugel; $\overline{w}$: nicht weiße Kugel, ergibt sich das folgende Baumdiagramm.

W

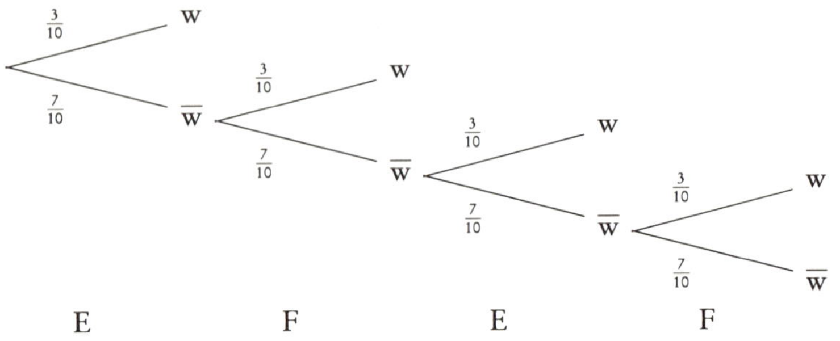

U: E gewinnt bei Ziehungen mit Zurücklegen;
V: F gewinnt bei Ziehungen mit Zurücklegen.

Mit Hilfe der Pfadregel ergibt sich:

$$P(U)=\frac{3}{10}+\frac{7}{10}\cdot\frac{7}{10}\cdot\frac{3}{10}=0{,}447,$$

$$P(V)=\frac{7}{10}\cdot\frac{3}{10}+\frac{7}{10}\cdot\frac{7}{10}\cdot\frac{7}{10}\cdot\frac{3}{10}=0{,}3129.$$

Gewinnchancen von E bzw. F bei Ziehungen ohne Zurücklegen

Die Urne enthält 3 weiße und 7 nicht weiße Kugeln. Also ist das Spiel bei Ziehungen ohne Zurücklegen spätestens nach 8 Ziehungen beendet. Ein „Unentschieden" gibt es nicht.

R: E gewinnt bei Ziehungen ohne Zurücklegen;
S: F gewinnt bei Ziehungen ohne Zurücklegen.

Wiederum mit Hilfe der Pfadregel ergibt sich:

$$P(R)=\frac{3}{10}+\frac{7}{10}\cdot\frac{6}{9}\cdot\frac{3}{8}+\frac{7}{10}\cdot\frac{6}{9}\cdot\frac{5}{8}\cdot\frac{4}{7}\cdot\frac{3}{6}+\frac{7}{10}\cdot\frac{6}{9}\cdot\frac{5}{8}\cdot\frac{4}{7}\cdot\frac{3}{6}\cdot\frac{2}{5}\cdot\frac{3}{4}$$
$$\approx 0{,}5833;$$

$$P(S)=1-P(R)\approx 1-0{,}5833=0{,}4167.$$

Bei den Glücksrädern I und II erscheint jedes der 10 Felder mit der gleichen Wahrscheinlichkeit 0,1.

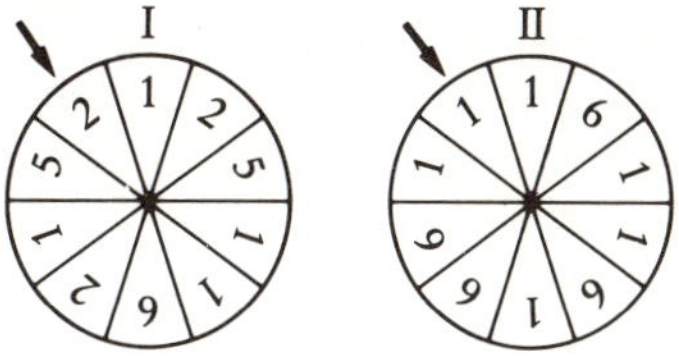

a) Das Glücksrad I wird viermal gedreht.
Berechnen Sie die Wahrscheinlichkeiten der Ereignisse
A: Es treten nur ungerade Zahlen auf
B: Es tritt mindestens eine Zwei auf
C: Alle Zahlen sind verschieden.

b) Mit dem Glücksrad II wird eine Serie von 50 Drehungen durchgeführt.
Mit welcher Wahrscheinlichkeit liegt die Anzahl der Einsen im Intervall [25; 35]?
Mit welcher Wahrscheinlichkeit erhält man mehr Einsen als Sechsen?
Nun werden 5 solche Serien durchgeführt.
Mit welcher Wahrscheinlichkeit enthalten mindestens 4 Serien mehr Einsen als Sechsen?

c) Franz und Kurt benutzen die beiden Glücksräder zu einem Spiel. Franz dreht Rad I einmal, Kurt dreht Rad II einmal. Derjenige hat gewonnen, dessen Rad die höhere Zahl anzeigt. Er erhält vom anderen Spieler die Differenz der angezeigten Zahlen in DM ausbezahlt.
Bei gleichen Zahlen endet das Spiel unentschieden.
Zeigen Sie, daß die Gewinnwahrscheinlichkeit für Franz gleich groß ist wie die für Kurt.
Weisen Sie nach, daß das Spiel dennoch nicht fair ist.

d) Franz möchte das Spiel aus Teilaufgabe c) nicht mehr mit Glücksrad I, sondern mit einem neuen Glücksrad III durchführen. Kurt soll weiterhin Rad II benutzen. Dieses Spiel soll beiden Spielern wieder gleiche Gewinnwahrscheinlichkeiten bieten und außerdem fair sein. Für die Zahlen auf Rad III gelte die folgende Wahrscheinlichkeitsverteilung.

Zahl	1	2	5	6
Wahrscheinlichkeit	p_1	p_2	p_3	0,1

Berechnen Sie p_1, p_2 und p_3.

Lösungshinweise:

a) Notiere zunächst die Wahrscheinlichkeitsverteilungen bei den Glücksrädern. Mit welcher Wahrscheinlichkeit tritt also beim Glücksrad I eine ungerade Zahl auf? Mit der Pfadregel folgt sofort P(A). Wie heißt das Gegenereignis von B? Welcher Zusammenhang besteht zwischen den Wahrscheinlichkeiten eines Ereignisses und seines Gegenereignisses? Welche Wahrscheinlichkeit hat z.B. das Ergebnis (1; 2; 5; 6)? Die Wahrscheinlichkeit für das Ereignis C ergibt sich, wenn man beachtet, auf wie viele Arten man 4 verschiedene Zahlen permutieren kann.

b) Führe für die ersten zwei gesuchten Wahrscheinlichkeiten eine Zufallsvariable ein. Wie ist diese verteilt? Bei der Ermittlung der Zahlenwerte mit Hilfe einer Tabelle muß beachtet werden, daß die Trefferwahrscheinlichkeit in diesen beiden Fällen größer als 0,5 ist. Für die Berechnung der dritten Wahrscheinlichkeit muß eine neue Zufallsvariable eingeführt werden. Die Anzahl der Durchführungen ist 5; wie groß ist die Trefferwahrscheinlichkeit? Wie ist also die neue Zufallsvariable verteilt?

c) Zur Ermittlung der Gewinnwahrscheinlichkeiten für Frank bzw. für Kurt zeichne ein Baumdiagramm einschließlich Wahrscheinlichkeiten und verwende die Pfadregel. Was versteht man unter einem fairen Spiel? Ergänze im Baumdiagramm die Gewinnbeträge z.B. für Franz. Welcher Erwartungswert ergibt sich daraus? Interpretiere ihn.

d) Zur Berechnung von p_1, p_2 und p_3 zeichne nochmals ein Baumdiagramm mit den notwendigen Änderungen. Die Gewinnwahrscheinlichkeiten für Frank bzw. für Kurt ergeben sich zunächst in Abhängigkeit von p_1, p_2 und p_3. Bei der Gewinnwahrscheinlichkeit für Kurt beachte aber, daß $p_1 + p_2 + p_3$ gegeben ist. Da die Gewinnwahrscheinlichkeiten weiterhin gleich sein sollen, ergibt sich daraus p_1. Auch der Erwartungswert des Gewinns für Franz ergibt sich zunächst in Abhängigkeit von p_2 und p_3. Aus dem errechneten p_1 und der gegebenen Wahrscheinlichkeit für das Ergebnis 6 folgt eine Beziehung zwischen p_2 und p_3. Mit Hilfe der Bedingung für ein faires Spiel und der genannten Beziehung ergeben sich schließlich p_2 und p_3.

Lösung:

a) Berechung von Wahrscheinlichkeiten

Wahrscheinlichkeitsverteilung beim

Glücksrad I

e_i	1	2	5	6
$P(e_i)$	0,4	0,3	0,2	0,1

Glücksrad II

e_i	1	6
$P(e_i)$	0,6	0,4

Beim Glücksrad I ist die Wahrscheinlichkeit für eine ungerade Zahl 0,6. Da das Rad viermal gedreht wird, gilt:

$P(A)=0{,}6^4=0{,}1296.$

Das Gegenereignis von B heißt $\overline{B}$: Keine Zwei bei 4 Drehungen.

$P(B)=1-P(\overline{B})=1-0{,}7^4=0{,}7599$

Da man 4 Zahlen auf $4!=24$ verschiedene Arten anordnen kann, ist

$P(C)=4!\cdot 0{,}4\cdot 0{,}3\cdot 0{,}2\cdot 0{,}1=0{,}0576.$

b) Wahrscheinlichkeiten bei Binomialverteilungen

Beschreibt X die Anzahl der Einsen bei 50 Drehungen mit Glücksrad II, so ist X binomialverteilt mit $n=50$ und $p=0{,}6$. Gesucht ist $P(25\leqq X\leqq 35)$. Mit Hilfe einer Tabelle ergibt sich (Achtung: Der p-Wert ist größer als 0,5.):

$$\begin{aligned}P(25\leqq X\leqq 35)&=P(X\leqq 35)-P(X\leqq 24)\\&\approx 1-0{,}0540-(1-0{,}9427)\\&=0{,}8887.\end{aligned}$$

Da 50 Drehungen durchgeführt werden, heißt mehr Einsen als Sechsen: $X>25$. Damit:

$$\begin{aligned}P(X>25)&=1-P(X\leqq 25)\\&\approx 1-(1-0{,}9022)=0{,}9022.\end{aligned}$$

Die Zufallsvariable Y: „Anzahl der Serien mit mehr Einsen als Sechsen bei 5 Serien“ ist näherungsweise binomialverteilt mit $n=5$ und $p=0{,}9022$. Gesucht ist $P(Y\geqq 4)$. Da dieser p-Wert nicht tabelliert vorliegt, erhält man mit dem Taschenrechner:

$$\begin{aligned}P(Y\geqq 4)&=P(Y=4)+P(Y=5)\\&\approx\binom{5}{4}\cdot 0{,}9022^4\cdot 0{,}0978+0{,}9022^5\approx 0{,}9217.\end{aligned}$$

W

c) Gewinnwahrscheinlichkeiten für Franz bzw. für Kurt

Rad I	Rad II	Wahrscheinlichkeiten	Gewinner	Gewinnbetrag G in DM für Franz
1 (0,4)	1 (0,6)	$0{,}4 \cdot 0{,}6 = 0{,}24$	unentsch.	0
1 (0,4)	6 (0,4)	$0{,}4 \cdot 0{,}4 = 0{,}16$	Kurt	−5
2 (0,3)	1 (0,6)	$0{,}3 \cdot 0{,}6 = 0{,}18$	Franz	+1
2 (0,3)	6 (0,4)	$0{,}3 \cdot 0{,}4 = 0{,}12$	Kurt	−4
5 (0,2)	1 (0,6)	$0{,}2 \cdot 0{,}6 = 0{,}12$	Franz	+4
5 (0,2)	6 (0,4)	$0{,}2 \cdot 0{,}4 = 0{,}08$	Kurt	−1
6 (0,1)	1 (0,6)	$0{,}1 \cdot 0{,}6 = 0{,}06$	Franz	+5
6 (0,1)	6 (0,4)	$0{,}1 \cdot 0{,}4 = 0{,}04$	unentsch.	0

Mit D: „Franz gewinnt“ und E: „Kurt gewinnt“ gilt:

$P(D) = 0{,}18 + 0{,}12 + 0{,}06 = 0{,}36$,

$P(E) = 0{,}16 + 0{,}12 + 0{,}08 = 0{,}36$.

Also ist $P(D) = P(E)$; die Gewinnwahrscheinlichkeiten für Franz bzw. für Kurt sind also gleich groß.

Nachweis, daß das Spiel nicht fair ist

Ein Spiel heißt fair, wenn der Erwartungswert des Gewinns für jeden Spieler 0 ist. Nun ist aber

$$E(G) = 0 \cdot 0{,}24 - 5 \cdot 0{,}16 + 1 \cdot 0{,}18 - 4 \cdot 0{,}12 + 4 \cdot 0{,}12 - 1 \cdot 0{,}08 + 5 \cdot 0{,}06 + 0 \cdot 0{,}04$$
$$= -0{,}40.$$

Also ist das Spiel nicht fair, Franz ist im Nachteil.

d) Berechnung von p_1, p_2 und p_3

Rad III	Rad II	Wahrscheinlichkeiten	Gewinner	Gewinnbetrag G in DM für Franz
1 (p_1)	1 (0,6)	$p_1 \cdot 0{,}6$	unentsch.	0
	6 (0,4)	$p_1 \cdot 0{,}4$	Kurt	-5
2 (p_2)	1 (0,6)	$p_2 \cdot 0{,}6$	Franz	$+1$
	6 (0,4)	$p_2 \cdot 0{,}4$	Kurt	-4
5 (p_3)	1 (0,6)	$p_3 \cdot 0{,}6$	Franz	$+4$
	6 (0,4)	$p_3 \cdot 0{,}4$	Kurt	-1
6 (0,1)	1 (0,6)	$0{,}1 \cdot 0{,}6$	Franz	$+5$
	6 (0,4)	$0{,}1 \cdot 0{,}4$	unentsch.	0

Nun gilt:

$$P(D) = p_2 \cdot 0{,}6 + p_3 \cdot 0{,}6 + 0{,}1 \cdot 0{,}6 = (p_2 + p_3 + 0{,}1) \cdot 0{,}6,$$

$$P(E) = p_1 \cdot 0{,}4 + p_2 \cdot 0{,}4 + p_3 \cdot 0{,}4 = (p_1 + p_2 + p_3) \cdot 0{,}4 = 0{,}9 \cdot 0{,}4 = 0{,}36.$$

Aus $P(D) = P(E)$ ergibt sich

$(p_2 + p_3 + 0{,}1) \cdot 0{,}6 = 0{,}36$ bzw.

$$p_2 + p_3 = 0{,}5. \qquad (1)$$

Da $p_1 + p_2 + p_3 = 0{,}9$ ist, folgt $\mathbf{p_1 = 0{,}4}$.

Weiterhin gilt jetzt:

$$E(G) = -5 \cdot p_1 \cdot 0{,}4 + 1 \cdot p_2 \cdot 0{,}6 - 4 \cdot p_2 \cdot 0{,}4 + 4 \cdot p_3 \cdot 0{,}6 - 1 \cdot p_3 \cdot 0{,}4 + 5 \cdot 0{,}1 \cdot 0{,}6 = -0{,}5 - p_2 + 2p_3.$$

Aus $-0{,}5 - p_2 + 2p_3 = 0$ folgt mit (1) die Gleichung

$-0{,}5 - p_2 + 2(0{,}5 - p_2) = 0$ und hieraus $\mathbf{p_2 = \frac{1}{6}}$ bzw. $\mathbf{p_3 = \frac{1}{3}}$.

Bei einer Fahrt von P nach Q muß man 8 Verkehrsanlagen (6 Ampeln und 2 Bahnübergänge) passieren. Es wird davon ausgegangen, daß die Wahrscheinlichkeit für freie Fahrt bei einer Ampel 0,4 und bei einem Bahnübergang 0,8 ist. Außerdem wird vorausgesetzt, daß alle 8 Verkehrsanlagen unabhängig voneinander arbeiten.

a) Berechnen Sie die Wahrscheinlichkeiten der Ereignisse
   A: Bei allen Ampeln hat man freie Fahrt
   B: An den ersten 3 Ampeln und am ersten Bahnübergang hat man freie Fahrt, an den anderen Verkehrsanlagen muß man warten
   C: An 3 Ampeln und an einem Bahnübergang hat man freie Fahrt, an den anderen Verkehrsanlagen muß man warten.

   Mit wie vielen Ampelstops hat man insgesamt bei 10 Fahrten von P nach Q durchschnittlich zu rechnen?

b) Wie groß ist die Wahrscheinlichkeit, daß man an den Bahnübergängen mindestens so oft anhalten muß wie an den Ampeln?

c) Berechnen Sie die Wahrscheinlichkeit dafür, daß man bei einer Fahrt von P nach Q höchstens an einer der 8 Verkehrsanlagen halten muß.
   Berechnen Sie die Wahrscheinlichkeit, bei 5 Fahrten von P nach Q höchstens einmal an einer Ampel warten zu müssen.
   Zeigen Sie durch Rechnung, daß diese Wahrscheinlichkeit kleiner ist als die Wahrscheinlichkeit, im Lotto „6 aus 49" in einem Spiel 6 Richtige zu haben (diese ist gleich der Wahrscheinlichkeit, beim sechsmaligen Ziehen ohne Zurücklegen aus einer Urne mit 49 durchnumerierten Kugeln die Kugeln mit den Nummern 1 bis 6 zu erhalten).

d) Auf einer anderen Strecke müssen eine Ampel und ein Bahnübergang passiert werden. Bei der Ampel muß man erfahrungsgemäß mit der Wahrscheinlichkeit 0,4 und beim Bahnübergang mit der Wahrscheinlichkeit 0,3 anhalten. Die Wahrscheinlichkeit dafür, daß man bei einer Fahrt bei beiden Verkehrsanlagen ohne Halt durchfahren kann, beträgt 0,5.
   Arbeiten die beiden Verkehrsanlagen unabhängig voneinander?
   Wie groß ist die Wahrscheinlichkeit dafür, daß man bei der Ampel oder bei dem Bahnübergang freie Fahrt hat?
   Wie groß ist die Wahrscheinlichkeit dafür, daß man bei beiden Verkehrsanlagen halten muß?

Lösungshinweise:

a) Eine Fahrt von P nach Q kann als mehrstufiges Zufallsexperiment aufgefaßt werden. Wie viele Stufen hat dieses Zufallsexperiment? Bei dem Ereignis A werden nur die Ampeln betrachtet. Wie viele Stufen hat das zugehörige Zufallsexperiment? Bei dem Ereignis B wird für jede Stufe des achtstufigen Zufallsexperimentes beschrieben, ob man freie Fahrt hat oder ob man warten muß. Auf wie viele Arten kann man beim Ereignis C aus 6 Ampeln 3 und aus 2 Bahnübergängen einen auswählen?
Auf einer Fahrt von P nach Q muß man 6 Ampeln passieren. Wie viele sind es bei 10 Fahrten? Führe eine Zufallsvariable ein und überlege, wie diese verteilt ist. Wie lautet die Formel für den zugehörigen Erwartungswert?

b) Führe für die Anzahl der Stops an einer Ampel bzw. an einem Bahnübergang jeweils eine Zufallsvariable ein. Wie sind diese verteilt? Kann man eine Tabelle benutzen? Da es nur zwei Bahnübergänge gibt, interessieren für die Anzahl der Stops an einer Ampel nur die Werte 0; 1; 2. Verwende den speziellen Additionssatz und den speziellen Multiplikationssatz.

c) Zerlege das Ereignis „Höchstens ein Stop an einer der 8 Verkehrsanlagen" in disjunkte Teilereignisse und verwende den speziellen Additionssatz. Führe für die Anzahl der Stops an einer Ampel bei 5 Fahrten von P nach Q eine Zufallsvariable ein. Wie ist diese verteilt? Berechne die Wahrscheinlichkeit mit Hilfe der Formel von Bernoulli (Taschenrechner!). Beim Zahlenlotto wird eine ungeordnete Stichprobe ohne Zurücklegen gezogen. Welche der Kombinatorikformeln hilft hier weiter?

d) Führe zunächst zwei Ereignisse E bzw. F ein, deren Wahrscheinlichkeiten gegeben sind. Auch die dritte gegebene Wahrscheinlichkeit kann mit Hilfe dieser Ereignisse ausgedrückt werden. Sind die Ereignisse unabhängig? Gesucht ist weiterhin $P(E \cup F)$. Welchen Satz muß man anwenden? Notiere das Ereignis „Stop an beiden Verkehrsanlagen" in der Mengenschreibweise und verwende die Regel von De Morgan.

Lösung:

a) **Berechnung von Wahrscheinlichkeiten**

Bei dem Ereignis A bleiben die Bahnübergänge unberücksichtigt. Es handelt sich um ein sechsstufiges Zufallsexperiment.

$P(A) = 0{,}4^6 \approx 0{,}0041$

Bei dem Ereignis B handelt es sich um ein achtstufiges Zufallsexperiment.

$P(B) = 0{,}4^3 \cdot 0{,}6^3 \cdot 0{,}8 \cdot 0{,}2 \approx 0{,}0022$

Aus 6 Ampeln kann man auf $\binom{6}{3}=20$ Arten 3 Ampeln auswählen; aus 2 Bahnübergängen kann man auf $\binom{2}{1}=2$ Arten einen Bahnübergang auswählen. Damit ergibt sich:

$P(C)=\binom{6}{3}\cdot 0{,}4^3\cdot 0{,}6^3\cdot\binom{2}{1}\cdot 0{,}8\cdot 0{,}2\approx 0{,}0885.$

Durchschnittliche Anzahl der Ampelstops bei 10 Fahrten

Auf jeder Fahrt muß man 6 Ampeln passieren. Beschreibt X die Anzahl der Ampelstops bei 10 Fahrten von P nach Q, so ist X binomialverteilt mit den Parametern $n=60$ und $p=0{,}6$. Gesucht ist der Erwartungswert der Zufallsvariablen X.

$E(X)=n\cdot p=60\cdot 0{,}6=36$

b) Berechnung der Wahrscheinlichkeit

Bei einer Fahrt von P nach Q muß man im extremsten Fall 6mal an einer Ampel und 2mal an einem Bahnübergang halten. Bei dem betrachteten Ereignis werden die Stops an den Bahnübergängen mit denen an den Ampeln verglichen. Da es nur 2 Bahnübergänge gibt, sind für die Anzahl der Stops an den Ampeln nur die Zahlen 0; 1; 2 von Interesse.

Wir führen die folgenden Zufallsvariablen ein.

Y: Anzahl der Stops an einer Ampel bei einer Fahrt;
Y ist $B_{6;0,6}$-verteilt.

Z: Anzahl der Stops an einem Bahnübergang bei einer Fahrt;
Z ist $B_{2;0,2}$-verteilt.

Damit ergibt sich mit Hilfe des speziellen Additionssatzes und des speziellen Multiplikationssatzes für die gesuchte Wahrscheinlichkeit:

$$P(Y=0)\cdot P(Z\geqq 0)+P(Y=1)\cdot P(Z\geqq 1)+P(Y=2)\cdot P(Z\geqq 2)$$
$$\approx 0{,}0041\cdot 1 \quad +0{,}0369\cdot 0{,}36 \quad +0{,}1382\cdot 0{,}04$$
$$\approx 0{,}0229.$$

c) Berechnung der Wahrscheinlichkeit

Das Ereignis D: „Höchstens ein Stop an einer der 8 Verkehrsanlagen" kann zerlegt werden in die Ereignisse

D_1: Freie Fahrt an allen 8 Verkehrsanlagen,
D_2: Genau ein Stop an den 6 Ampeln und freie Fahrt an den beiden Bahnübergängen,
D_3: Genau ein Stop an den beiden Bahnübergängen und freie Fahrt an allen Ampeln.

W

Damit ergibt sich:

$$P(D)=P(D_1) \quad +P(D_2) \quad\quad +P(D_3)$$
$$=0{,}4^6\cdot 0{,}8^2+\binom{6}{1}\cdot 0{,}6\cdot 0{,}4^5\cdot 0{,}8^2+\binom{2}{1}\cdot 0{,}2\cdot 0{,}8\cdot 0{,}4^6$$
$$\approx 0{,}0275\,.$$

Wahrscheinlichkeit bei einer Binomialverteilung

Führt man die Zufallsvariable U: „Anzahl der Stops an einer Ampel bei 5 Fahrten von P nach Q" ein, so ist U binomialverteilt mit $n=30$ und $p=0{,}6$.

$$P(U\leqq 1)=P(U=0)+P(U=1)$$
$$=0{,}4^{30} \quad +\binom{30}{1}\cdot 0{,}6\cdot 0{,}4^{29}$$
$$\approx 5{,}3\cdot 10^{-11}.$$

Vergleich mit der Wahrscheinlichkeit für 6 Richtige im Lotto

Ist V Zufallsvariable für die Anzahl der Richtigen im Zahlenlotto „6 aus 49", so gilt:

$$P(V=6)=\frac{1}{\binom{49}{6}}\approx 7{,}2\cdot 10^{-8}>5{,}3\cdot 10^{-11}.$$

d) **Untersuchung auf Unabhängigkeit**

Folgende Ereignisse werden eingeführt:

E: Freie Fahrt an der Ampel;

F: Freie Fahrt an dem Bahnübergang.

Gegeben sind $P(E)=0{,}6$; $P(F)=0{,}7$; $P(E\cap F)=0{,}5$.

Da $P(E\cap F)=0{,}5\neq P(E)\cdot P(F)=0{,}6\cdot 0{,}7=0{,}42$ ist, sind die beiden Ereignisse E und F abhängig. Die beiden Verkehrsanlagen arbeiten also nicht unabhängig voneinander.

Berechnung von Wahrscheinlichkeiten

Mit Hilfe des allgemeinen Additionssatzes ergibt sich:

$$P(E\cup F)=P(E)+P(F)-P(E\cap F)$$
$$=0{,}6 \;+0{,}7\;-0{,}5$$
$$=0{,}8.$$

Mit Hilfe der Regel von De Morgan ergibt sich:

$$P(\overline{E}\cap\overline{F})=P(\overline{E\cup F})=1-P(E\cup F)=1-0{,}8=0{,}2\,.$$

Eine Urne enthält 10 Kugeln. Eine Kugel trägt die Ziffer 1, zwei Kugeln tragen die Ziffer 2, drei Kugeln die Ziffer 3 und vier Kugeln die Ziffer 4. Aus der Urne werden nacheinander zwei Kugeln mit Zurücklegen gezogen. Der Ausgang dieses Zufallsexperiments wird als zweistellige Zahl notiert; die zuerst gezogene Kugel liefert die Zehnerziffer, die andere die Einerziffer.

a) Berechnen Sie die Wahrscheinlichkeiten der Ereignisse
A: Die Zahl hat zwei gleiche Ziffern
B: Die Ziffern der Zahl sind verschieden
C: Bei der ersten Ziehung erscheint 2 oder 4
D: Die Summe der beiden Ziffern ist größer als deren Produkt.

b) Die Zufallsvariable X beschreibe die Quersumme der zweistelligen Zahl. Berechnen Sie den Erwartungswert und die Standardabweichung von X. Bestimmen Sie das kleinste Intervall $[6-k; 6+k]$, $k \in \mathbb{N}$, so daß X mit einer Wahrscheinlichkeit von mindestens 90 % einen Wert aus diesem Intervall annimmt.

c) Aus der Urne wird nun dreimal eine Kugel mit Zurücklegen gezogen; man erhält eine dreistellige Zahl.
Mit welcher Wahrscheinlichkeit erhält man bei 20 solcher Zahlen weniger als viermal die Zahl 444?
Wie viele solche dreistellige Zahlen muß man erzeugen, um mit mehr als 80 %iger Wahrscheinlichkeit die Zahl 444 mindestens einmal zu erhalten?

d) Bei einem Spiel zahlt ein Spieler zunächst einen Einsatz an den Spielleiter. Anschließend zieht der Spieler mit einem Griff drei Kugeln aus der Urne. Sind alle drei gezogenen Ziffern gleich, so erhält der Spieler das Achtfache seines Einsatzes vom Spielleiter ausgezahlt. Kommt zweimal die Ziffer 2 vor, so erhält der Spieler das Vierfache seines Einsatzes. Erhält er die Ziffern 2, 3 und 4, so bekommt der Spieler das Doppelte seines Einsatzes. Bei allen anderen Ausgängen erhält der Spieler nichts.
Bestimmen Sie die Wahrscheinlichkeitsverteilung für den Gewinn des Spielers. Zeigen Sie, daß das Spiel bei jedem Einsatz fair ist.

Lösungshinweise:

a) Es handelt sich um zwei Ziehungen mit Zurücklegen. Zeichne ein Baumdiagramm und kreuze für jedes der Ereignisse A, B, C, D die möglichen Ergebnisse an. Die Pfadregel liefert die gesuchten Wahrscheinlichkeiten.

b) Die Wahrscheinlichkeitsverteilung der Zufallsvariablen X erhält man aus dem Baumdiagramm der Teilaufgabe a). Wie sind Erwartungswert, Varianz und Standardabweichung einer Zufallsvariablen definiert? Das gesuchte kleinste Intervall liegt symmetrisch zur Quersumme 6. Welche Wahrscheinlichkeit ergibt sich für $k=1$, welche für $k=2$? Welches Intervall erfüllt also die angegebene Bedingung?

c) Mit welcher Wahrscheinlichkeit erhält man bei drei Ziehungen mit Zurücklegen die Zahl 444? Durch eine Zufallsvariable werde beschrieben, wie oft die Zahl 444 unter 20 dreistelligen Zahlen vorkommt. Wie ist diese Zufallsvariable verteilt? Was ist gesucht? Liegt die Verteilung tabelliert vor? Welche Formel muß also angewendet werden? Bei der letzten Frage handelt es sich um eine Variante der sogenannten „Drei-Mindestens-Aufgabe". Das erste „mindestens" fehlt ganz, das zweite „mindestens" ist durch „mehr als" ersetzt worden. Führe eine binomialverteilte Zufallsvariable ein und formuliere mit deren Hilfe die Bedingung. Löse die Ungleichung durch Logarithmieren oder durch systematisches Probieren mit dem Taschenrechner.

d) Es sei a der Einsatz pro Spiel. Welche Werte kann dann eine Zufallsvariable annehmen, die den Gewinn pro Spiel beschreibt? Die zugehörigen Wahrscheinlichkeiten können mit Hilfe der Pfadregel oder mit Hilfe der Kombinatorik berechnet werden. Bei der Verwendung der Pfadregel ist es hilfreich, sich klar zu machen, daß die Ziehungsart „Ziehen mit einem Griff" durch eine andere Ziehungsart ersetzt werden kann. Was versteht man unter einem fairen Spiel?

Lösung:

a) Berechnung von Wahrscheinlichkeiten

Es handelt sich um Ziehungen mit Zurücklegen. Zu den zwei Ziehungen gehört das folgende Baumdiagramm.

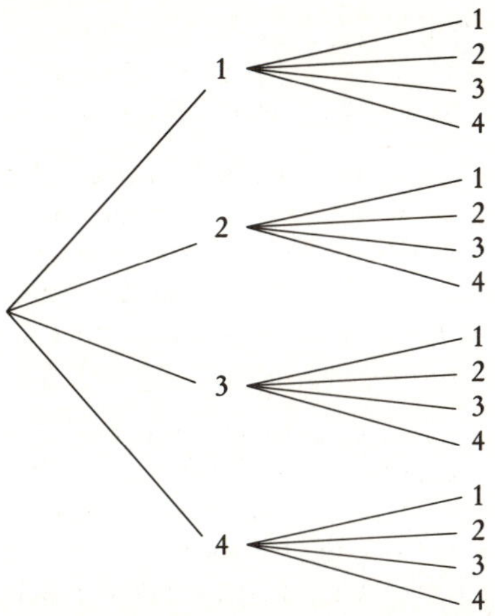

A	B	C	Sum.	Pro.	D
+			2	1	+
	+		3	2	+
	+		4	3	+
	+		5	4	+
	+	+	3	2	+
+		+	4	4	
	+	+	5	6	
	+	+	6	8	
	+		4	3	+
	+		5	6	
+			6	9	
	+		7	12	
	+	+	5	4	+
	+	+	6	8	
	+	+	7	12	
+		+	8	16	

$$P(A) = \left(\frac{1}{10}\right)^2 + \left(\frac{2}{10}\right)^2 + \left(\frac{3}{10}\right)^2 + \left(\frac{4}{10}\right)^2 = \mathbf{0{,}3}$$

$$P(B) = 1 - P(A) = 1 - 0{,}3 = \mathbf{0{,}7}$$

$$P(C) = \frac{2}{10} + \frac{4}{10} = \mathbf{0{,}6}$$

$$P(D) = \frac{1}{10}\left(\frac{1}{10} + \frac{2}{10} + \frac{3}{10} + \frac{4}{10}\right) + \frac{2}{10}\cdot\frac{1}{10} + \frac{3}{10}\cdot\frac{1}{10} + \frac{4}{10}\cdot\frac{1}{10} = \mathbf{0{,}19}$$

b) Erwartungswert und Standardabweichung von X

Aus Teilaufgabe a) ergibt sich die Wahrscheinlichkeitsverteilung von X.

x_i	2	3	4	5	6	7	8
$P(X=x_i)$	0,01	0,04	0,10	0,20	0,25	0,24	0,16

$$E(X) = 2\cdot 0{,}01 + 3\cdot 0{,}04 + 4\cdot 0{,}10 + 5\cdot 0{,}20 + 6\cdot 0{,}25 + 7\cdot 0{,}24 + 8\cdot 0{,}16$$
$$= \mathbf{6}$$

$$V(X) = (2-6)^2\cdot 0{,}01 + (3-6)^2\cdot 0{,}04 + (4-6)^2\cdot 0{,}10 + (5-6)^2\cdot 0{,}20$$
$$+ (6-6)^2\cdot 0{,}25 + (7-6)^2\cdot 0{,}24 + (8-6)^2\cdot 0{,}16$$
$$= 16\cdot 0{,}01 + 9\cdot 0{,}04 + 4\cdot 0{,}10 + 1\cdot 0{,}20 + 1\cdot 0{,}24 + 4\cdot 0{,}16$$
$$= \mathbf{2}$$

$$\sigma_X = \sqrt{2}$$

Bestimmung des kleinsten Intervalls

Aus der obigen Wahrscheinlichkeitsverteilung erhält man
für $k=1$ die Wahrscheinlichkeit $P(5 \leqq X \leqq 7)=0{,}69<0{,}9$,
für $k=2$ die Wahrscheinlichkeit $P(4 \leqq X \leqq 8)=0{,}95>0{,}9$.

Damit ist $[4;8]$ das kleinste Intervall, für das X einen Wert mit einer Wahrscheinlichkeit von mindestens 90 % annimmt.

c) **Wahrscheinlichkeit für weniger als viermal die Zahl 444 unter 20 Zahlen**

Bei drei Ziehungen mit Zurücklegen erhält man die Zahl 444 mit der Wahrscheinlichkeit $0{,}4^3=0{,}064$.
Beschreibt Y wie oft die Zahl 444 unter 20 Zahlen vorkommt, so ist Y binomialverteilt mit $n=20$ und $p=0{,}064$. Gesucht ist $P(Y<4)$. Da dieser p-Wert nicht tabelliert vorliegt, muß man die Formel von Bernoulli anwenden.

$$\begin{aligned}P(Y<4)&=P(Y=0)+P(Y=1)+P(Y=2)+P(Y=3)\\&=0{,}936^{20}+\binom{20}{1}\cdot 0{,}064^1\cdot 0{,}936^{19}+\binom{20}{2}\cdot 0{,}064^2\cdot 0{,}936^{18}\\&\quad+\binom{20}{3}\cdot 0{,}064^3\cdot 0{,}936^{17}\\&\approx 0{,}2664+0{,}3643+0{,}2366+0{,}0971\\&=\mathbf{0{,}9644}\end{aligned}$$

Mindestanzahl dreistelliger Zahlen

Die Zufallsvariable Z: „Anzahl der Zahlen 444 unter n Zahlen“ ist $B_{n;\,0{,}064}$-verteilt. Gesucht ist die kleinste natürliche Zahl n, für die gilt: $P(Z \geqq 1)>0{,}8$.
Aus $P(Z \geqq 1)=1-P(Z=0)=1-0{,}936^n>0{,}8$ folgt durch Logarithmieren oder mit Hilfe eines Taschenrechners $\mathbf{n \geqq 25}$. Man muß also mindestens 25 dreistellige Zahlen erzeugen.

d) **Wahrscheinlichkeitsverteilung für den Gewinn des Spielers**

Es sei a der Einsatz pro Spiel. Es gilt: Gewinn = Auszahlungs − Einsatz.
Beschreibt G den Gewinn pro Spiel, so kann G die Werte 7a, 3a, a und −a annehmen. Die zugehörigen Wahrscheinlichkeiten kann man verschieden ermitteln.

1. Möglichkeit:

Man deutet das Ziehen mit einem Griff als Ziehen ohne Zurücklegen.
Drei gleiche Ziffern erhält man durch Ziehung von drei Dreien oder drei Vieren.

$$P(\text{drei gleiche Ziffern})=\frac{3}{10}\cdot\frac{2}{9}\cdot\frac{1}{8}+\frac{4}{10}\cdot\frac{3}{9}\cdot\frac{2}{8}=\frac{5}{120}$$

In der Urne sind nur zwei Zweien. Bei drei Ziehungen ist also mit Sicherheit eine Ziffer keine 2. Diese zusätzliche Ziffer kann als 1. oder 2. oder 3. Ziffer gezogen werden.

$P(\text{zweimal die Ziffer 2}) = 3 \cdot \frac{2}{10} \cdot \frac{1}{9} \cdot 1 = \frac{8}{120}$

Da man drei Elemente auf 3! Arten anordnen kann, ergibt sich:

$P(\text{die Ziffern 2, 3, 4 in beliebiger Reihenfolge}) = 6 \cdot \frac{2}{10} \cdot \frac{3}{9} \cdot \frac{4}{8} = \frac{24}{120}.$

Für die verbleibenden Ergebnisse folgt somit

$P(\text{sonstige Ergebnisse}) = \frac{83}{120}.$

Damit ergibt sich die folgende Wahrscheinlichkeitsverteilung für den Gewinn des Spielers.

g_i	$7a$	$3a$	a	$-a$
$P(G=g_i)$	$\frac{5}{120}$	$\frac{8}{120}$	$\frac{24}{120}$	$\frac{83}{120}$

2. Möglichkeit:

Man betrachtet ungeordnete Stichproben ohne Zurücklegen. Aus der Urne mit 10 Kugeln kann man auf $\binom{10}{3}$ Arten ungeordnete Stichproben ohne Zurücklegen vom Umfang 3 entnehmen. Damit gilt:

$$P(\text{drei gleiche Ziffern}) = \frac{\binom{3}{3} + \binom{4}{3}}{\binom{10}{3}} = \frac{5}{120},$$

$$P(\text{zweimal die Ziffer 2}) = \frac{\binom{2}{2} \cdot \binom{8}{1}}{\binom{10}{3}} = \frac{8}{120},$$

$$P(\text{die Ziffern 2, 3, 4 in beliebiger Reihenfolge}) = \frac{\binom{2}{1} \cdot \binom{3}{1} \cdot \binom{4}{1}}{\binom{10}{3}} = \frac{2 \cdot 3 \cdot 4}{120} = \frac{24}{120}.$$

Nachweis, daß das Spiel bei jedem Einsatz fair ist

Aus der Wahrscheinlichkeitsverteilung folgt für den Erwartungswert:

$$E(G) = 7a \cdot \frac{5}{120} + 3a \cdot \frac{8}{120} + a \cdot \frac{24}{120} - a \cdot \frac{83}{120}$$
$$= 0 \cdot a.$$

Da aber $0 \cdot a = 0$ für jeden Wert von a gilt, ist das Spiel bei jedem Einsatz fair.

Aufgabe 92/2

Ute hat ein Spiel mit drei Glücksrädern G_1, G_2 und G_3 entworfen. Jedes Glücksrad hat drei mit Zahlen beschriftete Felder, die mit jeweils gleicher Wahrscheinlichkeit erscheinen.
G_1 trägt die Zahlen 15, 25, 50;
G_2 trägt die Zahlen 20, 30, 40;
G_3 trägt die Zahlen 10, 35, 45.

a) Zunächst wird G_1 dreimal gedreht.
Berechnen Sie die Wahrscheinlichkeiten der Ereignisse
A: Es erscheint immer 15
B: Zweimal erscheint eine ungerade Zahl
C: Die Summe der Zahlen ist kleiner als 60
D: Die Zahl 50 erscheint zweimal, und zwar in Folge.

b) Ute und Otto spielen um Geld. Beide legen zu Beginn eines Spiels je 45 Pf auf einen Teller. Danach drehen sie abwechselnd ihr Glücksrad, und zwar Otto G_1, Ute G_2. Otto beginnt. Nach jeder Drehung nimmt der Spieler die erzielte Zahl in Pf vom Teller. Das Spiel ist beendet, wenn bei der nächsten Drehung eine Zahl auftreten könnte, für die eine Auszahlung nicht mehr möglich wäre. Das Restgeld kommt in eine gemeinsame Kasse.
Berechnen Sie den Erwartungswert für die Anzahl der Drehungen je Spiel.

c) Nun wird die Spielregel geändert. Jeder der beiden Spieler setzt pro Spiel wieder 45 Pf. Dann läßt Ute ihren Partner Otto eines der Glücksräder wählen und entscheidet sich danach für eines der beiden anderen. Wer bei einmaligem Drehen seines Glücksrades die höhere Zahl erhält, gewinnt und bekommt die 90 Pf.
Zunächst wählt Otto G_1, Ute entscheidet sich für G_2.
Mit welcher Wahrscheinlichkeit gewinnt Otto das Spiel?
Berechnen Sie, mit welcher Wahrscheinlichkeit Otto bei 5 Spielen öfter gewinnt als Ute, falls Otto immer G_1 und Ute immer G_2 wählt.

d) Die Spielregel von Teilaufgabe c) wird beibehalten.
Untersuchen Sie, ob es zu jeder Wahl von Otto für Ute möglich ist, ein Glücksrad so zu wählen, daß ihre Gewinnwahrscheinlichkeit größer ist als die von Otto.

Lösungshinweise:

a) Notiere zunächst die Wahrscheinlichkeitsverteilungen der drei Glücksräder G_1, G_2 und G_3. Die gesuchten Wahrscheinlichkeiten könnten mit Hilfe eines Baumdiagramms ermittelt werden. Allerdings hätte der Baum $3^3 = 27$ Pfade. Schneller geht es, wenn man sich die vier gesuchten Wahrscheinlichkeiten einzeln überlegt. P(A) ergibt sich sofort mit der Pfadregel. P(B) kann mit Hilfe einer Binomialverteilung berechnet werden. Welches sind die zugehörigen Parameter? Welche Zahlen müssen erscheinen, damit die Summe kleiner als 60 ist? Beachte auch noch die Reihenfolge! Beim Ereignis D soll die Zahl 50 zweimal, und zwar in Folge erscheinen. Welche Ergebnisse sind also möglich?

b) Wie viele Pfennige liegen zu Beginn der Drehungen auf dem Teller? Zeichne ein Baumdiagramm und beachte dabei den Satz: „Das Spiel ist beendet, wenn bei der nächsten Drehung eine Zahl auftreten könnte, für die eine Auszahlung nicht mehr möglich wäre." Führe für die Anzahl der Drehungen je Spiel eine Zufallsvariable ein. Welche Werte kann diese Zufallsvariable annehmen? Die zugehörigen Wahrscheinlichkeiten ergeben sich mit Hilfe der Pfadregel. Wie ist der Erwartungswert einer Zufallsvariablen definiert?

c) Zeichne das Baumdiagramm für den Fall, daß Otto G_1 und Ute G_2 dreht. Kennzeichne die Pfade, bei denen Otto gewinnt. Die letzte Wahrscheinlichkeit kann mit Hilfe einer Zufallsvariablen beschrieben werden. Wie ist diese verteilt? Liegt die Verteilung tabelliert vor? Welche Formel muß also angewendet werden?

d) In Teilaufgabe c) wurden die Glücksräder G_1 und G_2 verglichen. Vergleiche jetzt noch G_1 und G_3 bzw. G_2 und G_3.

Lösung:

a) **Berechnung von Wahrscheinlichkeiten**

Wahrscheinlichkeitsverteilung beim

Glücksrad G_1

e_i	15	25	50
$P(e_i)$	$\frac{1}{3}$	$\frac{1}{3}$	$\frac{1}{3}$

Glücksrad G_2

e_i	20	30	40
$P(e_i)$	$\frac{1}{3}$	$\frac{1}{3}$	$\frac{1}{3}$

Glücksrad G_3

e_i	10	35	45
$P(e_i)$	$\frac{1}{3}$	$\frac{1}{3}$	$\frac{1}{3}$

Mit Hilfe der Pfadregel ergibt sich

$$P(A) = \left(\frac{1}{3}\right)^3 = \frac{1}{27}.$$

Da 15 und 25 ungerade Zahlen sind, erscheint bei einer Drehung eine ungerade Zahl mit der Wahrscheinlichkeit $\frac{2}{3}$. Beschreibt X die Anzahl der ungeraden Zahlen bei drei Drehungen, so ist X binomialverteilt mit $n=3$ und $p=\frac{2}{3}$.

$P(B)=P(X=2)=\binom{3}{2}\cdot\left(\frac{2}{3}\right)^2\cdot\frac{1}{3}=3\cdot\frac{4}{9}\cdot\frac{1}{3}=\frac{4}{9}$

Die Summe der Zahlen ist kleiner als 60, wenn
3mal 15 oder
2mal 15 und 1mal 25
erscheint. Da die 25 als 1. oder 2. oder 3. Zahl erscheinen kann, gilt mit Hilfe des speziellen Additionssatzes

$P(C)=\left(\frac{1}{3}\right)^3+3\cdot\left(\frac{1}{3}\right)^2\cdot\frac{1}{3}=\frac{4}{27}$.

Das Ereignis D tritt ein bei folgenden Ergebnissen:
(50; 50; 15); (50; 50; 25); (15; 50; 50); (25; 50; 50).

Jedes Ergebnis erscheint mit der Wahrscheinlichkeit $\left(\frac{1}{3}\right)^3$. Also gilt

$P(D)=4\cdot\left(\frac{1}{3}\right)^3=\frac{4}{27}$.

b) Erwartungswert einer Zufallsvariablen

Die Zufallsvariable Y beschreibe die Anzahl der Drehungen je Spiel. Y kann die Werte 2, 3, 4 annehmen. Die zugehörigen Wahrscheinlichkeiten ergeben sich aus dem folgenden Baumdiagramm.

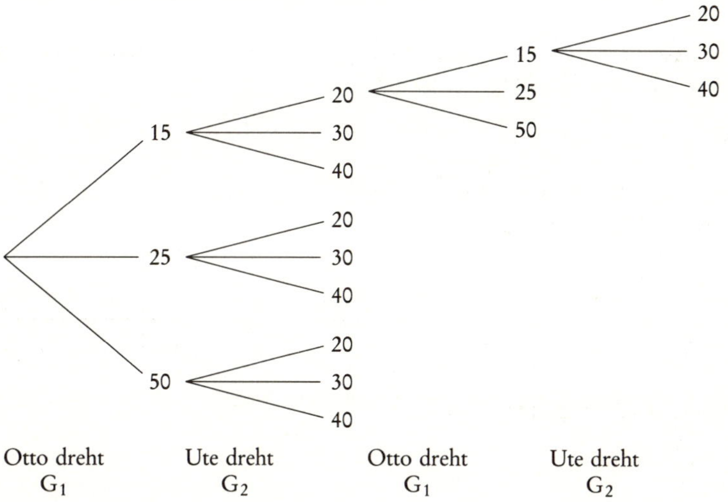

W

Wahrscheinlichkeitsverteilung:

y_i	2	3	4
$P(Y=y_i)$	$8\cdot\left(\frac{1}{3}\right)^2 = \frac{8}{9}$	$2\cdot\left(\frac{1}{3}\right)^3 = \frac{2}{27}$	$3\cdot\left(\frac{1}{3}\right)^4 = \frac{1}{27}$

Erwartungswert von Y

$E(Y)=2\cdot\frac{8}{9}+3\cdot\frac{2}{27}+4\cdot\frac{1}{27}=\frac{58}{27}\approx\mathbf{2{,}1}$

Durchschnittlich werden also etwa 2,1 Spiele durchgeführt.

c) **Gewinnwahrscheinlichkeit für Otto**

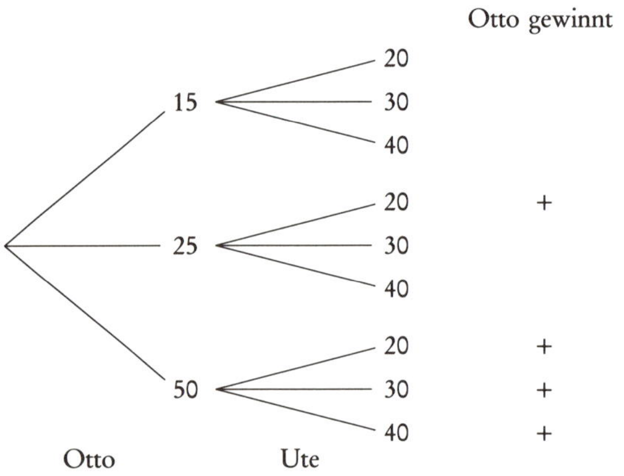

Mit E: „Otto gewinnt“ ergibt sich aus dem Baumdiagramm mit Hilfe der Pfadregel:

$P(E)=4\cdot\left(\frac{1}{3}\right)^2=\frac{4}{9}.$

Wahrscheinlichkeit bei Binomialverteilung

Führt man die Zufallsvariable Z: „Anzahl der Spiele von 5 Spielen, die Otto gewinnt“ ein, so ist Z binomialverteilt mit $n=5$ und $p=\frac{4}{9}$. Bei 5 Spielen gewinnt Otto öfter als Ute mit der Wahrscheinlichkeit

$$P(Z \geqq 3) = P(Z=3) + P(Z=4) + P(Z=5)$$
$$= \binom{5}{3} \cdot \left(\frac{4}{9}\right)^3 \cdot \left(\frac{5}{9}\right)^2 + \binom{5}{4} \cdot \left(\frac{4}{9}\right)^4 \cdot \left(\frac{5}{9}\right)^1 + \binom{5}{5} \cdot \left(\frac{4}{9}\right)^5 \cdot \left(\frac{5}{9}\right)^0$$
$$= 10 \cdot \left(\frac{4}{9}\right)^3 \cdot \left(\frac{5}{9}\right)^2 + 5 \cdot \left(\frac{4}{9}\right)^4 \cdot \left(\frac{5}{9}\right)^1 + \left(\frac{4}{9}\right)^5$$
$$\approx \mathbf{0{,}3967}\,.$$

d) Vergleich von Gewinnwahrscheinlichkeiten

Die Teilaufgabe c) zeigt: Wählt Otto G_1 und Ute dann G_2, so hat sie die größere Gewinnwahrscheinlichkeit. G_2 ist also günstiger als G_1.

Vergleich von G_1 und G_3:

G_3 \ G_1	15	25	50
10	G_1	G_1	G_1
35	G_3	G_3	G_1
45	G_3	G_3	G_1

$P(G_1 \text{ gewinnt}) = \frac{5}{9}$

Vergleich von G_2 und G_3:

G_3 \ G_2	20	30	40
10	G_2	G_2	G_2
35	G_3	G_3	G_2
45	G_3	G_3	G_3

$P(G_3 \text{ gewinnt}) = \frac{5}{9}$

Wählt also Otto G_1, G_2, G_3, so wählt Ute G_2 bzw. G_3 bzw. G_1 und hat so immer die größere Gewinnchance.

W

Bei einem Spiel auf einem Spielbrett mit 21 markierten und in nebenstehender Weise angeordneten Punkten steht der Spieler mit seinem Stein zu Beginn auf dem Startpunkt S. Dann wirft der Spieler eine ideale Münze. Erhält er Wappen, rückt er mit seinem Stein auf den benachbarten rechts unten stehenden Punkt. Wirft er Zahl, rückt er mit dem Stein auf den benachbarten rechts oben stehenden Punkt. Danach wirft er wieder die Münze und rückt in entsprechender Weise vor. Dieses Vorgehen setzt er so lange fort, bis er mit dem Stein auf einem der Zielpunkte Z_0, Z_1, Z_2, Z_3, Z_4, Z_5 angelangt ist.

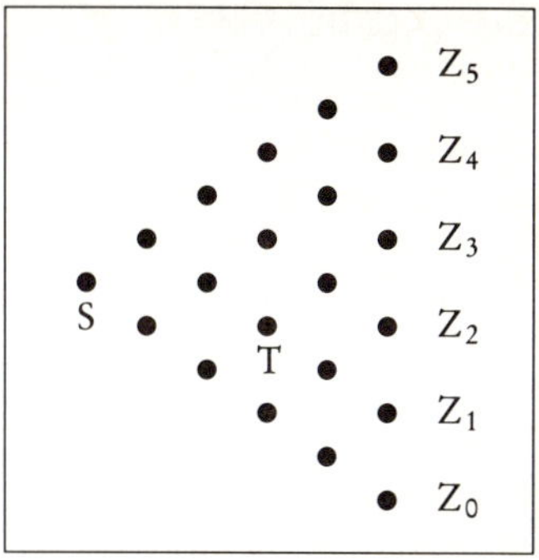

a) Berechnen Sie die Wahrscheinlichkeiten der Ereignisse
A: Der Spieler erreicht den Zielpunkt Z_0
B: Der Spieler erreicht den Zielpunkt Z_2
C: Der Spieler kommt über den Punkt T, und er erreicht Z_2
D: Der Spieler kommt über den Punkt T, oder er erreicht Z_2.

b) Ein Spieler macht 20 Spiele.
Mit welcher Wahrscheinlichkeit kommt er höchstens zweimal nach Z_0?
Mit welcher Wahrscheinlichkeit kommt er beim 20. Spiel zum zweiten Mal nach Z_1?

c) Bei einem Spiel zahlt der Spieler einen Einsatz von a DM. Gelangt er mit seinem Stein nach Z_0 oder Z_5, erhält er 7 DM ausbezahlt; gelangt er nach Z_2 oder Z_3, erhält er nichts. In den anderen Fällen geht er ohne einen weiteren Einsatz auf den Startpunkt S zurück und macht eine zweite Spielrunde mit der Bedingung, daß er nichts erhält, wenn er nach Z_1 oder Z_2 oder Z_3 oder Z_4 gelangt. Kommt er in der zweiten Runde nach Z_0 oder Z_5, erhält er 16 DM ausbezahlt.
Wie ist der Einsatz a zu wählen, daß das Spiel fair ist?

d) Mit welcher Wahrscheinlichkeit weicht der Spieler im zweiten Zug von der Richtung ab, die er im ersten Zug eingeschlagen hat?
Berechnen Sie den Erwartungswert und die Varianz der Anzahl der Ecken des Streckenzugs, den der Spieler aufgrund von 5 Münzwürfen mit seinem Stein zurücklegt.

W

Lösungshinweise:

a) Wie viele Stufen hat das Zufallsexperiment? Die Ereignisse A und B lassen sich mit Hilfe derselben Zufallsvariablen beschreiben. Wie ist diese verteilt, wenn die Wahrscheinlichkeit für Zahl die „Trefferwahrscheinlichkeit" ist? Wie oft muß Zahl fallen, um die Zielpunkte Z_0 bzw. Z_2 zu erreichen? Um die Wahrscheinlichkeit des Ereignisses C zu berechnen, zerlegt man das Zufallsexperiment in zwei Teilexperimente. Führe für jedes dieser Teilexperimente Zufallsvariable ein. Wie sind diese verteilt? Welcher Satz gilt bei einer Und-Verknüpfung zweier Ereignisse? Die Wahrscheinlichkeit für das Ereignis D ergibt sich aus den bisher berechneten Wahrscheinlichkeiten. Welcher Satz gilt bei einer Oder-Verknüpfung zweier Ereignisse?

b) Führe für die Anzahl der Spiele, bei denen ein Spieler nach Z_0 kommt, eine Zufallsvariable ein. Wie ist diese verteilt? Was ist gesucht? Liegt die Verteilung tabelliert vor? Welche Formel muß also angewendet werden? In welche Ereignisse kann das Ereignis: „Ein Spieler kommt beim 20. Spiel zum zweiten Mal nach Z_1" zerlegt werden? Sind diese Ereignisse abhängig oder unabhängig? Welcher Satz ist also anwendbar?

c) Welche Auszahlungen werden im Text genannt? Wie hängen die drei Größen Einsatz, Auszahlung und Gewinn zusammen? Welche Werte kann also die Zufallsvariable G für den Gewinn annehmen? Bei der Berechnung der zugehörigen Wahrscheinlichkeiten beachte, daß die Auszahlung 0 DM zweimal vorkommt. Notiere die Wahrscheinlichkeitsverteilung von G. Was versteht man unter einem fairen Spiel? Welcher Wert für a ergibt sich aus der Bedingung für ein faires Spiel?

d) Bei dem Spiel wird jeweils eine ideale Münze geworfen. Welche Wahrscheinlichkeit folgt hieraus für eine Richtungsänderung? Jede Durchführung eines Spiels kann als Streckenzug gedeutet werden. Aus wie vielen Abschnitten besteht ein solcher Streckenzug? Wie viele Ecken kann er haben? Führe also für die Anzahl der Ecken eines Streckenzuges eine Zufallsvariable ein. Wie ist diese verteilt? Wie lauten die Formeln für den Erwartungswert und für die Varianz in diesem Fall?

Lösung:

a) Berechnung von Wahrscheinlichkeiten

Es handelt sich um ein fünfstufige Zufallsexperiment. Ist X Zufallsvariable für die Anzahl der Zahlen bei 5 Würfen, so ist X binomialverteilt mit den Parametern $n=5$ und $p=\frac{1}{2}$. Man erreicht den Zielpunkt Z_0, wenn bei 5 Würfen keinmal Zahl fällt.

$$P(A)=P(X=0)=\binom{5}{0}\cdot\left(\frac{1}{2}\right)^0\cdot\left(\frac{1}{2}\right)^5=\left(\frac{1}{2}\right)^5=\mathbf{\frac{1}{32}}$$

Man erreicht den Zielpunkt Z_2, wenn bei 5 Würfen zweimal Zahl fällt.

$$P(B)=P(X=2)=\binom{5}{2}\cdot\left(\frac{1}{2}\right)^2\cdot\left(\frac{1}{2}\right)^3=10\cdot\left(\frac{1}{2}\right)^5=\frac{10}{32}=\mathbf{\frac{5}{16}}$$

Bei dem Ereignis C handelt es sich um eine Und-Verknüpfung zweier Ereignisse. Um die Wahrscheinlichkeit von C zu berechnen, zerlegt man das fünfstufige Zufallsexperiment in ein dreistufiges und ein zweistufiges. Y sei Zufallsvariable für die Anzahl der Zahlen bei 3 Würfen, Z sei Zufallsvariable für die Anzahl der Zahlen bei 2 Würfen. Y ist $B_{3;\,0,5}$-verteilt, Z ist $B_{2;\,0,5}$-verteilt. Man erreicht den Punkt T, wenn bei 3 Würfen einmal Zahl fällt. Von T aus erreicht man Z_2, wenn bei 2 Würfen einmal Zahl fällt. Mit Hilfe des speziellen Multiplikationssatzes erhält man:

$$\begin{aligned}P(C)&=P(Y=1)\cdot P(Z=1)\\&=\binom{3}{1}\cdot\left(\frac{1}{2}\right)^1\cdot\left(\frac{1}{2}\right)^2\cdot\binom{2}{1}\cdot\left(\frac{1}{2}\right)^1\cdot\left(\frac{1}{2}\right)^1\\&=3\cdot\left(\frac{1}{2}\right)^3\cdot 2\cdot\left(\frac{1}{2}\right)^2=6\cdot\left(\frac{1}{2}\right)^5=\frac{6}{32}=\mathbf{\frac{3}{16}}.\end{aligned}$$

Bei dem Ereignis D handelt es sich um eine Oder-Verknüpfung zweier Ereignisse. Mit Hilfe des allgemeinen Additionssatzes erhält man aus den bisher berechneten Wahrscheinlichkeiten:

$$P(D)=\binom{3}{1}\cdot\left(\frac{1}{2}\right)^1\cdot\left(\frac{1}{2}\right)^2+\frac{5}{16}-\frac{3}{16}=\frac{3}{8}+\frac{5}{16}-\frac{3}{16}=\mathbf{\frac{1}{2}}.$$

b) Wahrscheinlichkeit bei Binomialverteilung

Beschreibt U die Anzahl der Spiele, bei denen ein Spieler nach Z_0 kommt, so ist U binomialverteilt mit $n=20$ und $p=\frac{1}{32}$ (vgl. P(A) aus Teilaufgabe a)). Gesucht ist $P(U\leqq 2)$. Da dieser p-Wert nicht tabelliert vorliegt, muß man die Formel von Bernoulli anwenden.

W

$$P(U \leqq 2) = P(U=0) + P(U=1) + P(U=2)$$
$$= \binom{20}{0} \cdot \left(\frac{1}{32}\right)^0 \cdot \left(\frac{31}{32}\right)^{20} + \binom{20}{1} \cdot \left(\frac{1}{32}\right)^1 \cdot \left(\frac{31}{32}\right)^{19} + \binom{20}{2} \cdot \left(\frac{1}{32}\right)^2 \cdot \left(\frac{31}{32}\right)^{18}$$
$$\approx 0{,}5299 + 0{,}3419 + 0{,}1048 = \mathbf{0{,}9766}$$

Berechnung der Wahrscheinlichkeit

Das Ereignis E: „Ein Spieler kommt beim 20. Spiel zum zweiten Mal nach Z_1" kann zerlegt werden in die Ereignisse
E_1: Ein Spieler kommt bei den ersten 19 Spielen genau einmal nach Z_1,
E_2: Ein Spieler kommt beim 20. Spiel nach Z_1.
Gesucht ist dann $P(E) = P(E_1 \cap E_2)$.

Da E_1 und E_2 unabhängig sind, gilt nach dem speziellen Multiplikationssatz:
$P(E) = P(E_1 \cap E_2) = P(E_1) \cdot P(E_2)$.

Nach Z_1 gelangt man in einem Spiel mit der Wahrscheinlichkeit
$\binom{5}{1} \cdot \left(\frac{1}{2}\right)^1 \cdot \left(\frac{1}{2}\right)^4 = \frac{5}{32}$.

Deshalb gilt weiter:
$$P(E) = P(E_1) \cdot P(E_2)$$
$$= \binom{19}{1} \cdot \left(\frac{5}{32}\right)^1 \cdot \left(\frac{27}{32}\right)^{18} \cdot \frac{5}{32} \approx \mathbf{0{,}0218}.$$

c) **Faires Spiel**

Auf Grund des Aufgabentextes erhält man die folgenden Auszahlungen.
Z_0 oder Z_5: 7 DM Auszahlung,
Z_2 oder Z_3: 0 DM Auszahlung,
Z_1 oder Z_4: 2. Runde mit
- Z_1 oder Z_2 oder Z_3 oder Z_4: 0 DM Auszahlung,
- Z_0 oder Z_5: 16 DM Auszahlung

Die Zufallsvariable G beschreibe den Gewinn in DM pro Spiel.
Es gilt: Gewinn = Auszahlung − Einsatz. Damit kann die Zufallsvariable G die Werte $7-a$, $16-a$ und $-a$ annehmen.

$$P(G=7-a) = \frac{1}{32} + \frac{1}{32} = \frac{2}{32}$$
$$P(G=-a) = \binom{5}{2} \cdot \left(\frac{1}{2}\right)^2 \cdot \left(\frac{1}{2}\right)^3 + \binom{5}{3} \cdot \left(\frac{1}{2}\right)^3 \cdot \left(\frac{1}{2}\right)^2 + \left[\binom{5}{1} \cdot \left(\frac{1}{2}\right)^1 \cdot \left(\frac{1}{2}\right)^4 + \binom{5}{4} \cdot \left(\frac{1}{2}\right)^4 \cdot \left(\frac{1}{2}\right)^1\right] \cdot \left(1 - \frac{2}{32}\right)$$
$$P(G=16-a) = \left[\binom{5}{1} \cdot \left(\frac{1}{2}\right)^1 \cdot \left(\frac{1}{2}\right)^4 + \binom{5}{4} \cdot \left(\frac{1}{2}\right)^4 \cdot \left(\frac{1}{2}\right)^1\right] \cdot \frac{2}{32}$$

Damit hat G die folgende Wahrscheinlichkeitsverteilung:

g_i	$7-a$	$16-a$	$-a$
$P(G=g_i)$	$\frac{2}{32}$	$2\cdot\frac{5}{32}\cdot\frac{2}{32}$	$2\cdot\frac{10}{32}+2\cdot\frac{5}{32}\cdot\frac{30}{32}$

Für die Gewinnerwartung ergibt sich somit:

$$E(G)=(7-a)\cdot\frac{2}{32}+(16-a)\cdot\frac{20}{32^2}+(-a)\cdot\left(\frac{20}{32}+\frac{300}{32^2}\right).$$

Ein Spiel ist fair, wenn die Gewinnerwartung des Spielers 0 ist. Aus

$$(7-a)\cdot\frac{2}{32}+(16-a)\cdot\frac{20}{32^2}-a\cdot\left(\frac{20}{32}+\frac{300}{32^2}\right)=0 \text{ folgt}$$

$$7\cdot\frac{2}{32}+16\cdot\frac{20}{32^2}-a\cdot\frac{2}{32}-a\cdot\frac{20}{32^2}-a\cdot\left(\frac{20}{32}+\frac{300}{32^2}\right)=0$$

und hieraus **a = 0,75**. Der Einsatz muß also 0,75 DM betragen.

d) Wahrscheinlichkeit für Richtungsänderung

Da zum Weiterrücken eine ideale Münze geworfen wird, ist die Wahrscheinlichkeit für eine Richtungsänderung **0,5**.

Erwartungswert und Varianz einer Binomialverteilung

Die Zufallsvariable W beschreibe die Anzahl der Ecken eines Streckenzuges. Bei 5 Münzwürfen hat ein Streckenzug höchstens 4 Ecken. Damit ist W binomialverteilt mit den Parametern $n=4$ und $p=0,5$. Mit den Formeln für den Erwartungswert und die Varianz einer $B_{n;\,p}$-verteilten Zufallsvariablen gilt:

$E(W)=n\cdot p=4\cdot 0,5=\mathbf{2}$,
$V(W)=n\cdot p\cdot(1-p)=4\cdot 0,5\cdot 0,5=\mathbf{1}$.

W

Aufgabe 93/1

Ein Glücksrad hat fünf Sektoren, die mit den Zahlen von 1 bis 5 beschriftet sind. Jede Zahl erscheint mit derselben Wahrscheinlichkeit.

a) Das Glücksrad wird fünfmal gedreht.
Berechnen Sie die Wahrscheinlichkeiten der Ereignisse
A: Mindestens dreimal tritt die Zahl 2 auf
B: Bei der zweiten oder dritten Drehung erscheint die Zahl 5
C: Es treten zweimal die Zahl 1 und je einmal die Zahl 2, die Zahl 3 und die Zahl 4 auf.

Das Glücksrad wird zweimal gedreht. Die Zufallsvariable X nimmt bei verschiedenen Ausgängen den Wert der größeren Zahl, bei zwei gleichen Ausgängen den Wert einer dieser Zahlen an.
Bestimmen Sie die Wahrscheinlichkeitsverteilung, den Erwartungswert und die Standardabweichung von X.

b) Mit dem Glücksrad wird bei einem Spiel eine Serie von fünf Drehungen durchgeführt. Treten hierbei mindestens 3 gerade Zahlen auf, werden 50 Pf ausbezahlt. Treten jedoch mindestens 3 ungerade Zahlen auf, wird eine zweite Fünferserie durchgeführt. Erzielt man in der zweiten Serie mindestens 4 gerade Zahlen, werden ebenfalls 50 Pf ausbezahlt. In den übrigen Fällen erhält man nichts.
Mit welcher Wahrscheinlichkeit erhält man 50 Pf ausbezahlt?
Mit welcher Wahrscheinlichkeit erhält man bei 10 Spielen 3 DM ausbezahlt?

c) Das Glücksrad wird nun so oft gedreht, bis die Zahl 1 erscheint, höchstens jedoch 10mal.
Mit welcher Wahrscheinlichkeit wird das Glücksrad höchstens zweimal gedreht?
Mit welcher Wahrscheinlichkeit muß das Glücksrad 10mal gedreht werden?
Bestimmen Sie das kleinste n so, daß mit einer Wahrscheinlichkeit kleiner als 0,05 genau n Drehungen nötig sind.

d) Bei einem anderen Spiel dreht Spieler A das Glücksrad einmal und Spieler B das Glücksrad zweimal. Falls Spieler B bei beiden Drehungen eine höhere Zahl als Spieler A hat, bekommt er 4 DM von A. Hat Spieler B nur bei einer Drehung eine höhere Zahl als Spieler A, bekommt er 1 DM von A. In den übrigen Fällen werden 3 DM von B an A bezahlt.
Mit welchem durchschnittlichen Verlust pro Spiel muß der Spieler B rechnen?

Lösungshinweise:

a) Das Ereignis A läßt sich mit Hilfe einer Zufallsvariablen beschreiben. Wie ist diese verteilt? Bei dem Ereignis B handelt es sich um eine Oder-Verknüpfung. Welchen Satz muß man also anwenden? Zur Berechnung von P(C) überlegt man sich: An wie vielen Stellen können zwei Einsen auftreten? Auf wie viele Arten kann man 2, 3, 4 anordnen? Zur Ermittlung der Wahrscheinlichkeitsverteilung von X notiere zunächst eine Ausgangsmenge des zweistufigen Zufallsexperimentes. Welchen Wert ordnet die Zufallsvariable X jedem Paar zu? Hieraus folgt die Wertemenge von X. Mit welcher Wahrscheinlichkeit tritt jeder einzelne Ausgang ein? Durch Addition erhält man die gesuchte Wahrscheinlichkeitsverteilung. Wie sind der Erwartungswert und die Standardabweichung einer Zufallsvariablen definiert?

b) Führe für die Anzahl der geraden Zahlen eine Zufallsvariable ein. Wie ist diese verteilt? Auch die Anzahl ungerader Zahlen läßt sich mit Hilfe der eingeführten Zufallsvariablen ausdrücken. Zur Ermittlung der auftretenden Wahrscheinlichkeiten verwende eine Tafel zur Binomialverteilung. Auch für die zweite gesuchte Wahrscheinlichkeit führe eine Zufallsvariable ein. Wie ist diese Zufallsvariable verteilt? Liegt sie tabelliert vor?

c) Für die Berechnung der beiden Wahrscheinlichkeiten und der Anzahl n der Drehungen führe die Ereignisse D_i: „Bei der i. Drehung erscheint die Zahl 1" ein. Drücke nun die gesuchten Wahrscheinlichkeiten mit Hilfe dieser Ereignisse aus. Die gesuchte Anzahl der Drehungen ergibt sich aus einer Ungleichung. Notiere diese Ungleichung und löse sie durch Logarithmieren oder systematisches Probieren mit dem Taschenrechner.

d) Führe für den Gewinn des Spielers B eine Zufallsvariable ein. Welche Werte kann diese Zufallsvariable annehmen? Zur Ermittlung der zugehörigen Wahrscheinlichkeiten zeichne einen „verkürzten" Baum, der jeweils nur die günstigen Fälle enthält. Beachte dabei besonders den Fall, wo Spieler B nur bei einer Drehung eine höhere Zahl hat als A.

Lösung:

a) **Berechnung von Wahrscheinlichkeiten**

Es handelt sich um ein fünfstufiges Zufallsexperiment. Das Ereignis A läßt sich mit Hilfe einer binomialverteilten Zufallsvariablen beschreiben. Zählt Z die Anzahl der Zweien bei fünf Drehungen, so ist diese Zufallsvariable $B_{5;0,2}$-verteilt.

$P(A) = P(Z \geqq 3) = 1 - P(Z \leqq 2) = 1 - 0{,}9421 = \mathbf{0{,}0579}$

Zur Berechnung von P(B) werden folgende Ereignisse eingeführt:
B_i: Bei der i. Drehung erscheint die Zahl 5.
Bei dem Ereignis B handelt es sich um eine Oder-Verknüpfung zweier Ereignisse. Mit Hilfe des allgemeinen Additionssatzes erhält man:

$$\begin{aligned} P(B) = P(B_2 \cup B_3) &= P(B_2) + P(B_3) - P(B_2 \cap B_3) \\ &= P(B_2) + P(B_3) - P(B_2) \cdot P(B_3) \\ &= 0{,}2 + 0{,}2 - 0{,}2 \cdot 0{,}2 = \mathbf{0{,}36}\,. \end{aligned}$$

Die Wahrscheinlichkeit des Ereignisses C ergibt sich wie folgt:
Die zwei Einsen können an $\binom{5}{2}$ Stellen auftreten; weiterhin kann man drei Zahlen auf 3! verschiedene Arten anordnen. Daher gilt:

$$\begin{aligned} P(C) &= \binom{5}{2} \cdot 0{,}2^2 \cdot 3! \cdot 0{,}2^3 \\ &= 10 \cdot 6 \cdot 0{,}2^5 = \mathbf{0{,}0192}\,. \end{aligned}$$

Ermittlung der Wahrscheinlichkeitsverteilung von X

Es handelt sich um ein zweistufiges Zufallsexperiment mit der Ausgangsmenge:

(1; 1) (1; 2) (1; 3) (1; 4) (1; 5)
(2; 1) (2; 2) (2; 3) (2; 4) (2; 5)
(3; 1) (3; 2) (3; 3) (3; 4) (3; 5)
(4; 1) (4; 2) (4; 3) (4; 4) (4; 5)
(5; 1) (5; 2) (5; 3) (5; 4) (5; 5).

Die Zufallsvariable X beschreibt das Maximum der beiden Zahlen. Somit ergibt sich die folgende Wahrscheinlichkeitverteilung.

x_i	1	2	3	4	5
$P(X=x_i)$	$1 \cdot 0{,}2^2$ $=0{,}04$	$3 \cdot 0{,}2^2$ $=0{,}12$	$5 \cdot 0{,}2^2$ $=0{,}20$	$7 \cdot 0{,}2^2$ $=0{,}28$	$9 \cdot 0{,}2^2$ $=0{,}36$

Erwartungswert und Standardabweichung von X

$$\begin{aligned} E(X) &= 1 \cdot 0{,}04 + 2 \cdot 0{,}12 + 3 \cdot 0{,}20 + 4 \cdot 0{,}28 + 5 \cdot 0{,}36 \\ &= \mathbf{3{,}8} \\ V(X) &= (1-3{,}8)^2 \cdot 0{,}04 + (2-3{,}8)^2 \cdot 0{,}12 + (3-3{,}8)^2 \cdot 0{,}20 + (4-3{,}8)^2 \cdot 0{,}28 \\ &\quad + (5-3{,}8)^2 \cdot 0{,}36 \\ &= 1{,}36 \\ \sigma_X &= \sqrt{1{,}36} \approx \mathbf{1{,}166} \end{aligned}$$

W

b) Wahrscheinlichkeit für eine Auszahlung von 50 Pf bei einem Spiel

Beschreibt Y die Anzahl der geraden Zahlen bei fünf Drehungen, so ist Y binomialverteilt mit $n=5$ und $p=0{,}4$.

Die Wahrscheinlichkeit dafür, daß man 50 Pf ausbezahlt erhält, ist somit:

$$\begin{aligned} &P(Y \geqq 3) + P(Y \leqq 2) \cdot P(Y \geqq 4) \\ &\quad = 1 - P(Y \leqq 2) + P(Y \leqq 2) \cdot [1 - P(Y \leqq 3)] \\ &\quad = 1 - 0{,}6826 + 0{,}6826 \cdot [1 - 0{,}9130] \\ &\quad \approx \mathbf{0{,}3768}\,. \end{aligned}$$

Wahrscheinlichkeit für eine Auszahlung von 3 DM bei 10 Spielen

Die Zufallsvariable W beschreibt die Anzahl der Spiele von 10 Spielen, bei denen man 50 Pf ausbezahlt erhält. W ist näherungsweise $B_{10;\,0{,}3768}$-verteilt. Gesucht ist $P(W=6)$.

$$\begin{aligned} P(W=6) &\approx \binom{10}{6} \cdot 0{,}3768^6 \cdot (1-0{,}3768)^4 \\ &\approx \mathbf{0{,}091} \end{aligned}$$

c) Wahrscheinlichkeit für höchstens zwei Drehungen

Es sei D_i das Ereignis, daß bei der i. Drehung die Zahl 1 erscheint. Die Wahrscheinlichkeit für höchstens zwei Drehungen ist dann

$$P(D_1) + P(\overline{D}_1) \cdot P(D_2) = 0{,}2 + 0{,}8 \cdot 0{,}2 = \mathbf{0{,}36}\,.$$

Wahrscheinlichkeit für zehn Drehungen

Zehn Drehungen werden durchgeführt, wenn bei den ersten neun Drehungen keine „1“ erscheint. Die Wahrscheinlichkeit für zehn Drehungen ist also

$$P(\overline{D}_1 \cap \overline{D}_2 \cap \ldots \cap \overline{D}_9) = 0{,}8^9 \approx \mathbf{0{,}1342}\,.$$

Berechnung der Anzahl n

Für die gesuchte Anzahl $n \in \mathbb{N}$ gilt:

$$P(\overline{D}_1 \cap \overline{D}_2 \cap \ldots \cap \overline{D}_{n-1} \cap D_n) = 0{,}8^{n-1} \cdot 0{,}2\,.$$

Aus $0{,}8^{n-1} \cdot 0{,}2 < 0{,}05$ folgt durch Logarithmieren $n > \frac{\lg 0{,}25}{\lg 0{,}8} + 1 \approx 7{,}2$.

Es sind also $\mathbf{n=8}$ Drehungen nötig.

d) Erwartungswert des Gewinns

Beschreibt die Zufallsvariable G den Gewinn (in DM) von B pro Spiel, so kann G die Werte 4, 1 und -3 annehmen.

Berechnung von $P(G=4)$:

Spieler A		Spieler B	Wahrscheinlichkeit
4	———	2mal die 5	$0{,}2 \cdot 0{,}2^2$
3	———	2mal mind. 4	$0{,}2 \cdot 0{,}4^2$
2	———	2mal mind. 3	$0{,}2 \cdot 0{,}6^2$
1	———	2mal mind. 2	$0{,}2 \cdot 0{,}8^2$

Also ist $P(G=4)=0{,}2\,(0{,}2^2+0{,}4^2+0{,}6^2+0{,}8^2)=0{,}24$.

Berechnung von $P(G=1)$:

Spieler A		Spieler B	Wahrscheinlichkeit
4	———	1mal die 5	$0{,}2 \cdot 0{,}2 \cdot 0{,}8 \cdot 2$
3	———	1mal mind. 4	$0{,}2 \cdot 0{,}4 \cdot 0{,}6 \cdot 2$
2	———	1mal mind. 3	$0{,}2 \cdot 0{,}6 \cdot 0{,}4 \cdot 2$
1	———	1mal mind. 2	$0{,}2 \cdot 0{,}8 \cdot 0{,}2 \cdot 2$

Also ist $P(G=1)=0{,}2\,(0{,}2 \cdot 0{,}8 \cdot 2+0{,}4 \cdot 0{,}6 \cdot 2+0{,}6 \cdot 0{,}4 \cdot 2+0{,}8 \cdot 0{,}2 \cdot 2)$
$=0{,}32$.

Berechnung von $P(G=-3)$:

$P(G=-3)=1-[P(G=4)+P(G=1)]=0{,}44$.

Wahrscheinlichkeitsverteilung von G:

g_i	4	1	-3
$P(G=g_i)$	0,24	0,32	0,44

Für den Erwartungswert von G ergibt sich:

$E(G)=4 \cdot 0{,}24+1 \cdot 0{,}32-3 \cdot 0{,}44=-0{,}04$.

Der Spieler B muß also mit einem durchschnittlichen Verlust von **4 Pf** pro Spiel rechnen.

Aufgabe 93/2

Eva hat einen Computer so programmiert, daß er nach Abruf eine der Zahlen 1 oder 2 oder 3 zufällig ausgibt. Die zugehörigen Wahrscheinlichkeiten sind $p_1 = 0{,}5$; $p_2 = 0{,}3$; $p_3 = 0{,}2$.

a) Eva ruft nacheinander drei Zahlen ab.
Berechnen Sie die Wahrscheinlichkeiten der Ereignisse
A: Es wird keine 3 ausgegeben
B: Es wird genau eine 2 ausgegeben
C: Es werden drei gleiche Zahlen ausgegeben
D: Die ausgegebenen Zahlen sind alle voneinander verschieden
E: Die dritte ausgegebene Zahl ist größer als jede der beiden anderen Zahlen.

b) Nun ruft Eva nacheinander 20 Zahlen ab.
Ermitteln Sie die Wahrscheinlichkeiten der Ereignisse
F: Die Zahl 1 wird höchstens 12mal ausgegeben
G: Die Zahl 3 wird mindestens 8mal ausgegeben.
Wie viele Serien von 20 Zahlen müßte man abrufen, so daß mit einer Wahrscheinlichkeit von mehr als 95 % das Ereignis G mindestens einmal eintritt?

c) Auf dem Spielfeld (siehe Skizze) steht eine Figur auf „Start".

Start	1	2	3	4	5	6	7	8	9	10	11	12	13	…

Eva ruft von ihrem Computer eine Zahl nach der anderen ab und zieht jedesmal mit der Figur um so viele Felder nach rechts, wie die abgerufene Zahl angibt.
Mit welcher Wahrscheinlichkeit kommt die Figur mit dem 5. Zug auf das Feld 6?
Mit welcher Wahrscheinlichkeit erreicht die Figur mit dem 4. Zug ein Feld, das rechts von Feld 10 liegt?
Mit welcher Wahrscheinlichkeit gelangt die Figur nicht auf das Feld 3?

d) Eva schlägt Ralf ein Spiel vor:
Sie legt 1 DM auf den Tisch. Daraufhin ruft Ralf eine Zahl vom Computer ab. Ist diese Zahl eine 3, nimmt Ralf die Mark an sich, und das Spiel ist beendet. Ist die Zahl keine 3, so soll Ralf noch n Zehn-Pfennig-Stücke auf den Tisch legen. Jetzt ruft Eva eine Zahl ab. Bei einer 3 bekommt Eva den auf dem Tisch liegenden Betrag; anderenfalls nehmen Eva und Ralf je die Hälfte des Geldes an sich. In beiden Fällen ist das Spiel damit beendet.
Für welche Werte von n ist das Spiel für Ralf günstig?
Wie müßte die Wahrscheinlichkeit für die Zahl 3 gewählt werden, damit das Spiel für $n = 20$ fair ist?

Lösungshinweise:

a) Wie viele Stufen hat das Zufallsexperiment? Mit welcher Wahrscheinlichkeit wird bei einem Abruf keine 3 ausgegeben? Hieraus folgt P(A).
Wenn bei drei Zahlen genau eine 2 ausgegeben werden soll, müssen zwei Zahlen keine 2 sein. Mit welcher Wahrscheinlichkeit wird bei einem Abruf keine 2 ausgegeben? Die 2 kann an wie vielen Stellen auftreten?
Das Ereignis C läßt sich in drei Ereignisse zerlegen. Schließen sich diese Ereignisse aus oder nicht? Welcher Satz ist also anwendbar?
Auf wie viele Arten kann man drei verschiedene Zahlen anordnen?
Notiere das Ereignis E in aufzählender Schreibweise. P(E) ergibt sich dann als Summe der zugehörigen Wahrscheinlichkeiten.

b) Zur Berechnung der Wahrscheinlichkeiten der Ereignisse F und G führe Zufallsvariablen ein. Wie sind diese verteilt? Bei der Frage nach der Mindestanzahl von Serien handelt es sich um eine Variante der sogenannten „Drei-Mindestens-Aufgabe“. Das erste „mindestens“ fehlt ganz, das zweite „mindestens“ ist durch „mehr als“ ersetzt worden. Führe eine binomialverteilte Zufallsvariable ein und formuliere mit deren Hilfe die Bedingung. Löse die Ungleichung durch Logarithmieren oder durch systematisches Probieren mit dem Taschenrechner.

c) Bei welchen Zahlen kommt die Figur mit dem 5. Zug auf das Feld 6? Sind verschiedene Reihenfolgen möglich? Mit dem 4. Zug ein Feld rechts von Feld 10 erreicht man z. B. dann, wenn vier Dreien abgerufen werden. Welche Zahlen sind noch möglich? Gibt es auch hier verschiedene Reihenfolgen? Zur Ermittlung der letzten Wahrscheinlichkeit zeichne ein Baumdiagramm.

d) Zeichne wiederum ein Baumdiagramm und führe für den Gewinn pro Spiel von Ralf eine Zufallsvariable ein. Beachte, daß sich der Gewinn aus der Auszahlung minus dem Einsatz errechnet. Wann ist ein Spiel für einen Spieler günstig? Wie lautet die Bedingung für ein faires Spiel?

Lösung:

a) **Berechnung von Wahrscheinlichkeiten**

Es handelt sich um ein dreistufiges Zufallsexperiment.

$P(A) = 0{,}8^3 = \mathbf{0{,}512}$

Da die „2“ an drei verschiedenen Stellen auftreten kann, ergibt sich

$P(B) = 3 \cdot 0{,}3 \cdot 0{,}7^2 = \mathbf{0{,}441}$.

Das Ereignis C kann mit Hilfe der Ereignisse
C_1: 3mal die „1",
C_2: 3mal die „2",
C_3: 3mal die „3"
zerlegt werden:
$C = C_1 \cup C_2 \cup C_3$.

Da die Ereignisse C_1, C_2 und C_3 einander ausschließen, ergibt sich mit Hilfe des speziellen Additionssatzes

$$P(C) = P(C_1 \cup C_2 \cup C_3) = P(C_1) + P(C_2) + P(C_3) = 0{,}5^3 + 0{,}3^3 + 0{,}2^3 = \mathbf{0{,}16}.$$

Da man drei verschiedene Zahlen auf 3! Arten anordnen kann, ergibt sich:
$P(D) = 3! \cdot 0{,}5 \cdot 0{,}3 \cdot 0{,}2 = \mathbf{0{,}18}$.

Es ist $E = \{112; 113; 123; 213; 223\}$. Also ist

$$P(E) = 0{,}5^2 \cdot 0{,}3 + 0{,}5^2 \cdot 0{,}2 + 0{,}5 \cdot 0{,}3 \cdot 0{,}2 + 0{,}3 \cdot 0{,}5 \cdot 0{,}2 + 0{,}3^2 \cdot 0{,}2 = \mathbf{0{,}203}.$$

b) Wahrscheinlichkeiten bei Binomialverteilungen

Beschreibt X die Anzahl der Einsen unter 20 Zahlen, so ist X binomialverteilt mit $n = 20$ und $p = 0{,}5$. Mit Hilfe einer Tabelle ergibt sich:
$P(F) = P(X \leqq 12) = \mathbf{0{,}8684}$.

Y sei Zufallsvariable für die Anzahl der Dreien unter 20 Zahlen. Y ist $B_{20;\,0,2}$-verteilt.
$P(G) = P(Y \geqq 8) = 1 - P(Y \leqq 7) = 1 - 0{,}9679 = \mathbf{0{,}0321}$

Mindestanzahl von Serien

Z sei Zufallsvariable für die Anzahl der Serien unter n Serien, bei denen G eingetreten ist. Z ist näherungsweise $B_{n;\,0,0321}$-verteilt. Aus
$P(Z \geqq 1) = 1 - P(Z = 0) = 1 - 0{,}9679^n > 0{,}95$
folgt durch Logarithmieren oder mit Hilfe eines Taschenrechners $\mathbf{n \geqq 92}$.

Man muß also mindestens 92 Serien abrufen.

c) Wahrscheinlichkeit, daß die Figur mit dem 5. Zug auf das Feld 6 kommt

Das Ereignis H: „Mit dem 5. Zug auf Feld 6" tritt genau dann ein, wenn vier Einsen und eine Zwei abgerufen werden. Die Zwei kann an fünf verschiedenen Stellen des fünfstufigen Zufallsexperimentes stehen.

$P(H) = 0{,}5^4 \cdot 5 \cdot 0{,}3 = \mathbf{0{,}09375}$.

W

Wahrscheinlichkeit, daß die Figur mit dem 4. Zug ein Feld erreicht, das rechts von Feld 10 liegt

Das Ereignis K: „Mit dem 4. Zug ein Feld rechts von Feld 10“ tritt genau dann ein, wenn
vier Dreien oder
drei Dreien und eine Zwei
abgerufen werden.

Da diese Ereignisse einander ausschließen, ergibt sich mit Hilfe des speziellen Additionssatzes:

$P(K) = 0{,}2^4 + 4 \cdot 0{,}2^3 \cdot 0{,}3 = \mathbf{0{,}0112}$.

Wahrscheinlichkeit, daß die Figur nicht auf Feld 3 gelangt

Es sei L das Ereignis: „Die Figur gelangt nicht auf das Feld 3“. Der folgende Baum gibt die Fälle an, bei denen L eintritt.

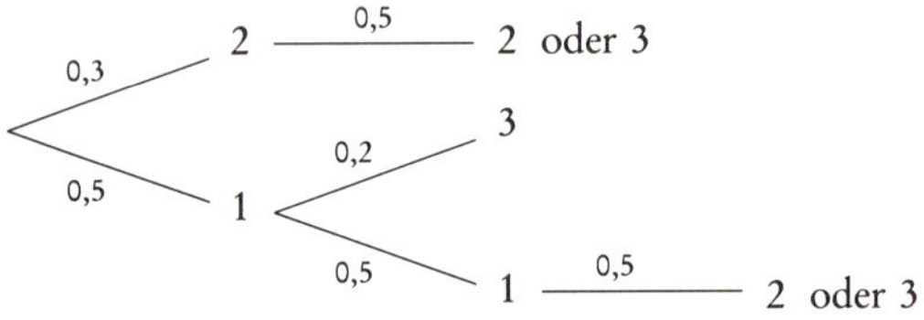

$P(L) = 0{,}3 \cdot 0{,}5 + 0{,}5 \cdot 0{,}2 + 0{,}5^3 = \mathbf{0{,}375}$

d) Berechnung der Werte von n

Die Zufallsvariable G beschreibt den Gewinn (in Pf) pro Spiel von Ralf. Zu dem Zufallsexperiment gehört das folgende Baumdiagramm.

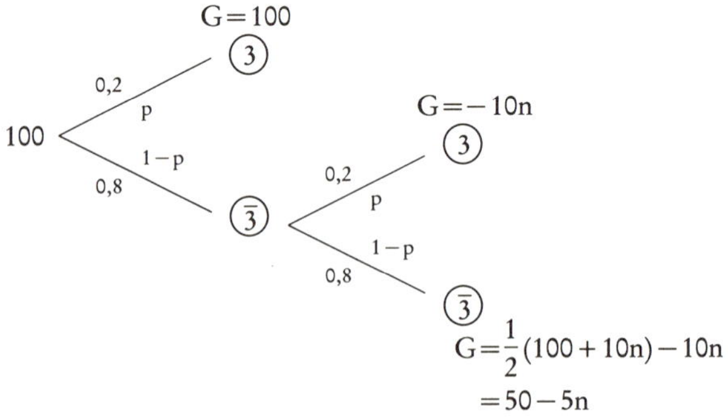

Aus dem Baumdiagramm ergibt sich die Wahrscheinlichkeitsverteilung von G.

g_i	100	$-10n$	$50-5n$
$P(G=g_i)$	0,2	$0{,}8\cdot 0{,}2$	$0{,}8^2$

$$E(G)=100\cdot 0{,}2-10n\cdot 0{,}8\cdot 0{,}2+(50-5n)\cdot 0{,}8^2$$
$$=52-4{,}8n$$

Günstig ist das Spiel für Ralf, wenn $E(G)>0$ ist.

Aus $52-4{,}8n>0$ folgt $n<\frac{52}{4{,}8}\approx 10{,}8$.

Für $\mathbf{n\leqq 10}$ ist also das Spiel für Ralf günstig.

Faires Spiel bei $n=20$

Die Wahrscheinlichkeit für die Zahl 3 sei p (vgl. das obige Baumdiagramm).
Für $n=20$ ergibt sich:

$$E(G)=100\cdot p-200\cdot(1-p)\cdot p+(-50)\cdot(1-p)^2$$
$$=150p^2-50.$$

Aus $150p^2-50=0$ folgt $p=\sqrt{\frac{1}{3}}\approx 0{,}577$.

Für $n=20$ und $\mathbf{p\approx 0{,}577}$ ist das Spiel fair.

W

Von den Fahrgästen der Verkehrsbetriebe einer Stadt weiß man aus Erfahrung:
35 % besitzen einen Einzelfahrschein,
60 % können eine Zeitkarte vorweisen,
5 % können keinen Fahrausweis vorweisen und gelten als Schwarzfahrer.

a) Berechnen Sie die Wahrscheinlichkeiten der Ereignisse
   A: Unter 20 Fahrgästen befindet sich genau ein Schwarzfahrer
   B: Bei 37 kontrollierten Personen werden mindestens zwei Schwarzfahrer angetroffen
   C: Unter 30 Fahrgästen haben 20 Personen eine Zeitkarte und 10 Personen einen Einzelfahrschein
   D: Unter 10 Fahrgästen hat einer einen Einzelfahrschein, 8 können eine Zeitkarte vorweisen, und einer fährt schwarz.

b) Ein Kontrolleur überprüft 50 Fahrgäste.
   Mit welcher Wahrscheinlichkeit können mindestens 28 und höchstens 32 davon Zeitkarten vorweisen?
   Mit welcher Wahrscheinlichkeit trifft der Kontrolleur auf 2 oder 3 Schwarzfahrer?
   Wie viele Personen müßte er mindestens kontrollieren, um mit einer Wahrscheinlichkeit von mehr als 80 % mindestens einen Schwarzfahrer zu ertappen?

c) Am Abend des Fastnachtsdienstags fahren besonders viele Personen schwarz. Unter den 40 Fahrgästen einer Straßenbahn befinden sich vier Schwarzfahrer. Es werden fünf Personen zufällig kontrolliert. Die Zufallsvariable X beschreibt die Anzahl der hierbei ertappten Schwarzfahrer.
   Bestimmen Sie die Wahrscheinlichkeitsverteilung und den Erwartungswert von X.

d) Von den Schwarzfahrern werden insgesamt 20 % ertappt. Jeder ertappte Schwarzfahrer zahlt eine Buße von a DM. Von den ertappten Schwarzfahrern besitzen 30 % eine Zeitkarte, die sie aus Vergeßlichkeit nicht dabei haben. Wenn die Zeitkarte den Verkehrsbetrieben nachträglich vorgelegt wird, wird die Geldbuße unter Einbehaltung einer Bearbeitungsgebühr von 10 DM zurückerstattet. Von dieser Möglichkeit machen 90 % der Betroffenen Gebrauch. Ein Einzelfahrschein, den jeder Schwarzfahrer hätte lösen müssen, kostet durchschnittlich 4 DM.
   Wie hoch wäre das Bußgeld anzusetzen, wenn den Verkehrsbetrieben kein Einnahmeverlust durch die Schwarzfahrer entstehen soll?

Lösungshinweise:

a) Die Ereignisse A und B können mit Hilfe binomialverteilter Zufallsvariablen beschrieben werden. Wie sind diese verteilt? Liegen die Verteilungen tabelliert vor? Die Wahrscheinlichkeit des Ereignisses C kann nicht mit Hilfe einer $B_{n;p}$-Verteilung ermittelt werden. Warum nicht? Auf wie viele Arten kann man aus 30 Fahrgästen 20 Personen auswählen? Hat man dann für die restlichen 10 Personen noch Wahlmöglichkeiten? Entsprechende Überlegungen führen zur Berechnung von P(D).

b) Zur Berechnung der Wahrscheinlichkeiten führe Zufallsvariablen ein. Wie sind diese verteilt? Sind diese Verteilungen tabelliert?
Berechnet werden soll die Mindestanzahl der zu kontrollierenden Personen. Es handelt sich also um eine Variante der sogenannten „Drei-Mindestens-Aufgabe". Wie heißt das Gegenereignis zu „mindestens einen Schwarzfahrer bei n Personen"? Welche Ungleichung ergibt sich somit? Löse die Ungleichung durch systematisches Probieren mit dem Taschenrechner oder mit Hilfe der Logarithmenrechnung.

c) Es ist bekannt, daß sich unter den 40 Fahrgästen vier Schwarzfahrer befinden. Fünf Personen werden kontrolliert. Wie würde also das zugehörige Urnenmodell aussehen? Welche Werte kann die Zufallsvariable X annehmen? Die zugehörigen Wahrscheinlichkeiten ergeben sich mit Hilfe der Kombinatorik. Auf wie viele Arten kann man z. B. aus 40 Fahrgästen fünf Personen auswählen? Wie ist der Erwartungswert einer Zufallsvariablen definiert?

d) Stelle den beschriebenen Sachverhalt mit Hilfe eines Baumdiagramms einschließlich Wahrscheinlichkeiten dar. Für die Einnahme (in DM) pro Schwarzfahrer führe eine Zufallsvariable ein. Welche Werte kann diese Zufallsvariable annehmen? Die zugehörigen Wahrscheinlichkeiten ergeben sich mit Hilfe der Pfadregel. Den Verkehrsbetrieben soll kein Einnahmeverlust durch Schwarzfahrer entstehen. Welche Gleichung ergibt sich hieraus für a?

Lösung:

a) **Berechnung von Wahrscheinlichkeiten**

Beschreibt U die Anzahl der Schwarzfahrer unter 20 Fahrgästen, so ist U binomialverteilt mit $n=20$ und $p=0,05$.

$$P(A)=P(U=1)=\binom{20}{1}\cdot 0,05\cdot 0,95^{19}=0,3774$$

Die Zufallsvariable V: „Anzahl der Schwarzfahrer unter 37 kontrollierten Personen" ist binomialverteilt mit $n=37$ und $p=0{,}05$.

$$P(B)=P(V\geqq 2)=1-P(V\leqq 1)$$
$$=1-[P(V=0)+P(V=1)]$$
$$=1-\left[0{,}95^{37}+\binom{37}{1}\cdot 0{,}05^{1}\cdot 0{,}95^{36}\right]\approx \mathbf{0{,}5582}$$

Das Ereignis C kann nicht mit einer binomialverteilten Zufallsvariablen beschrieben werden, denn die Summe der Wahrscheinlichkeiten für „Einzelfahrscheine" und „Zeitkarte" ist nicht gleich 1. Aus 30 Fahrgästen kann man auf $\binom{30}{20}$ Arten 20 Fahrgäste mit Zeitkarten auswählen; die restlichen 10 Personen haben dann einen Einzelfahrschein.

$$P(C)=\binom{30}{20}\cdot 0{,}6^{20}\cdot 0{,}35^{10}$$
$$=30045015\cdot 0{,}6^{20}\cdot 0{,}35^{10}\approx \mathbf{0{,}0303}$$

Aus 10 Fahrgästen kann man auf 10 Arten einen Fahrgast mit einem Einzelfahrschein auswählen; aus den restlichen 9 Fahrgästen kann man auf 9 Arten einen Fahrgast ohne Einzelfahrschein auswählen.

$$P(D)=10\cdot 9\cdot 0{,}35\cdot 0{,}05\cdot 0{,}6^{8}\approx \mathbf{0{,}0265}$$

W

b) Wahrscheinlichkeiten bei Binomialverteilungen

Führt man die Zufallsvariable W: „Anzahl der Fahrgäste mit einer Zeitkarte unter 50 Fahrgästen" ein, so ist W binomialverteilt mit $n=50$ und $p=0{,}6$.

$$P(28\leqq W\leqq 32)=P(W\leqq 32)-P(W\leqq 27)$$
$$=0{,}7631-0{,}2340=\mathbf{0{,}5291}$$

Die Zufallsvariable Z: „Anzahl der Schwarzfahrer unter 50 Fahrgästen" ist binomialverteilt mit $n=50$ und $p=0{,}05$.

$$P(2\leqq Z\leqq 3)=P(Z\leqq 3)-P(Z\leqq 1)$$
$$=0{,}7604-0{,}2794=\mathbf{0{,}4810}$$

Mindestanzahl von kontrollierten Personen

Z sei Zufallsvariable für die Anzahl der Schwarzfahrer unter n kontrollierten Personen. Z ist $B_{n;0,05}$-verteilt. Aus

$$P(Z\geqq 1)=1-P(Z=0)=1-0{,}95^{n}>0{,}8$$

folgt durch Logarithmieren oder mit Hilfe eines Taschenrechners $\mathbf{n\geqq 32}$.

Der Kontrolleur müßte mindestens 32 Personen kontrollieren.

c) Ermittlung einer Wahrscheinlichkeitsverteilung

X ist Zufallsvariable für die Anzahl der Schwarzfahrer beim Kontrollieren von fünf Personen. Es handelt sich also um Ziehungen ohne Zurücklegen bzw. um Ziehungen mit einem Griff. Da zwar fünf Personen kontrolliert werden, aber sich nur vier Schwarzfahrer in der Straßenbahn befinden, kann X die Werte 0, 1, 2, 3, 4 annehmen. Mit Hilfe der Produktregel der Kombinatorik erhält man:

x_i	0	1	2	3	4
$P(X=x_i)$	$\frac{\binom{4}{0}\cdot\binom{36}{5}}{\binom{40}{5}} = \frac{376992}{658008}$	$\frac{\binom{4}{1}\cdot\binom{36}{4}}{\binom{40}{5}} = \frac{235620}{658008}$	$\frac{\binom{4}{2}\cdot\binom{36}{4}}{\binom{40}{5}} = \frac{42840}{658008}$	$\frac{\binom{4}{3}\cdot\binom{36}{2}}{\binom{40}{5}} = \frac{2520}{658008}$	$\frac{\binom{4}{4}\cdot\binom{36}{1}}{\binom{40}{5}} = \frac{36}{658008}$

Erwartungswert von X

$$E(X)=0\cdot\frac{376992}{658008}+1\cdot\frac{235620}{658008}+2\cdot\frac{42840}{658008}+3\cdot\frac{2520}{658008}+4\cdot\frac{36}{658008}=\mathbf{0{,}5}$$

d) Berechnung der Höhe des Bußgeldes

Der beschriebene Sachverhalt läßt sich mit Hilfe eines Baumdiagramms übersichlich darstellen.

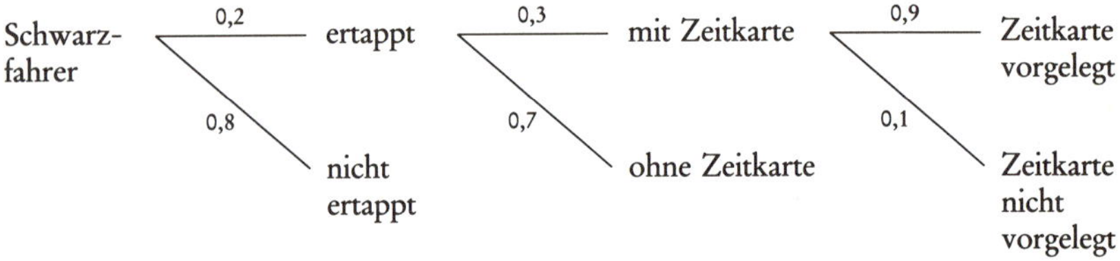

Die Zufallsvariable Y beschreibt die Einnahme (in DM) pro Schwarzfahrer. Y kann also die Werte 0, 10, a annehmen. Die zugehörigen Wahrscheinlichkeiten ergeben sich mit Hilfe der Pfadregel.

$P(Y=0)=0{,}8$; $P(Y=10)=0{,}2\cdot 0{,}3\cdot 0{,}9=0{,}054$;

$P(Y=a)=0{,}2\cdot 0{,}7+0{,}2\cdot 0{,}3\cdot 0{,}1=0{,}146$

Hieraus folgt: $E(Y)=0\cdot 0{,}8+10\cdot 0{,}054+a\cdot 0{,}146=0{,}54+0{,}146a$.

Pro Schwarzfahrer hätten die Verkehrsbetriebe durchschnittlich 4 DM eingenommen. Aus $0{,}54+0{,}146a=4$ folgt $a\approx 23{,}70$.

Das Bußgeld müßte also auf **ca. 23,70 DM** angesetzt werden.

Andrea und Cornelia spielen das Brettspiel „Entenjagd“. Andrea gewinnt ein Spiel gegen Cornelia mit der Wahrscheinlichkeit 0,6. Ein Unentschieden ist nicht möglich.

a) Andrea und Cornelia spielen fünfmal gegeneinander.
Berechnen Sie die Wahrscheinlichkeiten der Ereignisse
A: Andrea gewinnt genau 3 Spiele
B: Andrea gewinnt nur die ersten 3 Spiele
C: Andrea gewinnt das zweite und das fünfte Spiel
D: Die Spielerinnen gewinnen immer abwechselnd.

b) Die beiden Mädchen führen ein Turnier mit 9 Spielen durch. Turniersiegerin is, wer mehr als die Hälfte der Spiele gewonnen hat.
Mit welcher Wahrscheinlichkeit wird die schwächere Spielerin Cornelia Turniersiegerin?
Cornelia und Andrea spielen 4 Turniere zu je 9 Spielen.
Berechnen Sie die Wahrscheinlichkeit, daß Cornelia mindestens zweimal Turniersiegerin wird.
Andrea möchte die Anzahl der Spiele pro Turnier auf 15 oder 17 oder 19 erhöhen.
Wie viele Spiele (15 oder 17 oder 19) müßte ein Turnier mindestens umfassen, damit die bessere Spielerin Andrea mit einer Wahrscheinlichkeit von mehr als 80 % Turniersiegerin wird?

c) Andrea und Cornelia spielen 3 Spiele hintereinander. Für jedes Spiel erhält die Gewinnerin einen Punkt. Hat sie das Spiel zuvor ebenfalls gewonnen, so bekommt sie zusätzlich einen Punkt. Die Anzahl der Punkte von Andrea wird durch die Zufallsvariable X beschrieben.
Bestimmen Sie die Wahrscheinlichkeitverteilung, den Erwartungswert und die Varianz von X.

d) Andrea behauptet, ihre Gewinnwahrscheinlichkeit sei größer als 0,6. Cornelia widerspricht energisch; nach ihrer Meinung ist Andreas Gewinnwahrscheinlichkeit höchstens 0,6. Zur Überprüfung dieser Meinung wird ein Test mit 20 Spielen bei einer Irrtumswahrscheinlichkeit von höchstens 6 % durchgeführt. Andrea gewinnt 14 dieser Spiele.
Spricht das Testergebnis gegen Cornelias Meinung?
Wie groß ist bei einem solchen Test die Wahrscheinlichkeit dafür, daß Cornelias Widerspruch nicht abgelehnt wird, obwohl Andrea sogar eine Gewinnwahrscheinlichkeit von 0,8 hat?

Lösungshinweise:

a) Die Ereignisse A, B, C und D beziehen sich alle auf das gleiche Zufallsexperiment. Wie viele Stufen hat dieses Zufallsexperiment? Das Ereignis A läßt sich mit Hilfe einer Zufallsvariablen X beschreiben. Wie ist diese verteilt? Zur Berechnung von P(B) führe die Ereignisse B_i: „Das i. Spiel gewinnt Andrea" $(i=1;2;3;4;5)$ ein und stelle das Ereignis B mit Hilfe der B_i dar. Bei der Berechnung von P(C) ist zu beachten, daß lediglich über die Ergebnisse des 2. und 5. Spiels etwas ausgesagt ist. Andrea und Cornelia gewinnen abwechselnd. Welche Fälle beinhaltet dies? Stelle diese Fälle zunächst mit Hilfe der B_i dar und verwende den Additionssatz.

b) Alle gesuchten Wahrscheinlichkeiten dieser Teilaufgabe lassen sich mit Hilfe binomialverteilter Zufallsvariablen ermitteln. Führe also jeweils eine neue $B_{n;p}$-verteilte Zufallsvariable ein und drücke die gesuchten Wahrscheinlichkeiten mit diesen Zufallsvariablen aus. Kann in den einzelnen Fällen eine Tafel verwendet werden oder nicht?

c) Zeichne ein Baumdiagramm, welches auch die gewonnenen Punkte pro Spiel enthält. Die Wahrscheinlichkeiten ergeben sich mit Hilfe der Pfadregel. Aus dem Baumdiagramm ergibt sich die Wahrscheinlichkeitsverteilung von X. Wie sind der Erwartungswert und die Varianz einer Zufallsvariablen definiert?

d) Führe eine Zufallsvariable ein und stelle Hypothesen auf. Wie ist die Zufallsvariable bei wahrer Nullhypothese im extremsten Fall verteilt? Wird die Nullhypothese bei großen oder bei kleinen Werten der Zufallsvariablen abgelehnt? Um was für einen Test handelt es sich also? Ermittle den Ablehnungsbereich mit Hilfe einer Tabelle. Von den 20 Spielen hat Andrea 14 gewonnen. Kann auf Grund dieses Ergebnisses die Nullhypothese abgelehnt werden? Bei der letzten Frage handelt es sich um die Wahrscheinlichkeit für einen Fehler 2. Art. Wann begeht man einen Fehler 2. Art?

Lösung:

a) **Berechnung von Wahrscheinlichkeiten**

Es handelt sich um ein fünfstufiges Zufallsexperiment. Das Ereignis A läßt sich mit Hilfe einer Zufallsvariablen beschreiben. Zählt X die Anzahl der Gewinnspiele von Andrea bei 5 Spielen, so ist diese Zufallsvariable binomialverteilt mit $n=5$ und $p=0{,}6$.

$$P(A)=P(X=3)=\binom{5}{3}\cdot 0{,}6^3\cdot 0{,}4^2=\mathbf{0{,}3456}$$

Zur Berechnung von P(B) werden folgende Ereignisse eingeführt:
B_i: Das i. Spiel gewinnt Andrea.
$P(B) = P(B_1 \cap B_2 \cap B_3 \cap \overline{B_4} \cap \overline{B_5}) = 0{,}6^3 \cdot 0{,}4^2 = \mathbf{0{,}03456}$
Bei der Berechnung von P(C) ist zu beachten, daß über den Ausgang des 1., 3. und 4. Spieles nichts bekannt ist.
$P(C) = 0{,}6^2 = \mathbf{0{,}36}$
Mit B_i: Das i. Spiel gewinnt Andrea, folgt:
$P(D) = P(B_1 \cap \overline{B_2} \cap B_3 \cap \overline{B_4} \cap B_5) + P(\overline{B_1} \cap B_2 \cap \overline{B_3} \cap B_4 \cap \overline{B_5})$
$= 0{,}6^3 \cdot 0{,}4^2 + 0{,}4^3 \cdot 0{,}6^2 = \mathbf{0{,}0576}.$

b) Wahrscheinlichkeiten bei Binomialverteilungen

Die Zufallsvariable Y beschreibt die Anzahl der Gewinnspiele von Cornelia bei 9 Spielen. Y ist binomialverteilt mit $n=9$ und $p=0{,}4$. Mit Hilfe einer Tabelle ergibt sich:
$P(Y \geqq 5) = 1 - P(Y \leqq 4) = 1 - 0{,}7334 = \mathbf{0{,}2666}.$
Die Zufallsvariable Z beschreibt die Anzahl der Turniersiege von Cornelia bei 4 Turnieren. Z ist binomialverteilt mit $n=4$ und $p=0{,}2666$. Mit Hilfe der Formel von Bernoulli ergibt sich:
$P(Z \geqq 2) = 1 - P(Z \leqq 1)$
$= 1 - [P(Z=0) + P(Z=1)]$
$= 1 - [0{,}7334^4 + 4 \cdot 0{,}2666 \cdot 0{,}7334^3] \approx \mathbf{0{,}2900}.$
Die Zufallsvariablen U, V und W beschreiben die Anzahl der Gewinnspiele von Andrea bei 15 bzw. 17 bzw. 19 Spielen.
15 Spiele: $P(U \geqq 8) = 1 - P(U \leqq 7)$
$= 1 - (1 - 0{,}7869) = 0{,}7869 < 0{,}8$
17 Spiele: $P(V \geqq 9) = 1 - P(V \leqq 8)$
$= 1 - (1 - 0{,}8011) = 0{,}8011 > 0{,}8$
19 Spiele: $P(W \geqq 10) = 1 - P(W \leqq 9)$
$= 1 - (1 - 0{,}8139) = 0{,}8139 > 0{,}8$
Das Turnier müßte also **mindestens 17** Spiele umfassen.

c) Ermittlung der Wahrscheinlichkeitsverteilung von X

Es handelt sich um ein dreistufiges Zufallsexperiment. Bezeichnet a: Andrea gewinnt; $\bar{a}$: Cornelia gewinnt, ergibt sich das folgende Baumdiagramm. Eingetragen sich auch die Punkte, welche die Gewinnerin für das jeweilige Spiel erhält.

W

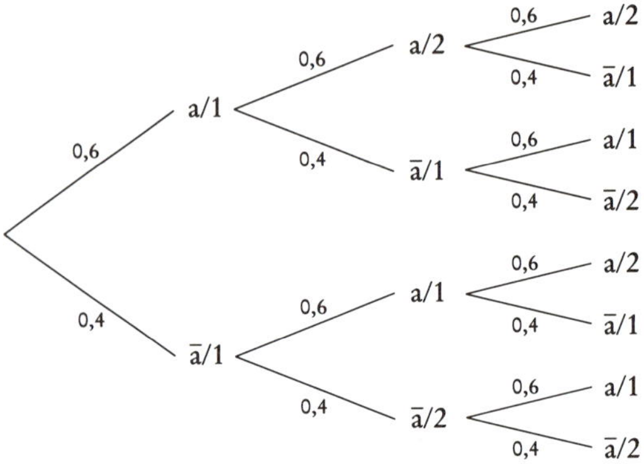

Summe der Punkte für Andrea	Wahrscheinlichkeit
5	$0{,}6^3$
3	$0{,}6^2 \cdot 0{,}4$
2	$0{,}6^2 \cdot 0{,}4$
1	$0{,}6 \cdot 0{,}4^2$
3	$0{,}4 \cdot 0{,}6^2$
1	$0{,}4^2 \cdot 0{,}6$
1	$0{,}4^2 \cdot 0{,}6$
0	$0{,}4^3$

Wahrscheinlichkeitsverteilung von X:

x_i	5	3	2	1	0
$P(X=x_i)$	$0{,}6^3$ $=0{,}216$	$2 \cdot 0{,}6^2 \cdot 0{,}4$ $=0{,}288$	$0{,}6^2 \cdot 0{,}4$ $=0{,}144$	$3 \cdot 0{,}6 \cdot 0{,}4^2$ $=0{,}288$	$0{,}4^3$ $=0{,}064$

Erwartungswert von X

$$E(X) = 5 \cdot 0{,}216 + 3 \cdot 0{,}288 + 2 \cdot 0{,}144 + 1 \cdot 0{,}288 + 0 \cdot 0{,}064 = \mathbf{2{,}52}$$

Varianz von X

$$V(X) = (5-2{,}52)^2 \cdot 0{,}216 + (3-2{,}52)^2 \cdot 0{,}288 + (2-2{,}52)^2 \cdot 0{,}144 + (1-2{,}52)^2 \cdot 0{,}288 + (0-2{,}52)^2 \cdot 0{,}064 = 2{,}5056 \approx \mathbf{2{,}51}$$

d) Testen einer Hypothese

Die Zufallsvariable W beschreibt die Anzahl der Gewinnspiele von Andrea bei 20 Spielen. Über die Gewinnwahrscheinlichkeit p von Andrea werden folgende Hypothesen aufgestellt:

Nullhypothese: $H_0: \ p \leqq 0{,}6$;
Gegenhypothese: $H_1: \ p > 0{,}6$.

Es handelt sich um einen rechtsseitigen Test. W ist bei wahrer Nullhypothese im extremsten Fall $B_{20;0,6}$-verteilt. Der Ablehnungsbereich von H_0 sei $K=\{g; \ldots; 20\}$. Zu bestimmen ist also g als kleinste ganze Zahl mit $P(W \geqq g) \leqq 0{,}06$. Aus $P(W \geqq g) \leqq 0{,}06$ folgt zunächst $P(W \leqq g-1) \geqq 0{,}94$ und hieraus mit Hilfe einer Tabelle $g=16$.

Also ist $K=\{16; 17; 18; 19; 20\}$ der Ablehnungsbereich. Da $14 \notin K$ ist, kann die Nullhypothese nicht abgelehnt werden. Das Testergebnis von 14 Gewinnspielen spricht also **nicht** gegen Cornelias Meinung.

Wahrscheinlichkeit für den Fehler 2. Art

Ein Fehler 2. Art wird begannen, wenn eine falsche Hypothese nicht abgelehnt wird. Die Wahrscheinlichkeit für diesen Fehler ist $(p=0{,}8)$:

$\beta = P(W \leqq 15) = 1 - 0{,}6296 = 0{,}3704.$

Die Wahrscheinlichkeit dafür, daß Cornelias Widerspruch nicht abgelehnt wird, ist **0,3704**.

W

In den Urnen U_1 und U_2 sind Kugeln mit den Zahlen 1, 2, 3 oder 4.
Es gilt:

U_1:

Zahl	1	2	3	4
Anzahl	4	5	5	6

U_2:

Zahl	1	2	3	4
Anzahl	12	6	4	2

a) Aus U_1 werden 5 Kugeln mit Zurücklegen gezogen.
Berechnen Sie die Wahrscheinlichkeiten der Ereignisse
A: Die Zahl 3 tritt genau zweimal auf
B: Alle Zahlen sind größer als 2
C: Die Summe der Zahlen ist höchstens 7.

Nun werden 4 Kugeln ohne Zurücklegen aus U_2 gezogen.
Berechnen Sie die Wahrscheinlichkeit für das Ereignis
D: Alle Zahlen sind verschieden.

b) Ein Spiel besteht darin, aus U_2 zweimal eine Kugel mit Zurücklegen zu ziehen. Erhält man in beiden Zügen eine 1, so gewinnt man; in allen anderen Fällen verliert man.
Es werden 18 Spiele durchgeführt.
Berechnen Sie die Wahrscheinlichkeiten der Ereignisse
E: Man verliert mindestens 6mal und höchstens 11mal
F: Man verliert genau 13mal.
Wie viele Spiele muß man mindestens durchführen, um mit einer Wahrscheinlichkeit von mehr als 95 % mindestens ein Spiel zu gewinnen?

c) Zwei Spieler A und B vereinbaren folgendes Spiel: Aus jeder Urne wird genau eine Kugel gezogen. Ist die Zahl auf der Kugel aus U_1 größer als die Zahl auf der Kugel aus U_2, so erhält A von B den Betrag 2 DM. Sind beide Zahlen gleich, so erhält B von A einen bestimmten Geldbetrag. Andernfalls erfolgt keine Zahlung.
Wie hoch müßte der fragliche Geldbetrag mindestens sein, damit das Spiel für B günstig ist?
Mit welcher Wahrscheinlichkeit gewinnt A in 20 Spielen genau 10mal?

d) Aus U_1 und U_2 wird jeweils genau eine Kugel gezogen.
Berechnen Sie die Wahrscheinlichkeit für das Ereignis
G: Die Summe der Zahlen ist höchstens 3.
Die Wahrscheinlichkeit für das Ereignis G soll erhöht werden, indem in die Urne U_2 weitere Kugeln mit der Zahl 1 hinzugegeben werden.
Wie viele Kugeln mit der Zahl 1 muß man mindestens hinzufügen, damit die Wahrscheinlichkeit für das Ereignis G mindestens 0,4 beträgt?

Lösungshinweise:

a) Notiere zunächst eine Wahrscheinlichkeitsverteilung für die Urne U_1. Das Ereignis A läßt sich mit Hilfe einer Zufallsvariablen beschreiben. Wie ist diese verteilt? Mit welcher Wahrscheinlichkeit ist bei einer Ziehung die Zahl größer als 2? Die Wahrscheinlichkeit für das Ereignis B ergibt sich hieraus mit Hilfe des Multiplikationssatzes. Zur Ermittlung von P(C) muß man sich überlegen, bei welchen Ergebnissen eine Summe von höchstens 7 auftritt. So ergibt z. B. 4mal die „1" und 1mal die „2" die Summe 6. Mit welcher Wahrscheinlichkeit tritt dieses Ereignis ein? Das Ereignis D bezieht sich auf Urne U_2. Jetzt wird ohne Zurücklegen gezogen. Mit welcher Wahrscheinlichkeit tritt z. B. das Ergebnis (1; 2; 3; 4) auf? Auf wie viele Arten kann man 4 Elemente einer Menge anordnen?

b) Zur Berechnung der Wahrscheinlichkeiten der Ereignisse E und F führe eine Zufallsvariable ein. Wie ist diese verteilt? Auch P(F) läßt sich mit einer Tafel der Summenwahrscheinlichkeiten berechnen. Andere Möglichkeit: Formel von Bernoulli. Auch für die Berechnung der Mindestanzahl von Spielen führe eine Zufallsvariable ein. Formuliere mit deren Hilfe die Bedingung. Löse die Ungleichung durch systematisches Probieren mit dem Taschenrechner oder durch Logarithmieren.

c) Zur Berechnung des Geldbetrages zeichne ein Baumdiagramm des zweistufigen Zufallsexperimentes. Welche Gewinne erzielt Spieler B bei jedem einzelnen Pfad? Die Wahrscheinlichkeitsverteilung für den Gewinn von B ergibt sich mit Hilfe der Pfadregel. Wie ist der Erwartungswert einer Zufallsvariablen definiert? Welche Ungleichung ergibt sich aus der Forderung, daß das Spiel für B günstig werden soll? Mit welcher Wahrscheinlichkeit gewinnt A bei einem Spiel? Wie folgt nun die Wahrscheinlichkeit für 10 Gewinne bei 20 Spielen?

d) Notiere im Baumdiagramm zu Teilaufgabe c) auch die Summe der Zahlen. In welchen Fällen ergibt sich für die Summe höchstens 3? Die Anzahl der Kugeln mit der Zahl 1, die in der Urne U_2 hinzugefügt werden müssen, sei n. Wie verändert sich nun der Term für P(G)? Aus der Bedingung $P(G) \geqq 0{,}4$ ergibt sich eine Bedingung für n.

Lösung:

a) **Berechnung von Wahrscheinlichkeiten**

Die Ereignisse A, B und C beziehen sich auf Ziehungen mit Zurücklegen aus Urne U_1. Für U_1 gilt die folgende Wahrscheinlichkeitsverteilung.

e_i	1	2	3	4
$P(e_i)$	$\frac{1}{5}$	$\frac{1}{4}$	$\frac{1}{4}$	$\frac{3}{10}$

Zählt X die Anzahl der Dreien bei 5 Ziehungen, so ist diese Zufallsvariable binomialverteilt mit $n=5$ und $p=\frac{1}{4}$.

$P(A)=P(X=2)=\binom{5}{2}\cdot\left(\frac{1}{4}\right)^2\cdot\left(\frac{3}{4}\right)^3\approx\mathbf{0{,}2637}$

Das Ereignis „Bei einer Ziehung ist die Zahl größer als 2" tritt mit der Wahrscheinlichkeit $\frac{1}{4}+\frac{2}{5}=\frac{11}{20}$ ein. Da mit Zurücklegen gezogen wird, gilt mit Hilfe des Multiplikationssatzes:

$P(B)=\left(\frac{11}{20}\right)^5\approx\mathbf{0{,}0503}.$

Um P(C) zu berechnen, muß man sich überlegen, auf welche Arten eine Summe von höchstens 7 möglich ist.

Ereignis	Wahrscheinlichkeit
5mal die „1"	$\left(\frac{1}{5}\right)^5$
4mal die „1" und 1mal die „2"	$\left(\frac{1}{5}\right)^4\cdot\frac{1}{4}\cdot 5$
4mal die „1" und 1mal die „3"	$\left(\frac{1}{5}\right)^4\cdot\frac{1}{4}\cdot 5$
3mal die „1" und 2mal die „2"	$\left(\frac{1}{5}\right)^3\cdot\left(\frac{1}{4}\right)^2\cdot\binom{5}{2}$

Damit ergibt sich:

$$P(C)=\left(\frac{1}{5}\right)^5+\left(\frac{1}{5}\right)^4\cdot\frac{1}{4}\cdot 5+\left(\frac{1}{5}\right)^4\cdot\frac{1}{4}\cdot 5+\left(\frac{1}{5}\right)^3\cdot\left(\frac{1}{4}\right)^2\cdot\binom{5}{2}$$

$$\approx\mathbf{0{,}0093}.$$

W

Das Ereignis D bezieht sich auf Ziehungen ohne Zurücklegen aus Urne U_2.
Ein mögliches Ergebnis mit lauter verschiedenen Zahlen ist z. B. (1; 2; 3; 4).
Dieses Ergebnis hat die Wahrscheinlichkeit $\frac{12}{24}\cdot\frac{6}{23}\cdot\frac{4}{22}\cdot\frac{2}{21}$.

Das Ergebnis (2; 1; 3; 4) hat die gleiche Wahrscheinlichkeit. Da man vier Elemente auf 4! Arten anordnen kann, ergibt sich:

$$P(D)=\frac{12}{24}\cdot\frac{6}{23}\cdot\frac{4}{22}\cdot\frac{2}{21}\cdot 4!\approx \mathbf{0{,}0542}.$$

b) Wahrscheinlichkeiten bei Binomialverteilungen

Bei einem Spiel verliert man mit der Wahrscheinlichkeit

$$p=1-\left(\frac{1}{2}\right)^2=\frac{3}{4}.$$

Führt man die Zufallsvariable Y: „Anzahl der Spiele unter 18 Spielen, bei denen man verliert" ein, so ist Y binomialverteilt mit $n=18$ und $p=0{,}75$.

$$\begin{aligned}P(E)&=P(6\leqq Y\leqq 11)=P(Y\leqq 11)-P(Y\leqq 5)\\&=1-0{,}8610-(1-1)=\mathbf{0{,}1390}\end{aligned}$$

$$\begin{aligned}P(F)&=P(12\leqq Y\leqq 13)=P(Y\leqq 13)-P(Y\leqq 12)\\&=1-0{,}5187-(1-0{,}7175)=\mathbf{0{,}1988}\end{aligned}$$

Mit der Formel von Bernoulli ergibt sich der gleiche Wert:

$$P(Y=13)=\binom{18}{13}\cdot 0{,}75^{13}\cdot 0{,}25^{5}\approx \mathbf{0{,}1988}.$$

Mindestanzahl von Spielen

Z sei Zufallsvariable für die Anzahl der Gewinnspiele unter n Spielen. Z ist $B_{n;\,0{,}25}$-verteilt. Aus $P(Z\geqq 1)=1-P(Z=0)=1-0{,}75^n>0{,}95$ folgt durch Logarithmieren oder mit Hilfe eines Taschenrechners $\mathbf{n\geqq 11}$.
Man müßte also mindestens 11 Spiele durchführen.

c) Berechnung des Geldbetrages, ab dem das Spiel für B günstig ist

Die Zahlungen bei dem Spiel lassen sich durch das folgende Baumdiagramm verdeutlichen. Es sei b der Betrag (in DM), den B erhält.

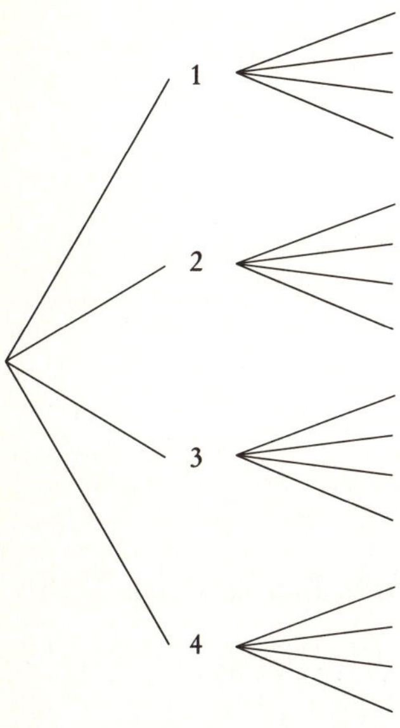

	Gewinn (in DM) für B	Summe der Zahlen
1	b	2
2	0	3
3	0	4
4	0	5
1	−2	3
2	b	4
3	0	5
4	0	6
1	−2	4
2	−2	5
3	b	6
4	0	7
1	−2	5
2	−2	6
3	−2	7
4	b	8

Die Zufallsvariable W beschreibt den Gewinn (in DM) von Spieler B.

$$P(W=-2)=\frac{1}{4}\cdot\frac{1}{2}+\frac{1}{4}\cdot\left(\frac{1}{2}+\frac{1}{4}\right)+\frac{3}{10}\cdot\left(\frac{1}{2}+\frac{1}{4}+\frac{1}{6}\right)=\frac{141}{240}$$

$$P(W=b)=\frac{1}{5}\cdot\frac{1}{2}+\frac{1}{4}\cdot\frac{1}{4}+\frac{1}{4}\cdot\frac{1}{6}+\frac{3}{10}\cdot\frac{1}{12}=\frac{55}{240}$$

$$P(W=0)=\frac{44}{240}$$

$$E(W)=-2\cdot\frac{141}{240}+b\cdot\frac{55}{240}+0\cdot\frac{44}{240}$$

Aus $-2\cdot\frac{141}{240}+b\cdot\frac{55}{240}>0$ folgt $b>\frac{282}{55}\approx 5{,}127$.

Der Geldbetrag müßte also mindestens **5,13 DM** betragen.

Wahrscheinlichkeit bei Binomialverteilung

Spieler A gewinnt in einem Spiel mit der Wahrscheinlichkeit $p=\frac{141}{240}=0{,}5875$.

Beschreibt die Zufallsvariable U die Anzahl der Gewinnspiele von A bei 20 Spielen, so gilt nach der Formel von Bernoulli:

$$P(U=10)=\binom{20}{10}\cdot 0{,}5875^{10}\cdot 0{,}4125^{10}\approx \mathbf{0{,}1291}.$$

d) Wahrscheinlichkeit für das Ereignis G

Mit Hilfe des Baumdiagramms aus Teilaufgabe c) ergibt sich:

$$P(G)=P(\{(1;1),(1;2),(2;1)\})=\frac{4}{20}\cdot\frac{12}{24}+\frac{4}{20}\cdot\frac{6}{24}+\frac{5}{20}\cdot\frac{12}{24}=\frac{11}{40}=\mathbf{0{,}275}.$$

Berechnung der Anzahl der Kugeln, die man hinzufügen muß

Es sei n die Anzahl der Kugeln mit der Zahl 1, die in der Urne U_2 hinzugefügt werden müssen. Dann gilt:

$$P(G)=\frac{4}{20}\cdot\frac{12+n}{24+n}+\frac{4}{20}\cdot\frac{6}{24+n}+\frac{5}{20}\cdot\frac{12+n}{24+n}=\frac{9n+132}{20n+480}.$$

Aus $P(G)\geqq 0{,}4$ folgt $\frac{9n+132}{20n+480}\geqq 0{,}4$ und hieraus

$9n+132\geqq 8n+192$ bzw. $n\geqq 60$.

Man muß also in U_2 mindestens **60 Kugeln** mit der Zahl 1 hinzufügen.

Aufgabe 94/3

Für die Behandlung einer an der Krankheit K erkrankten Person stehen die beiden Medikamente M_1 und M_2 zur Verfügung. Das Medikament M_1 heilt die Krankheit K bei 95 %, das leichter verträgliche Medikament M_2 bei 80 % der Erkrankten.

a) An K erkrankte Personen werden mit M_1 behandelt.
Berechnen Sie die Wahrscheinlichkeiten der Ereignisse
A: Von 3 erkrankten Personen werden alle geheilt
B: Von 10 erkrankten Personen werden mindestens 8 geheilt
C: Von 100 erkrankten Personen werden mindestens 90 geheilt und mindesten eine nicht geheilt.
Wie groß darf eine Gruppe von erkrankten Personen höchstens sein, damit mit mindestens 70 % Wahrscheinlichkeit alle Personen der Gruppe geheilt werden?

b) Bei manchen an K erkrankten Personen wird zunächst Medikament M_2, bei nicht erfolgter Heilung dann M_1 eingesetzt. Die beiden Medikamente wirken unabhängig voneinander.
Wie groß ist die Wahrscheinlichkeit dafür, daß eine so behandelte Person nicht geheilt wird?
Wie groß ist die Wahrscheinlichkeit dafür, daß höchstens zwei von 30 so behandelten Personen nicht geheilt werden?

c) Sechs an K erkrankte Personen werden in zwei Dreiergruppen aufgeteilt. Die erste Gruppe wird mit dem Medikament M_1, die zweite mit M_2 behandelt.
Mit welcher Wahrscheinlichkeit werden alle sechs Personen geheilt?
Wie groß ist die Wahrscheinlichkeit dafür, daß in der ersten Gruppe mehr Personen geheilt werden als in der zweiten Gruppe?

d) Ein Arzt behandelt an K erkrankte Personen, indem er zuerst eines der beiden Medikamente verordnet. Tritt kein Heilungserfolg ein, so verordnet er das andere Medikament.
Die Behandlung eines Patienten mit M_1 kostet 200 DM, die Behandlung mit M_2 kostet 175 DM. Die beiden Medikamente wirken unabhängig voneinander.
Untersuchen Sie, welches der beiden Medikamente der Arzt aus Kostengründen als erstes verordnen sollte.
Die Lieferfirma von M_2 will den Preis für M_2 so senken, daß beide Verfahren gleiche Kosten verursachen.
Welchen Preis muß die Firma verlangen?

Lösungshinweise:

a) Die Ereignisse A, B und C lassen sich mit Hilfe von Zufallsvariablen ausdrücken. Führe also jeweils eine Zufallsvariable ein. Wie sind diese verteilt? Liegen die Verteilungen tabelliert vor?
Die gesuchte Gruppengröße sei n. Welche Ungleichung ergibt sich aus der angegebenen Bedingung? Löse diese Ungleichung durch Logarithmieren oder mit Hilfe des Taschenrechners.

b) Führe zwei Ereignisse ein und formuliere mit ihrer Hilfe die gesuchte Wahrscheinlichkeit. Sind die Ereignisse unabhängig? Folgt aus der Unabhängigkeit zweier Ereignisse auch die Unabhängigkeit der Gegenereignisse? Das Ergebnis der ersten Frage ist die Trefferwahrscheinlichkeit für das folgende Zufallsexperiment. Führe für die Anzahl der nicht geheilten Personen eine Zufallsvariable ein. Wie ist diese verteilt? Liegt die Verteilung tabelliert vor?

c) Die Anzahl der geheilten Personen in den jeweiligen Dreiergruppen sind binomialverteilt. Wie lauten in beiden Fällen die Parameter n und p? Das gesuchte Ergebnis folgt mit Hilfe des Multiplikationssatzes.
In der ersten Gruppe sollen mehr Personen geheilt werden als in der zweiten Gruppe. Dies ist bei 3 bzw. 2 bzw. 1 geheilten Person(en) der ersten Gruppe möglich. Wie viele Personen müssen dann in der anderen Gruppe jeweils geheilt werden?

d) Der Arzt kann mit Medikament M_1 oder M_2 beginnen. Welche Kosten verursachen diese beiden möglichen Behandlungen? Vergleiche die zugehörigen Erwartungswerte.
Der neue Preis von M_2 sei a DM. Wenn beide Verfahren gleiche Kosten verursachen sollen, müssen die entsprechenden Erwartungswerte gleich sein. Dies ergibt eine Gleichung für a.

Lösung:

a) **Wahrscheinlichkeiten bei Binomialverteilungen**

Beschreibt X die Anzahl der geheilten unter 3 erkrankten Personen, so ist X binomialverteilt mit $n=3$ und $p=0{,}95$. Mit Hilfe einer Tabelle ergibt sich:
$P(A)=P(X=3)=\mathbf{0{,}8574}$.

Andere Möglichkeit:
$P(A)=0{,}95^3\approx 0{,}8574$.

Beschreibt Y die Anzahl der geheilten unter 10 erkrankten Personen, so ist Y binomialverteilt mit $n=10$ und $p=0{,}95$.

$P(B) = P(Y \geqq 8) = 1 - P(Y \leqq 7) = 1 - (1 - 0{,}9885) = \mathbf{0{,}9885}$

Beschreibt Z die Anzahl der geheilten unter 100 erkrankten Personen, so ist Z binomialverteilt mit $n=100$ und $p=0{,}95$.

$$P(C) = P(90 \leqq Z \leqq 99) = P(Z \leqq 99) - P(Z \leqq 89)$$
$$= 1 - 0{,}0059 - (1 - 0{,}9885) = \mathbf{0{,}9826}$$

Berechnung der Gruppengröße

Es sei n die Anzahl der erkrankten Personen. Aus $0{,}95^n \geqq 0{,}7$ folgt durch Logarithmieren oder mit Hilfe eines Taschenrechners $n \leqq 6$.

Die Gruppe darf **höchstens 6** Personen umfassen.

b) **Wahrscheinlichkeit dafür, daß eine mit M_1 und M_2 behandelte Person nicht geheilt wird**

Zur Berechnung dieser Wahrscheinlichkeit führen wir folgende Ereignisse ein:

D: Eine erkrankte Person wird mit M_1 geheilt;
E: Eine erkrankte Person wird mit M_2 geheilt.
Gesucht ist dann $P(\overline{D} \cap \overline{E})$.

Da die Ereignisse D und E unabhängig sind, gilt dies auch für $\overline{D}$ und $\overline{E}$.
Mit Hilfe des Multiplikationssatzes folgt:

$P(\overline{D} \cap \overline{E}) = P(\overline{D}) \cdot P(\overline{E}) = 0{,}05 \cdot 0{,}2 = \mathbf{0{,}01}$.

Wahrscheinlichkeit bei Binomialverteilung

Es sei U Zufallsvariable für die Anzahl der nicht geheilten unter 30 so behandelten Personen. U ist binomialverteilt mit $n=30$ und $p=0{,}01$. Diese Verteilung liegt nicht tabelliert vor. Nach der Formel von Bernoulli gilt:

$$P(U \leqq 2) = P(U=0) + P(U=1) + P(U=2)$$
$$= 0{,}99^{30} + 30 \cdot 0{,}01 \cdot 0{,}99^{29} + \binom{30}{2} \cdot 0{,}01^2 \cdot 0{,}99^{28} \approx \mathbf{0{,}9967}.$$

c) **Wahrscheinlichkeiten bei Einteilung in Dreiergruppen**

Die Zufallsvariable V_1 beschreibt die Anzahl der geheilten Personen in der ersten Dreiergruppe; V_1 ist $B_{3;0,95}$-verteilt. V_2 beschreibt die Anzahl der geheilten Personen in der zweiten Dreiergruppe; V_2 ist $B_{3;0,8}$-verteilt.
Gesucht ist $P(V_1 = 3;\ V_2 = 3)$.

Mit Hilfe des Multiplikationssatzes ergibt sich:

$P(V_1 = 3; V_2 = 3) = P(V_1 = 3) \cdot P(V_2 = 3) = 0{,}95^3 \cdot 0{,}8^3 \approx \mathbf{0{,}4390}$.

Zur Berechnung der Wahrscheinlichkeit dafür, daß in der ersten Gruppe mehr Personen geheilt werden als in der zweiten Gruppe, notiert man zunächst die möglichen Aufteilungen.

Anzahl der geheilten Personen in der 1. Gruppe	3	2	1
Anzahl der geheilten Personen in der 2. Gruppe	$\leqq 2$	$\leqq 1$	0

Mit Hilfe des Additions- und des Multiplikationssatzes ergibt sich:

$P(V_1=3; V_2 \leqq 2) + P(V_1=2; V_2 \leqq 1) + P(V_1=1; V_2=0)$

$= 0{,}95^3 \cdot (1-0{,}8^3) + 3 \cdot 0{,}95^2 \cdot 0{,}05 \cdot (0{,}2^3 + 3 \cdot 0{,}2^2 \cdot 0{,}8) + 3 \cdot 0{,}95 \cdot 0{,}05^2 \cdot 0{,}2^3$

$\approx$ **0,4325**.

d) Untersuchung über die Kosten

K_1: Kosten (in DM) bei Beginn der Behandlung mit M_1;
K_2: Kosten (in DM) bei Beginn der Behandlung mit M_2.
Erwartungswert von K_1: $200 \cdot 0{,}95 + 375 \cdot 0{,}05 = 208{,}75$;
Erwartungswert von K_2: $175 \cdot 0{,}8 + 375 \cdot 0{,}2 = 215$.
Da $215 > 208{,}75$ ist, sollte der Arzt aus Kostengründen **zuerst M_1** verordnen.

Der neue Preie (in DM) von M_2 sei a. Beide Verfahren verursachen gleiche Kosten, wenn gilt:

$200 \cdot 0{,}95 + (200 + a) \cdot 0{,}05 = a \cdot 0{,}8 + (a + 200) \cdot 0{,}2.$

Aus dieser Gleichung folgt $a \approx 168{,}42$.
Die Firma muß etwa **168,42 DM** verlangen.

Register